구약성경 입문

- 제2권 -

Th. 뢰머, J.-D. 마치, Ch. 니한 외 공저

김 건 태 옮김

IMPRIMATUR

Suvon, die 10 Mensis Septembris, 2019
+ Mathias I. H. RI
Episcopus Suvonensis

구약성경의 입문 2
– Th. 뢰머 외 공저 –

교회인가 : 2019년 9월 10일 수원교구
인　　쇄 : 2019년 10월 04일
발　　행 : 2019년 10월 10일

옮 긴 이 : 김 건 태
펴 낸 이 : 곽 진 상
펴 낸 곳 : ⓒ수원가톨릭대학교 출판부
등　　록 : 1990년 1월 13일 제90-1호
주　　소 : 경기도 화성시 봉담읍 왕림1길 67
전　　화 : 031-290-8814

인　　쇄 : 하상출판사
주소 · 수원시 장안구 천천로 210번길 21-1
등록 · 제10-51-96-1-3호
전화 · 031-243-1880 / **팩스** · 031-248-4842

ISBN : 978-89-7396-066-8
978-89-7396-051-4(세트)

값 : 25,000원

※ 이 도서의 국립중앙도서관 출판예정도서목록(CIP)은 서지정보유통지원시스템 홈페이지(http://seoji.nl.go.kr)와 국가자료종합목록 구축시스템(http://kolis-net.nl.go.kr)에서 이용하실 수 있습니다. (CIP제어번호 : CIP2019038991)

구약성경 입문

- 제2권 -

성문서

제2경전

동방교회의 구약성경

수원가톨릭대학교 출판부

□ **목차** □

제 2 권

제3부 : 성문서

제4부 : 제2경전

제5부 : 동방교회의 구약성경

부록

제3부 | 성문서

입 문

그리스도교 전통 속에서 흔히 '성문서'라 불리는 히브리어 성경의 셋째 부분은 토라와 느비임에 견주어 그 윤곽이 뚜렷하지 않다. 이는 이미 단순히 '문서들'을 의미하는 '크투빔'이라는 이 총서의 히브리어 서명에서 드러난다. 우리는 사실 이 문학 총체에서 매우 다양한 문학유형들을 만난다. 금언과 가르침(잠언), 기사(욥기), 철학적 성찰(코헬렛), 종교적이며 세속적인 노래(시편, 애가, 아가), 중·장편소설(에스테르기, 룻기, 다니 1–6), 역사편찬기(역대기, 에즈라기와 느헤미야기), 끝으로 묵시 문서(다니 7–12)와 같은 지혜문학 작품들이다. 크투빔은 이처럼 어떤 면에서 헬레니즘 시대 유다 문학의 진정한 요약을 이룬다.

성문서는 궁극적으로 기원후 2세기 초에 와서야 비로소 히브리어 성경의 세 번째 부분으로 확정되었다(더 자세한 내용을 위해서는 제1권의 구약성경의 경전 참조). 이 부분의 경전화는, 당시로서는 70년 로마인들에 의한 예루살렘 성전 파괴 이후만이 아니라, '참 이스라엘'임을 주창하던 그리스도교와 맞서 유다교의 정체성을 재정립해야 했던 상황과 연계된다. 크투빔 확정은 한편 여러 가지 이유로 의심스러워 보였던 다양한 책들을 배제하도록 이끌었다. 이 책들 가운데 몇몇은 후대에 와서 기록되었다는 사실을 숨기지 않았으며(마카베오기와 집회서), 따라서 페르시아 시대에 거룩한 책들의 영감이 완료되었다는 개념과 양립할 수 없었다. 다른 책들은 그리스어로 집필되었으며(솔로몬의 지혜서), 또 다른 책들은 바리사이들의 취향에 비춰 지나칠 정도로 묵시적인 양식을 띠고 있었다.

크투빔 형성을 위해 마련된 책의 순서는 토라와 예언서의 그것만큼 안정적이지 못하다. 탈무드에서 우리는 연대순을 암시하는 것 같은 하나의 목록을 만나며(*baba Bathra* 14b), (판관시대에 자리한) 룻기, (대부분 다윗의 작품으로 취급된) 시편, 욥기, 잠언, 코헬렛, 아가(이 세 권은 솔로몬의 작품으로 간주된다), 에즈라-느헤미야기, 그리고 (유배로부터의 귀환 시기의) 역대기 순이다.

수사본 대부분은 그러나 시편을 첫 자리에 두고, 그 뒤를 욥기와 잠언이 따르게 한다.

후대에 와서 사람들은 룻기, 아가, 코헬렛, 애가와 에스테르기를, 몇몇 축제 때 읽었던 관습에 따라, '다섯 두루마리'(*megillot*) 총서로 규합했다. 인쇄된 성경에서 우리는 다음과 같은 배열을 확인한다.

룻기	(오순절 독서)	'여성에 관한 책'
아가	(파스카 독서)	'기쁨'
코헬렛	(수콧 독서)	하느님과 인간 사이의 관계에 관한 성찰
애가	(성전 파괴 애념 독서)	'슬픔'
에스테르기	(푸림절 독서)	'여성에 관한 책'

이 순서는 한 여인을 주인공으로 하는 책으로 열리고 닫히며, 시적인 작품인 아가와 애가가 이 총서의 중심에 자리한 코헬렛을 둘러싼다.

대개의 경우 크투빔은 역대기로 마감되나, 이 책이 차지하는 최후 자리는 기이하기만 하다. 역대기와 에즈라-느헤미야기가 한데 묶여 나오는 수사본에서 역대기 상하권은, 연대순이나 서술 논리에서 에즈라-느헤미야기를 앞섬에도 불구하고, 늘 마지막에 자리한다. 역대기의 자리는 신학적인 고려에 의한 것으로 설명될 수 있다. 성문서의 결론, 따라서 히브리어 성경 전체의 결론을 이루는 역대기의 마지막 구절은 아케메니데스 주군 키루스의 선포 내용을 전한다. "페르시아 임금 키루스는 이렇게 선포한다. 야훼 하늘의 하느님께서 세상의 모든 나라를 나에게 주셨다. 그리고 유다의 예루살렘에 당신을 위한 집을 지을 임무를 나에게 맡기셨다. 나는 너희 가운데 그분 백성에 속한 이들에게는 누구나 야훼 그들의 하느님께서 함께 계시기를 빈다. 그들을 올라가게 하여라"(2역대 36,23).

이 마지막 구절은 우선 하늘의 하느님이시며 세상 모든 왕국을 다스리시는 이스라엘 하느님의 범세계적 차원을 강조한다. 따라서 이는 하느님이 하늘과 땅의 창조주로 나타나시는 토라의 시작으로(창세 1) 우리를 돌려보낸다. 로마인들에 의한 성전 파괴의 상황 속에서 성전 재건 명령은 하나의 약속으로, 예전에 첫 번째 성전 파괴가 그러하지 않았던 것처럼 이 파괴 또한 궁극적인 것이 아닐 것이라는 약속으로 이해될 수 있었다. 끝으로 독자는 역대기의 결론을 통해 하나의 질문, 야훼 백성의 소속이라는 질문 앞에 서며, 이로써 자기의 정체성에 대해 질문을 던지도록 초대되었다. 본문은 또한 이 정체성을 구체화하는 방법이 바로 "그들을 올라가게 하여라" 하는 최후의 권고에 응답하는 것임을 함축한다. 이 권고가 성경의 최후 말마디를 이룬다. 우리는 이 권고를 본국으로의 귀환 필요성을 강조하는 것일 뿐만 아니라, 탈출에 대한 호소로 읽을 수 있다('올라가다'를 뜻하는 어근 *'lh*는 이집트 탈출을 묘사할 때도 사용된다). 이러한 방법으로 크투빔의 끝은 약속의 땅 문턱에서 마감되는 토라의 마지막 문구로 우리를 돌려보낸다(신명 34 참조). 이 두 경우에서 비롯하여 학자들은 이 두 경전 총체를 숙고 끝에 '열린 결말'로 결론지었다.

토라로 돌려보냄은 성경의 세 번째 부분에서 늘 첫 자리를 차지하는 시편에서도 발견된다. 시편 1,1–2("행복하여라! ... 야훼의 가르침[토라]을 좋아하고 그분의 가르침[토라]을 밤낮으로 되새기는 사람")는, 크투빔이 율법과 분리되어서는 안 된다는 점을 강조한다(여호 1,7–8에서 느비임을 위한 동일한 현상 참조).

크투빔의 보다 상세한 경전 형성사에 대해서 우리는 특히 이 책 제1권의 구약성경의 경전에 관한 항목을 따를 것이다.

시 편

로제 (Martin Rose)

경솔하지 않은 방법으로 시편을 읽고 이해하고 해석하는 길은 각개 시편의 해석학적 문맥에 달려 있다. 이러한 다양성은 다음과 같은 질문으로 설명될 수 있다:

1. 각 시편을 주석의 기본 바탕이 되는 별개의 문학 단위로 취급해야 하는가?
2. 동일한 **문학유형**에 속하는 시편들을 대상으로 해석상의 비교를 확대해야 하는가?
3. 다양한 시편이 포함된 **모음**은 주석에 있어 어떤 영향력을 행사하는가?
4. 시편 **경전집**은 그 또한 해석을 위한 기준을 제안하는가?
5. 시편의 **다섯 부분**을 토라의 다섯 권과 유사하게 이해해야 하는가?

이 다양한 '문맥화'는 다수의 해석을 가능하게 하며, 문맥화 각각은 중요한 의미상의 차이를 불러일으킨다. 다른 어떤 성경책들 이상으로 시편은 언제나 – 오늘날까지도 – (유다교와 그리스도교) 전례와 (개별적이며 공동체적인) 기도와 세계 문학에서 새로운 '문맥들'과 접촉했다는 사실을 주시하자. 이어지는 내용은 구약성경 연구에만 관련된 몇몇 결론을 제시하는 데 만족할 것이며, 이를 위해서 위에 제시한 각 질문을 순서에 따라 짚어 보기로 하자.

1. 문학 단위로서의 각 시편

일차적인 접근은 시편 대부분이 표제를 보유하고 있다는 사실에 주목할 것이다(150개 가운데 116개 시편). 시편 성경책은 150개의 장 안에 제시된 이어지는 문서가 아니라, 분명 수많은 작은 문학 단위들을 모아놓은 하나의 문집, 이차적인 '문맥화' 현상에도 불구하고 꾸준히 독자적인 '개별성'을 고수해온 문집이다.

몇몇 시편에서는 문학 단위로서의 성격이 또 다른 '양식 외형'을 통해서 강조되기도 한다. 각 소절의 첫 글자가 알파벳 순서를 따르는 이합체 구조를 양식 외형의 한 예로 들 수 있다. 이러한 구조를 보이는 시편들은 A에서 Z에 (히브리어로 '알렙'에서 '타우'에) 이르는 단위를 제시한다(시편 25; 34; 37; 111; 112; 119; 145와 하나의 시로 묶어 볼 수 있는 9편과 10편). 이 이합체 시편들 가운데 119편이 절대적인 알파벳 조직을 제시한다는 사실을 알아두자. 알파벳 각 글자가 여덟 번씩, 다시 말해서 이어지는 여덟 개의 구절이 동일한 글자로 시작되기 때문이다.

양식적인 면에서 부족하기는 (또는 덜 인위적이기는) 하나, 몇몇 시편의 '내용' 또한 이 시편들이 고유 '논리'를 지닌 문학 단위로 인식되었다는 사실을 밝혀주는 것 같다. 시편 78편은 특별히 이집트 탈출과 광야에서의 이동을 상술하면서(12–53절) 이스라엘 역사의 큰 그림을 제시하며, 105편은 하느님과 아브라함 사이의 계약으로 기사를 시작하여(9절) 땅 선물로 마감한다(44절). 시편 106편은 하느님을 이집트 종살이에서 출발하여(7절) 유배시대에 이르기까지의(46절) '구원자'로 상기시키며, 136편의 저자 역시 우주의 창조와 함께 하느님의 기적들을(4절) 열거해 나간다.

이러저러한 시편 단위가 '전례' 전개를 바탕으로 구성되었다는 사실 또한 가능한 일이다. 그러나 '양식' 또는 '역사' 구조에 관한 확실한 기준과는 달리, 하나의 시편에서 전례 요소들과 그 상관관계를 확인한다는 것은 아직 가설 수준에 머물러 있다. 성경 본문은 왕정시대의 이스라엘 또는 유배시대 이후의 유다교 회당 전례에 관한 상세한 정보를 거의 제공하지 않기 때문이다.

학술적인 연구는 이러저러한 시편을 하나의 독립적인 문학 단위로 취급하면서, 시편 이해를 비춰주기 위한 지대한 노력을 기울여 왔다. 그 좋은 예로 시편 104편과 이집트의 신 아톤 찬미가, 또는 시편 29편에 담긴 선-이스라엘적인 '가나안' 요소들 사이의 접근성 발견을 들 수 있다. 몇몇 시편에 관한 연구 결과는 주목할 만하나, 그 다양성과 풍부함으로 말미암아 우리가 다루는 이 입문의 대상이 될 수는 없다. 개별 시편의 주석에 관해서는 전문적인 주해와 연구 내용을 살펴보아야 할 것이다.

2. 양식과 문학유형

시편의 표제에서 이미 우리는 양식의 '분류화'에 관한 첫 시도를 충분히 인지할 수 있다. 아무튼, 성경학자들은 표제에 언급된 보통 명사로서의 몇몇 단어들을 파악하기 위하여 오랜 세기 동안 연구를 거듭해 왔다. 미즈모르(*mizmôr*, 57번 확인, 현악기를 동반한 노래?), 시르(*šîr*, 29번 확인, 예배 노래?), 마스킬(*maśkîl*, 13번 확인, 교훈시?) 등이다. 그러나 이 주제에 관한 어원적이며 역사적인 자료들은 부족하기만 하여, 이 문제에서 최소한의 명료한 해답이라도 찾아낼 수 있도록 허용하지 않는다.

이 표제들 가운데 몇몇은 분명 오래된 것들이나(우리는 기원전 3세기 또는 2세기의 그리스어 역자들이 이미 이 표제들의 정확한 의미를 파악하지 못했다는 사실을 제기할 수 있다), 시편이라는 시집 자체에 견주어 이차적이며 본문의 올바른 이해를 보장해 주지도 못한다. 따라서 각 시편의 문학유형 문제와 그 의도 문제는 구조와 내용을 포함한 시 본문 전체를 기초로 보다 깊이 있는 연구를 필요로 한다.

문학 작품의 '심미적' 측면에 치우친 18-19세기의 저서에서, 학자들은 이미 시편 기도 속에 소위 '개인적 신심'이 표현된 전통적인 양식에 매우 민감한 반응을 보였다(특히 J.G. Herder, *Vom Geist der ebräischen Poesie*[히브리 시 정신론], 1782/1783 참조). 그러나 주석 연구를 통해 밝혀낸 양식과 문학유형에 관한 유형별 체계화 작업은 궁켈(H. Gunkel, 1862-1932)이라는 이름에 묶여 있다. 1906년의 저서에서 그는 세 가지 기준을 바탕으로 '(문학)유형'을 모두 정의하기를 제안했다. 첫째 기준은 틀에 박힌 특징적인 언어('양식'), 둘째는 일련의 개념 총체('내용'), 셋째는 '삶의 자리'(*Sitz im Leben*, 공동체 생활에 전형적이며 지속적인 '상황 문맥')이다. 사회 환경 분야에 해당하는 이 마지막 문제는 (지금까지 언어학과 역사적인 관점에서 지배적인 위치에 있는) 주석 방법에 사회학적인 고려 차원을 끌어들였다. 궁켈은, 저자들이 때로 지나치게 개성화하여 이용하는 모든 '유형들'(*Gattungen*)이 공동체적이며 구술적인 세계에 뿌리를 내리고 있다는 이론에서 출발한다. 독어권 주석은, 궁켈의 사망 후 제자 베그리히(J. Begrich)가 완성한 1926년의 주해서(*Die Psalmen*[시편])와 입문에 해당하는 체계적인 그의 연구(시편 입문. *Einleitung in die Psalmen. Die Gattungen der religiösen Lyrik Israels*[이스라엘의 종교 서정시 유형], 1933)에 연구 결과들을 모아놓았다.

시편에서 확인된 주요 유형들은, 궁켈에 따르면 다 해서 넷, 곧 찬미 시편, 민족 탄원 시편, 개인 탄원 시편, 그리고 개인 감사 시편이다(아래 도표 참조).

여기에 다양한 작은 유형들, 곧 군왕 시편(예를 들어 시편 2; 18; 20; 21;

45; 72; 101; 110; 132; 144,1-11), 순례 노래(예를 들어 시편 84; 122), 교훈 시편(예를 들어 시편 1; 37; 49; 73; 91; 112; 127; 128; 133) 등이 첨가된다.

궁켈이 발전시켜 나간 '양식' 방법과 그가 제안한 '유형' 분류는 시편에 관한 이후의 모든 연구에 큰 영향력을 행사했다. 학술적인 토론에서 학자들은 주로 1) '삶의 자리'에 관한 다른 예형을 제안하고, 2) 몇몇 '양식' 기준을 좀 더 상술하며, 3) '내용' 면에서 궁켈에 의한 체계화를 다시 검토하고자 힘썼을 뿐이다.

유형	전형적인 예	궁켈-베그리히, *Einleitung in die Psalmen*, 1933
찬미 시편	시편 150; 148; 147; 145	§2, p. 32-94
민족 탄원 시편	시편 79; 83; 80; 44	§4, p. 117-139
개인 탄원 시편	시편 13; 54; 88; 3	§6, p. 172-265
개인 감사 기도	시편 30; 66,13 이하	§7, p. 265-292

ㄱ) 삶의 자리: (특히 Sigmund와 Mowinckel 같은) 스칸디나비아 학파에게 '예배' 틀은 시편의 기원 문제에서 근본적인 중요성을 지닌다. 예배는 종교 언어의 특권적인, 아니면 배타적인 자리로 취급된다. 이와 같은 일방적인 견해를 거부하면서, 다른 연구가들은 오히려 묵상이나 명상, 영적 교화 또는 종교 교육 등과 같은 내용을 담고 있는 적지 않은 시편들을 위해 의심의 여지없이 전제해야 하는, 비-예배적 (또는 후-예배적) 상황을 강조한다. 시 본문의 기능에 관한 이와 같은 숙고와 그 활용이 절대적으로 필요한 요소라 하더라도, 우리는 단순하면서도 궁극적인 해답은 거의 기대할 수 없다. 예배에서 유래한 하나의 시편이 '비-예배적인' 수정 과정을 거쳤으며, 출처가 '비-예배적인' 하나의 시편이 예배적 양식으로부터 뚜렷한 영감을 받을 수 있었기 때문이다. 따라서 이러저러한 유형의 '교의적인' 해답을 피하고, 시편의 상황 문맥을 위해 재구성해야 하는 (전승과 편집의) 역

사에 따른 다양한 가능성에 이 문제를 열어 놓아야 한다.

ㄴ) 양식: 자세히 들어가 보면, 궁켈의 연구는 양식 기준을 언제나 엄격하게 적용했던 것은 아니다. 이에 따라 후대의 연구가들은 다소 의미의 차이가 있는 관점을 부여하고, 주요 '유형들' 내에 더욱 예리한 정의를 제안하고자 힘썼다. 찬미 시편을 두 가지 유형으로 세분한 크뤼즈만(F. Crüsemann)의 박사 학위 논문은 괄목할 만한 좋은 예이다. 첫 찬미 시편 모음은 (예를 들어 '야훼를 찬미하여라!'와 같은) 명령형 도입을 특징적 요소로 지니며, 둘째 모음은 특히 연이어 등장하여 하느님의 위대한 업적을 상기시키는 분사 문구로 특징된다. 시편 양식 묘사는 또한 이집트와 메소포타미아의 유사한 본문들과의 비교를 통해 그 존재와 윤곽이 다져졌다. 사실 성경 주석은 이스라엘이 고대근동 모든 지방에 널리 퍼져 있던 시문화에 온전히 참여하고 있었다는 사실에 점점 더 민감한 반응을 보였다.

바빌론의 예배 장면. 사제 둘이 수행한 임금이 태양신이 상징으로
묘사되어 있는 지상 신전에서 예배를 올리고 있다.
뒤편 오른쪽에 신이 좌정한 하늘 궁전이 있다(시편 11,4 참조)

ㄷ) 내용: 시편 양식에 집중된 연구는 종교시가 쌓아 올린 엄청난 풍요로움을 밝혀냈으나, 동시에 궁켈이 주창한 주요 '유형들'이 완전히 분산되고 온갖 가설이 과도하게 팽창했다는 인상을 주기도 한다. 베스터만(C. Westermann)은 내용 기준을 기본으로 시편 유형의 새로운 체계화를 제안했다. 저서 *Théologie de l'Ancien Testament*(구약성경 신학, 2002, p. 196 이하)에서 그는 하느님 앞에서의 인간의 두 가지 자세, 곧 찬미하거나 하소연하는 모습만을 인지했다. 첫 모음의 시편들을 위해 그는 (특히 공동체와 개인을 위한 하느님의 개입으로 이해되는 사건을 진술하는) '서술체' 찬미와 (하느님을 충만한 그분의 업적과 존재로 찬미하는) '서사체' 찬미 사이의 구별만을 수용했다. 내용 기준만이 이스라엘의 몇몇 독자성, 이스라엘 백성의 역사와 결부되고 야훼 하느님의 속성으로 정의되는 독자성을 일러준다는 것은 사실이다. 그러나 엄밀한 의미에서의 양식 문제에 별 관심을 두지 않은 베스터만의 전반적인 이론은 주석가들을 설득하기에는 부족했다. 문학유형에 관한 연구 요약에서 우리는 특히 시편의 '삶의 자리', 곧 시편 상황 문맥의 중요성 발견에 주목할 수 있다. 여기서 주석가들은 공동체성과 개별성 사이의 관계 문제에 관심을 갖게 되었다. (기도, 시, 가르침 등과 같은) 가장 개인적인 내용들이라 하더라도 다양한 예배의 세대에 공통된 '언어 양식'의 도움을 받아서만 표현될 수 있었기 때문이다.

3. 시편 모음

시편들을 하나의 시집에 모아 놓는 작업은 단숨에 이루어진 것이 아니다. 성경책은 전승과 편집의 기나긴 과정을 거쳐 비로소 완성된 '모음들의 모음'이다. 시편 구성에 앞서 존재했던 특별한 모음들을 밝혀주는 확실한 표지들 가운데 우리는 특히 세 가지 요소를 언급할 수 있다.

ㄱ) 시편 72,20의 "이사이의 아들 다윗의 기도는 여기에서 끝난다."

라는 언급은, 가장 그럼직한 해석에 따르면, (출판 정보에 관해 책 끄트머리에 놓인) 하나의 서명날인으로, 따라서 '이사이의 아들 다윗의 기도'라는 정확한 이름을 지녔던 옛 모음의 제목을 상기시키는 (동양 문학의 관례에 따른) 하나의 최후 주석으로 받아들여질 수 있다. 그러기에 우리는 이와 같은 '다윗 시집'이 본디 독립적으로 존재했다는 사실을 확신할 수 있다.

ㄴ) 73개의 (따라서 시편의 거의 절반에 해당하는!) 시편 표제에서 확인할 수 있는 (히브리어로) *lᵉ-Dawîd*(다윗에게)이라는 문형 또한 식별 표기이다. 또 다른 모음은 *lᵉ-'Asaf*(아삽에게)라는 표제로(시편 73-83; 참조. 50), 또는 이와 유사하게 '코라의 아들들'이라는 언급으로(시편 42-49; 참조. 시편 84-85와 87-88) 구성되어 있다. 학자들은 자주 시편들을 (저자를 가리키는 전치사 *lᵉ*를 통해) 이러저러한 '저자'의 작품으로 돌리는 일종의 '날인'으로 이 문형들을 이해하고 해석하며, 다른 학자들은 여기서 (하나의 본문집에) '속함'을 가리키는 표기 또는 (성가대의 요구를 반영하는) '소유권 표기'로 보기도 한다.

ㄷ) 시편 형성에 앞선 모음의 존재는 이중어록으로도 확인된다(특히 시편 14 = 53; 참조. 시편 70 = 40,14-18; 108 = 57,8-12 + 60,7-14). 동일한 시편에 관한 이러저러한 개정본이 별개의 모음에 이미 확고하게 고정되어 있지 않았다면, 우리는 분명 이러한 반복을 피할 수 있었을 것이다. 이 '이중' 시편에 있어 시편 본문 소재의 매우 폭넓은 공통점은, 한편으로 해당 시편들이 공동의 출처에서 유래했다는 가정으로 이끌며, 그러함에도 발견되는 현저한 차이점은 다른 한편으로, 동일한 경전집에 삽입되기 이전 고유한 문학적 맥락에 따라 해당 시편들 각각 상이한 발전 과정을 거쳤음을 강조한다.

따라서 이 세 주요 단계, 곧 개별 시편들 → 모음 → 완료되고 경전화한 책이라는 단계는 의심의 여지가 없는 신뢰도를 지닌다. 그러나 세부적인 사항으로 들어가 보면, ('역사'의 전적인 학술 개념으로서의) 편집 과정 역사는 논증 개연성에 대한 가능성만을 제시할 뿐이다. 주석가들이 재구성된 이 역사를 묘사하는 장면은 매우 다양하며 토론을 필요로 한다.

편집 절차를 전개할 수 있도록 이끌어주는 가장 오래된 모음은 어떤 것인가? 상당한 의견의 일치를 보이는 가운데, 주석 연구는 주요 모음들의 '경전적' 일관성이 대체로 시편의 연이은 증보 단계를 반영한다고 가정한다. 이는 학자들이 '다윗의' 첫 번째 모음을(시편 3-41) 가장 오래된 것으로, 그리고 모든 시편 형성의 핵심을 이루는 것으로 간주한다는 것을 말한다. 그러나 또 다른 설명 예형들 역시 고려할 수 있으며, 그 가운데 몇몇은 논증에 있어 매우 논리적인 것으로 보인다.

이 주제에 관한 고찰은 모두 시편 전승의 '다윗화' 문제에서 출발해야 한다. 어떻게 해서 특별한 모음의 끄트머리에 다윗이라는 이름이 언급되고(72,20), 끝내 시편 전체를 이스라엘 역사 속의 이 인물의 작품으로 돌리게 되었는가? 이러한 전개 과정은 신명기계 역사편찬의 선행 단계와, 이 역사편찬이 제시하는 다윗이라는 인물을 제외하고서는 납득할 수 없는 일이다. 우선, 그리고 서술적인 차원에서, 젊은 다윗이 사울 왕궁의 솜씨 좋은 비파 연주자로 수차례 소개되어 있다는 사실을 상기해야 한다(1사무 16,16.23; 18,10; 19,9). 다윗을 음악가로 소개하는 이 전승은 시편의 다윗 저자 추정에 대한 첫 설명을 제공한다. 그러나 또한 신명기계 모습 속에서 여러 번 드러나는 다윗의 개인적 깊은 신심을 강조해야 한다. 다윗은 (예를 들어 2사무 11-12장의 밧 세바에 관한 사건에서처럼) 하느님을 거슬러 종종 죄를 지었고, (1사무 21,7에서 거룩한 빵을 먹는 장면에서처럼) 언제나 제의 규정을 준수한 것은 아니었으며, 집에 테라핌 곧 수호신을 모시는 의식을 알고 있었다는 것(1사무 19,13.16) 등은 사실이다. 놀랍게도 신명기계 편집자들은, 유다 사제들과 신학자들 세계의 현행 규범에 비추어 예외적인 자유를 누리는 이와 같은 다윗에 대해 거리감을 두기 위한 어떤 비평적 견해도 첨가하지 않는다. 다윗이 보여준 '대중적이며 개인적인' 이러한 신심은 하느님이 보장해주시는 성공 또는 행운만을 기대하는 것이 아니라, 난처한 삶의 상황 속에서도 하느님께 대한 충실성을 지켜준다. 정치적 역경의 순간, 예를 들어 압살롬에게서 도망쳐야 했던 순간, 다윗은 하느님의 현존을 '제의적으로' 확신하지 않고 그분의 '개인적인' 현존에 믿음을 둔다(2사무 15,24-26).

다윗은 그의 모든 인간성으로, 곧 성공과 잘못, 죄와 용서와 함께, 박해에 처해지고 하느님에 의해 보호 받는 인물로 묘사된다. 유다 왕조의 창립자인 강력한 임금에 대한 주목할 만한 해석 문제이다. 성전도 왕국도 없던 바빌론 유배시대에 개인적 신심을 지닌, 솔로몬 성전 건축을 '앞선' 시대의 임금으로 표현된, 이 '인간적' 모습이 탄생했을 것이다. 이 다윗을 '인기 있는 이스라엘의 가수'로(2사무 23,2 참조), 다시 말해서 시편 저자들의 주보로 만들고, 특히 개인적 신심에서 유래한 시편들의 저자로 돌리기 위해 보충적인 몇몇 편집 과정이 있었을 뿐이다. 시편 72,20에서 이러한 시편들이 인간이 하느님께 올리는 '기도들'(*t^e pillôt*)로 불리며, 다윗은 ('이스라엘의 임금', '야훼의 종', '기름부음받은이/메시아' 등과 같은) 어떤 직함이 아니라, 오직 그저 단순하게 '이사이의 아들'이라는 성(姓)만 지닐 뿐이다.

본디 72,20의 이 서명은 시편 51-72편의 '다윗' 모음만을 마감했을 뿐이다. 이 모음은 모두 신명기계 작품에 묘사된 상세한 상황을 상기시키는 '전기적' 자료들이 집약되어 있음을 드러내기 때문이다.

시편 51	("나탄이 그에게 왔을 때…")	→ 2사무 12,1
시편 52	("도엑이 사울에게 왔을 때…")	→ 1사무 21,8; 22,9
시편 54	("지프인들이 사울에게 왔을 때…"	→ 1사무 23,19
시편 56	("필리스티아인이 그를 갓에서 붙잡았을 때…")	→ 1사무 21,11-13
시편 57	("그가 사울을 피하여 동굴로 도망쳤을 때…")	→ 1사무 22,1-2(또는 24,1-9)
시편 59	("사울이 사람들을 보내 집을 감시했을 때…")	→ 1사무 19,11-17

시편 60	("그가 아람인들과 전쟁했을 때...")	→ 2사무 8,13
시편 63	("그가 유다 광야에 있었을 때"	→ 1사무 23,14

시편 51–72편으로 형성된 모음의 고대성을 지지하는 보충적 기준은 '이중' 시편들인 14편과 53편 비교를 통해 얻어낼 수 있다. 53편은 기나긴 전승 과정에서 이해가 상실되어 버린 문구들을 포함하고 있는 반면, 14편에서는 문제시되어 버린 이 문구들에 후대의 재독이 하나의 의미를 회복시켜 주고 있기 때문이다.

민족과 예배에 관한 모든 구조가 사라진 바빌론 유배시대에 다윗의 모습은 이제, 이 첫 번째 시편 모음에서 개인적으로 하느님 앞에 하소연을 올리는 인간 본보기가 된다.

유배시대 이후 제물 예배는 재편되고 성전은 재건되며(520–515) 사제 계급 또한 정비된다. 귀환자 목록에는 (사제들과 레위인들 이외에) 아삽의 자손인 '성가대원들'이 포함된다(에즈 2,41; 느헤 7,44). 이들은 신명기계 역사편찬에는 언급되지 않으나, 역대기자의 작품은 이들에 관한 여러 암시를 담고 있다. 역대기에 따르면, 이들의 조상인 아삽은 다윗 치하에 이미 성가대원이었으며(1역대 15,17), 나아가 임금의 성가대 우두머리이기도 했다(1역대 16,5; 25,2). 이어서 우리는 솔로몬 성전에서 직무를 수행하던 성가대원 열거에서 (언제나 우두머리로 언급되는!) 그의 이름을 다시 만난다(2역대 5,12). 그는 또한 히즈키야 임금의 예배 개혁 맥락 속에서 다윗 다음에 언급된다: "다윗과 아삽이 지은 노랫말로 야훼를 찬양하라고 이르니..."(2역대 29,30). 이러한 지적은 (특정된 두 저자 색인과 함께) 출처와 전승에서 구별되나 동일한 목적에서 규합된 시편들을 연상시킨다. 사적 '기도들'(*tᵉfillôt*)이 전례 '찬미가들'(*hallel*)이 된 것이다. '아삽 시편들'은(시편 73–83) 이렇게 '다윗 시편들'(시편 51–72) 모음에 덧붙여지나, 일정한 프로그램에 따라 도입된다(시편 50).

50편	51-72편 다윗의 기도들	73-83편

'아삽의 시편들'

시편집의 연속적 증보의 다음 단계는 앞선 모음의 머리에 자리한 '코라의 시편들' 합류로 표시된다(시편 42-49).

'엘로힘계 시집'

42-49편	50편	51-72편	73-83편
코라의 시편들			

이 시집 전체는(시편 42-83) 편집적인 상당한 조율 단계를 거쳤다. 하느님의 이름 '야훼'가 부가어 '엘로힘'(하느님/신)으로 대체되었으며, 따라서 우리는 '엘로힘계 시집'이라 부른다. 이 '엘로힘계' 조율 단계는 관심을 끄는 방법이었다. 아마도 민족신들보다 국제적 신들을 예우했던 페르시아 제국의 종교와 정치로부터 영향을 받은 것 같다. 이러한 맥락에서 사람들은 이제 '하늘의 하느님', '지고의 하느님', '지상의 하느님', 또는 간단하게 '하느님'이라 부르기를 선호했다. 페르시아 제국의 유다인들이 그들의 하느님 야훼를 지고의 하느님과 같으신 분으로 선포하고자 했다는 사실은 충분히 이해가능한 일이다. 따라서 그들은 민족신의 고유한 이름을 강조하는 데 별 관심을 두지 않았으며, ('탁월하신 하느님'이라는 의미로 이해된) '엘로힘'이라는 호칭이 이제 야훼라는 고유명사보다 더 적합해 보였다.

바로 이 동일한 시대에 신성한 책들의 저자 문제는 점점 더 중요성을 띠기 시작했다. 그러나 이 '엘로힘계 시집'에서 '다윗' 전승이 이스라엘의 시문학에 우선권을 요구할 수 없었다는 사실을 적시하자. 이 시편 모음에서 '다윗' 시편들은 그저 '코라의 시편들'(시편 42-49) 다음에, 그리고 '아삽의 시편'에 이어(시편 50) 자리하게 된다.

그러나 시집의 다음 발전 단계는 이와 달리 전개된다. '다윗의 시편들' 모든 모음이 시집의 머리에 놓이게 되기 때문이다(시편 3-41):

'다윗 시집'

3-41편	엘로힘계 시편집: 42-83편	84-85편	86편	87-88편
다윗의 시편들		코라	다윗	코라

'다윗' 위상의 이와 같은 재현은 그 또한 다윗 가문의 사람이며(1역대 3,19; 참조. 마태 1,12와 루카 3,27) 유다의 마지막 직전 임금의 손자였던 유다 총독 즈루빠벨이라는 인물에게 건 희망의 결과일 것이다. 예언자 하까이와 즈카르야는 성전 건축을 진척시키도록 그를 열렬히 고무했다(하까 1,2; 즈카 4,6-10; 에즈 5,1-2; 6,14). 우리는 또한 법문 형태로 전승된 본문들에 대한 경외심이 날로 커져가는 경향을 확인할 수 있다. 예를 들어 '쌍둥이' 두 시편 14편과 53편이 이 모음에 고정되어 있다. 한편, 시편 42-83편 모음에 대한 '엘로힘계' 조율은 충실하게 시행되었으나, 새로운 첨가 부분, 곧 초두에 자리한 모음에도(시편 3-41), 부록으로 덧붙여진 코라의 다른 시편들에도(시편 84-85.87-88) 더 이상 강요되지 않았다.

즈루빠벨 시대에 열정적인 메시아 희망 전개를 향한 작은 발걸음이 있었으나(하까 2,20-23), 이는 곧 기대에 어긋났다. 분명하지 않은 이유로 즈루빠벨은 정치 영역에서 사라졌으며(페르시아 제국에 의한 해임? 갑작스러운 죽음?), 그 빈자리를 유일한 대사제 예수아가 채웠다(즈카 6,9-13). 우리는 이러한 메시아 기다림의 분위기 속에 시집의 몇몇 편집을 자리하게 할 수 있다. 새로운 도입부분으로 시편 2편이, 대결론으로 시편 89편이 틀을 이루는 편집과정이 있었을 것이다.

'메시아 시집'

2편	3-88편: '다윗 시집'	89편

'다윗' 시편들을 메시아적으로 읽기 위한 틀로서의 두 시편은(시편 2편과 89편) 하느님께서 다윗에게 약속하신 맹세를 힘주어 상기시키나(시편 89,4.36.50; 참조. 2,7), 당시의 정치적 현실이 이와 같은 메시아적 희망 실현에 부응하는 데 거리감이 있었다는 사실에는 의심의 여지가 없다(특히 시편 89편의 마지막 구절 참조). 중앙 세력에 대한 반발이 멈출 줄 몰랐기 때문이다(에즈 4,6과 4,7-23 참조). 이와 같은 실망적인 현실에도 불구하고 다윗의 왕정 또는 복고적인 메시아사상은 결코 꺼지지 않았으나, 유다의 공적 정치에서는 서서히 주변으로 밀려나기에 이르렀다.

이러한 정치 상황은 왕정과 정치적 메시아 개념을 피하고자 애쓴 역대기자의 역사편찬에서 가장 잘 드러난다. 역대기 저자의 작품에 따르면, 다윗의 기본 기능은 한 왕조의 창립자 또는 '야훼의 메시아'로 머무는 데 있지 않고, 성전 건축과 전례를 위해 제대로 모든 것을 준비하는 데 있다(1역대 22-26). 또한 에즈라기와 느헤미야기는 사제 세력과 공동체의 영적 생활에만 관심을 쏟을 뿐, 메시아 운동에 대해서는 언급하지 않는다.

분명, 사제 계급이 이끄는 정치는 메시아적 유산만을 청산하는 데 만족할 수 없었다. 공적인 신학은 이 메시아 전승에 새로운 해석을 부여해 나갔다. 이 또 다른 재독 과정에 있어 우리는 '메시아 없는 메시아사상', 다시 말해서 메시아로서의 임금의 모습이 보이지 않는 메시아사상을 말할 수 있다(H. Strauss). 임금은 바로 야훼이시며, 야훼 한 분뿐이시다! 정확하게 말해서 바로 이러한 맥락 속에 '하느님 나라 시편들'(시편 90-99)을 자리하게 해야 한다.

'신정(神政) 시집'

2-89편: '메시아 시집'	90-99편	100-118편
	하느님 나라 시편들	부록: '할렐루야' 등.

이 시편들이 그려낸 그림에는 메시아가 전혀 등장하지 않는다. 하느님만이 땅 위에서 정의를 구현하시며, 세상의 새로운 질서를 마련하실 것이다(예를 들어 시편 99,4.8 참조). 온 땅은 이스라엘이 노래하는 야훼 찬미에 함께 할 것이다(예를 들어 시편 96,1 참조). 이러한 열정적인 분위기가 하느님 나라 모든 시편을 휘감는다. 종말론적인 관점에서 이러한 분위기는 '가까이 다가온' 하느님 나라를(마태 3,2와 4,17와 공관복음 구절도 참조) 위해 기대했던 관점을 앞당긴다. '야훼께서 다스리신다'(시편 93,1; 96,10; 97,1; 99,1). 히브리어 어법상 동사형은 하나의 상태가 아니라 활동을 표현한다. 이 동사형은 임금과 판관으로서의 야훼께 대한 신앙과 결부된 역동성을 확언하고자 한다.

마소라본에서 시편 90-99편 모음에 속한 어떤 시편도 '다윗의 시편'이라는 표제를 달지 않는다. 이 모음의 첫 번째 시인 시편 90편은 '하느님의 사람 모세의 기도'라는 표제를 지닌다. 이렇게 주요 관심 대상이 바뀌었다. 다윗은 더 이상 첫 번째 시편 저자가 아니며, 이제 이와 같은 신성한 문학유형을 창안해낸 모세라는 인물 속에서 저명한 선임자를 찾게 된다.

다양한 출처를 가진, 아마도 서로 다른 시기에 읊어진 또 다른 시편들이 부록으로 첨가된다(시편 100-118). 이 시편 대부분은, 시작 부분 또는 마지막 부분의 '알렐루야'(= '야훼를 찬미하라')에 요약되어 있는, 열정적인 동일한 찬미를 표현한다.

그러나 찬미 전례 상황에서만 이 시편들을 배타적으로 사용했던 것이 아니라, 교육을 위해서도 활용했다. 고대 이스라엘의 종교, 역사, 윤리적 유산 전승에 전념했던 지혜 학파들의 존재를 가정해야 한다. 동시에 이 학파들은 현실적인 새로운 상황에 영향을 주고자 하는 목적에서 전승에 대한 숙고를 단행했다. 이 관점에서 본다면, 전수된 형태 그대로 시집을 계승했던 것이 아니라, 새로운 본문을 만들어내기도 했다. 이러한 '학술적 시편편찬'에서 우리는 특히 기존 시집의 둘레에 자리한 '새로운 틀', 곧 시편 1편과 119편을 언급해야 할 것이다.

'지혜 시집'

1편	2–118편: '신정 시집'	119편

이 틀은 시편 전체 해석을 위한 열쇠를 제공한다. (도입부로서의) 시편 1편은 지혜문학 방식에 따라 '두 개의 길'(1절과 6절의 *derek*)을 가르치는 일종의 시이다. 그 길은 '의인들'의 길(슬기로운 길, 합리적인 길, 온전한 길 등)과 '악인들'의 길(어리석은 길, 불합리한 길, 죄스러운 길 등)이다. 시편 119편은 만연체 작품으로서 모든 시편들 가운데 단연 가장 길다. 히브리어 알파벳 22개의 글자에 해당하는 22개의 소절에 규합된 176개의 구절을 담고 있다. '알파벳 이합체'에 해당하는 문체는 매우 부자연스러우며, 각 소절은 동일한 자음으로 시작하는 8개의 구절로 짜여 있다. 주제는 시편 1편의 주제와 일치한다. "행복하여라, 그 길이 온전한 이들, 야훼의 가르침을 따라 걷는 이들"(119,1). 이 시편 내내 가르침 개념은 폭넓게 개진되며, 언어 분야의 용어는 극히 다양하다. 시편 전승에 관한 이와 같은 또 다른 재독은 이제 지고의 교사로 받들어지는 하느님을 찬미하려는 의지를 충실히 보여준다(시편 119,102; 참조. 욥 36,22).

지혜문학적인 요소로 두드러진 다른 이합체 시들은(시편 37; 111; 112) 분명 동일한 '학술적 시편편찬' 세계에서 유래한 것들이다. 이 시편들은 120(12 × 10)개를 포함하는 시집에 이르도록 하기 위하여 전수한 본문에 삽입되었을 것이라는 사실을 배제할 수 없다. 두 번째 시편 틀이(현 119편)

(22 × 8구절이라는) 숫자상의 상징체계에 대한 애착을 드러내며, 시편 116편은 본디 구별되어 있던 '두 시편'으로 헤아려질 수 있다는 점에서(칠십인역 그리스어 역본[LXX] 참조: 시편 116,1-9와 116,10-19), 우리는 결국 이 '지혜 시집'에서 120이라는 숫자를 얻어낼 수 있다. 12지파가 온 이스라엘 백성을 대표하고, 10계명이 하느님의 가르침 전체를 가리키는 것처럼, 120개의 시편은 모든 거룩한 전승의 핵심을 요약한다고 말할 수 있다. 전체에 대한 이러한 상징체계와 함께 지혜 시집 편집은 비로소 이 모음의 궁극적이며 '준-경전적' 형태를 갖추게 되었다고 주장했을 것이다(참조. 신명 4,2; 13,1).

그러나 편집 절차의 역사는 아직 그 귀결에 이르지 못했다. 하나의 작은 모음 전체가, 곧 '오름 노래들'(또는 '순례 시편들') 모음이 더 첨가되었다(시편 120-134). 분명 이 첨가 주도자들은 시편이 지극히 예술적이며 개성화한 지혜문학적 결론으로 마감된다고 주장하지 않았으나(시편 119), 성전과 그 봉직자들과 예배 공동체 전체와의 필수적인 관계만큼은 강조하고자 했다. 시편 120-134 모음 이외에, 각 시편이 똑 같은 표제로 특징되는 다른 시편들이 - 아마도 동일한 편집자들에 의해 - 삽입되고 '다윗의' 권위 아래 자리하기에 이른다(시편 138-144; 칠십인역성경의 시편 137편도 참조). '지혜 시집'의 시작을(시편 1,1; "행복하여라! ...사람") 수정하기 위하여 이 '전례 시집'은 "행복하여라! ...백성"(시편 144,15)이라는 새롭게 교정된 반복으로 마감된다. 144(= 12 × 12)라는 숫자와 함께 이 시집은 지혜 시집의 120이라는 숫자로 이미 표현된 (총체 개념으로서의) 수적 상징체계보다 수치를 더 높이기에 이른다. 이어서 시편 145-150편은 앞서의 종지음과 유사한(시편 111-117) 하나의 '할렐루야' 대 종지음을 이룰 뿐이다.

'전례 시집'

1-119편: '지혜 시집'	120-134편	135-144편	145-150편
	'순례 시편'	부록: '다윗 시편'	'할렐루야' 대 종지음

분명 사람들은 새로운 시편들을 계속해서 지어냈으나, 이 시편들은 경전 지위를 확보하지 못했다. 그리스어 성경(LXX)의 시편은 하나의 보충 시편을 담고 있으나, 이 시편은 셈에서는 빠진 것으로 분명히 제시된다. ('다윗'에게서 비롯된 것으로 여겨지는) 시편 경전은 닫혔으며, 새로운 시편 본문들은 별도의 책인 '솔로몬 시편'에 규합되었다. 18개의 시를 포함하는 이 시집은 그러나 일반적이며 궁극적인 경전으로 수용되지 않았다. 이밖에 호다욧(*Hôdayôt*)이라 불리는, 30여개의 시가 두루마리로 발견되었으나, 유감스럽게도 그 상태가 매우 좋지 않은 쿰란의 시편들이 있음을 알아두기로 하자. 그리스도교 공동체에서 사람들은, 전승으로 물려받은 시편들이든 새롭게 구상된 시편들이든(예를 들어 필리 2,6-11 참조), 시편들을 노래했다는 사실도 확인된다(예를 들어 1코린 14,26 참조).

4. 다른 성경책들 가운데 성경으로서의 시편

기나긴 과정을 통해서 다양한 시편 모음들은 이처럼, ㄱ) 이제 하나의 문학 단위로 간주되고, ㄴ) 유일한 저자 다윗의 작품으로 취급된, '시집'으로 변형되었다. 우리가 살펴보았던 대로, 이 모음들은 본문 형성사와 부합하지 않는다 하더라도, 이 두 측면은 시편 읽기에 적지않은 영향력을 행사했다.

ㄱ) 다른 성경 본문들 가운데 시편은, 대화 상황 속에서 체험을 통해 드러난 하느님의 활동에 '응답'할 수 있도록, 모든 사람에게 제공된 독자적인 문서로 여겨졌다(Westermann). 이 문학 단위는 이처럼 매우 다양한 양식으로 표현될 수 있는 '기도' 상황 속에 놓인다. 이와 같은 해석 방법은 '다윗의 기도들'이라는 표제 속에 잘 반영되어 있다(시편 72,20). 그러나 전체로서의 시편 책 제목은, 유다교 전승에 따라, '찬미가들'(*t^e hillîm*)이라는 보다 제한된 정의를 선호한다. 인간 '응답'의 본질은 따라서 하느님의 영광

을 예찬하는 것이어야 한다. 이러한 시편 독법에 따르면, 예를 들어 탄원 또는 애원 자세는 신앙인의 삶에서 일시적인 단계일 뿐이다. 모든 의심과 시련의 시간이 지나간 다음 신앙인은 결국, 시편이 '할렐루야'를 되풀이하는 환희로 마감되는 것처럼, 하느님 찬미로 돌아올 것이다.

수인 음악가들(시편 137 참조)

이 열정적인 기쁨은 특히 종말론적 관점에서 꽃핀다: "눈물로 씨 뿌리던 이들 환호하며 거두리라"(시편 126,6; 참조. 묵시 19,1-8; 21,4). 주로 찬가적이며 종말론적인 시편 독법은 특별한 시편들 해석에 분명한 효과를 낼 것이다. 이 독법은 의심의 여지없이 이 성경 문서의 역사에 속한다. 그러나 이러한 독법 유형만을 우선시할 경우 시편에 표현된 인간적 체험의 다양성을 제한할 위험이 있다. 한편 재독 역사에 있어 '하나의' 단계는, 메시아적 해석(시편 2편과 89편으로 형성된 '틀' 참조) 또는 지혜문학적 해석과(시편 1편과 119편의 '틀' 참조) 같은 다른 단계들보다 우선시되어서는 안 된다.

ㄴ) 비교 가능한 하나의 다양성은 이 책의 '저자' 곧 다윗을 이해하는 데서도 드러난다. 다윗은 핍박받는 자(예를 들어 시편 59,1의 "다윗을 죽이려고..." 참조) 또는 하느님의 용서를 구하는 죄인의(예를 들어 시편 51편 참조) 본보기 유형일 수 있다. 메시아적 독법에서 그는 하느님의 '아들'(참조. 시편 2,7.12; 89,27) 또는 당신 백성과 맺으신 하느님의 영원한 계약의 의인화가 된다(참조. 시편 89,4.29.35.40). '다윗' 시집이 다윗 시대의 역사적 틀을 넘어서는 많은 자료를 담고 있다는 사실은(예를 들어 시편 137편의 유배 묘사), 유다교도들이건 그리스도교도들이건, 후대의 독자들이 예언자 정신을 다윗의 정신으로 삼도록 이끈다(예를 들어 마태 22,43; 마르 12,36; 사도 1,16). 시집의 '다윗화' 동기는 여럿이며, 그 활용은 시편의 경전화와 해석의 흐름 속에 늘 동일했던 것은 아니다.

주석에 있어 필요불가결한 방법이라 하더라도, '경전' 독법은 이전부터 시편의 다른 독법들에 대한 우선권을 요구할 수 없었다. 시편 역사에서 시편들이 하나의 경전집에 통합된 측면은, 시 본문의 출처와 그 본래 기능을 특징짓는 뿌리 깊은 다양성에 비해, 이차적(이며 후차적)이었기 때문이다.

5. 다섯 권으로 분류

시편의 라삐 주해(*Midrash Tehillîm*)는 시편의 구조에 대해 "모세가 율법서 다섯 권을 이스라엘에게 주었던 것처럼, 다윗은 시편 다섯 권을 이스라엘에게 주었다"라고 환기시킨다. 이는 시편의 조직이 경전과 전례 본문 예형으로서의 토라를 향하고 있음을 의미한다. 성경 본문에서 우리는 다섯 권으로 된 시편 분류를 확인할 수 있으며, 각 권은 비슷한 찬영가로 끝맺음한다:

권		찬영가
I.	시편 1–41편	→ 41,14
II.	시편 42–72편	→ 72,18+19
III.	시편 73–89편	→ 89,53
IV.	시편 90–106편	→ 106,48
V.	시편 107–150편	→ 145–150(?)

이 구조 주도자들은 명백한 문학 자료로서의 중간 휴지를 적절한 자리에 배치하기 위해 힘썼다. 사실 제1권의(시편 1–41) 끝은, 문체상 분명히 다른 '엘로힘계 시집' 앞에 자리한, 다윗의 첫 시편 모음의(시편 3–41) 끝과 일치한다. 둘째 중간 휴지는 제2권의 끝을 '다윗의 기도들' 끝과 맞아떨어지도록 하기 위해 72,20의 서명을 향한다. 셋째 찬영가는 시편 89편 다음에 자리하는데, 내용상 매우 중요한 부분이다(또한 '메시아 시집'을 닫기도 한다). 시편 89편과 이어지는 시편 모음들('모세 시편'과 '하느님 나라 시편들') 사이의 차이점은 바로 이 자리에 하나의 분리가 요구될 만큼 너무나 자명하다. 제4권과 제5권의 범위 설정은 그 근거가 다소 불분명하다. 한편, 제5권은 앞서의 찬영가들과 유사한 찬영가를 지니지 못하며, 우리는 아울러 찬영가 기능을 시편 145–150편 전체에(시편 145,21의 찬영가 울림 참조!) 또는 시편 150편에만 적용해야 하는지 자문할 수 있다.

시편을 소위 '다윗의 토라'로 만들려는 의도는 분명해 보인다. 한편, 시편의 구체적 해석에 있어 – 다시 말해서 각각의 시편 해석에 있어 – 시편을 토라로 만들려는 이와 같은 문맥화 기여는 매우 빈약하거나 아니면 무시할 만하다. 세세한 부분에 지나치게 초점을 맞춘 전통적인 주석은 전체로서의 시편을 보는 관점을 놓칠 위험을 안고 있다. 그러나 역으로 현대의 몇몇 '역사 비평' 주석은 '숲이 나무를 감추는' 위험과 함께 또 다른 극을 향해 동요할 수 있다.

6. 참고 문헌

6.1. 주석서

R. Alter, *The Book of Psalms, A Translation with commentary*, New York, 2007. E. Beaucamp, *Le Psautier*, 2 vol., Paris, 1976. J.H. Eaton, *The Psalms, A historical and spiritual commentary*, London, 2007. M. Girard, *Les Psaumes. Analyse structurelle et interprétation*, 3 vol., Montréal/Paris, 1984–1994; 1996^{2}. J. Goldingay, *Psalms*, 3 vol., Grand Rapids(MI), 2006. F. Hartenstein/B. Janowski, BK.AT 15/1 Neubearb., 2007. F.-L. Hossfeld/E. Zenger, HThKAT, 2000[Ps 51–100]; 2008[Ps 101–150]. Id., NEB.AT 40, 2002[Ps 1–50]. H.-J. Kraus, BK.AT 15/1, 1989 ; BK.AT 15/2, 1989^{6} = *Psalms: A Commentary* (Continental Commentaries), Minneapolis(MN), 2 vol., 1988–1989. A. Lelièvre/A. Maillot, *Les Psaumes* (1962–1969), 2 vol., 2007^{3}. M. Oeming, NSK.AT 13/1, 2000[Ps 1–41]. K. Seybold, HAT I/15, 1996.

6.2. 연구 현황

M. Girard, «L'exégèse des Psaumes, Etat de la recherche(1980–1992)», in M. Gourgues/L. Laberge (éd.), *«De bien des mainières», La recherche biblique aux abords du XXIe siècle: Actes du Cinquantenaire de l'ACEBAC* (LeDiv 163), Montréal/Paris, 1995, p. 119–145. P.H.A. Neumann (éd.), *Zur neueren Psalmenforschung*(EdF 142), Darmstadt, 1976.

6.3. 주요 저서 및 논문

J.-M. Auwers, «Le David des psaumes et les psaumes de David», in L. Desrousseaux/J. Vermeylen (éd.), *Figures de David à travers la Bible* (LeDiv 177), Paris, 1999, p. 187-224. J. Becker, *Wege der Psalmenexegese* (SBS 78), Stuttgart, 1975. C. Coulot/R. Heyer/J. Joubert (éd.), *Les Psaumes. De la liturgie à la littérature*, Strasbourg, 2006. F. Crüsemann, *Studien zur Formgeschichte von Hymnus und Danklied in Israel* (WMANT 32), Neukirchen-Vluyn, 1969. P.W. Flint/P.D. Miller, Jr. (éd.), *The Book of Psalms. Composition and reception* (VT.S 99), Leiden, 2005. H. Gunkel/ J. Begrich, *Einleitung in die Psalmen. Die Gattungen der religiösen Lyrik Israels*, Göttingen, 1975^{3}. G.A. Hunter, *An Introduction to the Psalms*, London, 2008. B. Janowski, *Dialogues conflictuels avec Dieu. Une anthropologie des Psaumes* (Le Monde de la Bible 59), Genève, 2008. S. Mowinckel, *Psalmenstudien*, Kristiania, 1992. H.P. Nasuti, *Defining the Sacred Songs: Genre, Tradition, and the Post-Critical Interpretation of the Psalms* (JSOT.S 218), Sheffield, 1999. G. Ravasi, *Les Psaumes* (adaptation de l'oeuvre par Robert Michaud), Paris 1993. K. Seybold, *Die Psalmen, Eine Einfürung*, Stuttgart, (1986)1991^{2}. Id., *Poetik der Psalmen*, Stuttgart, 2003. R.J. Tournay, *Voir et entendre Dieu avec les Psaumes ou La liturgie du Second Temple à Jérusalem* (Cahiers de la RB 11), Genève, 2002^{2}. E. Zenger, *Ein Gott der Rache? Feindpsalmen verstehen*, (1998)2006^{2}.

지혜문학

뢰머 (Thomas Römer)

히브리어 성경 경전에서 잠언과 욥기와 코헬렛, 이 세 권의 책은 일반적으로 지혜 서적으로 분류되며, 여기에 그리스어 경전 곧 가톨릭교의 구약성경은 지혜서와 집회서를 덧붙인다. 이 성경책들은 고대근동 지방과 이집트는 물론 지중해 세계에 널리 펴져 있던, 인간이 사는 세상에 대한 실질적 이해 탐구를 담고 있다. 지혜문학의 의도는 우선 실질적이다. 세상을 통제하고, 세상과 사회를 다스리는 규범들과 조화를 이루어 세상을 행복하게 살아갈 수 있는 규정들을 진술하고 있기 때문이다.

지혜를 지칭하는 히브리어 어근 하캄(*ḥakam*)은 실질적이며 실용적인 의미를 내포한다. 우리는 이 낱말이 전문적인 차원을 포함한다고 말할 수 있다. 이 어근은 재주 있는 장인을 가리킬 수 있으며(이사 40,20), 솜씨 좋은 실 잣는 여인들이 여자 곡꾼들과 함께(예레 9,16) '현인'이라 불린다(탈출 36,8). 따라서 우리는 모든 직업군이 지혜와 연계되어 있다고 추정할 수 있다. 잘 된 작업은 모두 '지혜로운' 작업이다. 또한 통치할 줄 아는 임금은 '현인'이라 불린다(1열왕 3,5: 솔로몬). 지혜의 원칙은, 찾아내서 삶의 방향을 정해야 하는 질서에 따라 하느님께서 세상을 정리하셨다는 것이다. '현인'은 따라서 주시할 뿐만 아니라 원로들의 조언을 들을 줄 아는 사람, '정의'(*tsedaqah*) 곧 하느님께서 원하시는 행동을 실천하는 사람이다.

이렇게 모든 사람은 선험적으로 '현인'일 수 있으며, 동시에 몇몇 성경 본문에서 '현인들'은 정확한 하나의 사회적 집단, 분명 서기관 집단을 가리키는 것 같다. 사실 지혜와 문자 사이에는 하나의 관계가 존재한다. 서기관들은 금언들과 현인의 행동에 관한 가르침을 글로 기록한 사람들이기 때문이다. 넓은 의미에서의 지중해 문명에 대해서 우리는 문학 현상으로서의 지혜가 메소포타미아와 이집트, 다시 말해서 문자를 창안해낸 이 두 문명 세계에서 기원전 삼천 년대에 탄생했다고 말할 수 있다. 한편, 구약성경의 저자들은 무엇보다도 아시리아와(이사 10,13) 바빌론의 지혜는 물론(이사 47,10) 이집트의 지혜도(이사 19,2) 언급한다는 점에서, 지혜가 광범위한 국제적 맥락 속에 자리한다는 사실을 의식하고 있었다.

지혜는 따라서 국제적 현상이었으며, 유다의 현인들 세계는 분명 주변 세계 현인들의 문학 작품을 알고 있었을 것이다.

1. 메소포타미아 지혜

아카드어는 흔히 지혜로 번역되는 용어 네메쿠(*nemequ*)를 알고 있다. 이 낱말은 히브리어 하캄(*hakam*)과 일부 비교될 수 있다. 하캄은 솜씨와 능력을 가리키며, 삶의 모든 영역으로 확대되기 때문이다(Beaulieu).

수메르어로 된 가장 오래된 지혜 작품은 학습 사본으로 우리에게 전해졌으며, 금언, 우화, 교육, 토론을 담고 있다. 이 문학은 서기관 지도자들에 의해 서기관 견습생들에게 '서판의 집'에서 교육되었다. 수메르 지혜의 가장 중요한 본문은, 수룹팍(Shuruppak)이 바빌론의 '노아'였던 아들 지우수드라(Ziusudra)를 위해 기원전 삼천 년대에 저술한 '수룹팍의 가르침'이다. 이 가르침은 적합한 사회 윤리적 행동에 대한 조언을 담고 있으며("다툼의 원인이 되지 마라, 너를 업신여기지 마라", "술을 마셨을 때에는, 항변하지 마라"),

이집트의 가르침들과 성경 잠언과(잠언 1,10; 2,1 등에 나오는 "내 아들아, 네게 조언을 주겠다." 하는 호소 참조) 병행하는 많은 문구를 포함한다. 성읍의 지명이었던 수릅팍은 여기서 노아의 홍수 이전 어떤 임금의 이름으로 등장한다. 이집트와 유다에서처럼 분명 이 수메르 금언 수집가는 그 구성을 오랜 과거 속의 지혜로운 어떤 임금의 권위 아래 두고자 했다. 그의 아들 지우수드라 역시 수메르 기사 '길가메시와 죽음'에서 지혜를 가르치는 교사로 등장한다. 수릅팍의 가르침과는 달리, 이 기사는 지우수드라의 교육이 하나의 종교적 요소, 수메르의 제사(*me*) 전수를 포함하고 있음을 강조한다(Cavigneaux – Al Rawi). 볼리유(P.–A. Bealieu)가 주목하고 있는 것처럼, 지우수드라 전승은 메소포타미아 지혜를 위해 중요한 역할을 한다. 이 전승은 고대를 거슬러 올라가는 지혜와 왕권과 지식 사이의 밀접한 관계를 강조하기 때문이다.

메소포타미아 지혜 전승의 또 다른 중요한 면모는 길가메시(Gilgamesh) 서사시이다. 길가메시는 지혜의 바탕을 다시 가르치는 노아 홍수 이후의 임금을 상징한다. 이천 년대의 고대 판에서 지혜는 길가메시가 친구 엔키두의 죽음 이후 불사의 힘을 얻기 위한 여행 중에 터득한 지식으로 제시된다. 술집 여주인 시두리(Siduri)와 (홍수에서 살아남은) 우트나피스팀(Utnapishtim)은 길가메시에게 죽음은 피할 수 없는 인간의 운명이며, 따라서 인간은 *Carpe diem*(오늘을 즐겨라!) 자세를 수용해야 한다고 가르친다. "신들이 인류를 창조했을 때, 그들은 인류에게 죽음을 예정해 두었으며, 생명은 자기들을 위해 자기들의 손에 고정시켜 놓았다. 너 길가메시야, 밤낮으로 네 배를 배부르게 하여라. 즐겨라 [...] 네 옷은 때 묻지 않게 하고 머리는 잘 감으며 물을 흠뻑 써서 목욕해라. 네 손으로 잡은 어린 아이를 주시하고 사랑하는 여인이 네 품에서 즐기도록 해라! 이것이 인간의 관심사이다"(Tablette X, col. III,3–14). 동일한 조언이 천 년 이후에 기초된 코헬렛에서 발견된다. "그러니 너는 기뻐하며 빵을 먹고 기분 좋게 술을 마셔라. 하느님께서 이미 네가 하는 일을 좋아하신다. 네 옷은 항상 깨끗하고 네

머리에는 향유가 모자라지 않게 하여라. …네 허무한 인생의 모든 날에 사랑하는 여인과 함께 인생을 즐겨라 …"(코헬 9,7–9).

바빌론의 지혜 목표는 세상과 사회에 대한 이해를 넓히는 것이기에, 점쟁이들과 사제들과 구마자들의 능력은 지혜 세계에서 매우 중요한 자리를 차지한다. 8세기의 바빌론 문헌 하나는 운세의 형태로 어떤 제후(산헤립?)에게 건넨 가르침들을 담고 있다. 기원전 7세기에 작성된 유명한 시 '나는 지혜 주님을 찬미하리라'(*Ludlul bel nemeqi*)는 분명 구마자들의 세계에서 탄생한 작품이다. 신들이 보낸 병들은 전문가들에 의해서만 치료될 수 있는 것으로 언급되기 때문이다. 이 시는, 욥기와의 병행 관계로 말미암아(이 병행 본문들에 관한 간략한 소개를 위해서는 욥기의 해당 항목 참조) 성경학자들이 종종 '고통 받는 의인'을 다루는 작품으로 규정하는, 메소포타미아의 광범위한 문학에 속한다. 이 본문들은 세상과 제멋대로 행동하는 신들의 계획을 이해하는 능력에 대해 회의적이다. 우리는 또한 상당한 이집트 본문들과 적지 않은 성경 본문에서 동일한 공인 가르침을 만난다. 지혜 규범에 따라 행동하더라도 불행과 고통을 피하지 못한다는 가르침이다.

지혜의 이와 같은 '위기'에 대한 그럼직한 해답은, 성경에서처럼(욥 28), 지혜는 평범한 사람들에게 접근이 불가한 감춰진 학식으로서 신들이 밝혀주기를 원하는 사람들에게 유보된 학식이라는 현실에서 찾을 수 있다. 판 데르 토른(K. van der Toorn)에 따르면, 감춰지고 밝혀진 지혜 강조는 기원전 천 년대 동안 이뤄진 제도의 발전과 상응한다. 다시 말해서 서기관 계급의 세력 확보와('지혜의 서기관화'), 이제 지혜가 문자를 통해서만 접근 가능하다는 사실에 의한 것이다. 이 점에서 우리는 지혜의 신학화를 말할 수 있을 것이다. 기원전 천 년대에 메소포타미아의 지혜는 서서히 신들과 사람들 사이의 중개 문제에 전념하게 되었다(Beaulieu). 이 이중 발전 과정은 성경 지혜의 진화와, 유다 왕국의 붕괴 이후 지혜 본문의 성문화와 병행 관계를 이루어 나갔다.

2. '시리아' 지혜

우가릿 본문들은, 교과서적인 수많은 작품들 가운데 어떤 집에서 발견된, 기원전 13세기에 아카드어로 작성된 '수베아윌룸(*Shube'awilum*)의 가르침'이라는 작품 이외에 지혜 유형의 문헌을 거의 보여주지 않는다. 아마도 바빌론에서 유래한 이 가르침은 한 아버지가 여행을 떠날 준비를 하던 아들에게 건네는, 또는 이 여행이 인생을 상징할 경우 한 스승이 제자에게 건네는 조언들을 담고 있다(Crenshaw). 이 본문은, 사람은 홀로 앞을 가로막는 온갖 장애물과 맞설 수 없기에, 동반자의 필요성을 강조한다. 또한 다른 지혜 작품들과 마찬가지로 여성에 대한 남성우위적 사고 또는 불신을 표현하기도 한다. "네 주머니에 있는 돈을 여인이 갖지 못하게 하라".

기원전 8세기경 아람어로 기록된 '아키카르(Ahiqar)의 지혜'는 고대근동 지방에 널리 퍼져 있던 작품으로서, 구조 차원에서 욥기와 매우 가깝다. 지혜 가르침을 담고 있는 중심 부분이 서술체 틀로 둘러 싸여 있기 때문이다(욥기의 해당 항목 참조). 중심 부분에 담긴 금언 양식들은, 예를 들어 수(數) 금언들처럼, 성경 잠언에서 모두 발견된다(잠언에 관한 A. Buehlmann의 논문 참조).

3. 이집트 지혜

메소포타미아처럼 고대 이집트에서 서기관들은 중요한 역할을 담당했다. 읽고 쓰기를 배우기 위해 엘리트 젊은이들은 (신전에 자리한) '인생집'(*par-ankh*)이라 불린 학교에 다녔다. 여기서 그들은 배웠을 뿐만 아니라, 교훈적인 가르침들을 생산하고 편찬하고 보전했다. 서기관들에 의해 기록된 이 본문들은, 일반적인 규정에 따라, 탁월한 현인으로 여겨진 임금의 작품으로 취급되었다(메리카레[Merokare]의 교서, 암메네메스[Ammenemes]의 교서, 아멘엠오페[Amenemope]의 가르침). 이는 왕정 이념을 통하여 설명된다. 파라오는 땅에서 신들을 대리하는 신들의 아들이며, 신들이 그에게 지혜를 전수하기 때문이다. 서기관들 또한 그들의 중요한 위치를 의식하고 있었다. 이는 '직업 풍자'라 불리는 본문이 밝히고 있는 것처럼(문헌 대부분이 기원전 13세기에 작성된 것으로 보이는 '드와 케티[Dwa-Khety]의 교서'), 이들이 다른 직업들을 조롱했다는 사실에서 드러난다. 다른 직업들을 빈정거리는 묘사는 서기관의 우월감을 드러내고자 함이기 때문이다. "보라, 서기관직 이외에 주인이 없는 직업은 없다. 그가 바로 주인이기 때문이다! 네가 쓸 줄 안다면, 네게 제시했던 모든 직업보다 네게 더 가치 있는 일일 것이다." 유사한 본문이 집회서의 '서기관 찬가'에서 발견된다(집회 38,24-39,11). 물론 집회 38장에서 다른 직업들이 보다 긍정적으로 평가되고 있으나, "(다른 직업을 가진) 그들이 격언을 이용하는 것도 볼 수 없다"(33절).

이집트 현인들의 목표는 무엇이었는가? 이집트인을 세상의 질서를 따라 살고 그 질서를 보존하며 그것을 실현하도록 도움을 주는 사람으로 탁월하게 형성하는 일이었다. 이집트인들은 이 세상의 질서를 마아트(*ma'at*)라 칭했다.

마아트는 창조주가 설정해 놓은 그대로의 자연과 사회의 의로운 상태를 말한다. 이 표현은 정확하고 올바른 모든 것, 질서, 법, 정의, 진리를 포괄하는 개념이다. 마아트와 관련시켜 볼 수 있는 성경의 두 개념은 '평화'(*shalom*)와 '정의'(*tsedaqah*)이다(Schmid 참조). 서기관들은 그 이름의 상형문자, 곧 오른쪽 깃털을 머리 장식으로 지니고 있는 처녀로 마아트를 표현했다. 깃털은 물론 서기관의 필기구를 가리키나, 아울러 나약성과 유연성을 상징하기도 한다. 마아트는 힘으로 강요할 수 없으며, 불변의 법칙도 아니다. 각각의 고유한 상황에서 이해되어야 하며, 그 구체적 내용도 변할 수 있다. 참된 현인은 마아트의 모든 비밀을 결코 이해할 수 없다는 사실을 의식하는 사람이다. 우리는 몇몇 본문에서 마아트가 태양의 일상적인 진로를 보장하는 신 레(Re)의 딸, 여신으로 등장한다는 사실에 주목

(이집트의 세상 질서인) 마아트를 처녀로 의인화한 장면.
이 처녀는 마아트를 가리키는 상형문자, 곧 깃털을 머리 장식으로 지니고 있다.

한다. 그러나 대규모의 신화 기사에서 마아트는 여신으로 나타나지 않고, 무엇보다도 신적인 성격을 강조하고자 하는 현인들의 사변적인 문학에 등장한다. 카야츠(C. Kayatz)에 따르면, 마아트에 대한 몇몇 묘사는 잠언 8장의 지혜의 의인화와 관련이 있을 수 있다(Levêque도 참조). 마아트의 선(先)-존재 개념은 석관(sarcophagus) 본문(§80)에서 확인되며, 여러 본문에서 마아트는 임금 또는 신들의 사랑 받는 여인으로 묘사된다. 따라서 마아트는 본디 잠언의 '훌륭한 아내'일 수 있다.

잠언 22,17-23,11과 '아멘엠오페의 가르침' 사이의 병행 관계는 오랫동안 주목받고 토론되었다(잠언의 해당 항목 참조). 성경 저자는 결국 필요에 따라 각색한 이 문집을 알고 있었을 것이다(Laisney).

4. 히브리 성경의 지혜 본문

특히 전통적인 지혜 본문들을 규합한 잠언과, 지혜에 관한 지나치게 낙관적인 개념에 저항하는 욥기와 코헬렛 이외에, 우리는 32; 34; 37; 49; 112; 128편 등과 같은 시편에서도 지혜 본문들을 만날 수 있으며, 지혜문학적인 격언들은 몇몇 예언서에서도 발견된다(예를 들어 예레 10,2-23; 12,5; 아모 5,19; 에제 16,44; 18,2). 조정에서의 성공과 유혹하는 여인들 앞에서 어떻게 처신해야 하는지를 보여주는 요셉 소설(창세 37-50) 역시 지혜문학에 포함될 수 있다.

메소포타미아와 이집트에서처럼, 지혜 본문들을 기록하는 일은 왕정시대 동안 서기관 세계에 속했고(Weinfeld가 강조한 신명기와 지혜문학의 밀접한 관계 참조), 페르시아와 헬레니즘 시대에는 성전과 디아스포라에서 젊은이들 교육을 체계화했던 지도층의 작업이었다(코헬렛에 대해서는 A. Buehlmann의 논문 참조).

우리는 두 가지 주된 원전을 구별할 수 있다. 하나는 (농민들의 현실을 반영하고 자연을 관찰하며 씨족 내의 생활을 체계화하기 위한 기준을 부여하고자 하는, 특히 금언들로 이루어진) '대중 지혜'이며(참고. 집인 10,5; 20,4), 다른 하나는 (안락한 환경과 도시 생활 속에서 삶을 성공으로 이끌기 위한 연사와 격언 양식의 규정들로 이루어진) '조정 지혜'이다(잠언 23,1-10 참조). 한편, 첫째 원전은 지식인들에 의한 수집을 통해서 비로소 지혜의 영역에 들어올 수 있었다. 지혜문학 본문 전수에서 구전 전승의 역할에 대한 토론은 여전히 진행 중이다. 사회학적인 차원에서 금언집에 규합된 모음들이 유다 시골의 몇몇 초가에서 탄생했다는 사실은 거의 불가능한 일이다. 여러 저자는 조정과 성전 학교의 금언과 격언 편찬 과정에서 두 단계를 식별한다(금언의 다양한 형태에 관해서는 잠언의 해당 항목 참조). 첫 단계는 행동 규정들을 기록하는 일이며, 둘째 단계는 야훼께서 선한 또는 악한 행실을 벌하신다는 사실을 강조하는 신학적 개정 작업이다. 화이브레이(R.N. Whybray)는, 본디 독립적인 두 모음을 구성했던 잠언 10-15장과 11-16장에서, 야훼는 특히 병합되어 버린 두 문학 단위의 끝에 자리한 15장과 16장에 언급된다는 사실을 주목하도록 한다. 지혜의 이 신학화는 그러나 이전에 '세속적' 지혜가 존재했다는 것을 의미하지 않는다. 히브리 성경의 전통적인 지혜는 한편 '하느님 경외'라는 개념으로 요약될 수 있다.

5. '하느님 경외' 개념

지혜는 누군가의 행실과 그가 처한 (긍정적 또는 부정적) 상황 사이의 관계가 존재한다는 개념에서 출발한다(*Tun-Ergehen-Zusammenhang*). 야훼께서 바로 개인의 행실과 운명 사이의 관계를 설정하시고 보증하신다. 그분은 세상의 질서를 확립하셨기에, 이 질서가 보장될 수 있도록 누군가의 행실과 그 운명 사이의 관계 개념이 존재해야 한다. 그러나 이를 확언하면서도 현인들은 인간의 지혜는 한계가 있음을 의식한다. 인간은 하느님의 계획을 언제나 이해하지 못한다: "사람의 발걸음은 야훼께 달려 있으니, 인간이 어찌 제 길을 깨닫겠는가?"(잠언 20,24) 모든 것은 인간이 아니라 야훼께서 결정하시는 대로 이루어진다: "인간이 마음으로 앞길을 계획하여도, 그의 발걸음을 이끄시는 분은 야훼이시다"(잠언 16,9). 세상 질서의 보증인으로서의 야훼는 또한 가난한 이들과 불우한 이들의 보호자이시다: "빈곤한 이를 강탈하지 마라. 그가 빈곤하지 않느냐? 성문에서 가난한 이를 억누르지 마라. 야훼께서 그들의 송사를 떠맡으시고, 그 약탈자들의 목숨을 약탈하신다"(잠언 22,22-23). 이스라엘의 하느님은 ('무질서'에 속한) 사회 불의를 혐오하시나, 정의(*tsedaqah*)를 실천하는 이들 안에서 만족하신다.

하느님께 대한 현인의 올바른 자세는 성경에서 '하느님/야훼 경외'라는 표현으로 요약된다. 학자들은 자주 이 표현에 대하여 질문을 던졌으며, 흔히 '경외'라는 낱말의 일차적 의미를 통해 해석을 시도했다. 신에 대한 인간의 존중, 나아가 두려움이라는 의미를 부여하고자 했다. 그러나 지혜문학에서 이 표현은, 무엇보다도 잠언 16,6이 밝히는 것처럼("자애와 진실로 죄가 덮이고, 야훼를 경외함으로 악이 멀어진다."), 보다 실질적인 의미를 지닌다. 언뜻 보기에 평범한 이 구절은 실은 종교의 신성한, 나아가 제의주의적 개념을 비판한다(Ernst). 사실 '속죄하다, 죄, 멀리하다'라는 개념은 모두, 하나의 잘못은 제물 또는 제의로 보상되어야 한다는 사제계 신학에서 유래한다(레위 5,16과, 예언자 이사야가 제단에서 취한 타는 숯의 도움으로 정화되는 이사 6,7 참조). 잠언 16,6의 저자는 이 사제계 개념을 변형시킨다. 그는 제물을 지혜문학 사고의 두 중심 용어인 자애와 진실로 대체한다. 자애와 진실은 하느님께서 원하신 대로의 세상 질서와 마주하여 취하는 것이 적합한 자세를 말한다. 야훼께 대한 올바른 자세이며, 이웃에 대한 올바른 행동이다. 이 본문은 또한 현인들(서기관들) 세계와 사제들 세계 사이의 논쟁을 반영할 수도 있다.

잠언에서 하느님 경외는 창조의 질서를 보전하고자 하는 인간의 합당한 행실을 가리키며, 따라서 참 지혜와 일치한다. 이는 다음의 두 잠언을 접근시키면 더욱 분명해진다.

잠언 14,27: "야훼를 경외함은 생명의 샘이니, 죽음의 올가미에서 벗어나게 해 준다".

잠언 13,14: "현인의 가르침은 생명의 샘이니, 죽음의 올가미에서 벗어나게 해 준다".

지혜의 가르침은 이처럼 하느님 경외와 동등하며, 이 경외는 생명에 접어들게 하고 죽음의 세력과 맞서게 한다. 따라서 경외는 분명한 윤리적 개념이다. 이 개념은 또한 탈출 1,15-20에서 하느님 경외에 따라 행동하면서 이집트 임금의 살해 명령에 맞섰던 파라오의 산파 기사, 또는 요나서에서 하느님을 경외하기 때문에 처음엔 요나를 죽음에 부치기를 거부했던 이방인 선원들 일화가 밝혀주듯이 국제적이다.

6. 유다 지혜문학의 발전 문제

슈밋(H.H. Schmid)의 중요한 연구에 뒤이어, 학자들은 종종 히브리 성경 본문에도 반영되었을 지혜 사고의 발전이라는 개념을 받아들였다. 이 발전은 다음과 같이 제시된다. 처음에는 관찰에 기초한 금언들 안에서 탄생한 경험적 지혜가 있었다. 예를 들어, 씨 뿌릴 때 일하지 않는 사람은 거둘 때 먹을 것이 아무것도 없을 것이다(잠언 10,5; 20,4). 메소포타미아에서처럼 우리는 이 지혜의 신학화를 주시할 수 있다(잠언 25-27장과 28-29장 사이의 차이점 참조). 야훼는 여기서 분명한 방법으로 *Tun-Ergehen-Zusammenhang*의 수호자로 등장하신다. 바로 그분이 각각의 행실이 적합한 보상을 받도록 지키신다(잠언 24,12; 25,21-22). 세상의 질서를 보장하는 신 앞에서의 의로운 행실 요구에 기초한 이 전통적 지혜는, 슈밋에 따르면, 진정한 지혜의 자리와는 달리 인간중심주의로, 교의론적 영역으로 이끄는 하나의 발전 과정을 거쳤다(de Pury도 참조). 본디 독립적인 모음을 이루었을 잠언 10-15장에는 수많은 격언이 자리한다. 이 격언들은 그 결과를 밝혀주는 구체적 행실들을 더는 묘사하지 않고, 인간의 두 가지 유형과 그에 관한 운명을 마주하게 한다. 지혜의 우주론적 관점은 인간중심적 관점으로 대체된다. 이제 우리는 인류를, 슬기로운 사람과 어리석은 사람, 의인(*tsaddiq*)과 악인(*rasha'*), 이렇게 두 범주로 나누는 일종의 흑백 화법에 이른다(잠언 10,16). 하느님 곁에는 질서와 의인들이, 다른 곳에는 무질서와 악인들이 자리한다. 또한 하느님은 의인들에게는 기꺼이 행복을 선사하시며, 불행과 고통은 악인들의 몫으로 배정하신다. 고전적인 지혜 역시 각자의 행실에 대한 하느님의 상벌을 확언하면서도, 이 상벌이 어떻게 이루어지는지 선언할 자격이 인간에게 없음을 줄곧 강조한다. 보상 교의에 기초한 지혜의 인간중심주의는 따라서 다음과 같은 개념으로 요약된다: "죄인들에게는 불행이 따르지만, 의인들에게는 행복이 뒤따른다"(잠언 13,21). 그런데 일상의 체험은 이러한 확언과 모순된다는 것이 문

제이다: “내가 악인들의 평안함을 보았기 때문이네. 그들에게 아픔이라고는 없으며, 그들의 몸은 건강하고 기름졌네. 인간의 괴로움이 그들에게는 없으며, 다른 사람들처럼 고통도 당하지 않네”(시편 73,3ㄴ-5). 이러한 긴장은 지혜의 실패를 밝히는 욥기와 코헬렛에 반영되어 있는 ‘지혜의 위기’로 이끈다. 욥은 하느님은 이해할 수 없는 존재라는 사실을 강조하며(Schmid, 186), 코헬렛은 결국 지혜문학적 사고가 불가능함을 단언하면서 결론으로 이끈다. 우리는 여기서 슈밋에 의한 욥기와 코헬렛의 해석이 이 책들의 복합성을 충분히 고려했는지 논하지는 않을 것이다(각 권의 해당 항목 참조). 다만 메소포타미아와 이집트의 지혜문학 병행 현상이 분명하게 밝혀주는 것처럼, 지혜의 발전 과정에 관한 단조로운 시각을 그대로 유지하는 것이 쉽지 않다는 점은 강조해야 한다. 메소포타미아와 이집트 지혜의 병행 현상에서는, 비록 연대순에 따라 정리하기는 힘들다 하더라도, (경험적 지혜, 신학적 지혜, 교의적 지혜, 비관적 지혜 등) 지혜의 다양한 요소가 발견되기도 한다. 슈밋은 지혜 연사의 다양한 유형을 잘 묘사했으나, 이 유형들은 분명 공존하는 것들이다. 우리는 한편 ‘실패’를 향한 지혜의 발전 개념이, 지혜와 지혜의 ‘쾌락주의’와 그 국제적 성격을 인정하지 않는 바르트(K. Barth)로부터 영향을 받은 개신교의 몇몇 신학적 견해와 연관되는 것은 아닌지 자문하게 된다(특히 그리스도교 신자에게 세상의 지혜 접근은 적절하지 않음을 주장하는 Preuss, 189쪽 참조; 이스라엘의 지혜는 이스라엘에 특별한 계시 앞에서 ‘이차적’일 뿐임을 강조하면서도, 지혜에 관한 연구에서 주장의 강도를 약화시키는 G. von Rad도 참조.). 그런데 이와 같은 견해를 고수하는 일은 지혜문학에 적합한 해석을 저해할 수 있다.

7. 지혜 ‘위기’에 대한 다양한 답변

메소포타미아와 이집트에도 잘 알려진 지나치게 낙관적인 지혜를 문제시하는 현상은 성경에 다양한 반응을 불러일으켰다.

– 저항. 이는 특히 정당한 보상을 보장해주신다고 믿는 하느님의 행위에 질문을 던지는 욥기에 표현되어 있다.

– 체념 또는 철학적 사고로 건너감. 이는 세상에서의 선한 행실을 위한 규정들을 제시하고자 힘쓰면서도 하느님의 계획을 인지하는 일은 불가능함을 역설하는 코헬렛의 경우이다.

– 보상 개념의 재현실화. 이는 예를 들어 최후에 욥기에 덧붙여진 엘리후의 연사에서(욥 32–37) 찾아볼 수 있다. 이 연사는, 욥기의 서술체 틀과 마찬가지로, 보상의 비–작동을 고통을 통해 의인을 시련 속에 두는 것으로 제시한다. 보상 개념을 유지하는 또 다른 방법은 어근 가운데 하나를 지혜에서 찾을 수 있는 묵시적 사고 속에서 발견된다(이 책 Ch. Nihan의 유다교 묵시록 참조). 몇몇 묵시 작품에서 현재의 시련은 최후 심판 때의 의인들 회복을 위한 전조로 이해된다.

– 지혜의 '신화화'. 욥 28장과 집회 24장과 지혜 7장과 같은 본문은 참 지혜는 하느님에게서 찾을 수 있으며, 하느님이 계시하기를 원하시는 경우가 아니라면 인간에게 다다를 수 없는 것임을 확언한다. 지혜는, 준–여신으로 등장하는 이집트의 마아트처럼, 창조가 시작될 때부터 존재한다(잠언 8,22–31; 집회 24,3–9; 지혜 9,9).

– 지혜의 율법 동일화. 이 현상은 특히 집회서와 지혜서의 기초가 된다(집회 24,23–39; 39; 지혜 10; 바룩 4,1). 이는 그리스의 예배에 맞서 토라의 우월성을 드러내고자 했던 헬레니즘 시대 몇몇 유다교 소수파의 성과이다. 상당한 주해가는 여기서 지혜문학의 보편주의로부터 이스라엘을 위한 야훼 계시의 배타주의로 향하는 전이 단계를 보기도 한다. 지혜의 이 율법 동일화는 또한 토라를 중심으로 한 삼등분 경전 구성과 관련된 해석학적 원칙을 드러낼 수도 있다.

8. 간략한 결론

히브리 성경의 지혜문학은 고대근동 지방과 이 지방을 넘어 널리 펼쳐진 세상 접근으로 특징된다. 히브리 지혜의 독자성 탐구는 이러한 차원에서 보면 부질없는 일이다. 주변 세계의 지혜와 비교하여 이스라엘의 지혜를 돋보이게 하는 것은 유일신적이며 야훼주의적 관점이다(그러나 코헬렛에 야훼를 가리키는 네 글자가 언급되지 않는다는 사실에 주목하자). 제2경전인 지혜문학 작품에서 우리는 지혜 연사를 오경의 전승과 연관시키려는 의도와(지혜서), 지혜를 시나이에서 계시된 율법과 동일시하려는 의도를(집회서) 확인한다. 마소라 학자들은 지혜의 보편주의 차원을 고수하면서 이 작품들을 그들의 경전에 포함시키지 않았다.

9. 참고 문헌

9.1. 문헌 발간(불어)

A. Cavigneaux/F.N.H. Al-Rawi, *Gilgameš et la mort, textes de Tell Haddad VI: avec un appendice sur les textes funéraires sumériens* (Cuneiform Monographs 19), Groningen, 2000. V.P.-M. Laisney, *L'enseignement d'Aménémopé* (Studia Pohl. Series maior 19), Roma, 2007. J. Lévêque, *Sagesses de l'Egypte ancienne* (CEv Suppl. 46), Paris, 1984. Id., *Sagesses de Mésopotamie* (CEv Suppl. 85), Paris, 1993. R.J. Tournay/A. Shaffer, *L'épopée de Gilgamesh* (LAPO 15), Paris, 1998.

9.2. 연구사

C. Westermann, *Forschungsgeschichte zur Weisheitsliteratur 1950-1990* (Arbeiten zur Theologie 71), Stuttgart, 1991. R.N. Whybray, *The Book of Proverbs: A Survey of Modern Study* (History of Biblical Interpretation 1), Leiden, 1995.

9.3. 지혜문학 연구

P.-A. Beaulieu, «The Social and Intellectual Setting of Babylonian Wisdom Literature», in R.J. Clifford (éd.), *Wisdom Literature, op.cit.*, p. 3-19. J. Blenkinsopp, *Sage, Priest, Prophet: Religious and Intellectual Leadership in Ancient Israel* (Library of Ancient Israel), Louisville, 1995. R.J. Clifford (éd.), *Wisdom Literature in Mesopotamia and Israel* (SBL.SS 36), Atlanta(GA), 2007. A.B. Ernst, *Weisheitliche Kultkritik: zu Theologie und Ethik des Sprüchebuchs und der Prophetie des 8. Jahrhunderts* (BThSt 23), Neukirchen-Vluyn, 1994. C. Kayatz, *Studien zu Proverbien 1-9: eine form- und motivgeschichtliche Untersuchungen unter Einbeziehung ägyptischen Vergleichsmaterials* (WMANT 22), Neukirchen-Vluyn, 1966. N. Lazaridis, *Wisdom in Loose Form. The Language of Egyptian and Greek Proverbs in Collections of the Hellenistic and Roman Periods* (Mnemosyne Supplements), Leiden/Boston, 2007. J. Lévêque, «Sagesse égyptienne, sagesse biblique», in Coll., *Ce que la Bible doit à l'Egypte*, Paris, 2008, p. 159-164. L. Perdue (éd.), *Scibes, Sages, and Seers: the Sage in the Eastern Mediterranean World* (FRLANT 219), Göttingen, 2008. H.D. Preuss, *Einführung in die alttestamentliche Weisheitsliteratur* (UTB 383), Stuttgart *et al.*, 1987. A. de Pury, «Sagesse et révélation dans l'Ancien

Testament», *RThPh* 27(1977), p. 1–50. G. von Rad, *Israël et la sagesse*, Genève, 1971 (original allemand 1970). T. Römer, *Les chemins de la sagesse. Proverbes, Job, Qohéleth*, Poliez–le–Grand, 1999. H.H. Schmid, *Wesen und Geschichte der Weisheit* (BZAW 101), Berlin, 1966. J. Trublet (éd.), *La sagesse biblique. De l'Ancien Testament au Nouveau Testament* (LeDiv 160), Paris, 1995. K. van der Toorn, «Why Wisdom Became A Secret: On Wisdom As A Written Genre», R.J. Clifford (éd.), *Wisdom Literature, op.cit.*, p. 21–29. M. Weinfeld, *Deuteronomy and Deuteronomic School*, Oxford, 1972. J. Vermeylen, «La sagesse de la Bible. A la recherche d'un art de vivre», *RTL* 35(2004), p. 441–473.

욥 기

크나우프(Ernst Alex Knauf)와 기욤(Phillipe Guillaume)

– 사탄: "욥이 까닭 없이 하느님을 경외하겠습니까?"
– 하느님: "너는 까닭 없이 그를 파멸시키도록 나를 부추긴 것이다!"

욥기의 주요 주제는 악의 문제이다. 산문체로 기초된 1–2장과 42,7 이하는 운문체로 구성된 작품의 나머지 부분 둘레에서 틀을 형성한다. 책의 주요 부분의 주제가 오로지 인간적임에 반해, 이 산문체 틀은(1–2장) 신의 영역이 아니라면 망연자실할 만한, 착각을 일으키는 내기로 열린다. 인간은 신의 전횡에 내맡겨져 있는 것처럼 보이는 세상을 거슬러 저항한다. 욥기는 괴테의 '파우스트'에서 하인라인의 공상과학 소설(*Job: une comédie de justice*[J'ai lu 2135], Paris, 1987)에 이르기까지 모든 시대의 작가들과 사상가들에게 영감을 주었다. 이는 욥기가 모든 인류의 질문인 바로 그 질문을 제기한다는 사실로 설명될 수 있다.

1. 설계와 내용

욥기는 성경 다른 곳에서 사용되어 본 적이 없는 여러 낱말과 외국어를 보여주는 매우 수준 높은 히브리어로 저술된 작품이면서도, 매우 단순한 구조를 보인다.

I.	산문체 머리말(1-2장)
II.	욥의 하소연(3장)
III.	욥과 친구들 사이의 담론(4-27장)
IV.	지혜 찬가(28장)
V.	욥의 하소연(29-31장)
VI.	엘리후의 연사(32-37장)
VII.	야훼와 욥 사이의 내화(38-42,6)
VIII.	산문체 맺음말(42,7-17)

등장인물:

– 아라비아 북서 지방의 가축 대소유주 욥과 부인. 욥이라는 이름은 '(내) 아버지가 어디 계시냐?'라는 의미를 지닐 수 있다(*ayya-abum*; 또는 *'ayyâbum*: '일상적인 원수').

– 머리말에 등장하는 어전회의 의장 야훼와 고발자 사탄(언제나 관사와 함께 언급되는 일반 명사, 즈카 3,1-2 참조).

– 중심 부분의 하느님: 야훼가 아니라 엘로아와 사다이(전능하신 분)로 불린다.

– 아라비아 끝 지방에서 온 욥의 친구들: 테만(=에돔) 사람 엘리파즈는 상식에 기초한 지혜를 대표하며, 수아(유프라테스 강 중부) 사람 빌닷은

보다 전통적이다. 한편 나아마(아라비아 남부) 사람 초파르는 진부한 논리를 끊임없이 펼치는 정열적인 아야톨라의 기질을 소유하고 있다.

– 부즈 사람 바라크엘의 아들 엘리후: 자세히 지명되고 욥을 그의 이름으로 부르는 유일한 사람, 42,7에서도 비난의 대상에서 제외되는 유일한 사람이다. 그는 (아시리아 문헌의 *Bazu*를 참조하면, 비록 그의 출신 지역이 아라비아 서부를 가리킨다 하더라도) 예루살렘의 엘리트 계급에 속한 사람일 수 있다. 이 사람의 이름 뒤에 책의 저자(Weinberg) 또는 첫 정통 주해가가 숨어 있는 것 같다(Knauf).

이 밖에도 우리도 욥의 자녀들, 머슴들, 브헤못, 레비아탄, 우주 전체와 같은 등장인물을 만날 수 있다.

각본:

욥이 꼼꼼한 신심을 지닌 부호로 소개되는 장면에 이어(1,1–5), 독자는 천상 어전회의에 참석하는 특전을 누린다(1,6–12). 당신의 종 욥의 공덕을 극찬하시는 야훼께 고발자 사탄은 욥이 야훼로부터 보호를 덜 받으면 받을수록 그의 신심도 덜할 것이라는 데 내기를 건다. 야훼는 이 도전을 받아들이시며, 욥의 운명을 사탄의 손에 맡기신다. 저 높은 곳에서 무슨 일이 일어나고 있는지 전혀 알지 못하는 지상의 욥은 가축 떼와 자녀들을 잃어버리면서도 야훼를 찬미한다(1,13–22). 두 번째 어전회의에서 사탄은 이제 욥의 건강에 해를 끼칠 수 있도록 요청하며, 이 요청은 가납된다(2,1–7ㄱ). 부스럼으로 덮인 욥은 하느님을 '찬미하고'(히브리어로 '저주하다'를 함축하는 완곡어법일 것이다) 죽음을 맞이하라고 제안하는 아내와 맞선다(2,7ㄴ–10). 이어서 세 친구가 당도하여 욥을 위로하나(참조. 2열왕 13,14; 20,12 = 이사 39,1; 2역대 22,6; 마태 25,36.39.42–43), 이들은 "쓸모없는 위로자들"(16,2)로 판명될 것이다. 침묵의 이레가 지난 다음, 대규모의 토론회가 펼쳐진다(3,2). 욥의 개입마다 친구들 각각의 응답이 뒤따르는 형식의 담론이다. 우리는 이 격론의 내용을 다음과 같이 요약할 수 있다:

첫째 담론(3-11장)

3	욥: 차라리 없어져 버려라, 내가 태어난 날: 내가 태어날 때 죽었더라면, 고통스럽고 상처 입은 몸이 되는 운명을 맞지 않았을 텐데!
4-5	엘리파즈: 하느님께서 꾸짖으시는 이는 얼마나 행복한가? 하느님께 호소해보게나, 자네를 회복시켜 주실 것이네!
6-7	욥: 내게 최소한 동정심이라도 보여주게나. 사람을 감시하는 분, 하느 님이시여, 저를 놓아주소서. 저는 한낱 입김일 뿐입니다!
8	빌닷: 네 자녀들이 죽은 것은 당연한 일이었네! 그러니 자네는 경건함을 잃지 말게. 하느님께서 자네에게 웃음과 행복을 주실 것이네.
9-10	욥: 물론 나는 그분을 거슬러 대항하지 않네. 잔인한 이분은 나를 삼키시려고 빚으셨던가?
11	초파르: 하느님께서 네 불경한 말을 닥치게 하시기 바라네! 자네는 죄 없지 않네. 자네 판단을 분명히 하고 잘못을 인정하게. 그러면 그분께서 용서해주실 것이네.

둘째 담론(12-20장)

12-14	욥: 나도 자네들이 아는 만큼은 알고 있으니 그만 지껄이게. 하느님은 당신 마음대로 만드시고 부수신다네. 그러나 그분은 왜 무죄한 존재를 쫓으시는지 설명하셔야 하네.
15	엘리파즈: 자네 말은 바람과 같네! 불행은 바로 악인을 덮치니, 자네의 무고 항변은 자네를 단죄할 뿐이네.
16-17	욥: 자네들은 모두 쓸모없는 위로자들이네. 누가 하느님과 내 친구들을 거슬러 나를 위해 항변해 주려는가?

18	빌닷: 우리는 멍청이로 취급되도록 내버려두어야 한단 말인가? 악인은 희망이 없네.
19	욥: 친구들, 나를 불쌍히 여기게나. 하느님의 손이 나를 치셨다네. 내 구원자께서 내 원수를 갚아주실 것이네.
20	초파르: 악인의 승리는 얼마 가지 않네.

셋째 담론(21-27장)

21	욥: 내가 하소연 하는 분이 사람이라는 말인가? 어째서 악인들이 번성하고 편안히 죽는가?
22	엘리파즈: 사람이 지혜로워야 하는 것은 자기 자신의 이익을 위해서라네. 욥, 자네는 가난한 이들과 그들의 창조주를 업신여겼네.
23-24	욥: 나 오직 그분께 가서 내 송사를 변론할 수 있었으면. 세상은 불의로 가득 찼다네.
25	빌닷: 어떻게 벌레와 같은 인간이 하느님 앞에 의로울 수 있겠나?
26-27	욥: 창조주의 권능은 상상할 수가 없네. 내게서 정의를 거부하시는 하느님께서 살아 계시는 한, 나는 끝까지 내 무고를 고수하겠네.
28	간주곡: 욥이 말한 것으로 되어 있는 이 지혜 찬가는 '합창대'의 입에 올려놓아야 할 것이다. 이 찬가는 지금까지 토론되어 온 내용('지혜는 어디서 찾아야 하는가?) 전체를 요약한다.

욥의 하소연과 엘리후의 독백(29-37장)

29-31	욥: 저는 죄 없음을 항변하며, 전능하신 분에게 도움을 청

	하기보다 도전장을 냅니다!
32,1-5	간주곡: 친구들은 입을 다물며, 하느님의 유죄성을 은연중에 인정한 원로들의 침묵에 화가 난 젊은 엘리후가 무대에 등장한다.
32-33	엘리후의 첫째 독백: 저는 원로들의 지혜가 욥을 반박하기를 바랐으으나, 보십시오. 입을 다물고 계십니다. 그러기에 제가 몸소 나서기로 했습니다. 욥은 죄 없지 않습니다. 당신은 당신의 불행 속에서 하느님의 질책을 알아보아야 합니다.
34	둘째 독백: 정의를 거부하신다고 하느님을 비난하면서 욥은 자신의 유죄성을 입증해 보인 것입니다. 자신의 죄에 반항을 덧붙이고, 우리 사이에 혼란을 일으키는 데 성공했습니다!
35	셋째 독백: 당신은 속으로 하느님보다 더 의롭다고 생각하십니까? 그분은 이처럼 분별없이 대답하지 않으십니다!
36-37	넷째 독백: 마음이 완고한 사람만 그분은 일으켜 세우지 않으십니다. 당신은 그분을 매수할 수 없으니 저항 없이 그분의 징벌을 받아들이십시오. 가을의 주님, 겨울의 주님, 여름의 주님을 기념하십시오!

야훼와 욥의 담화(38-42장)

38,1-40,2	야훼: 나는 좋은 것과, 인간의 이해와 독점을 벗어나는 것을 창조할 수 있다.
40,3-5	욥: 제 손을 입에 갖다 댑니다. 한 번 말씀드렸으니 대답하지 않겠습니다.
40,6-41,26	야훼: 나는 위협하는 혼돈으로부터 창조를 보호할 수 있다.

42,1-6	욥: 위로받았으니 저는 '신학'을 포기하렵니다(*nḥm*의 이중 의미 희).

맺음말(42,7-17): **하느님의 판결**

42,7-9	야훼: 욥은 올바르게 말하였다! 잘못을 저지른 친구들을 위해 욥이 간청하도록 하라!
42,8-17	탈출 22,1-9에 규정된 손해배상법에 따라 욥의 가축이 갑절로 늘어난다. 자녀들도 다시 얻으며, 딸들은 아리따웠고 개인적 유산을 물려받는다.

2. 출처와 형성

2.1. 일관성 문제

욥기의 구성 문제에 대한 견해는 몹시 다양한 나머지, 작품 전체의 단일성 가설에서부터 매우 복잡한 문학 단층 가설에까지 이른다. 연구가 대부분은(Lévêque의 소개 참조) 왕정시대로 거슬러 올라가는 본래의 산문체 전설을 확인한다(1-2장과 42장). 이 전설은 우선 대화(3-31장과 38-41장), 이어서 지혜 찬가와(28장) 엘리후 연사(32-37장) 삽입으로 보완된다. 고대 산문체 기사 옹호론자들은 종종 (사탄의 모습은 후기 본문에서만 나타나며, 1,12에서 1,13으로 넘어가는 과정은 문법적인 문제를 제기한다는 이유로) 천상 어전회의를 첨가부분으로 여긴다.

엘리후 연사가 이차적이라는 점은 분명하나, 다른 문학 가설들은 논쟁의 여지가 훨씬 많다. 사실 엘리후 연사는, 38장에 가서야 비로소 시작되는 야훼의 응답으로부터 욥이 31장에서 던진 도전을 갈라놓으며, 다른 담론의 삼중 구조를 따르지 않는다. 게다가 엘리후는 욥에게서도, 하느님에게서도 답을 듣지 못한다. 따라서 이 연사는 훨씬 후에 이 자리에 들어섰을 것이다. 한편, 이 연사는 앞서 진술된 부분에 대하여 아무것도 덧붙이지 않으며, 이 자리 삽입은 하나의 정통 가필로 취급된다. 아마도 이 정통 가필 덕분에 이 자유로운 비판 서적이 제2성전의 서고에 입고될 수 있었을 것이다. 욥 28장과 38-41장의 경우에서와는 달리, 엘리후는 지혜가 전통적인 성경 가르침에서 발견될 수 있다고 주장한다.

'짐승들의 주인'으로서의 페르시아 임금.
이 개념은 욥 38-39장의 하느님 연사의 바탕을 이룬다.

이와는 달리 틀 또는 전설과 대화 사이의 분리를 위한 논거는 토론의 여지가 많다. 산문체 부분은 야훼를 언급하는 데 반해, 욥과 그의 친구들은 엘로아와 사다이(전능하신 분)를 말하는 것이 사실이다. 저자와 예루살렘의 독자들은 하느님의 고유한 이름을 알고 있었으나, 아랍인으로서의 욥과 그의 친구들은 통칭명사 '하느님' 또는 '사다이'라는 이름을 사용한다(창세 17,1.20). 기원전 7세기에 아키카르 소설은 이미 지혜 시들을 산문체 틀과 조화시켰으며, 기원전 5세기의 아테네 비극문학 역시 대화, 합창대, 독백, 최후 장면에서 '무대로 내려온 신'(*deus ex machina*)을 담고 있었다.

틀과 대화와의 일관성은 특히 번역 문제에서 비롯된다. 사실 머리말의 히브리어와 그리스어 본문들은 독자를 중대한 난제 앞에 서게 한다. 동사 *brk*는 1,5에서는 '저주하다'를 위한 완곡어법으로, 그리고 1,10에서는 본래의 의미대로 이해되어야 한다. 독자는 따라서 1,11.21; 2,5.9에서 욥이, 주신 것을 다시 가져가시는 하느님을 찬미하는지 아니면 저주하는지 결정해야 한다. 또한 머리말의 욥이, 악의 문제에서 하느님을 찬미하지 않고, 하느님은 욥이 올바르게 말했다고 직접 확언하시는 다음 장들의 욥과 일관성 있게 행동하는 인물인지 판단해야 한다. 그러나 유감스럽게도 역자 대부분은 독자를 위해 결정하며, 이로써 독자의 결정권을 박탈한다.

대화 본문이 칠십인역성경에서 더 짧다는 사실은, 마소라 본문보다 더 짧은 히브리어 본문 이상으로 칠십인역성경 역자의 피로감을 반영한다(Gorea). 그러나 22-23장은 손상된 것이 분명해 보인다. 셋째 담론이 갑자기 중단되고, 몇몇 구절이 하나의 마디로만 되어 있음을 확인할 수 있기 때문이다. 욥기의 첫 수사본은 따라서 성전의 현인들에 의해 다시 손질된 것이다. 욥 28,20-28 또한 이차적인 본문일 수 있다.

2.2. 저술 일자와 배경

1,14-17에 언급된 아라비아 북부 칼데아인들과 스바인들의 약탈은, 나보니두스(Nabonidus, 552-539)에 의한 테마(Tema) 점령 기간 동안, 칼데아인들이 아라비아의 상업 통제권을 스바인들로부터 빼앗고자 했던 기간 동안의 아라비아 북부 상황을 전제로 한다. 테마와 스바의 대상(隊商) 언급은(6,19) 기원전 400년경의 일자를 요구한다. 이 시기는 스바가 상업 통

제권을 잃고, 테마가 드단(Dedan)에 의해 주요 대상 중심지로 대체된 시점이다.

욥이 부유하고 의로운 사람으로 소개되고 유다인보다는 아랍인이라는 점과, 욥기가 이집트와 아라비아와 에게해 세계를 알고 있다는 점에서, 책의 첫 판은 느헤 5장과 13장에 묘사된 정책으로 고통을 받던 국제 무역상들과 밀접한 관계에 있던 지주들 세계의 작품으로 돌려야 할 것이다. 룻기와 마찬가지로 욥기는 에즈라기와 느헤미야기에 맞서는 목소리를 낸다. 이즈마엘의 후손들에게(창세 17; 25,9) 호의적인 욥기의 태도는 욥기의 저자들을 신명기계 세계보다는 사제계 세계에 가까이 다가서게 한다(창세 21,9-21).

욥기가 불러일으키는 중요한 문제들 가운데 하나는, 하느님께서 어떻게 유일신적 틀 속에서 의로운 분이며 동시에 전능하신 분일 수 있겠는가 하는 점을 살피는 일이다. 사실 다신론적인 체제에서 신의 능력은, 실패가 결국 신들 사이의 다툼으로 설명되는 오디세이의 경우와 마찬가지로, 다른 신의 능력에 의해 제한될 수밖에 없다. 한편, 무죄한 이의 고통은 분명 욥기의 근본적이며 배타적인 주제를 형성하지 못한다. 여러 시편이 이미 이 문제를 탐문하고 있기 때문이다. 이 모든 점을 고려할 때, 우리는 기원전 5세기를 이 작품의 저술 시기로 추정할 수 있다.

욥기는 토라와 예언서의 주해서로 취급되는 크투빔 가운데 하나로 정리되었다. 토라와 이사야서(40-66장)와 예레미야서를 창의적으로 수용하고 있음이 이 책을 이 자리에 예정해 놓은 것이다. 어둠이 아니라 빛을 창조하신 하느님께서 창조의 한 자리를 어둠에게 배당하신 사실은 무엇을 의미하는가(창세 1,1-5)? 또한 여름도 겨울도, 낮도 밤도 세상이 지속되는 그만큼 오랫동안 멈추지 않으리라는 사실은? 욥 40장은 당신의 종 모세를 산으로 부르신 야훼께서 당신의 종 욥의 호소에 응답하러 몸소 내려오신다는 사실을 분명히 한다(42,7). 이사 53장의 종은 이스라엘을 위해 고통을 받으나, 욥은 수혜자를 지명하지 않으면서 고통을 말한다. 예레 20,7-10.14-18의 예레미야의 비관적인 탄원은 (욥 3장에서 예레 20,14-18을 인용한 다음에 펼쳐진) 욥 38-41장에서 비로소 해답을 얻는다. 욥기 저자는 따라서 토라를 기초로 담론이 펼쳐지는 동안에(기원전 5세기 후반기), 또는 4세기 초 토라가 막 공포되고 난 다음에 예루살렘에 살던 사람이다. 토라가 (욥의 친구들로 대표되는 미래의 바리사이파인) 신명기계 학파의 대중적 낭만주의와 (미래의 사두가이파인) 사제계 학파의 현실주의적 귀족정치 사이의 타협을 나타내는 것처럼, 욥기는 아마도 동일한 타협 덕분에 성전 서고와 학파에 유입되었을 것이다.

욥기가 하나의 신학적 개론인 것은 사실이나, 독자는 이 책이 무엇보다도 먼저 문학 창작이라는 사실을 잊을 정도로 잘못 이해되었다. 우리는 저자가 하느님의 입 또는 욥의 입을 통해 자기의 견해를 피력하고 있다고 생각할 수 있으나, 책이 종종 빈정거리는 투를 보여준다는 사실에서 보면 그렇지 않다. 따라서 하느님의 손에서 악도 받아들인다는 것은(2,10) 불경한 생각이다. 책의 끝자락에서 악이 하느님의 손에서 나오는 것이 아님을 확인할 수 있기 때문이다. 고통을 야기한 존재는 사탄이기에, 하느님을 거스른 욥의 격분은 위치를 바꾼다. 하느님이 사탄을 만류했다는 사실을 모르고 있었음에도, 욥이 생명을 위해 하느님을 경외한 것은 옳은 일이었다.

병행관계에 있는 지혜 작품

욥기에 개진된 주제들은 고대근동 문학에서 적지 않은 병행 현상을 보여준다(자세한 조회를 위해서는 Albertson과 Lévêque 참조).

학자들은 특히 다음과 같은 본문들을 언급한다.

바빌론 의서(醫書, BAM 234): 풍요롭게 살던 한 시민이 재산을 잃고서 자기 신과 임금을 거슬러 우울증과 격분 속에 빠진다. 진단 결과, 분노한 신이 이 불행한 사람에게서 얼굴을 돌렸으며, 더 중대한 불행이 그를 엿보고 있다는 것이다(Dion 참조).

바빌론 신의론(神義論) 또는 **수메르인 욥:** 하나의 하소연이 영웅이 신들에 의해 버림받았다고 전한다. 사실상 사람들은 그를 버리며, 그는 병이 든다. 세 개의 꿈이 그의 구원을 예고하며, 이어서 그는 회복된다. 보상이 아무런 이의 없이 확언된다.

지혜의 주님께 드리는 바빌론 시: 이 시는 직책에서 해임되어 종으로 전락한 한 관리의 이야기를 노래한다. 이 관리는 이러한 대접을 받을 만큼 무슨 잘못을 저질렀는지 이해하지 못한다. 그러나 지루한 투쟁 끝에, 그는 무의식적으로 죄를 지었을 수 있다고 인정함으로써 고통은 언제나 징벌이라는 사실을 은연중에 받아들인다.

아키카르의 지혜: 이 작품은 욥기와 가장 가까운 병행 현상을 보여주는 것 같다. 8세기와 7세기 사이에 아람어로 기록된 작품으로서 열두 개 정도의 언어로 번역되었다. 산헤립의 고관 한 사람이 60명의 아내를 두었음에도 아버지가 되지 못한다. 그는 조카를 양자로 받아들여 금언집을 통해 자기의 뒤를 이어 받도록 준비시킨다. 그러나 조카는 임금 앞에서 그를 배반하여 고발하는 방식으로 은인에게 고마움을 표시한다. 실의에 잠긴 아키카르는 이집트의 임금이 요구한 하늘과 땅 사이의 궁전 건축을 수용함으로써 사면을 받는 데 성공한다. 돌아온 다음 그는 두 번째 금언집으로 조카에게 설교를 늘어놓는다.

아푸(Appu)의 우화: 히타이트 신화에서 비롯된 작품이다. 한 부유한 사람이 자녀를 낳아주지 않는 적대적인 아내를 두고 있다. 크나큰 고통을 겪은 다음 그는 신을 거슬러 투쟁한다. 결국 그는 행복한 쌍둥이 아버지가 된다.

그러나 자신의 저항에 내기를 걸어 즐기시는 하느님을 향한 그의 비난은 올바른 것으로 인정받는다. 하느님께서 몸소 그 결과를 감당하시기 때문이다. 그러나 친구들은 욥의 개인적 상황을 아랑곳하지 않고서 전통적인 주문을 암송하는 데 급급함으로써 현실과 온전히 떨어져 있었다. 사실 사탄 이외에 어느 누구도 완전히 무죄한 존재는 없다. 특히 하느님이 그러하시다. 그렇지 않다면, 다시 말해서 욥의 고통에 대한 당신의 책임감 때문에 그렇게 해야 한다고 느끼지 않으셨다면, 도전에 답을 주시기 위하여 그토록 신속하게 달려오셨을까? 욥은 자녀들이 죄를 지었을지 모른다는 생각에 속죄를 위해 많은 짐승을 잡아 바친다. 하느님과 그분이 창조하신 세상에 쏟아낸 저주에 이어, 욥은 이제 책의 끄트머리에서 전구(轉求)로 생명을 구하는 성인이 된다. 이 순간 욥과 하느님, 그리고 기대한다면 욥과 하느님과 함께 독자는 기사의 시작과 더 이상 동일한 존재가 아니다. 저자는 판단하지 않고서 독자에게 판단을 남겨둔다.

3. 주제와 의도

문학 작품으로서의 욥기는 여러 유형의 독서법에 열려 있으며, 그 가운데 네 가지를 열거할 수 있다.

신학적 독서법: 이 방법은 신의론 문제에 하나의 해결안을 제시하고자 한다. 욥은 창조 세계가 혼돈으로 지배되고 있다고(3; 21,7-11), 또는 창조주는 다른 이들에게 고통 주기를 즐기는 악인이시라고 개탄한다(9,24). 이는 신의론의 근동 지방 양식이다. 우리가 체험하는 현실에 따른다면, 창조주는 진정 전능하신 분이며 동시에 의로우신 분인가? 대답은 하느님의 두 연사에서 주어진다(욥 38-41; Keel 참조). 하느님은 여전히 당신의 창조 세계에 관심을 쏟고 계시며, 혼돈을 거슬러 이 세계를 보호하시기로 영원히 다짐하셨다. 그러나 38-41장에 묘사된 하느님의 전능에 관한 찬란한 논증은 토론을 거의 진척시키지 못한다. 욥은 '너는 내가 무엇이든

할 수 있음을 안다' 하는 말씀에 만족하며(40,2), 두 가지 응답의 모호성에도 불구하고 그는 뉘우치지 않는다. 바로 하느님의 전능하심이 문제를 일으켰기 때문이며, 그 열쇠는 야훼께서 욥이 청하지 않았는데도 그가 욥의 친구들을 위해 어리석은 일을 벌일 수 있음을 확언하시는 42,8에서 발견되기 때문이다. 번역자들은 서둘러 이 어리석은 일을 친구들의 일로 만드나, 이 일은 하느님의 전능하심에 불길하고 두려운 단면을 드러낸다. 욥기는 욥이 노아와 다니엘과 함께 중개자로 소개되는 에제 14장의 전승을 되풀이한다. 끝까지 불행에 대한 하느님의 책임성을 확언하면서도(2,3; 42,11), 욥기는 중개 안에서 하나의 위로를 제공한다. 욥기는 *theologia Crucis ante Christum natum*(그리스도 탄생 이전의 십자가 신학)을 표명한다.

인류학적 독서법: 이 독서법은 욥기를 성숙 과정의 종점으로 이해한다. 친구들과 하느님과 담론을 펼치면서 욥은 자기 자신과 삶에 대한 올바른 평가를 획득한다. 맺음말에서 욥은 상상의 죄를 속죄하기 위한 번제물로 더 이상 자기의 재산을 낭비할 필요가 없었으며, 오히려 딸들에게 재정적이며 사회적인 독립을 위해 필요한 재산을 물려준다. 욥은 자기에게 다가온 모든 일이 하느님에 의해 몸소 특별하게 마련된 것이라는 믿음에 기초한 자기중심적 환상에서 벗어나야 한다. 하느님의 연사는 이러한 환상과 대립한다. "친애하는 욥, 나는 너를 잊은 적이 없다. 다만, 한 순간, 전념해야 할 다른 더 중요한 일이 있었을 뿐이다."

경전적 독서법: 우리는 토라 제6권으로 욥기를 읽고 이해할 수 있다. 탈무드에 표현된 경전에 대한 라삐 이론에 따르면(*baba Bartha* 14b–15a), "모세는 자기 책(토라)과 욥기를 썼다"고 한다. 이러한 관점에서 욥기는 토라의 주해서로 이해될 수 있다. 욥기는 예를 들어 창조 세계 한가운데 자리한 혼돈의 역할을 설명하며, 여성을 유산 상속에서 배제한 법규를 바로잡는다(민수 27장도 참조). 욥은 또한 '반–모세'이기도 하며, 그의 삶은 창세기의 사제계 문헌(P)이 제시하는 아브라함의 삶을 상기시킨다.

정치적 독서법: 욥기는 성경의 공인된 독서법에 저항하는 작품으로

해석될 수 있다. 느헤미야, 또는 아마도 에즈라 시대에 권력에 다가선 신명기주의를 겨냥한 자유로우며 이성적인 대립, 이의 제기의 목소리이다. 가난한 이들을 돌보는 것은 하나의 일이며(욥은 생애를 통틀어 이러한 일을 실천했다고 확언한다; 참조. 29,12-17; 31,13-34), 권력 투쟁에서 가난한 이들을 활용하는 것은, 느헤미야와 욥의 친구들의 경우와 마찬가지로, 또 다른 일이다(매번 가난한 이들은 가난한 상태로 나온다). 친구들이 전승의 억압적인 독서법을 취하는 데 반해, 욥은 자기 고유의 체험으로, 자기 고유의 성찰로, 전승을 뒤엎는 독서법으로 맞선다. 역사의 하느님께 대한 하나의 찬미를 담고 있는 이사 41,20의 본문은, 현실에 대한 경험적이며 비판적인 접근, 일종의 자연 신학을 정당화하기 위한 목적에서 욥 12,9에 인용된다. 이 문구는 욥이 그의 친구들의 권위를 거부함이 옳았음을 설명하는 39-39장을 미리 보여준다. 고통이 없는 세상을 약속하는 이념만큼 의심스럽지 않은 이념은 더 이상 없다.

4. 참고 문헌

4.1. 주석서

D.J. Clines, WBC 17, 1989. E. Dhorme, EtB, 1926. S.R. Driver/G.B. Gray, ICC, 1921. G. Fohrer, KAT 16, 1963. N.C. Habel, OTL, 1985. F. Gradl, NSK.AT 12, 2001. G. Hölscher, HAT I/17, 1952². R. Sacks, *The Book of Job with Commentary; A Translation for Our Time* (South Florida Studies in the History of Judaism 197), Atlanta(GA), 1999. S. Terrien, CAT 13, 1963. A. Weiser, ATD 13, 1974. J.A. Wharton, *Job* (Westminster Bible Companion), Westminster, 1999.

4.2. 연구사

H.-P. Müller, *Das Hiobproblem: seine Stellung und Entstehung im Alten Welt Orient und im Alten Testament* (EdF 84), Darmstadt, 1995^3.

4.3. 주요 저서 및 논문

R.G. Albertson, «Job and Ancient Near Eastern Wisdom Literature», in W.W. Hallo/J.C. Moyer et L. Perdue (éd.), *More Essays on the Comparative Method* (Scripture in Context 2), Winona Lake(IN), 1983, p. 213-230. W.A.M. Beuken (éd.), *The Book of Job* (BEThL 114), Leuven, 1994. A. Brenner, «Job the Pious?», *JSOT* 43(1989), p. 37-52. P.E. Dion, «Un nouvel éclairage sur le contexte culturel des malheurs de Job», *VT* 34(1984), p. 213-215. J.L. Crenshaw, «Job as Drama», in Id., *Urgent Advice and Probing Questions. Collected Writing on Old Testament Wisdom*, Macon(GA), 1995^2, p. 477-480. J. Day, «How Could Job Be an Edomite?» , in W.A.M. Beuken (éd.), *The Book of Job* (BEThL 114), Leuven, 1994, p. 392-399. R. Girard, *La route antique des hommes pervers*, Paris, 1985. M. Gorea, *Job repensé ou trahi?*, Paris, 2007. P. Guillaume/M. Schunck, «Job's Intercession: Antidote to Divine Folly», *Biblica* 88(2007), p. 457-472. P. Guillaume, «Dismantling the Deconstruction of Job», *JBL* 127(2008), p. 491-499. O. Keel, *Dieu répond à Job. Une interprétation de Job 38-41 à la lumière de l'iconographie du Proche-Orient ancien* (LeDiv Commentaires 2), Paris, 1993. E.A. Knauf, «Hiob's Heimat», *WO* 19(1988), p. 65-83. T. Krüger *et al.*, (éd.), *Das Buch Hiob und seine Interpretation* (AThANT 88), Zürich, 2007. A. Lacocque, «Job and Religion», *BibInt* 4/2(1996), p. 131-153. J. Lévêque,

Sagesses de Mésopotamie, augmentées d'un dossier sur le «juste souffrant» en Mésopotamie (CEv Supp. 85), Paris, 1983. Id., *Job et son Dieu: essai d'exégèse et de théologie biblique*, 2 volumes, Paris, 1970. C. Maier/S. Schroer, «Das Ijob. Anfragen an das Buch von leitenden Gerechten», in L. Schottroff/M.-T. Wacker (éd.), *Kompendium Feminitische Bibelauslegung*, Gütersloh, 1982, p. 192-207. A. de Pury, «Le Dieu qui vient en adversaire», in R. Kuntzmann (éd.), *Ce Dieu qui vient: Etudes sur l'Ancien et le Nouveau Testament offertes au Professeur Bernard Renaud à l'occasion de son soixante-cinquième anniversaire* (LeDiv 159), Paris, 1995, p. 45-67. J. Weinberg, «Was Elihu, the Son of Barachel, the Author of the Book of Job?», *Trans* 16(1998), p. 149-166. W. Vogels, *Job. L'homme qui a bien parlé de Dieu* (LiBi 104), Paris, 1995.

잠 언

뷜만(Alain Buehlmann)

잠언은, 출처와 저술 시기가 다름에도 불구하고 공히 솔로몬의 작품으로 규합된(1,1) 아홉 개의 잠언 모음이다. 이 저작자 추정이 책에 단일성을 부여함과 동시에 이스라엘의 문학 계시 대열에, 다윗의 시편 지류에 이 책이 수록되도록 이끌었다. 잠언 모음의 형성과 유다 사회에서의 활용은 그 어떤 공감 이론의 대상이 되지 못한 채 토론에 토론을 거듭하는 문제로 남아 있다. 지혜 연사로서의 잠언은 세상의 조직(우주론)과 사회적 행동(윤리학)을 언급한다. 책의 독창성은 문학유형 혼합과 그 진술 기록, 다시 말해서 소박한 문학 단위로서의 병행 문구들을 수집해 놓은 단순한 모음으로부터 시작해서 (현인, 지혜 자체와 같은) 한정된 진술자가 구성한 보다 광범위한 틀 속에 이 병행 문구들을 재규합한 모음에 이르기까지의 기록이다.

1. 설계와 내용

책의 흐름을 따라가면서 우리는 다음과 같은 구조를 발견할 수 있다:

단원	표제
I. 1,1–9,18	이스라엘 임금 다윗의 아들 솔로몬의 잠언
II. 10,1–22,16	솔로몬의 잠언
III. 22,17–24,22	[현인들의 말]
IV. 24,23–34	이 역시 현인들[에게서 비롯된] 말이다
V. 25,1–29,27	이 역시 유다 임금 히즈키야의 신하들이 수집한 솔로몬의 잠언이다
VI. 30,1–14	마싸 사람 야케의 아들 아구르의 말
VII. 30,15–33	Ø[수 잠언]
VIII. 31,1–9	어머니가 가르친, 마싸 임금 르무엘의 말
IX. 31,10–31	Ø[훌륭한 아내에 대한 알파벳 시]

전통적인 이러한 구분은 단원의 표제에 기초한다. 그리스역본인 칠십인역성경의 잠언은 중앙의 소책자들을 재규합하면서 단원들을 I, II, III–VI–IV–VII–VIII, V, IX순으로 재분한다(d'Hamonville 참조).

잠언의 문학유형은 최초의 표제, 곧 '솔로몬의 잠언'(*mišlê š^{e}lomoh*)에 적시되어 있다. 칠십인역성경은 이 용어를 *paroimiai*로, 대중라틴말성경은 *Prouerbia*로 번역한다. 어원적으로 서부 셈어에서 어근 *mšl*은 '비교', '비유' 개념을 내포한다. 이러한 의미는 많은 비교를 보여주는 다섯 번째 단원에(잠언 25–29) 적합한 것 같다. 서부 셈어의 다른 관용어와 달리 히브리어는 이러한 의미를 취하는 것 같지 않다. 어근 *mšl*은 '지배하다', '통치하다'를 뜻하는 동사 *mšl*에서 파생되었기에, 종종 '정형화한 문체로 된 간략한 제안'과 '판결 언도'라는 뜻을 읽도록 이끄는 용어로서의 '금언' 또는 '잠언'으로 번역되었다. 구약성경의 다른 책들에서처럼 잠언에서 *mšl*이 언급되는 경우를 살펴보면, 이 용어가 속담(1사무 24,14), 우의(에제 17,1–10), 잠언, 교육, 이합체 시와 행복론(잠언)과 같은 다양한 문학유형을 포괄한다는 사실을 확인할 수 있다(Mckane 참조).

잠언의 기초 언어학적 구조는 '구성 요소들의 병행법'(*parallelismus membrorum*)이며, 이는 문학유형이 어떠하든 상관없다. 상응 관계를 유지하는 두 (또는 그 이상의) 행의 병치로 규정되는 이원 구조를 말한다. 이 상응관계는 유비, 대조, 점진, 또는 그 밖의 방법으로 표현될 수 있다(Berlin). 병행법의 언어학적 속성은 진술 내용을 견고하게 하고 기억 작용을 촉진하는 일이다.

1) 잠언 1–9장.

책의 첫 단원은 아버지/스승이 아들/제자에게 심사숙고한 말을 건네는 십여 개의 연사와(1,10–19; 2,1–22; 3,1–12; 3,21–35; 4,1–9; 4,10–19; 4,20–27; 5,1–23, 6,1–11(?); 6,20–35; 7,1–27; Whybray, 1994 참조), 의인화한 지혜가 일반적으로는 '인간'에게, 특별하게는 '정신이 난순한 사람들'에게 건네는 세 연사를(1,22–33; 8,3–31/36; 9,4–6) 담고 있다.

ㄱ) 아버지/스승/의 연사는 대부분 '사악한 자들'의 '악한 길'과(2,12–15) '낯선 여자'를(2,16–19) 따르지 않도록 경고하는 가운데, 자기들의 '말'과 '훈령'에 '귀 기울이고' '주의를 기울이도록' 권고한다. 처음부터 끝까지 줄곧 고심하여 다듬은 이 경계심 촉구와 지시는 이를테면 첫째 단락의 '일차적인 메시지'를 이룬다. 비교적 긴 개요에 이어(잠언 1–2), 잠언 3–4장은 야훼를 앎과(3,5–6) 지혜를 얻음에(3,13–20 참조) 대한 가능성에 할애되어 있다. 이 단락은 보상 체계를 재확언하고(각 행동은 자동적으로 그 보상을 받는다; 3,9–10), '지혜로운 이들'과 '우둔한 자들' 사이를 대립시키는 것으로 귀착된다(3,35). 모든 전통적 지혜의 구성 요소인 이 대조는 그 바탕이 되는 '질서'와 '혼돈' 사이의 우주론적 대조를 전제한다(3,19–20 참조). 이 두 경우 야훼께서 바로 이 체계를 보증하시고 '악인들'을 거슬러 '의인들'을 받쳐주신다(3,32–35). 이 장면은 악인들의 길을 피하고 아울러 '바른 길'을

걸어가도록 지시하는 잠언 4,10-27에서 마감된다. 5-7장은 '낯선 여자', 창녀 또는 간음녀로 등장하는 치명적인 여자를 겨냥한 다양한 훈시를 규합한다(5,3; 6,24; 7,5). 5,15-20에서 수신자는 "(그) 샘에서 솟는 물을 마시도록" 초대받는다. 이 표현은 조강지처, 또는 보다 우의적인 의미로 토라를 가리킨다. 이 두 독서법은 아내가 최초의 종교적 사회화를 책임진 존재였다는 점에서 양립될 수 없는 방법은 아니다.

ㄴ) 의인화한 지혜(*ḥ°kmâ* 또는 *ḥ°kmōt*)의 첫 두 연사는 아버지/스승의 연사 사이에 (또한 아마도 이 연사에) 삽입되었을 것이다(1,22-33과 8,4-31/36). 지혜의 말씀은, 9,4-6에 담긴 말씀과 함께, 지혜에 관한 서술과 지혜가 말씀을 전하는 공공의 장소를 뒤따른다(1,20-21; 8,1-3; 9,1-3). 1,22-23의 첫 연사에서 지혜는 자기 초대에 응하지 않는 사람들에게 설교한 다음, 곧 이어 그들의 불행을 예고한다. 지혜의 둘째 연사는(8,4-31/36) 분명한 세 단락으로 나뉜다. 지혜가 자기의 진술 소명과 합법적인 말씀을 지닐 권리를 정당화하는 단락(8,4-11), 자기를 사회 질서 교사로 소개하는 단락(8,12-21), 끝으로 야훼 곁에서 우주 질서 설정에 참여함을 기리는 단락이다(8,22-31).

ㄷ) 9장은 결론을 내리는 장이다. 지혜에 관한 서술은(9,1-3) 더 이상 미완료형(*yiqtol-qotel*; 참조. 1,20-21과 8,1-3)이 아니라 완료형(*qatal*)을 취하며, 2,9-11; 2,12-15; 2,16-19에 구별되어 나오는 지혜의 세 가지 '길'에 상응하는 세 단락으로(9,1-6; 9,7-12; 9,13-18) 짜여 있다. 칠십인역성경의 잠언은 12절과 18절 다음에 사막의 혼돈과(9,12A-C) 물의 혼돈(9,18A-D) 비유를 담고 있는 두 개의 주해 부분을 덧붙이면서 이 삼등분 구조를 보강한다. 잠언 9장은 첫 단원의 수신자에게 마지막 말을 남겨둔다. 다시 말해서 좋은 길과 나쁜 길 사이의 궁극적인 선택은 그에게 달려 있다.

1) **동의적 병행법**(두 행이 동일한 의미 또는 유사한 의미를 지닌다):

17,6 손자들은 노인들의 화관이고,
아버지들은 아들들의 영광이다.

27,2 네 입이 아니라 남(*zār*)이 너를 칭찬하고,
네 입술이 아니라 다른 이(*n°krî*)가 너를 칭찬하게 하여라.

2) **반의적 병행법**(두 행이 용어 또는 감정의 대립으로 상호간 대응한다):

10,1 지혜로운 아들은 아버지를 기쁘게 하고,
우둔한 아들은 어머니의 근심거리가 된다.

18,12 파멸에 앞서 마음의 오만이 있고,
영광에 앞서 겸손이 있다.

3) **종합적 병행법**(구성은 유사하나 대등 관계도 대립 관계도 없는 형태)

21,30 어떤 지혜도 어떤 슬기도
어떤 조언도 야훼 앞에서는 가치가 없다.

2) 잠언 10,1-22,16과 12,1-29,27.

단원 II와 V는 특별한 배열을 보여주는 것 같지 않는 (몇몇 예외적인 경우를 제외하고) 일련의 독립적인 잠언으로 짜여 있다(Crenshaw, 1992). 동의적, 반의적, 종합적 병행법 사이의 기초적인 분류는 로우스(R. Rowth)의 작업에서 유래한다. 로우스의 분류가 모든 병행법 형태를 해설하지 못한다 하더라도, 오늘날에도 여전히 유효하다(Berlin). 부가적으로 교차 병행법(ab//b'a'), 비례 병행법(ab//a'b'), 상징 병행법('이러한...., 그러한...')이 있으며, 이것들은 로우스 병행법 유형론의 하위 유형을 이룬다.

20세기 언어학의 발전으로 몇몇 연구가들을 로우스가 정립한 분

류를 한층 가다듬을 수 있었다. 한 소절의 둘째 행이 종종 새로운 자료를 첨가하여 두 행 사이의 관계가 단순한 반복만이 아니라 점진과 증보를 의미하는 용어로 표현될 수 있게 되었다는 사실이 분명해졌다(예를 들어 21,30; 28,15). 특히 병행법이 언어의 모든 차원을 곧바로 활성화하는 언어구조를 이룬다는 사실이 인지되었다(Jakobson). 구문론, 형태론, 어의론, 어휘론, 음성학적 차원을 말한다(Berlin, O'connor 참조). 이러한 점에서 전문가들은 한 행과 다른 행 사이의 구문론적 차이(동사구//명사구: 10,1; 긍정문//의문문: 27,4), 동일한 계열에 속하는 용어 대체(명사//대명사; 13,24; 동사//명사; 13,25 등), 형태론적 대조(qatal//yiqtol; 14,1; 단수//복수; 16,25; 한정사//부정사; 등), 또는 등가음(두음법: 26,3)에 관심을 쏟았다. 이러한 현상은 병행법 저자가 사용한 어휘의 고정적이며 상투적인 특성을 분명히 해준다(특히 '하늘//땅', '의로운 사람//불경한 사람', '아버지//어머니', '빛//어둠' 등과 같은 '고정된 짝 개념' 참조).

3) 잠언 22,17–24,22; 24,23–34.

단원 III의 단일성은 심각한 논쟁거리이다(Whybray, 1995 참조). 잠언 22,17–23,11과 이집트의 지혜 작품 '아멘엠오페의 가르침'의 종속 관계에 대해서, 몇몇 학자는 이 두 작품의 근접성이 다원적 현상을 보여준다고 평가한다(유사성은 우발적인 현상일 것이다). 이와는 달리 다른 학자들에게 '서른 가지' 잠언 언급은(잠언 22,20), 비록 그것이 간접적이고 (페니키아인들에 의해?) 결합된 것이라 하더라도 잠언과 아멘엠오페 작품 사이의 종속 관계를 밝혀내지 못한다면, 아무런 의미를 지니지 못할 것이다. 이집트 지혜 단편이 히브리 작품 안에 통합되었다는 사실은 지혜 전승의 국제적 성격을 입증한다.

4) 잠언 24,23–34.

잠언 6,6–11과 관련이 있는 작은 혼합 모음이다. 주해가들은 이 작은 단원을 22,17–24,22의 부록으로, 또는 22,17–24,22가 10,1–22,16 단원의 첫 번째 부록으로 이미 간주되었기에 10,1–22,16의 두 번째 부록으로 취급한다.

5) 잠언 30–31.

ㄱ) 단원 VI. 몇몇 주해가에게 단원 VI은 어떤 발행인이 서로 다른 원전에서 수집한 다양한 단편을 모아놓은 작품이다. 30,1과 31,1은 심각한 문제를 제기한다. 아구르는 아라비아의 고유명사인 것 같으며, 마싸는 고유명사(이 임금의 왕국 이름) 또는 '신탁'을 의미하는 보통명사이다. 마인홀트(A. Meinhold)에 따르면, 30,1–14는 사적 신심과 이 신심에 걸 맞는 사회적 행동을(7–9절) 중심으로 한 '신학적 요약'이다.

ㄴ) 단원 VII. 잠언 30,15–33은 대부분 일련의 수(數)잠언으로 이루어져 있으며(15ㄴ–16; 18–19; 21–23; 29–31), 그 구조는 x//x+1이다. 또는 30,21의 경우도 있다("이 셋 밑에서 땅이 몸서리치고, 이 넷 밑에서 땅이 견디어 내지 못하니"). x//x+1 구조는 고대근동 모든 문학에 공통석이다. 이 잠언들은 인간과/또는 짐승 세상과/또는 자연을 대상으로 하기에, 몇몇 학자는 여기서 '자연 과학'의 탄생을 본다.

ㄷ) 단원 VIII. 잠언 31,1–9는 어머니에 의해 가르침을 받은 아라비아 임금의 교육 내용이다. 이 왕후 어머니는 아들에게 여자들에게 정력을 쏟지 말고 술을 마시지 말도록 가르치며, 가난한 이와 불쌍한 이의 권리를 지켜줄 것을 권고한다. 4절과 긴장 관계에 있는 중심부는(6–7절) 언뜻 보기에 견유적인 성격으로 말미암아 문제를 일으킨다.

ㄹ) 단원 IX. 책의 최후 단원인 잠언 31,10–31은 '훌륭한 아내'(*'ēšēt ḥayil*: 31,10)를 묘사한다. 학자 대부분은 오늘날 괄목할만한 한 아내와 어머니의 초상이 아니라, 지혜의 실체, 나아가 토라를 상징한다고 해석한다. 충족을 상징하는, 알렙에서 타우에 이르는 알파벳 이합체 양식은 이 시가 책 전체의 가르침에 관한 요약임을 일러주는 것 같다. 이 단원은 의인화한 지혜를 참조한다는 점에서 잠언 1–9장과 함께 책의 틀을 형성한다.

2. 출처와 형성

2.1. 저술 배경

주석 문학은 잠언의 '삶의 자리'(*Sitz im Leben*)로 네 가지 가능성을 확인한다, 곧 왕궁, 학교, 씨족(가정), 또는 제도적인 접근과 관련이 없는 지적인 움직임이다(Boström 참조). 잠언 문학의 부상 장소에 관한 이와 같은 확인은 상호간 배타적이지 않다. 주석가 대부분은 이 문집의 최종 작업은 예루살렘 성전의 학교라는 틀 속에서 마무리되었다고 가정한다. 그러나 이 모든 작업은 잠언에 담긴 자료들의 종속 관계를 바탕으로 한다. 예를 들어 (잠언 1-9; 22,17-24,22와 같은) 교훈서 문학유형은 (아버지와 어머니를 자의적으로 이해할 경우) 가정이라는 삶의 자리, 또는 ('아버지'를 '스승'의, 그리고 '아들'을 '제자'의 동의어는 간주할 경우) 학교라는 삶의 자리로 '거슬러 올라가게 한다.' 모든 잠언 문학의 저술 배경으로 학교를 가정하는 데에는 고고학적이며 역사적인 진지한 근거가 있다(Lemaire 참조).

2.2. 문집 형성

현대의 주석 연구에서, 단원들을 유일한 한 권의 책 안에 규합하고 공히 솔로몬을 저자로 삼는 현상은(잠언 1,1), 유배시대 이전에 시작해서 헬레니즘 시대 또는 직전에 완료된 다양한 문학 단위들을 수집하고 정리하는 과정에서 비롯된 결과이다. 연대순에 따른 단계를 밝아나가려는 시도는, 한편으로는 잠언에 포함된 소재의 문학유형 분석을 통해, 다른 한편으로는 단원의 표제에 담긴 내용 검토를 통해 가능하다.

1) 문학유형

단원 II, IV, V, VII, IX의 진술들은, 몇몇 예외를 제외하고, 긍정형으로 되어 있다. 이 진술들은 어떤 일을 참된 것으로 긍정하고, 세상이 어떠한 것인지에 대하여 무엇인가를 말하며, 흔히 신중한 문학 단위를 형성한다. 이와는 달리, 단원 I, III, VI, VIII에서는 명령형이 지배한다. 잠언의 행들은 여기서 수신자를 중심으로 연이어 규합되어 있다. 잠언의 소재에서 일차적인 선별 작업을 위해 주석가들은 잠언 내부의 이 다양성에 대해 오랫동안 토론을 거쳤다. 그들 가운데 몇몇은 세밀하게 구상된 형태의 명령문(Mahnwort)보다 단순한 형태의 긍정문(Aussagewort)이 더 오래된 것임을 주장한다. 그러나 이 통시적 가설은 이 두 형태의 문형이 고대근동의 지혜 전승에서 늘 함께 했다는 사실이 밝혀진 후 (서서히) 포기되기에 이르렀다(이집트와 메소포타미아와 관련하여 Whybray, 1995 참조).

2) 표제와 단원; 가명의 솔로몬 작품

잠언 각 단원의 표제는 단원의 출처와 운명에 관한 정보를 제공한다. 표제와 단원의 관계는 표제가 앞서서 곧 책이 저술되었을 때, 또는 후에 곧 책이 배포되었을 때 붙여졌느냐에 따라 중대한 문제를 일으킨다.

주석가 대부분은 잠언 모음이 잠언에 수집되기 이전에 이미 표제들이 첨부되어 있었다고 추정한다. 달리 말해서 표제들 연구를 통해 우리는 이 문집의 통시적 형성에 관한 가설들을 제안할 수 있다. 이러한 관점에서 솔로몬의 이름을 (저자로) 언급하고 (전수자로) '히즈키야의 신하들'의 수집물로 규정하는 단원 V의 표제는(25,1), 이 단원을(잠언 25-29) 잠언의 가장 오래된 부분으로 취급하게 하는 연대적 버팀목 역할을 한다. 단원 II의 (잠언 10,1-22,16) 표제 "솔로몬의 잠언"(10,1)은, 단원 I의 표제 "이스라엘 임금 다윗의 아들 솔로몬의 잠언"(1,1)보다 간략하다는 점에서, 더 오래된 표제로 본다. 이는 전승이 짧으면 짧을수록, 더 오래된 것일 수 있는 개연성을 안고 있다는 원칙에 따른 것이다(Crenshaw 1992). 한편 단원 II는 단원 V와 동시대의 모음일 것이다. 둘 다 신중한 문학 단위로 구성되어 있기 때문이다. 단원 III(잠언 22,17-24,22), IV(24,23-34), VI(30,1-14), VII(30,15-33),

VIII(31,1-9), IX(31,10-31)은 출처와 작성 연대를 가늠할 수 있는 충분한 정보를 내포하지 않는다. 문집 속에 삽입된 모음들이라는 점에서 볼 때, 단원 II와 V가 구상되고 난 다음의 일로 추정할 수 있을 뿐이다. 한편 단원 VI와 VIII의 표제에 아라비아 고유명사가 언급되어 있다는 사실은 이 작은 두 모음은 외국에서 유래한 것임을 일러준다. 최초의 단원 I은(잠언 1-9) 헬레니즘 시대 또는 그 직전의 잠언 고정화 단계에서 솔로몬의 이를테면 소형 경전의 증보 과정을 마감하는 역할을 했을 것이다.

이어서 몇몇 연구가는 이 표제들이 잠언의 최후 형성 단계에서, 곧 활동적인 사용자(= 유다교 독자/청중) 공동체의 틀 속에서 잠언이 보급되고 완성되는 단계에서, 다양한 단원에 배치된 것으로 본다. 이 공시적 가설에 따르면, 표제는 '추가 서면 자료'(*paratexte*), 다시 말해서 "책의 존재와 수용과 완성을 세상에 보증하기 위하여 책을 존재하도록 하는" 목적을 지닌 자료로 해석되어야 한다(G. Genette). 잠언의 표제들과 단원들 사이의 관계는 본문의 생성 차원만이 아니라, 잠언이 그 최후 형태로 공표된 소통의 틀 차원과 관련이 있으며, 표제들과 저자들 사이의 상호 관계는 표제들과 발행인들 사이의 상호 관계에 유리하게 단절되었을 것이다. 표제들을 발행인들이 익명의 문집에 적용한 최후 첨가 부분으로 해석하면서, 각 단원의 출처와 저술 시기 문제는 열려 있다. 아무튼, 단원들 전체 저술에 사용된 고전적 히브리어는 유배시대 이전이라는 오래된 일자 추정을 불가능하게 한다.

책의 첫 표제는(1,1) 문집 전체를 솔로몬 임금의 작품으로 돌린다는 점에서 특별한 경우를 이룬다. (이 점에서 잠언의 칠십인역성경 역자가, 솔로몬만이 저자임을 강조하기 위하여, 1,1과 25,2의 표제 이외에 다른 단원들의 모든 표제를 삭제했다는 사실에 주목하자). 솔로몬의 이 가명성은(1,1) 하나의 전승을 날인하는 표기로, 또는 이스라엘의 신성한 문학 체계에 등록됨을 보증하는 표기로 해석될 수 있으며, 이 두 선택은 보충적일 수 있다.

'전승' 개념에 의거함으로써 우리는 잠언을 이 명망 높은 임금의 이름과 결합하는 현실을 설명할 수 있다. 통상 주석가들은 솔로몬이라는 이름 언급을(1,1; 10,1; 25,1), 열왕기에 성서적 원전을 두고 있는(1열왕 3,5.10) '탁월한 현인 임금으로서의' 솔로몬의 전설적 전승에 대한 날인으로 해석했다. 오늘날 역사적 솔로몬이 경험상 그의 이름으로 되어 있는 책들의 저자가 될 수 없음이 분명해진 이상, 몇몇 해설가는 '새로운 솔로몬'인 유다 임금 히즈키야의 조정에서(25,1 참조) 정치적 홍보를 목적으로 이러한 전승을 창안해낸 것으로 평가한다. 다른 학자들은 이 전승의 바탕에 솔로몬의 지적 위대함에 대한 '추억', 솔로몬을 후대 이스라엘 현인들의 '주보'라는 이상적 후보자로 만들려는 '추억'이 있었다고 가정한다. 지금으로서는 (출처와 발전 과정과 함께) 이 전승이 자세하게 규명될 수 없다 하더라도, 가명과 전승 사이의 이 관계 개념이 배제되어서는 안 된다. 한편, 이 개념은 두 가지 문제에 부딪힌다. 첫 번째 문제는, 1열왕 3,5.10에 담긴 내용과 특히 솔로몬의 3000개의 잠언과 1005편의 노래 언급은(1열왕 5,12) 백과사전시 목록과 함께(1열왕 5,13-14), 잠언에서 어떤 병행 문구도 발견되지 않는다는 점이다. 두 번째 문제는, 이 개념은 교의적 관점에서 잠언과 너무나 동떨어진 코헬렛과 아가와 같은 지혜 서적들이 어떻게 솔로몬의 작품으로 취급되었는지 설명할 수 없다는 점이다(코헬 1,1과 아가 1,1 참조). 한 차원 더 높게 보면, 이 개념은 또한 솔로몬의 문집 구성이 어떤 방법으로 크투빔의 '경전 과정'에 자리하게 되었는지도 설명하지 못한다.

이러한 난제를 배제하지 않으면서도, 솔로몬이라는 이름 선택은 우선 유다 경전의 셋째 부분인 크투빔의 형성 상황을 방어한다고 볼 수 있다. 이 과정은 아마도 욥과 함께 시작하며, 여기에 기원전 3세기에 역대기와 시편의 첫 모음들이(시편 3-41과 42-71) 합류한다. 역대기는 이미 시편 저자로서의 다윗의 모습은 알고 있으나, 지혜 작품들의 저자로서의 솔로몬의 모습은 모르고 있다. 하나의 문학을 솔로몬에게 돌리는 현상은 분명 시편을 다윗에게 돌리는 것을 전제로 하는 하나의 현상이며, 이는 솔로몬이 다윗의 아들이라는 사실에 근거한다. 시편 71편과 72편 역시 하나의 문학 못지않게 '생물학적' 계보를 주제화하는 것 같다. 이 가설에 따르면, 지혜 문집의 저자로 솔로몬을 추정하는 것은(잠언 1,1; 코헬 1,1; 아가 1,1), 솔로몬 문집이 형성된 시점과 최초 크투빔(욥기, 역대기 상하권, 시편, 잠언–코헬렛–아가)의 핵심에 등록된 시점과 같은, 점진적 현상이 아닌 공시적 현상으로 이해되어야 한다.

3. 주제와 의도

잠언의 기능과 당대 유다 사회에서의 활용 문제는 토론의 대상이다(Whybray, 1995 참조). 몇몇 학자는 잠언의 유희적 성격을 강조하며(단원 VII의 수수께끼 참조), 다른 학자들은 교육적(병행 구조, 기억을 돕는 방식, 기교 넘치는 관찰) 또는 철학적(창조된 세상에 내재한 질서에 대한 고찰) 기능을 앞세운다. 잠언과 현실 세계 사이의 대조 관계는 이 토론에 밀접히 관련되어 있다. 어떤 학자들은 단원들이 (특히 단원 II와 V가) 집단 체험에 기초한 삶에 관한 관찰 내용을 모아놓고 있다고 평가하며, 다른 학자들은 잠언들이 경험과 세상의 현 상태에 대하여 논하는 현인의 지적 활동에서 발생되었다고 본다. 또 다른 학자들은, 역으로, 잠언들이 대조의 기능이 아니라 순수 시적인 기능만을 지닌다고 생각한다. 이들에게 각 잠언의 심미적 성격은 그 의미보다 더욱 중요하다. 끝으로, 또 다른 학자들에게 세상일을 배움은 잠언을 통한 히브리어 배움과 하나를 이룬다.

이 점에서 우리는 단원 I의(잠언 1–9) 몇몇 진술 현상을 참조함으로써 토론을 밝혀줄 수 있을 것이다. 아버지/스승 연사에 고유한 양식적 특징은(도입 - 교훈 - 맺음) '교훈서'라는 문학유형에 속하며, 그 원형은 이집트이다(아멘엠오페의 가르침, 아메넴헷 임금의 교훈; McKane 참조). 한편 역설적이게도, 아버지/스승은 자기 가르침에 충실하도록 아들/제자를 강요하는 그만큼 그를 가르치는 일에 비중을 두는 것 같지 않다(Crenshaw, 1992). 명령형 진술 양식이 아버지/스승 연사 전체를 가로지르며(특히 1,8.10; 3,1.21; 4,1.10.20; 5,1.7; 6,20; 7,1.24), 어떤 것이 참된 것임은 말하지 않고 상대방을 순명/불순명의 선택 기로에 서게 한다. 명령 행위는 대인관계 유형과, 계급 질서에 따른 사회관계 유형을 반영한다. "명령을 내리는 권리는 아무에게나 부여된 것이 아니기 때문이다"(D. Maingueneau). 문자 그대로의 교육 내용이 결여되어 있다는 점과 아버지/스승의 교훈에 적용된 표현 양식은, 아버지/스승과 아들/제자의 상과 함께 강의 시간과 그것이 전제하는 학급의 시간적이며 공간적인 틀이 하나의 '장면', 곧 전통적 지혜 가르침의 적법한 조건들이 어떠한 것인지를 밝혀주는 역할을 하는 장면을 규정한다는 사실을 선험적으로 보여준다. 이 소통 장치는 작품과 세상을 통합하는 이점을 지닌다. 여기서의 세상은 작품이 표현한다고 여기게 되는 세상, 거기서 바로 작품이 솟아난다고 여기게 되는 세상, 이 소통 장치를 통하여 잠언 1-9장의 진술들을 배우는 잠언의 모든 독자/청중에게 영향을 끼치는 세상을 말한다. 스승의 아버지와 같은 모습은 진술자의 '윤리적 기질'(*ethos*)을 규정하며 작품의 '윤리' 세계에 접근하는 길을 이룬다. 가정과 사회의 안정, 전승과 세대의 안정을 보증하는 아버지의 에토스를 말한다(4,1-9 참고). 이 에토스는 잠언 1-9장의 저자들이 마련한 문학유형과 불가분의 관계에 있다. 사실 잠언의 특징적인 이원 구조는 '한 사회를 지배한다고 여기게 되는 윤리 세계의 질서 정립에 기여한다'(A. Greimas).

'아버지의 교육'(1,8; 4,1) 열매를 획득하는 과정에서 아버지/스승의 역할은 야훼와 믿는 이 사이의 '중개인' 역할이다. 그분의 '말씀'에 대한 성실은(2,1) ① '야훼께 대한 경외'와(2,5), ② '모든 선한 길'에(2,9) 들어섬을 선사한다. 이 첫째 단계를 통과한 믿는 이는 ①' 지혜를 주시는 분이 야훼라는 사실과(2,6), ②' 지혜가 자기에게 자신을 내맡긴다는 사실을(2,10) 터득할 수 있을 것이다. 따라서 기나긴 고된 배움의 과정을 통해서가 아니라, 조건부의 신앙 행위를 통하여 인간은 지혜로운 자가 된다. 그러나 이것이 전부가 아니다. 지혜 '수용'은 믿는 이가 적대적인 두 연사의 유혹에서 해방되도록 이끌어줄 것이다. 그 주역들은 2,12-15("사악한 것을 말하는 자")와 2,16-19("매끄러운 말을 하는 낯모르는 여자")에 등장한다. 2장의 이 끝부분과 함께 이어지는 부분은 잠언 1-9장의 기본적인 토론 기능, 곧 논쟁 기능을 밝혀준다. 그 역시 각각 하나의 '길'을(2,15와 2,18) 이루는 적대자들의 연사는, 잠언 1-9장의 저자들이 그 가치를 격하시키고자 했던 경쟁적인 교의적 위치에 속하는 것으로 보인다. 이 적대자들이 누구인지 확인하는 작업은 여전히 문제시되고 있으나, 아마도 유다의 헬레니즘에 호의적이던 예루살렘의 지혜 학파를 가리키는 것 같다(Hengel, Vermeylen). 2,12-15와(바른 길 대 어둠의 길) 2,16-19(낯선 여자)에 고유한 어휘와 주제 분석은, 3-4장을 첫째 위치('철학적 현대주의')에 대한 논쟁으로, 그리고 5-7장을 둘째 위치('생활 방식의 현대주의')에 대한 논쟁으로 특징짓는다. 한편, 이 두 '길'을 코헬렛과 아가(와 각각의 논쟁 공동체)와 동일시하고, 잠언 1-9장을 솔로몬 문집 전체를 위한 논쟁적 도입 부분으로 여기는 하나의 대담한 가설도 제시된다. 헬레니즘 개혁자들의 주장을 격하시킴이 '전수된 지혜'와 '전승'의 합법성과 하나를 이루는 도입을 말한다(잠언 10-31).

4. 참고 문헌

4.1. 주석서

A. Barucq, Sbi, 1964. R.E. Clements, «Proverbs», in J.D.G. Dunn/J.W. Rogerson, *Eerdmans Commentary on the Bible*, Grand Rapids/Cambridge, 2003, p. 437-466. R.J. Clifford, OTL, 1999. M.V. Fox, AncB 18A, 2000. W. Mckane, OTL, 1970. A. Lelièvre/A. Maillot, LeDiv Commentaires 8, 2000. A. Meinhold, ZBK.AT 16.1, 1991. B.K. Waltke, NICOT, 2004-2005. R.N. Whybray, NCBC, 1994.

4.2. 연구 현황

J.L. Crenshaw, «Proverbs, Book of», in D.N. Freedman (éd.), *Anchor Bible Dictionary. Vol. 5*, New York *et al.*, 1992, p. 513–520. I. Kottsieper, «Alttestamentliche Weisheit: Proverbia und Kohelet (I et II)», *Theologische Rundschau* 67(2002), p. 1–34; p. 201–237. R.N. Whybray, *The Book of Proverbs: A Survey of Modern Study* (HBIS 1), Leiden/New York/Köln, 1995.

4.3. 주요 저서 및 논문

J.-N. Aletti, «Séduction et parole en Proverbes I–IX», *VT* 27(1977), p. 129–144. A. Berlin, *The Dynamics of Biblical Parallelism*, Bloomington(IN), 1985. L. Boström, *The God of the Sages: The Portrayal of God in the Book of Proverbs* (CB.OT 29), Stockholm, 1990. W.P. Brown, «The Law and the Sages: A Reexamination of Tôrâ in Proverbs», in J.T. Strong/S.S. Tuell (éd.), *Constituting the Community*, Winona Lake(IN), 2005, p. 251–280. C.V. Camp, *Wise, Strange and Holy: The Strange Woman and the Making of the Bible* (JSOT.S 320; Gender, Culture, Theory 9), Sheffield, 2000. J. Cook, «The Translator of the Septuagint of Proverbs. Is His Style the Result of Platonic and/or Stoic Influence?», in M. Kapper/W. Kraus, (éd.), *Die Septuaginta – Texte, Kontexte, Lebenswelten* (WUNT 1. Reihe 219), Tübingen, 2008, p. 544–558. M.V. Fox, «The Epistemology of the Book of Proverbs», *JBL* 126(2007), p. 669–684. G. Genette, *Seuils* (Points Essais), Paris, 1997. A. Greimas, *Du sens*, Paris, 1970. M. d'Hamonville, *La Bible d'Alexandrie. 17. Les Proverbes*, Paris, 2000. M. Hengel, *Judaism and Hellenism: Studies in their Encounter in*

Palestine during the Early Hellenistic Period, London, 1974. E.A. Knauf, «Der Kanon und die Bibeln. Die Geschichte vom Sammeln heiliger Schriften», *BiKi* 57, p. 193–198. A. Lemaire, *Les écoles et la formation de la Bible dans l'ancien Israël* (OBO 39), Fribourg(CH)/Göttingen, 1981. D. Maingueneau, *Initiation aux méthodes de l'Analyse du Discours. Problèmes et perspectives*, Paris, 1976. A. Müller, *Proverbien 1-9. Der Weisheit neue Kleider* (BZAW 291), Berlin/New York, 2000. J. Vermeylen, «La femme étrangère dans le livre des Proverbes», in T. Römer (éd.), *Lectio difficilior probabilior? L'exégèse comme expérience du décloisonnement. Mélanges offerts à Françoise Smyth-Florentin* (DBAT.B 12), Heidelberg, 1991, p. 221–235. R.N. Whybray, *The Composition of the Book of Proverbs* (JSOT.S 168), Sheffield, 1994.

룻 기

라누아르(Corinne Lanoir)

네 개의 장으로 이루어진 이 작은 책은 성경 고전에 속한다. 시어머니를 따라 고된 조건 속에서 살기 위해 모든 것을 포기한 여인에 대한 이야기이며, 시작은 잘못 되었으나 끝이 잘 맺어진 하나의 역사, 곧 모든 것이 계절과 추수시기로 조율되는 시골을 배경으로 함으로써 낭만적이며 매력적인 하나의 쉼표로 즐겁게 읽힐 수 있는 역사를 다룬다. 그러나 이 책의 의도는 책에 제시되어 있는 것보다 훨씬 난감한 현실과 처리해야 할 문제로 머물며, 모압 여인 룻의 모습은 순명적인 며느리의 상이 도저히 수용할 수 없을 정도로 그렇게 풍요로우며 논쟁적인 것으로 보인다.

1. 설계와 내용

우리는 이 책의 유형을 하나의 소설로 정의할 수 있다. 베들레헴에 살던 한 남자와 가족은 기근으로 말미암아 모압 땅에 가서 산다. 이 남자와 두 아들은 그 땅에서 죽음을 맞이한다. 십 년 후, 과부 나오미는 모압 며느리 룻을 데리고 베들레헴으로 돌아가기로 결심한다. 룻은 나오미의 친족으로서 베틀레헴의 지주인 보아즈를 만나며, 이 사람은 룻과의 혼인을 받아들인다. 이 두 사람 사이에서 다윗 임금의 조부가 될 오벳이라는 아들이 태어난다. 기사에 담긴 네 개의 장은 책 설계의 주요 요소들을 한정한다.

1,1-5	가족의 모압 이주
1,6-22	베틀레헴을 향한 여인들의 귀환 길
2,1-23	룻은 보아즈의 밭에서 이삭을 줍기 시작한다
3,1-18	나오미는 타작마당에서 보아즈와 밤을 지내도록 룻을 보낸다
4,1-12	보아즈는 룻과의 혼인을 협상하여 자기 집으로 맞아들인다.
4,13-17	아들 오벳의 탄생
4,18-22	다윗까지의 족보 재구성

1장이 보여주는 기근, 고립, 불임, 노쇠, 실의와 같은 온통 빈 상황에서 출발하여, 기사는 어떤 방법으로 이스라엘 집안이 재구성되어 추수, 공동체의 현존, 비옥함, 젊은이와 노인들 사이의 조화로운 뒤섞임의 형태로 충만함의 상황에 이르는지를 밝혀준다. 기사를 마감하는 다윗의 족보로 열리는 희망도 예외가 될 수 없다.

각 장에서 중심 대화가 이야기를 앞으로 나아가게 하며, 하나의 열쇠 단어가 반복된다.

1장: 기근, 모압으로의 이주와 귀환. 대화: 15-18절; 열쇠 단어: 돌아가다(12번).

2장: 보아즈의 밭에서 이삭줍기. 대화: 8-13절; 열쇠 단어: 이삭 줍다(7번).

3장: 타작마당에서의 밤. 대화: 9-13절; 열쇠 단어: '구원자'(*go'ēl*, 7번).

4장: 고을 성문에서의 협상 - 결말. 대화: 3-8절; 열쇠 단어: 이름과(7번) 구원(14번).

주요 인물들이 돌아가며 각각 발의한다(나오미, 룻, 보아즈). 기사에서의 인물 등장과 배치 문제와 관련하여, 바르 에프랏(S. Bar-Efrat)은 다음과 같은 도식을 제안한다:

I	주요 줄거리 이전에 죽은 사람들				
		룻 - 오르파			
		베틀레헴의 여인들			
II			나오미 - 룻		
				보아즈 - 하인들	
					보아즈 - 룻
				보아즈 - 하인들	
			나오미 - 룻		
III			나오미 - 룻		
					보아즈 - 룻
			나오미 - 룻		
IV		보아즈 - 익명의 가까운 친척			
		베틀레헴의 여인들			
	주요 줄거리 이후에 태어난 사람들				

우리는 또한 네 개의 장 가운데 세 개의 장에서 *ḥesed*(자애, 성실)이라는 주제의 중요성 언급에 주목한다.

- 1,8에서 나오미가 기원하는, 모압의 두 여인 오르파와 룻에 대한 야훼의 자애
- 2,20의 산 이들과 죽은 이들에 대한 야훼의 자애
- 3,10에서 보아즈에 의해 칭송 받는 룻의 신실함

한편 이 기사에서 야훼의 개입은, 에스테르와 요셉 소설에서처럼, 매우 은밀하게 펼쳐진다. 성조들의 기사와는 다르게 야훼와의 직접적인 만남이 없으며 천사나 꿈도 등장하지 않는다. 두 번에 걸친 야훼 언급이, 다시 말해서 야훼께서 기근을 멈추도록 하신 1,6과, 룻이 임신하도록 하신 4,13의 언급이 기사의 틀을 이룬다. 1,20-21에 묘사된 나오미의 실의에 찬 선언에서 우리는 욥의 말투를 재확인하며, 2,3에서 룻이 어떤 밭에서 이삭을 주울 때, 이 사건의 기원을 예단함이 없이 "우연히 보아즈의 밭에 이르게 되었다"고 한다.

2. 출처와 형성

2.1. 저술시기에 관한 주요 가설

책의 저자와 구성 일자를 정확하게 규정한다는 것은 어려운 일이다. 주해가들의 견해는 기본적으로 다음 두 가지 입장을 중심으로 규합될 수 있다.

ㄱ) 룻기는 왕정시대 동안 구성된 작품이며(예를 들어 Hertzberg), 이 경우 4,18-22의 족보는 흔히 후대의 첨가부분으로 취급된다.

ㄴ) 룻기는 유배시대 이후의 작품이며(Zenger는 룻기의 최후 판은 기원전 2세기에 이루어졌다고 추정한다), 이 경우 (기근, 불임, 타마르와의 관련[창세 38 참조], 라헬과 레아 암시 등) 이 기사의 주제들이 성조 기사의 주제들과 가깝다는 점과, 외국인 여인들과의 관계에 관한 문제의 중요성이 강조된다.

(언어적 특징, 동사의 형태와 같은) 기사의 내적 요소들은 이러저러한 입장을 옹호하는 논거로 활용된다. 상당수 학자는 기사의 몇몇 아람어화 현상을 후기 언어를 가리키는 표지로, 다른 학자들은 북 왕국의 방언으로 간주한다. (예를 들어 1,15에서 '자매'를 *yêbimâ*라 부르고, 1,20-21에서 하느님을 '전능하

신 분'을 의미하는 *šadday*로 지칭하며, 1,1.2.6.22에서 '모압 지방'을 가리키기 위해 옛 철자를 사용하는 것과 같은) 고어 형태는 오래된 본문이라는 표지 또는 후기의 본문을 고어화하는 방법으로 받아들일 수 있다(Jouön의 저서에 기술된 논쟁 참조).

역사적 맥락에 기초한 기사의 외적 요소들 역시 다양한 입장을 야기한다. 이스라엘과 모압의 관계가, 예를 들어 다윗 치하와 같은, 우호적이던 시대를 암시하는 것으로 보는 저자들이 있는가 하면, 다른 저자들은 중심 문제를 유배시대 이후 외국 여인들의 유다 공동체 통합이냐 아니냐 하는 문제로 본다(아래 작품의 의도 참조).

기사의 요소 전체를 종합하면, 땅과 관련된 문제와 누가 백성에 속하며 어떤 조건에서인지를 살피는 문제가 매우 예리하게 제기되던 유배시대 이후의 맥락 속에 룻기를 자리하게 하는 것이 더 그럼직해 보인다. 나아가 오경의 후기 저술 추정에 관한 최근의 가설들은 제2성전 시대에 펼쳐진 보다 넓은 논쟁의 틀 속에서 이 책의 저술 시기를 바로 잡아준다.

이집트 그림
남자는 밀을 베고, 여인은 그 뒤에서 땅에 떨어진 이삭을 모은다(룻 2 참조).

2.2. 책의 경전 자리

룻기의 자리는 다소 유동적이어서 히브리어 성경의 경전과 칠십인역 성경의 경전에서 동일하지 않다. 히브리어 성경에서 룻기는 크투빔(성문서) 사이에 실려 있다(바빌론의 탈무드에 따르면 시편보다도 앞서 첫 머리에 자리한다). 이 책은 또한 축제 동안 봉독되던 '다섯 두루마리'(*Megillot*: 아가, 룻기, 애가, 코헬렛, 에스테르기) 가운데 정리되어 있다. (전례 순서로는 아가 다음에 두 번째로 배치된) 룻기 두루마리는 밀 수확 만물을 바치던 주간절(=오순절) 때 읽혔다. 그런데 룻기 기사의 줄거리는 "보리 수확이 시작될 무렵"(1,22)과 "밀 수확이 끝날 때"(2,23) 사이에 자리한다. 한편, 라삐 전승에 따르면, 이 주간 축제는 또한 시나이산에서의 율법 하사를 기억하는 기회였으며, 이 경우 룻은 이스라엘의 율법을 받아들인 이상적 개종자의 모습을 대표한다. 그러나 다섯 축제 때 다섯 두루마리를 봉독하는 제의 규정은 탈무드 시대 이전의 규정이 아니다.

이와는 달리, 칠십인역성경의 경전에서 룻기는 판관기와 사무엘기 사이에 자리하며, 따라서 다윗 집안의 기원에 관한 일종의 전설을 제시하면서 이 두 책 사이의 전이 단계를 이룬다. 우리는 룻기의 시작이 "판관들이 다스리던 시대"(1,1)를 언급하고, 판관 17-21장에 보도된 또 다른 유사한 여정을 반향하는 베틀레헴부터의 여정을 소묘하면서, 룻기가 어떤 방법으로 판관기와의 관련성을 설정하는지에 주목할 수 있다. 한편 룻기의 최후 족보는, 그 역시 아기를 청하는 인물로서의 여인으로 열리는(사무엘의 어머니 한나, 1사무 1 참조) 사무엘기에 실린 왕국 역사를 준비한다.

이러한 조건 속에서 우리는 룻기가 처음부터 판관기와 사무엘기 사이에 자리했다가(칠십인역성경 전승 참조) 성문서 가운데 배열되도록 훗날 분리된 것은 아닌지, 아니면 반대로 본디 *Megillot*에 속해 있다가(마소라본 성경) 후에 역사서 가운데 삽입되도록 자리 이동을 한 것은 아닌지 자문한다. 그러나 어떤 표지도 이 문제에 명백하게 답할 수 있도록 허락하지 않는다. 아무튼, 어느 것이 가장 오래된 전승인지 밝히고자 힘쓰기보다는 이와 같은 유동성을 인식하고 그 이유를 탐구하는 것이 더 흥미로운 일이다. 우리는 여기서 본문의 다양한 독서법과 활용에 부응하는 잘 정립된 두 전승을 살펴보아야 할 것 같다.

3. 주제와 의도

기록된 것보다 더 들을 수 있고 더 상상할 수 있도록 이끄는 기사의 풍요로움과 정묘함은 매우 다양한 독서법을 가능하게 한다. 몇몇 학자는 이 기사에서 특히 윤리적 관심에 주시한다. 이 경우 이 기사는 과부의 신실함, 나아가 모든 주요 인물이 실천에 옮기는 전반적인 신실함의 본보기를 강조해서 보여준다(Gunkel, Würthwein). 다른 학자들은 하느님의 섭리와(Hertzberg) 그분의 구원 행위에 의미를 부여한다. 야훼는 보이지 않게 사건들을 통제하고 당신의 보호 아래 안식처를 찾으러 오는 사람들을 보살피신다.

우리는 분명 본보기가 되는 하나 또는 다수의 신실함의 역사로 룻기를 읽을 수 있으나, 이 기사의 여인들의 거동이 약정된 규범에 비해 수차례 어긋나 있음을 지적하는 일을 경시할 수 없다. 보아즈와 룻이 타작마당에서 가진 밤을 혼인의 밤을 조심스럽게 반복하는 암시와 함께 서술하는 3장은 특히, 룻을 롯의 딸들인 조상들과(창세 19 참조), 미래 세대의 생명을 보증하기 위해 나름대로 모든 방법을 강구하는 여인들 계보를 위한 품위 있는 후계자로 만든다. 아마도 이와 같은 관점에서 마태오가 제시하는 예수님의 족보에(마태 1,5) 등장하는 대담한 여인들 곁에 룻이 언급되고 있다는 사실을 읽어야 할 것이다. 또 다른 학자들은 이 본문에서 수혼제(嫂婚制)에 따른 혼인을 위한 홍보 책자를 찾아내나, 보아즈와 룻의 혼인은 신명 25,5-10에 명시된 그대로의 수혼제와 다른 점이 많다.

일반적으로 주해가 대부분은 이 본문에서 논쟁적인 맥락에 삽입된 하나의 문서를 보는 데 동의하나, 모두 동일한 상황을 가정하지는 않는다. 이 점에서 주요 문제는 물론 이 책을 마감하는 족보와 관련되어 있다. 어떤 이유에서 유다와 따라서 다윗의 족보에 모압 여인을 조상으로 끼워 넣었는가? 유배시대 이전의 문서를 주장하는 학자들에게 룻기는, 다윗 왕조의 옹호론자들이 야훼에 의한 다윗과 그의 집안 선택은 매우 오래된 사건임을 밝히면서 이 혈통을 정당화하기 위하여 기록한 작품이 된다.

그러나 유배시대 이후의 일자를 선호하는, 오늘날 대부분의 학자에게 룻기는, 특히 룻기와 동시대로 보이는 에즈라기와 느헤미야기에 명시된 혼합혼을 거부하고 단죄하는 현실을 거슬러 예리하게 저항하는 논쟁 문서이다. 이스라엘 백성의 역사 속에서 모압 여인의 긍정적이며 기본적인 역할을 강조하고, 신명기 법에(신명 23,4-9 참조) 표현된 입장을 공개적으로 반박하면서, 룻기는 보편적인 관점을 변론한다. 이 관점은 요나서의 기사가 다른 문체로 제안하는 바와 비교될 수 있고, 특히 외국인 여인들과 이스라엘 땅 사이의 관계를 다시 규정하는 관점이다.

독자는 따라서 룻기의 독서와 연구로 향하게 되며, '가정적으로 올바른' 책으로 일방적으로 단순하게 읽힘으로써 불행히도 자주 밋밋한 작품으로 평가되는 본문에 대한 고유한 의견을 피력할 수 있을 것이다.

4. 참고 문헌

4.1. 주석서

I. Fischer, HThK.AT, 2001. C. Frevel, NSK.AT 6, 1992. H.W. Hertzberg, ATD 9, 1985. P. Jouön, SubBi 9, 1986[2]. A. Lacoque, CAT 17, 2004. K. Nielsen, OTL, 1997. E. Würthwein, ATD 18, 1969. E.

Zenger, ZBK.AT 8, 1986.

4.2. 연구 현황

K.J.A. Larkin, *Ruth and Esther* (OTGu), Sheffield, 1996. J.-L. Vesco, «La date du livre de Ruth», *RB* 74(1967), p. 235-247.

4.3. 주요 저서 및 논문

S. Bar Efrat, «Some Observations on the Analysis of Structure in Biblical Narrative», *VT* 30(1980), p. 154-173. A. Brenner (éd.), *A Feminist Companion to Ruth* (The Feminist Companion to the Bible 3), Sheffield, 1993. A. Brenner (éd.), *Ruth and Esther* (The Feminist Companion to the Bible. Second Series 3), Sheffield, 1999. C. Galland, *Ruth: approche structurale d'un récit biblique* (mémoire de diplôme de l'Ecole Pratique des Hautes Etudes), Paris, 1973(미출간). H. Gunkel, «Ruth», in (éd.), *Reden und Aufsätze*, Göttingen, 1913, p. 65-92. A. Lacoque, *Subversives. Un Pentateuque de femmes* (LeDiv 148), Paris, 1992, p. 99-132. U. Quast, Ruth (Septuaginta. Vetus Testamentum Graecum IV,3), Göttingen, 2006. J.-L. Ska, «Le livre de Ruth ou l'art narratif biblique dans l'Ancien Testament», in D. Marquerat (éd.), *La Bible en récit. L'exégèse biblique à l'heure du lecteur. Colloque international d'analyse narrative des textes de la Bible, Lausanne (mars 2002)* (Le Monde de la Bible 48), Genève, 2003, p. 41-72. A. Wénin, *Le livre de Ruth: une approche narrative* (CEv 104), Paris, 1998. M. West, «Ruth», in D. Guest/R.E. Goss/M. West/T. Bohache (éd.), *The Queer Bible Commentary*, London, 2006, p. 190-194. Z. Zevit, «Dating Ruth: Legal, Linguistic and Historical Observations», *ZAW* 117, p. 574-600.

아 가

윌링어(Christoph Uehlinger)

움베르토 에코(Umberto Eco)의 소설 '장미의 이름'에서, 젊은 수사 아드소가 식품 창고의 희미한 불빛 아래서 이름 모를 가난한 처녀를 껴안으며 성적 즐거움에 눈이 떴을 때, 이 즐거움을 표현하기 위해 그에게는 아가에서 따온 구절 외에 다른 방법이 없었다. 아드소가, 평소 당신 백성 또는 동정녀 마리아에 대한 하느님의 사랑, 또는 당신의 약혼녀인 교회를 위한 그리스도의 애정 등을 상징하는 우의적 시로 읽도록 배웠던 이 노래는, 어느 날 갑자기 거의 신적인 힘과 같은 관능적인 사랑의 힘을 기리는 노래로 다가왔다. 온통 허구이기는 하나, 이 장면은 아가 독서에서 성에 대한 신비로운 열정과 민감한 거부가 공존한다고 보는 세속적인 전승을 상징적으로 대표한다. 아가가 성에 대해 풍부한 요소를 담고 있는 것은 사실이며, 이 작은 책은 분명 히브리어 성경의 가장 놀라운 책들 가운데 하나로 꼽힌다. 아가는 파스카 축제를 위한 유다교 회당 전례에서만 이 두루마리의 합법적 지위를 인정했던 기원전 1세기의 바리사이들과 후기 라삐 전통에서 출발하여 독자들 사이에서 언제나 매혹과 함께 당혹감을 불러일으켰다: "우리 스승들은 '아가의 단 한 구절이라도 세속의 노래로 부르는 자는 이 세상에 불행을 불러들이리라'고 가르치십니다"(*bSanh* 101a).

(135년에 사망한) 라삐 아키바에 따르면, "제 때 이외에 아가와 함께 목소리를 울리는 사람과, 아가를 (사랑의 속된) 노래로 대하는 사람, 이 두 사람은 다가올 세상에 참여하지 못할 것이다"(*tSanh* 12,10). 아가 해석과 활용의 역사는 신비주의자들의 열정과 연인들의 정열, 특히 성경 경전에서 세속적 성격이 짙은 이 사랑의 시의 자리는 어디일까를 고심하는 현대 신학자들의 난감한 처지 사이에서 오랫동안 동요를 거듭해왔다.

1. 설계와 내용

표제는(1,1) 이 시집의 지위를 단숨에 요구한다. 애가나 장엄한 찬가와는 달리 히브리어 시르(*šîr*)는 즐거운 노래를 가리키며, 최상급 시르 하시림(*šîr ha-šîrîm*)은 이 작품을 세속적인 다른 모든 노래를 넘어서는 것으로 만들고자 한다. *šîr*의 복수형 *šîrîm*이 고정되지 않은 다른 노래들이 많음을 상기시킨다면, 집합적인 단수형은 작품 주제의 단일성에 답한다(참조. 이사 23,16; 에제 33,32). 솔로몬을 가명의 저자로 삼는 현상은 저자의 단일성을 내세우고자 한다. 전승은, 몇몇 종교적 일탈에도 불구하고, 솔로몬에게서 지혜와 영, 시, 기쁨과 즐거움을 조화시킬 줄 알았던 위대한 임금의 명성을 찾아 간직한다(1열왕 5,9 이하; 10; 잠언 1,1; 10,1; 25,1; 코헬 1,1; 2,1 이하). 여러 시에서 임금의 언급으로 좌우되는 찬가가(1,5; 3,7.9.11; 8,11-12) 크투빔 경전에 아가의 삽입 또는 유지에 유리하게 작용했던 것은 분명해 보인다. 한편 우의적 독서법은 유다교와 그리스도교 전통에서 이 시집의 영속성을 보장해주었다.

표제는 따라서 대수롭지 않은 것이 아니다. 아가를 비교적 일관성 있는 문학 단위로 소개하는 편집자 또는 편집자들의 고심을 표현하기 때문이다. 1열왕 5,12에서 솔로몬이 지었다는 1005편의 노래 가운데 단순한 '가장 아름다운 노래' 이상의 것이다.

그러나 아가의 설계와 마찬가지로 단일성은 작품의 선집적인 성격을 강조하는 많은 현대 주석가들의 일치된 의견을 모으는 데는 거리가 있다. 해석의 역사는, 작은 문학 단위들의 구문론적이며 구조적인 자료들로부터 시작하는 대신에, 점진적이며 극적인 몇몇 역동성을 찾아내기도 전에 우선 외적인 해석 굴레를 본문에 강요하는 도식이 풍요롭다는 사실을 인정해야 할 것이다:

- 우의적 해석은 아가에서 (예를 들어, 이집트 종살이로부터 가나안 정복에 이르기까지, 또는 바빌론 유배로부터 본국 귀환에 이르기까지의) 하느님과 이스라엘 사이, 하느님과 조정 또는 정확하게는 산헤드린을 가리키는 '연구의 집' 사이, 하느님과 그분의 토라(또는 유다교의 다양한 해석에 따라 그분의 *shekhinah*) 사이, 그리스도와 교회(2코린 11,2; 묵시 19,6-8에 뒤이은 동방교회와 가톨릭의 전승) 사이, 그리스도와 마리아(20세기부터 강조된 마리아의 역동성) 사이, 그리스도와 신앙인의 영혼(오리게네스에 뒤이은 프로테스탄트 전승) 등의 사이에 커져가는 애정의 울림을 인지한다.
- 극적 독서법은, (2세기의) 오리게네스 이래 입증되고, 중심인물들의 목소리를 확인하는 각본 보충으로 몇몇 그리스어 사본에서 지지를 받는 해석 방법으로서, 아가는 그리스도의 정화된 약혼녀로서의(몇몇 그리스어 역본에 나오는 8,5의 하얀 처녀) 이방인들의 교회가(1,5의 가뭇한 처녀) 점진적으로 변형되어 가는 모습을 무대에 올려놓는 작품이 된다.
- 무대 예술적, 준-연극적 또는 자연주의적 해석은 (카르미나 부라나 또는 데카메론처럼) 아가를 궁전 또는 전원을 배경으로(임금과 젊은 처녀, 미녀와 목동 등) 펼쳐진 일련의 촌극으로 읽으며, 나아가 중산층의 사회를 배경으로 동방에서 무대에 오른, 사적인 감동으로 충만한 낭만파의 서정적인 작품으로 본다.

– **민속적** 주석은, 아라비아 또는 시리아-팔레스티나의 연가와 비교하고 전통적인 팔레스티나 혼인의 때에 사용된 민족 언어학을 관찰하는 해석 방법으로서, 아가의 노래 전체를 혼인의 마을 축제라는 단 하나의 '삶의 자리'에 귀착시키고자 한다.

– 끝으로 **제의적** 해석은 준-신화적인 서정성을 띤 몇몇 문구들과(예를 들어 1,13.16; 3,6; 4,8; 6,10), 수메르와 바빌론 또는 가나안의 (두무지와 이난나, 마르둑과 사르파니툼, 나부와 타츠메툼, 바알과 아낫 등과 같은) 남신과 여신을 결합시키는 '신성한 혼인', 곧 임금과 여사제를 결합하는 제의 안에서 몸짓으로 표현되어 풍요와 자연의 생식적 힘을 촉진시키는 혼인 이론을 아가에 접목시키기 위하여 수메르의 '병행 문구들'을 소재로 삼는다.

1874년 이후, 세속적 여러 연가 모음을 담은 (기원전 13/12세기) 람세스 시대의 이집트 파피루스와 오스트라곤이 발견되고 간행되면서, 앞서 언급된 모든 해석은 그 가치를 상실하게 되었다. 아가와 병행하는 수많은 문구들을 담고 있는 이 모음들은 분명 상충 구조가 결여되어 있는 구성으로 특징되고, 이어지는 극적인 어떤 배경도 세시하지 않는다. 연회에 초대된 (그러나 필히 혼인 잔치와 관련이 있는 것은 아닌) 하객을 흥겹게 하기 위한, 또는 직무상 반복에서 오는 지나치게 진지한 작업 성격으로 말미암아 지쳐버린 서기관들의 피로를 풀어주기 위한(몇몇 본문은 행정 문서의 이면에 보존되어 있는 경우도 있다), 분산되어 있던 노래와 시 모음을 말한다. 유다의 지식인들이 (비록 성경 노래의 대부분이 이집트가 아니라 시리아-팔레스티나 또는 페니키아의 배경을 전제로 한다 하더라도) 이집트의 동료들로부터 이러저러한 아가의 시를 빌려올 수 있었다는 사실은 놀라운 일이 아니다. 또한 아가의 상당수 노래가 상사병에 걸린 지식인들의 서정적 공상, 또는 페르시아와 헬레니즘시대 유다-팔레스티나 귀족계급의 사교적 연회와 축제와 함께 했던 시적 유흥에 그 기원을 두고 있다는 사실에도 의심의 여지가 없다.

우리는 앞서 언급한 솔로몬의 일탈에 대한 반응으로 20세기 주석가 대부분이, 개인적 작은 문학 단위들을 해석하는 것으로 만족하면서, 작품 전체 설계에 관한 가설에 회의적 입장을 표명했다는 사실을 이해할 수 있다(예를 들어 Pope, Keel, Müller). 있는 그대로의 이 문학 단위들에 점진적으로 쏟아진 관심이, 특히 은유법과 관련된 많은 문제를 더 깊이 파고들고 각 시의 서정적 특징에 가치를 부여하도록 이끄는 이해력을 드높일 수 있도록 했다는 사실에 의심을 둘 이유가 없다 하더라도, 이 기법 또한 작품 전체의 몇몇 단편화 작업을 야기했다. 그런데 이 단편화 작업은, 표제가 요구하는 작품과 저자의 단일성에도, 소재의 명백한 단일성에도, 후렴과 형식적 반복으로 점재된 이 시에서 다른 시로 이끄는 정교한 연결 표지에도(예를 들어 3,6–5,1), 끝으로 한정된 레퍼토리를 만들어내고 시 흐름 내내 언급된 인물들의 일관성을 요청하는 문학 단위라는 강력한 인상에도 답을 주지 못한다.

사실 학자들은 쉽게 '세 주요 인물'을 구별한다. 첫째는 임금과의 혼인이 약속되어(3,6–11) 후궁에 입궁한 여인으로서(1,2 이하) '술람밋'(*šulammît*,

서로 건배하는 부부 사이를 나는 비둘기(원통 관인)

여성 솔로몬)이라 불리는 젊은 처녀이고(7,1), 둘째는 첫 눈에 반해 이 여인을 유혹한 것처럼 보이며 이제 곧 혼인할 '임금'(솔로몬)이며, 셋째는 궁전 밖의 '연인'으로서(암미나딥, 6,12 참조?) 이 젊은 처녀가 번민에 쌓인 생각과 밤의 환영 속에 빠져들어(3,1 이하; 5,2 이하) 성읍을 돌아다니며 찾고 때로 정원의 전원적인 아늑한 장소에서 만남을 가졌던 것으로 보이는 인물이다. 이 세 주요 인물 곁에서 우리는 집단 화자로서 '익명의 단체'를 만난다. 이 처녀가 신뢰하는 후궁의 시녀들인 '예루살렘의 처녀들'과(예를 들어 5,8-6,3) 처녀의 오빠들이며(8,8-10), 암미나딥의 측근 친구들도 포함될 수 있는 것 같다(7,1-8,13?). 끝으로 다른 인물들은 그저 주요 인물들에 의해 언급될 뿐인데, 처녀의 어머니(3,4; 6,9; 8,1-2; 참조. 1,6), 연인의 어머니(8,5), 솔로몬 임금의 어머니(3,11; 아버지가 전혀 언급되지 않는다는 사실에 주목한다), 양치는 동료들(1,7-8), 임금의 친구들과(5,1; 참조. 1,12) 호위병들(3,7-8), 성읍의 야경꾼들과(3,3; 5,7) 포도밭의 소작인들(8,11), 수많은 임금의 왕비들과 후궁들이(6,8-9) 그러하다. 따라서 왕궁 벽 바깥보다 분명 더 많은 사람이 살고 있는 하나의 잘 둘러싸인 세계로서 주요 인물들의 활동 공간이며, 성읍과 왕궁과 왕궁의 영화와 위세와 정원의 풍요로운 성격 사이에서 동요하는 세계로서 연인들만이 그들 상호간 동교의 즐거움을 맛보는 공간이다(Bosshard-Nepustil 참조).

현대 주석에서 수정된 공시적 접근 방법을 적용하여 최근의 여러 저자가 아가의 단일성 문제를 다시 거론하고 그 구조와 구성을 분석하며 전체 설계를 제안하고 있는 현실은 놀라운 일이 아니다(예를 들어 Heinevetter, Dorsay 참조). 이 저자들은 세세한 점에서는 적지 않은 이견을 보이고 있다 하더라도, 전반적으로 전통적인 해석의 유일한 수직적 예형은 포기하고 교차대구적인 도식을 확인한다. 이 도식은 동료들(연회 참석자들?)을 먹고 마시고 사랑에 취하도록 초대하는(5,1; 참조. 코헬 9,7-10!) 5,1ㄴ의 호소로 대표되는 하나의 축을 중심으로 펼쳐질 수 있다. 구문론적 표지들(화자와 수신자 바뀜), 문체 방식, 주제상의 중간 휴지, 후렴(예를 들어 2,7; 3,5; 5,8; 8,4;

2,16; 6,3), 반복(예를 들어 2,6–7과 8,3–4), '회상'(예를 들어 3,1–5와 5,2–7; 4,1–7과 6,4–7), 본문의 내적 암시(2,8–9; 8,14) 등은 사실 비교적 일관성 있는 작품 전체의 도식을 인지하도록 이끈다.

1,1 표제

가. 솔로몬 왕궁(1,2–2,7)

1,2–6	임금의 거처와 후궁의 처녀
1,7–8	부재중인 연인과의 가상 대화
1,9–1	치장한 처녀
1,12–1	부재중인 연인에 대한 추억
1,15–17	왕궁 또는 정원?(연인과의 대화)
2,1–6	상사병
2,7	**후렴**(예루살렘 처녀들을 향한 기원)

나. 은밀한 만남과 첫 도주(2,8–3,5)

2,8–14	창가의 연인(*paraklausithyron*: 닫힌 문에서 읊는 애가)
2,15–16	은밀한 만남
2,1	연인에게 호소
3,1–4	밤에 찾아 나섬
3,5	**후렴**(예루살렘 처녀들을 향한 기원)

다. (솔로몬) 임금의 혼인(3,6–5,1)

3,6–8.9–11	화려한 혼인
4,1–3.4–7	사랑의 찬가(*wasf*)
4,8–11	신부 초대

4,12–5,1ㄱ	정원에 들어가 열매를 따고...
5,1ㄴ	향연 초대

나'. 놓친 만남, 새로운 도주와 재회(5,2–6,10)

5,2–7	놓친 밤의 만남(*paraklausithyron*?)
5,8	**후렴**(예루살렘 처녀들을 향한 기원)
5,9	처녀들의 질문: 네 연인은 어떤 존재인가?
5,10–16	연인 찬가(3인칭 단수 *waṣf*)
6,1	처녀들의 질문: 네 연인은 어디 있는가?
6,2–3	정원에서의 재회
6,4–7	사랑의 찬가 II(*waṣf*)
6,8–10	유일한 비둘기

가'. 암미나딥 병거에 올라탄 술람밋 곧 '여성 솔로몬'(6,11–8,4)

6,11–7,1	자리 이동과 춤
7,1–10	사랑의 찬가 III(*waṣf*)
7,11–14	연인에게 건넨 초내
8,1–3	그저 당신이 내 오라버니라면!
8,4	**후렴**(예루살렘 처녀들을 향한 기원)

다. 맺음말: 사랑의 힘과 무력(8,5–14)

8,5	혼인에 관한 풍자
8,6–7	사랑은 죽음을 두려워하지 않는다
8,8–10	혼례 준비에 관한 풍자
8,11–12	솔로몬의 부에 관한 풍자
8,13–14	불가능한 사랑(대화)

N.B.: 4,8–6,10은 4QCant[a]에 빠져 있고, 3,6–8과 4,4–7은 4QCant[b]에서 찾을 수 없으며, 이 쿰란 사본은 5,1을 넘어가지 않는 것 같다. 이러한 도식에 들어선 본문들 가운데 몇몇은 좀 더 작은 단위로 세분될 수 있다(1,2–6만 하더라도 최소한 다섯 개의 하위 단위를 내포한다: 2ㄱ.2ㄴ–4ㄱ.4ㄴ.4ㄷ–ㄹ.5–6). 그러나 이 도식은 분명 우리가 서부 셈족 시의 기초를 이루는 원칙, 다시 말해서 교차대구 구조와('구심 구조'라고도 한다. *pivot pattern* 또는 *Stufenschema*) 점진적인 수직 구조를(이 구조는 처녀가 임금과 연인에게 이중으로 속해 있는 근본적인 난제를 해결해주지 못하며, 여기서 맺음말 부분의 모호성이 발생한다) 혼합하는 도식으로 취급될 수 있다. 이 도식의 몇몇 불균형이 이차적인 자료 삽입으로 빚어진 것이라 하더라도, 본래의 구성을 이루었던 요소들을 (특히 최근의 Heinevetter와 같은 학자의 몇몇 시도에도 불구하고) 합리적인 개연성과 함께 구별한다는 것은 어려운 일, 거의 불가능한 일이다.

2. 출처와 형성

2.1. 저술 시기와 형성, 비교연구 문헌

작품의 저술 시기는 언어에 관한 몇 가지 자료와(Fox) 보다 일반적인 고찰에 의거할 수밖에 없다. 그리스어에서 빌려온 단어 하나와('가마'를 뜻하는 그리스어 *phoreion*에서 온 3,9의 *'apporyôn*) 페르시아어에서 따온 다른 단어 하나는('정원, 낙원'을 의미하는 페르시아어 *pari-daiḏa*에서 온 4,13의 *pardes*) 아무리 올라가도 기원전 5세기경을 생각하게 하며, 신랑의 면류관은(3,11) 헬레니즘 시대 이전에는 알려져 있지 않았다. 미스나 히브리어를 지향하는 적지 않은 아람어화 현상과 코헬렛의 토론 요소 분위기와의 상당한 유사성은 적어도 작품 전체의 편집 배열에 관한 문제에서 3세기를 염두에 두도록 한다(이는 또한 2세기와 1세기 사이의 부분적 첨가를 배제하지 않는다). 테오크리토스, 로데스의 아폴로니우스, 칼리마코스와 같은 저자들이 찬양을 받던 프톨레마이오스 시대의 강력한 알렉산드리아와 유지했던 관계는 솔로몬의 아가, 단호하게 말한다면 유다-팔레스티나의 (따라서 지방의) 작품이면서도 이 분야에서 예술적 정점으로 제시되는 아가 형성에 유리하게 작용했을 것이다. 기원전 1세기의 서로 다른 네 개의 수사본에서 유래한 단편들이 쿰란에서 발견되었다는 사실은(그 가운데 두 개는 추정컨대 간추린 개정본을 보여주는 것 같다, Tov 참조) 최후 편집 시점을 일러주고, 하스몬시대 말부터 이 두루마리가 준-경전 지위를 확보하고 있었다는 사실을 짐작케 한다(본문이 아직은 전체적으로 고정되어 있었던 것 같지는 않다). 다만 다른 책에 인용된 경우가 없어, 쿰란의 독자들이 이미 이 작품을 철저하게 종교적으로, 당연히 우의적으로 해석했는지는 알 수 없다.

3세기의 편집자 또는 편집자들이, 저작 시기를 규정하기는 어려우나, 이미 존재하던 대중적이며 귀족적인 다양한 출처의 연가 목록에서 이 작품을 끌어냈다는 사실은 매우 개연성이 있어 보인다. 사랑의 열정에는 역사적 상황이 존재하지 않으며, 이 열정은 틀에 박힌 전통적인 목록에서 폭넓게 따온 '히트곡'에 호의적일 수밖에 없었다. 아가에는 솔로몬과 암미나딥, 이 두 사람의 이름만 거명된다. 그런데 관심은 역사적 상황이 아니라, 대단한 임금과 향락 추구자의 명성과 매력에 쏠려 있다(6,12의 요르단강 건너편 사람[?] 암미나딥과 동일한 이름을 지니고 있는 기원전 7세기의 암몬 임금들 사이에 어떤 관계가 있다 하더라도, 이 두 사람은 동시대 인물이 될 수는 없다; TOB이 암미나딥을 고유명사로가 아니라 '귀인'으로 번역한다는 사실에 주목하자). 엔 게디와, 이 오아시스에서 특별한 기후 속에 생산되는 향수와 향신료 언급은 기원전 7세기 못지않게 페르시아와 헬레니즘 시대에 잘 이해될 수 있는 요소이다. 한편 우리는 애교를 부리는 노래처럼 보이는 연가가 이미 유배시대 이전의 예루살렘에 널리 알려져 있었다는 사실을 알고 있다(이사 3,16-24와 5,1 이하와, 에제 33,31-32에 언급된 음악가를 중심으로 모여든 현상 참조).

문제는 비교연구 문헌과 결부되어 있다. 아가의 시들과 비교되었던 고대와 근동의 모든 본문에서, 이집트의 연가들은 가장 분명한 유사성을 보이며(Fox 참조), 몇몇 인상적인 병행문구들은 문학적인 종속관계를 확신하도록 이끌기도 한다. 그런데 (우리가 마태오의 작품을 참조하게 될) 이집트 본문들은 기본적으로 (기원전 18-17세기) 람세스 시대의 파피루스와 오스트라콘을 통해 우리에게 알려져 있다. 우리는 분명 프톨레마이오스 시대까지 계속된 하나의 전승이 존재했다는 사실은 가정할 수 있으나, 그 맥은 분산되어 있으며(7세기의 하토르 여사제에게 헌정된 찬미 노래, 주연과 혼례를 따르는 '하프 연주자들' 전승, 후대의 전기적 비문에 담긴 몇몇 열정적 사랑 또는 유다-이집트 소설 '요셉과 아세낫', 18,9-10의 아세낫 찬가), 필요에 따른 따옴의 시기를 규정할 수 있도록 허용하지 않는다. 킬(O. Keel)은 히즈키야 시대를 지지했으나(잠언 25,1과, 잠언 22,17-23,11의 아멘엠오페의 지혜 되풀이 참조), 이집트와의 교류는 4세기와 3세기에도 빈번했다. 지금으로서는 종류를 모르는 이집트의 아람어 본문들에 관한 이집트 목록에 유다의 지식인들이 어떤 방법으로 접근할 수 있었는지 우리는 알지 못한다.

(두무지와 이난나의 노래들과 같은) 설형문자 전승에 보존된 사랑의 시들 가운데 가장 중요한 문집은 기원전 삼천 년대 말과 이천 년대 초로 거슬러 올라간다(Sefati 참조). 따라서 우리는 무모하게 접근시키려는 온갖 시도를 경계해야 할 것이다. 한편 연가 형성은, 여러 목록 가운데 55개 이상의 제목을 언급하는 중앙 시리아 목록이 증언하고 있듯이, 근동 세계에서 전혀 멈추지 않았다. 아가의 몇몇 시에서 사랑받는 여인은, 준-신화적인 언어로 표범이나 사자와 같은 동물, 근접할 수 없는 산, 때로는 별에 결부된, 하나의 거의 신적인 모습으로 등장한다. 이와 같은 신의 모습이라는 주제는(예를 들어 1,13.16; 3,6; 4,8; 6,10) 시리아-메소포타미아의 고대 전승을 반영한다. 학자들은 이스타르 또는 타스메툼과 같은 존재로 여겨진 여신들을 찬미하는 시의 배경에서, 제의적 신상의 도움으로 연출되는 그야말로 신들의 사랑을 기리는 본문들(Nissinen 참조), 아니면 문자 그대로의 신상을 묘사하는 본문들을 간파한다(예를 들어 5,14-15 참조). 찬미

가들이 주로 사랑의 열정으로 새겨져 있는 그만큼, 유형의 유사성은 쉽게 이해된다. 그러나 아가의 서정성이, 매우 예외적이고 부분적이며 함축적이고 심미적인 방법을 통해서만, 그리고 무의식적으로 처리하는 방법을 통해서만, 신화를 나아가 '종교적 인물' 자체를 만들어낸다는 사실을 주시하자. 그리스 시와의 유사성 문제에서 학자들은 테오크리토스의 시구와 (표현 양식이 두드러지게 다른) 헬레니즘의 기타 전원시에서만이 아니라 (Heinevetter 참조), 특히 사포가 지은 고어체 시에서 찾고자 한다(Müller 참조).

아가 시의 대부분은 한편 부정할 수 없는 토착적인 성격, 다시 말해서 (북부의 아마누스와 레바논에서 남부의 케다르까지, 그리고 동부의 길앗과 헤스본에서 서부의 사론까지의) 요르단강 양안을 자연스럽게 포괄하는 시리아-팔레스티나 세계의 색채를 띠고 있다(엔 게디와 예루살렘에 이어 7,5에 언급된 다마스쿠스와 헤스본 참조). 여기에 사용된 문학유형은 20세기 시리아와 아라비아의 사랑의 시, 특히 연인의 몸을 각각 고유한 은유법을 찾아 부분마다 감탄하며 상세히 묘사하는 시로서의(4,1-7; 5,10-16; 6,4-7; 7,2-6) 와스프(*waṣf*)에 이르기까지 존속했다. 불행히도 우리는 기원전 천 년대의 '가나안', 곧 페니키아와 필리스티아와 암몬 또는 이두매아의 사랑의 시에 대해 별로 아는 것이 없으나, 아가가 이 시로부터 그렇게 멀리 떨어져 있는 것 같지는 않다.

킬(O. Keel)의 도상(圖像) 연구는, 어떤 점에서 이 시가 이집트와 고대 근동의 미술 수공업이 특히 보석과 상아 세공 작업 또는 보석 세공술에서 자랑하는 생명과 재생과 향락에 관한 상징들과 동일한 상징들을 발산하는지 입증한다. 준-낙원적인 모상들과 함께 아가는 사치와 관능적 즐거움에 관한 언급을 여럿 보여준다. 우리는 여기서 무엇보다도 먼저 은유법들이 외적이며 물리적인 형태를 묘사하기보다는, 연인에게서 풍기는 매혹적이며 생동적인 효과, 나아가 가장 완벽한 관능적 즐거움을 향한 초대를 그리고 있다는 사실에 주목한다.

2.2. 저술 배경, 논쟁 마당, 수신인

아가의 시들은 - 의도적으로 솔로몬의 문체임을 드러내려는 - 몇몇 고어체가 없지 않은 후기 히브리어로 저술되고, 예루살렘에서 상상되는 솔로몬의 궁전 환경을 강조하고 있는 유다의 시들이다. 한편, 유다의 역사 편찬적이며 종교적인 전승에 담긴 암시와(또는) 따옴은, 작품을 헬레니즘 시대 유다 사고의 다른 흐름에 직면하도록 하는 함축적인 몇몇 논쟁 마당을 분별하도록 이끌어준다:

– 환희와 사랑의 장소인 정원에 관한 여러 언급에서, 몇몇은 창세 2–3장에 따르면 분명 잃어버렸으나 사랑의 착란 속에서 감지할 수 있는 (4,12–16 참조; Landy) 에덴동산의 모습을 연상시키는 것 같으며, 이 모습은 하느님 저주의 종말을, 나아가 역할의 전도를 넌지시 암시한다(아가 7,11ㄴ은 창세 3,16을 뒤집으며, 아가 어디에서도 연인들의 성이 생식을 지향하지 않는다). 우리는 성과 관련된 율법주의적인 어떤 해석도 모르는 순수한 결백을, 사랑에 관해서 (임금이든 집안이든 경제든) 어떤 세력이든 상관없이 그에 맞서 빈정거리는 투의 간격을 포착한다. 아가의 시인들은 열정과 즐거움을, 그것이 토라라 할지라도, 가부장적 관습 아래에 두는 것을 원치 않는 것 같다. 한편 아가에 언급된 향료와 방향물질 대부분이 고대에 피임 방법으로 사용되었던 것 같다는 사실을 감안하는 것도 흥미로운 일이다(Brenner).

– 간격은 '신명기계' 이념과 관련해서 더욱 넓혀진다. 아가는 편협한 민족주의적 성격만을 보여주며, 종교적 분파에 대해서는 전혀 관심이 없다. 솔로몬이 다소 모호한 인물로 등장하는 것은 그가 사랑했을 많은 여인들 때문이 결코 아니다(1열왕 11장과 비교). 예언전승 앞에서는 거의 건널 수 없는 구렁이 자리한다. 예언자들이 야훼와 이스라엘을 묶어주는 관계를 말할 때 흔히 사용하던 사랑이라는 용어가(예를 들어 호세 2; 11; 이사 5; 에제 16; 20) 낙심, 편집적 질투, 나아가 사랑의 열정보다는 아가가 피상적으로 보여주고 있는 그대로의 외설적 의미를 내포하기 때문이다. 끝으로,

예언자들은 보석(이사 3,16-17), 향수와 기타 '기술적인' 풍요(에제 27), 또는 자연 그대로의 즐거움을(호세 4,13-14) 비난의 대상으로 삼으나, 아가는 일말의 거리낌도 없이 자연의 열매와 정교한 기술을 예찬한다.

– 아가는 특히 솔로몬의 작품으로 귀속됨으로 해서 지혜문학 대열에 자리하나, 때로는 외국 문집으로 취급되기도 한다. 무엇보다도 (젊은 남자들을 대상으로) '낯선 여인'의 유혹 앞에서 제대로 처신하기 위한 교육을 끊임없이 강조하는 현인들의 진지하면서도 교훈적인 가르침과는 달리, 아가는 윤리적 언급에 관심을 보이지 않거나, 나아가 조롱을 일삼기 때문이다(예를 들어, 아가가 기리는 품행과 환영에 맞서 지혜문학 신심의 정확한 대응과 논쟁을 보여주는 잠언 7장과 비교하시오). 전통적인 지혜와는 달리(참조. 잠언 6,25; 11,22 등), 아가는 여인을 증오하는 의식적인 표현을 담고 있지 않다(7,8-9절이 예외에 속하는 것 같으나, 10절은 그 함정을 제거해버린다). 여인과 그 성 접근에서 매우 자유롭다. 한편, 아가는 하느님 창조의 틀 속에서, 비록 오직 그 대상가 인간적 사랑을 자리하게 – 경우에 따라 찬양하게 – 하기 위한 것이라 하더라도, 어떠한 신학적 시도도 펼치지 않는다. 아가와, 솔로몬과 지혜 사이의 사랑에 관하여 지혜서가 말하는 바(8장) 사이의 비교는 이 두 권의 책을 갈라놓는 간격을 더욱 두드러지게 한다.

이제 아가와 접근시켜볼 수 있는 작품으로는 또 다른 작은 두루마리인 코헬렛만 남아 있다. 이 두 작품은, 솔로몬의 모습을 다르게 꾸미고, 선과 최선과 아니면 모든 것을 찾을 수 있다고 믿는 사치를 정교하게 다듬어 펼친다는 점과(특히 코헬 2 참조), 감각을 위한 '선택', 인간 존재가 죽음과 맞서기 위해 유일한 대응 수단으로 택한 사랑(과 축제) 체험 등으로 서로 가깝다. 분명, 이 두 책은 (회의주의적 깨달음의 책인 코헬렛은 경박한 즐거움을 거부하며, 사랑하는 사람들은 결국 홀로 서있기 위해서 연회의 기쁨도 마다한다는 점에서) 별개의 작품이면서도, 바람 나아가 꿈은 이성적이 되며, 극도의 즐거움에서 덧없음이라는 성격을 인지한다는 점에서 서로 보완하는 작품이기도 하다. 이 두 책자는 헬레니즘 시대의 예루살렘 귀족계급에 가까운 동일한 지식인들 세계에서 유래한 것 같다.

최근의 몇몇 저자, 특히 여성 주석가들 가운데 몇몇은 아가를 한 사람 또는 여러 여성 저자의 작품으로 추정한다. 최소한 일부 시에서라도(2사무 19,36; 코헬 2,8; 2역대 35,25; 에즈 2,65 = 느헤 7,67에 언급된 여성 음악가 참조) 이러한 가설을 배제하지 않는다면, 우리는 이 가설의 사변적인 성격을 강조하지 않을 수 없을 것이다. 여성의 목소리가 이 노래에서 지배적인 것은 사실이나, 이 사실이 그 무엇도 증명하지 않는다. 이보다는 오히려 아가가 겉보기와는 달리 두 성별 사이의 평등한 관계에 결코 이르지 못한다는 사실에 주목해야 하며, 사랑에 있어서도 마찬가지이다. 여자는 '약혼녀' 또는 '누이'일 수 있으나, 남자는 '약혼남' 또는 '오빠'로 전혀 불리지 않는다. 이 두 존재는 열매를 맛보는 '나무'일 수 있으나, 여인만이 '정원'이며 여인만이 자신을 바친다(7,11-14). 남자는 유혹에 빠질 수 있으나, 여자와는 달리 '상사병'에 걸리지 않는다(2,5; 5,8). 또한 '예루살렘의 처녀들'은 남성 병행구를 찾지 못한다(남성들은 대화의 상대방으로 전혀 등장하지 않으며, 호위병들은 보잘것없는 절친한 친구들로 보인다). 이러한 점들을 종합해 보면, 아가의 시 대부분은 그야말로 남성들을 위해 남성들에 의해 지어진 것으로 보인다(Clines). 아무튼 이 사랑의 시가 가부장적 틀의 한계를 탐색하고, 아버지의 모습을 밀어내기까지, 앞서 언급했던 대로, 그 한계를 뛰어넘는 것은 사실이다.

3. 주제와 의도

아가는 명백히, 그것이 (혼외 또는 기타) 자유로운 사랑을 위한 것이라 하더라도, 하나의 소논문도, '순서에 따른 구성'도 아니다(Heinevetter). 우리가 우선 심미적인 기준에 따라 평가한다면 아가는 서정시집이다. 이 시들의 일차적 기능은 청중의 기분을 전환시키고 기쁘게 하는 데 있다(Fox는 이를 '*entertainment song*'이라 한다). 곧 작품 전체가 청중을 즐겁게 하고 꿈을 불러일으키며 사랑을 예찬하고 독자의 감각을 일깨우는 기능을 말한다.

아가에서 명백한 신학적 어떤 언급도 찾아볼 수 없다는 것이 하나의 결핍으로 인식되어서는 안 된다. 이러한 시의 유형에서는 자연스러운 현상이기 때문이다. 우리는 따라서, 특히 8,6ㄴ의 *šalhebetyāh*의 의미를 무겁게 만드는 것을 경계하면서도, 이 표현이 아가에 하나의 신학을 제공하려는 있음직한 시도에 저항하게 될 것이다. 자의적으로 '야[Yah]의 불길'을 뜻하는 *šalhebetyāh*는 (BHS가 그대로 따르는 벤 납탈리 집안의 수사본에는) 단 하나의 단어로 기록되어 있으며, 이는 TOB이 '신성한 벼락'으로 잘 번역하고 있듯이 하나의 최상급에 관련된 표현이다(참조. 시편 36,7; 68,16; 80,11 등 참조; 벤 아세르 집안의 수사본은 하느님의 이름을 떼어 *šalhebet-yāh*로 해석하고자 했다). 용어와 그 문맥은 분명 신화적인 어렴풋한 기억을 간직하고 있으나, 이러한 기억 속에 작품의 본질을 고정시킬 수는 없는 일이다. 아가의 신학적 목적은 바로 그 '세속적' 성격에, 나아가 신화와 인간적 사랑의 욕망과 기쁨에서 터득한 거룩함을 승화시키는 특별한 방법에 있다(우리는 '순전히 인간적'이라 말하기를 주저한다. 아가의 시인은 그 이상에 대해 아무것도 겨냥하지 않기 때문이다. – 그러나 이는 본문에 시대적 착오를 강요하는 일이 될 것이다). 고상한 정신의 소유자들에게는 용어상의 고유한 의미로서의 '신학'이 개입할 자리도, 권리도 없는 인간 삶의 영역이 존재할 수 있다.

따라서 신중하고 세심하게, 그리고 둘째 단계에 이르러서야 비로소 우리는 성경 경전에서 아가가 차지하는 역할에 대하여 질문을 던질 수 있다. 아가의 현존은 분명, 무거운 주제를 다룰 때도 기분전환과 오락을 놓치지 않았을 일종의 광범위한 총서였던(2마카 15,38-39 참조) 경전의 역사적 생성에 관한 우리의 이해를 가다듬어 줄 수 있다. 솔로몬의 작품으로 취급됨으로써, 물론 그것만으로 아가의 경전적 지위를 다 설명할 수 없다 하더라도, 이 작품은 권위를 보유할 수 있었다. 그러나 경전으로서의 지위는 기원후 1세기부터 입증된 우의적 해석을 낳은 의미 과잉으로 더욱 쉽게 설명될 수 있다. 아가의 경전성이 (마치 달걀과 닭의 관계에 관한 서로 다른 이야기처럼) 우의적 해석을 낳은 것인지 아니면 그 반대인지 우리는 결코 알 수 없을 것이다. 그러나 경전이라는 틀이 아가를 포함한 모든 작품의 성화를 드높이는 데 일조했다는 사실만큼은 부정할 수 없다.

우연과는 거리가 멀고 본문에 대한 잘못된 접근도 아닌 아가의 우의적 해석은, 신학 연구와 전례 기능으로 말미암아 점진적으로 제한된 틀 속에서 이루어진 이 책의 계승사를 통해 설명될 수 있다. 아가의 시는 이후 이스라엘을 위한 하느님의 사랑에 관한 이상적인 표현으로 읽혔으며, 이는 사랑의 역사를 실패한 일방적인 역사로 묘사한 예언자들의 모든 기사와 반대되는 명제이다. 파스카 축제 때 회당에서의 아가 봉독은 특히 호세 2,16-22와의 접근으로 설명될 수 있다. 이집트를 탈출하던 젊음의 날에 처음으로 표현되었던 이스라엘을 위한 하느님의 사랑은, 아가의 시들이 열정적으로 미리 맛보게 해 준 유혹에 이어 펼쳐진 최후의 약혼식 때 그 완성을 보게 될 것이다. 따라서 라삐 아키바가 아가, 곧 '찬미가들 가운데 찬미가'를 '거룩한 책들 가운데 거룩한 책'으로 선언할 수 있었던 데에는 충분한 이유가 있었다(*mYad* 3,5).

4. 참고 문헌

4.1. 주석서

J.C. Exum, OTL, 2005. G. Garbini, *Cantico dei cantici: testo, traduzione, note e commento* (Bilblica 2), Brescia, 1992. O. Keel, ZBK.AT 18, 1992 = LeDiv Commentaires 6, 1997. H.-P. Müller, ATD 16/1, 1992. R.E. Murphy, Hermeneia, 1990. M.H. Pope, AncB 7C, 1977. G. Ravasi, *Il Cantico dei cantici: commento e attualizzazione* (Testi et commenti 4), Bologna, 1992.

4.2. 연구 현황

A. Brenner, The Song of Songs (OTGu), Sheffield, 1989. O. Keel, LeDiv Commentaires 6, 1997, p. 9-52.

4.3. 주요 저서 및 논문

E. Bosshard-Nepustil, «Zu Struktur und Sachprofil des Hohenlieds», *BN* 81(1996), p. 45-71. A. Brenner (éd.), *A Feminist Companion to the Songs* (The Feminist Companion to the Bible 1), Sheffield, 1993. Id., *The Intercourse of Knowledge: On Gendering Desire and Sexuality in the Hebrew Bible* (BIS 26), Leiden, 1997. A. Brenner/C.R. Fontaine (éd.), *The Song of Songs* (The Feminist Companion to the Bible. Second series 6), Sheffield, 2000. D.M. Carr, *The Erotic Word: Sexuality, Spirituality, and the Bible*, Oxford/New York, 2003. D.J.A. Clines, «Why Is There a Song of Songs and What Does It Do to You If You Read It?», in Id., *Interested Parties. The Ideology of Writers and Readers of the Hebrew Bible* (JSOT.S 205; Gender, Culture, Theory 1), Sheffield, 1995, p. 94-121. D.A. Dorsey, «Literary Structuring in the Song of Songs», *JSOT* 46(1990), p. 81-96. M.V. Fox, «Love, Passion, and Perception in Israelite and Egyptian Love Poetry», *JBL* 102(1983), p. 219-228. A.C. Hagedorn (éd.), *Perspectives on the Song of Songs. Perspektiven der Hoheliedauslegung* (BZAW 346), Berlin/New York, 2005. H.-J. Heinevetter, «*Komm nun, Mein Liebster, Dein Garten ruft Dich!*», *Das Hohelied als programmatische Komposition* (BBB 69), Frankfurt a.M., 1988. F. Landy, *Paradoxes and Paradise: Identity and Difference in the Song of Songs* (BiLiSe 7), Sheffield, 1983. Y. Mazor, «The Song of Songs or the Story of Stories? "The Song of Songs" between Genre and

Unity», *SJOT* 1(1990), p. 1–29. A.–M. Pelletier, *Lectures du Cantique des cantiques: de l'énigme du sens aux figures du lecteur* (AnBib 121), Rome, 1989. E. Tov, «Three Manuscripts (Abbreviated Texts?) of Canticles from Qumran Cave 4», *JJS* 46(1995), p. 88–111. C.E. Walsh, *Exquisite Desire: Religion, The Erotic, and the Song of Songs*, Minneapolis, 2000.

4.4. 비교연구 문헌

M.V. Fox, *The Song of Songs and the Ancient Egyptian Love Songs*, Madison(WI)/London, 1985. B. Mathieu, *La poésie amoureuse de l'Egypte ancienne: recherches sur un genre littéraire au Nouvel Empire* (Institut français d'archéologie orientale. Bibliothèque d'étude 115), Le Caire, 1996. B. Musche, *Die Liebe in der altorientalischen Dichtung* (SHCANE 15), Leiden, 1999. M. Nissinen, «Love Lyrics of Nabû and Taṣmetu: An Assyrian Song of Songs?», in M. Dietrich/I. Kottsieper (éd.), *«Und Mose schrieb dieses Lied auf...». Studien zum Alten Testament und zum Alten Orient. FS O. Loretz* (AOAT 250), Kevelaer/Neukirchen–Vluyn, 1998, p. 585–634. Id., «Song of Songs and Sacred Marriage», in Id./R. Uro (éd.), *Sacred Marriages: The Divine-Human Sexual Metaphor from Sumer to Early Christianity*, Winona Lake(IN), 2008, p. 173–218. Y. Sefati, *Love Songs in Sumerian Literature: Critical Edition of the Dumuzi-Inanna Songs*, Ramat Gan, 1998.

코헬렛

뷜만(Alain Buehlmann)

동방에 그리스인들이 모습을 드러낸 시점인 기원전 3세기의 작품으로 보는 이 책은 히브리와 헬레니즘 문명 사이의 대화 시도이다. 저자로 추성되는 코헬렛은 첫 유다인 철학자로 여겨질 수 있다. 헬레니즘 사고의 영향과, 헤로도토스와 플라톤과 함께 개인적 '나'의 출현의 영향 아래, 코헬렛은 주제의 해방과, 그에 따른 개인의 탄생과 히브리 세계에서의 자유 감정을 증언한다(Knauf). 사실 구약성경에서 연사는 – 주해자의 입장에서 – 흔히 3인칭으로 기술되나, 이 작품에서의 '나'는 지각 작용의 최고기관으로 개입한다. 이 책은 전통적인 지혜를(잠언 참조) 신랄하게 비판한다. 진리는 '전승되는 것'이기에(잠언 4,1–9 참조) 참의 문제가 결코 제기되지 않던 전통 사회에 맞서, 코헬렛은 이성적 사고와 경험론을 받아들이게 하고자 노력한다.

1. 설계와 내용

1,1	표제
1,2	책의 개요

기초 철학의 설계(1,3–6,9)

1,3–3,22	성찰 차원(나, 지혜)
	우주론(1,4–11), 인류학(1,12–2,26), 두 번째 우주론(3,1–22; 창세 1–9장 주석)
4,1–5,8	소재 모음 차원(사회)
	빈자(4,1–7), 부자(4,8–12), 임금(4,13–16), 하느님(4,17–5,6), 결어(5,7–8)
5,6–6,9	주석 차원(문학적 경험 = 살아 있는 자의 경험)
	경우 목록
	서언(5,9–11), 재산 유실(5,12–16), 재산 향유(5,17–18), 재산 누리지 못함(6,1–2), 제한된 경우(재산과 누리지 못함, 6,4–6:), 결어(6,7–9)
6,10–12	전이 단계: 죽기보다 살기

실천 철학의 설계(7,1–12,7)

7,1–8,2	몇몇 입장에 맞선 논쟁(주제: 지혜)
	아가?(7,1–7), 신명기계 역사?(7,8–14), 잠언?(7,15–24), 아가?(7,25–8,1)
8,2–16	(임금의) 세력, 세상의 구조
9,1–10	코헬 1–8장 요약

9,11-11,6	부조리한 세상에서 살기 우연성 주제에 대한 서언(9,11-12), 부조리의 경우(9,13-10,1), 어리석음의 결과(10,2-7), 지혜에 대한 견유적 모음(10,8-15), 부조리한 경우들 선별(10,16-20), 실용적인 견유주의(11,1-6)
11,7-12,7	쇠퇴와 죽음에 관한 쇠퇴의 시
12,8	책의 두 번째 개요
12,9-11	첫 맺음말
12,12-1	둘째 맺음말

전문가 대부분은(그러나 Rose 참조) 코헬렛을, 편집 틀과(1,1.2; 12,8) 두 개의 맺음말을(12,9-11과 12,12-14) 제외한다면, 개인적인 방법으로 자기 이름을 지닌 책을 구성한 유일한 저자로 가정한다.

책 내부에서 여러 연속적인 요소를 쉽게 확인할 수 있다 하더라도, 저자의 인식론적인 방식과 계획을 반영하는 전체의 '구조'를 제안하는 문제에서 연구가들의 견해는 두르러지게 차이를 보인다. 위에서 제안한 설계도 책의 구조화와 그 철학적 체계에 대한 잠정적인 시도라는 차원에서 검토해야 할 것이다.

이제 연구사에 흔적을 남긴 책의 구조를 재현한 몇몇 시도를 살펴보기로 하자.

1.1. 라이트(A.G. Wright)의 방식

이 저자는 (어휘의 반복과 같은) 양식 기준에 의거하면서 책을 구조화한다. 그는 몸소 자기의 방식을 '객관적이며 양식적인' 방법론 선택으로 소개하면서 다음과 같은 결과를 도출한다.

I.	1–6장	'인생 검토'	
II.	7–12장	'결과'	
	A.		'찾지 말기'(7,1–8,17)
	B.		'알지 말기'(9,1–12,7)

첫째 단원은(1–6장) 허무로 특징되는 인간의 조건을 검토한다(*ḥebel* [허무]의 반복 사용은 여기서 객관적 구조의 기준 역할을 한다). 둘째 단원은(7–12장) 두 단락으로 세분되며, 각각 최초의 검토 결과를 끌어낸다. 인간은 찾는 것을 '찾을 수 없으며'(7–8장), 앞으로 이루어질 일을 '알 수 없다'(9–12장). 이러한 해석 방식으로 제공된 자료는 몇몇 용어들의 사용 빈도와 몇몇 문형들의 반복과 같은 객관적인 구조 기준에 높은 가치를 부여한다(Crenshaw, Murphy, Schoors 참조).

1.2. 로핑크(N. Lohfink)의 방식

이 주석가는 이 책을 철학 개론으로 취급하면서, 그리스의 견유 철학자들이 활용하는 도식, 곧 회문(回文) 도식에 따라(A–B–C–X–C'–B'–A') 연결되는 여러 단락으로 나눈다. 동시에 그는 이 다양한 항목들을 '배열'이라는 수사학적 예형에 따라 분류하는 가운데 다음 두 개의 구조를 갖춘 혼합 구성을 제안한다.

회문 구조

A	1,2–11	우주론		
	B	1,12–3,15	인류학	
		C	3,16–4,16	사회 비판 I
			X	4,17–5,6 종교 비판

C' 5,7–6,9 사회 비판 II

B' 6,10–9,10 이념 비판

A' 8,16–12,8 윤리학

사분 수직 구조

I. 1,2–3,15 (서언과) 논증

II. 3,16–6,9 해설

III. 6,10–9,10 반론

IV 8,16–12,8 적용(과 결어)

(회문 예형과는 달리) 책을 네 단원으로 나누는 견해는 여러 주석가들의 인준을 얻어냈다(Backhaus, Schwienhorst-Schönberger, Fischer). 이들 주석가들이 네 단원의 해석에서 차이를 보이고 있다 하더라도, 첫 단원이(1,3-3,15/22) 가장 일관성이 있고 코헬렛 교의의 핵심을 이룬다는 사실과 동시에, 저자가 다른 세 단원을 구상하는 가운데 '자동–인용'의 대상이 되었던 문형들의 저장소 역할을 했다는 사실은 인정한다(Backhaus).

1.3. 크나우프(E.A. Knauf)와 뷜만(A. Buehlmann)의 방식

크나우프는 하나의 가설, 책의 개념적 소재가 현실에 관한 두 가지 해석 차원에 상응하는 서로 구분되는 두 단원에 규합되어 있다는 가설을 펼쳤다. 모든 것은 '허무'(*hebel*)이기에 부조리한 것임을 절대적 방법으로 내세우는 '기초 철학 부분'과(코헬 1–6), 이와는 달리 견해의 다양성과 상대성을 수용하는 '실천 철학 부분'(코헬 7–12)이다. 이 두 번째 부분에도 기본 설계의 버팀목들이 가끔씩 보존되어 있다(참조. 코헬 7,23; 8,16; 9,1–10). 크나우프가 시도한 구분은 우선 인식론적이나, 책이 설계들 가운데 하나로 시작되고 다른 하나로 마감된다는 사실을 확인할 수 있어 구조적 구분이라고 말할 수도 있다(Buehlmann). 이러한 구분은 위에서 제기된 설계안과 부합한다.

1.4. 기타 방식들

몇몇 주석가는 책 내부에 주제와 문체와 방법론적인 일관성이 존재함을 인정하면서도 전반적 구조를 확인하기를 거부하며(Fox, Whybray), 다른 주석가들은 책이 통시적 형성 절차에 따른 결과물이라고 평가하고 그 단계를 기술한다(Podechart, Rose).

코헬렛의 전반적인 구조가 존재한다, 존재하지 않는다, 또는 부분적으로 존재한다는 사실을 규명하고 이를 어느 정도 규정하기 위해 주석 연구가 쏟은 노력에도 불구하고, 지금까지 어떤 제안도 공감대의 대상이 되지 못했다.

2. 출처와 형성

첫 맺음말 저자의 증언에 따르면, 코헬렛은 “백성에게 슬기를 가르친 현인”이었다(12,9). 코헬렛이라는 고유 명사는 ‘모으다’를 의미하는 *qhl*의 여성 분사로서 – 하나의 별명이 아니라면(Lohfink, 1995) – (어떤 것인지는 몰라도) 기능을 가리키는 직함일 수 있다. 언어 차원은 다루어진 몇몇 주제들과 함께 상대적인 방법으로 코헬렛의 저술 시기를 어림잡고, 크투빔에 삽입되도록 이끈 과정을 재구성할 수 있도록 허용한다.

2.1. 언어 차원

코헬렛에 의해 동원된 언어는 저술 시기에 대한 표지가 된다. 이 책은 구어체 히브리어로 씌었다. 고어 서술체(wayiqtol)는 보이지 않으며, 동사의 시제 기능은 고전 히브리어와 비교해보면 변화를 확인할 수 있다. 완료형(qatal)은 과거가 되었고, 분사(qotel)는 현재가 되었으며, 미완료형(yiqtol)은 미래가 되었다. 이와 같은 동사 체계의 간소화는 아람어가 히브리어를 대체하던 시점인 기원전 5세기부터, 나아가 그 이전부터 시작되었다. 이 과정은 기원후 200년부터 미스나와 게마라가 저술됨으로써 완료된다(P. Fernández). 구어체 히브리어 목록을 활용한 것은 저자 편에서의 선택이나 바르게 쓸 능력이 없음에서 비롯된 것이 아니라, 저자가 심고자 한 의미의 세계와 불가분의 관계에 있다. 세상에 진전이 없기에(*hebel*; 1,9), 진술에도 진전이 없다. '대중 히브리어'는 코헬렛이 혼돈의 세계에 관한 개념을 표현하는 데 목적을 둔 기능일 수 있다.

2.2. 코헬렛의 사회적 입장

코헬렛은 기원전 3세기의 예루살렘 귀족 계급의 문제에 직면한 부유한 존재였다. 그는 이윤의 극대화 세계에 살았다(*ytron*이라는 전문 용어 참조; Knauf). 이윤이라는 개념은 생활 경제에 취숙한 동방의 사고방식에 충격적인 문화 혁신에 속한다. 프톨레마이오스 왕조의 사람들은 착취와 과세에 천재적이었다(60에서 80%에 이르는 과세율; Préaux). 또한 이들은 인종차별주의자들이기도 했다. 그리스인들만이 통치 계급을 형성했으며, 지방의 우수 인력들은 배제되었다. 정치적 자립의 상실은 국가경제 참여 초대로 보상되었다(소작농 참조). 코헬렛은 이 '정치적 배제와 경제적 통합'이라는 이중구조를 표현한다. 한편으로, 코헬렛의 염세주의는 정치적 결정을 내릴 수 없는 귀족정치에 대한 실망감을 드러내며, 다른 한편으로, 정확하게 말해서 책임감 있는 직업 결여로 코헬렛은 회의적인 논리를 펼치기 위한 시간과 재력을 가지고 있었다(Knauf).

안전한 세상과(코헬 1과 3) 계층 사회에(코헬 4-6) 대한 개념은 코헬렛의 지적 상황이 (페르시아 시대의 사제계['P']와는 거리가 있는 후계자들인) 사두가이파의 그것임을 암시한다. 예를 들어, 부자와 빈자들이 존재한다는 사실을 거슬러 분노하는 데(잠언, 예언서 참조) 거리를 두고 있는 코헬렛은 부자와 빈자 사이의 분리를 활용하여 세상의 부조리를 설명한다. 이처럼 코헬렛은 사두가이파 조정의 '주석가'로 보인다(Lohfink, 1980).

2.3. 책의 저술과 편집

로핑크의 탁월한 가설에 따르면, 코헬렛은 성전 이외 기관(시장 또는 기타)의 재정적 지원으로 사립학교를 운영한 지혜 교사였을 것이다. 바로 이와 같은 상황 속에 코헬렛의 가르침만이 아니라 그의 작품 편집을 자리하게 해야 할 것이며, 이 편집은 코헬렛 자신 또는 한 제자의 작업이었을 것이다. 또한 책이 처음으로 수용된 곳으로 우리가 상상할 수 있는 곳, 책이 열람되고 완성될 수 있었던 곳 역시 아마도 개인 서고 범위였을 것이다. 예루살렘 성전 중앙 도서관에 코헬렛이 물리적으로 삽입되었을 때는 크투빔 최초의 총서가 경전으로 받아들여진 시점과 일치한다. 이 통합 과정은 코헬렛이 교과서의 지위를 확보하고 있었고, (Lohfink, 1995에 의하면 우수한 학생들을 위한) 유다 청년들 교육의 일부를 이루고 있었음을 시사한다. 이 단계는 동일한 상황 속에서 다른 두 솔로몬 저서(잠언과 아가)의 도입과 동시에 이루어졌던 것 같다. 이것이 사실이라면, 바로 이때 코헬렛은 솔로몬의 작품이 되었으며(1,1), 두 번째 맺음말이(12,12-14) 중재 차원에서 책의 끄트머리에 덧붙여졌을 것이다.

3. 주제와 의도

코헬렛은 유다교와 헬레니즘의 결합을 보여준다. 한편으로 코헬렛은 헬레니즘과 관련이 있는 것 같은 느낌을 주며, 다른 한편으로 그는 예루살렘의 현인이다. 그는 히브리어로 사고하며, 따라서 지식인들 사이에 일반화되어 있던 경우와 달리 헬레니즘을 '도입한다.' 그의 사고는 히브리어가 표현할 수 있는 것의 경계에 서 있으며, 이는 이 책을 읽고 이해하기가 왜 쉽지 않은지 설명해준다. 코헬렛은 그리스 사고에 비추어 전통적 사고를 끊임없이 재평가하며, 이는 당대의 현장 사고를 다시 서술하는 현상을 낳는다. 예를 들어, 인간을 생식의 힘으로 묘사한 그림을(창세 1,27-28) 지성의 힘으로 재해석하는 코헬 3장은 창조 기사를(창세 1-9) 합리적으로 다시 서술한 본문이다(코헬 3,10; Krüger 참조).

코헬렛의 사고를 체계화한다는 것은 어려우면서도 위험이 따르는 일이다(많은 학자는 이 책을 일종의 '산발적 주해 수첩'으로 취급하여 이 작업을 포기한다). 다른 진술자들을 전제로 하는 것 같은 진술 내용들이 코헬렛 연사 내부에 존재한다는 사실은 해석상의 중대한 난제들 가운데 하나를 이룬다. 진술의 원전과 이러저러한 화자에 의해 진술된 몇몇 내용의 출처에 관한 문제가 제기되기 때문이다. 본문의 다양한 음색은 상대방과의 일시적인 대화, 인용, 자동 인용, 나아가 자동 암시와(Backhaus) 함께 비꼼과 뒤집음과 같은 진술 현상을 포함하며, 이 다양성은 기나긴 주석 탐구의 대상이 되었다. 아무튼 1,4-11의 세상 소개와 함께 우리는, 진술자로서의 지도자가 1,12에서 본래의 진술 상황 곧 의식 내부에 담긴 내용들을 전해주는 내적 독백 상황에 등장하지만(코헬 1,16의 "나는 속으로 말하였다" 참조), 특정한 진술 문맥에 얽매이지 않은 보편적인 진술들을 살펴볼 수 있어야 한다(진술 내용의 참됨을 보증하는 진술 결정기관은 '모든 사람'이지 예루살렘의 지도자가 아니다). 진술자가 동시에 수신자가 되는 자기 자신과의 이 대화는, 몇몇 진술 내용의 진술 원전에 관련된 본문의 상당한 모호함을 바탕으로 하는 것 같다.

코헬렛이 당면한 문제는 인식론에 관한 것이다. 내가 무엇을 알 수 있고 어떻게 알 수 있는가?(Fox). 코헬렛에게 진리는 다다를 수 없는 문제이다. 사람이 진리에 접근할(*bqš* 피엘형) 수 없다면, 찾을(*mṣ'*) 수 없다. 또한 현인이 '안다고'(*d't*) 주장하더라도, 실제로는 그 역시 '(그것을) 찾을 수 없다'(8,17).

성경 전승에서 코헬렛은 파악할 수 없는 것으로 머무는 진리의 기준으로 경험을 끌어들인 첫 번째 인물이다. "사람들은 ...라고 말하였다. 그러나 나, 나는 ...보았다." 이 경험론은 관념론의 비판적 수정을 내포한다. 예를 들어, 1,4–11의 세상 소개는 하느님에 대해 말하지 않고 오직 세상과 인간에 관련된 요소만을 언급한다. 여기서 세상의 기원에 관한 전통적 설명, 혼돈과 맞서 싸우시는 하느님의 투쟁은 탈신화화하며(1,4–8), 역사 안에서 활동하시는 하느님이라는 개념은 거부된다(이는 또한 *'ereṣ* 곧 '땅' 개념을 비정치화하는 방법이기도 하다; Krüger 참조). 경험적인 자세와 비판적인 자세는 불가분의 관계에 있다. 코헬렛의 근본적인 발견은 '허무', '우연'이라는 개념이다(1,2와 12,8; *ḥebel*을 '허무'로 번역하기 위해서는 Crenshaw 참조). 철학적 탐사 중에(1,13) 코헬렛은 우연만을 발견할 뿐이다(1,14). 그런데 이 우연이 모든 관념론의 가치를 저하시킨다.

이어서 영원히 지속되는 것은 선이고, 역으로 잠시 지나가는 것은 악이라는(영원 대 잠시) 사고의 기초 개념이 뒤따른다. 예를 들어 코헬렛은 지혜와 우둔 사이에 상대적 차이 곧 경험적 차이가 존재한다는 사실을 인정한다(2,13–17). 그러나 근본적으로 이러한 차이는 없다. 죽음이라는 최후의 우연이 이러한 차이를 없애거나 없앨 것이기 때문이다(2,17). 끝없이 지속되는 것은 세상이지 인간의 세대가 아니다(1,4에 제시된 대립). 3장은 창조의 영속성(*'ôlām*, 11절)을 인간의 각 행위와 대립시킨다(3,1–8). 인간이 통제할 수 없는 것은 '우연히 일어나는 것'(*miqrēh*; 2,14; 3,19; 9,3)으로서, 하느님(5,1; 9,1), 미래(3,22; 6,12; 10,14), 죽음이(3,20; 8,8) 여기에 속한다. '의인들'도 이를 통제할 수 없다(9,1; 참조. 8,5–8).

덧없으면서 우연적인 이러한 존재의 틀 속에서 코헬렛의 비판은 *homo faber*(공작인; Lohfink, 1980 참조)의 모든 노고(*'āmāl*)를 겨냥한다. *'āmāl*

과 동의어 *mā'aśîm*, *'inyan*은 신앙과 정통 교의에 부합하지 않는 사건의 객관성을 특징짓는다. 이 표현들은 코헬렛의 사고 속에서 하느님과 인간과 세상을 알기 위한 유일한 기초, 달리 표현한다면 비판과 이성을 위한 인식론적 기초를 이룬다(1,3; 1,13-14; 8,16). *'āmāl*은(참조. 1,3; 3,9) 각 행위 또는 지적인 직업을 포함한(2,21; 8,17) 생산적 직업을 말한다. *'āmāl*은 주저할 수 있고(2,19) 독점될 수 있으며(2,21), 하나의 첨가물이 될 수 있다(2,23; 참조. 코헬 4-6). 또한 보상을 목적으로 한 하나의 행위를 가리킬 수 있다(2,26 참조). 보람(*yitron*)은 *'āmāl*의 목적이나(참조. 1,3; 3,9), 이 역시 덧없는 것이므로 아무것도 가져다주지 못한다(2,11).

근원적인 이러한 비판 다음에 인간에게 남아 있는 것이 무엇이겠는가? 상대적이고 제한적이며 덧없는, 그러면서도 매우 즐거운 삶이 남아 있다. 삶은 코헬렛에게 유일한 가치이다(9,4). 코헬 3장은 하나의 좋은 예증이다. 영원하고 아름다운 세상이 인간의 행위와 무관하게 존재한다. 인간의 행위에 의해 영향을 받지 않으며, 그것 없이 작동한다. *'āmāl*은 하느님의 창조 안에 있지 않다. 인간에게 남아 있는 것은 '몫'(*ḥeleq*), 다시 말해서 마시고 먹고 창조를 즐기는 것이다(2,24; 3,12-13; 3,22; 5,17; 8,15). 이 '몫'과 이 '즐거움'(*śimḥāh*)은 *'āmāl*과 대립된다(2,10 참조: *'āmāl*을 '떠나' 즐기는 것). 즐거움은 '노고'라는 문제제기를 떠나 얻을 수 있으며, 따라서 인간이 부여할 수 없는 단 하나의 유일한 가치이다. 그러나 덧없고 우연한 세상에서 어떻게 즐길 수 있겠는가? 순간, 그야말로 순간뿐이다. 그러나 이 순간조차도 덧없는 것이다. 순간에 이어 사람은 죽기 때문이다.

코헬렛의 경험론은 곧바로 회의론에 이른다. 하느님은 이해할 수 없는 분, 초월적 존재이다. "하느님께서는 하늘에 계시다"(5,1). 인간은 이 땅에서 홀로 해결해나가야 하며, 윤리는 더 이상 지혜로운 사람을 위한 성공의 보증이 되지 못한다. 이러한 사고는 현대적인 것이다. 행복에 대한 보증이 없다 하더라도, 인간에게는 그래도 자기 행복을 찾을 가능성이 있다(9,10).

4. 참고 문헌

4.1. 주석서

M.V. Fox, *Qohelet and his Contradictions* (JSOT.S 71), Sheffield, 1989. J.L. Crenshaw, OTL, 1988. T. Krüger, BK.AT XIX (Sonderband), 2000. N. Lohfink, NEB.AT, 1980. R.E. Murphy, WBC 23A, 1992. G.S. Ogden, *Qoheleth: A New Biblical Commentary* (Readings: A New Biblical Commentary 1), Sheffield, 1987. E. Podechard, EtB, 1912. L. Schwienhorst-Schönberger, HThKAT, 2004.

4.2. 연구 현황

I. Kottsieper, «Alttestamentliche Weisheit: Proverbia und Kohelet (I–II)», *Theologische Rundschau* 67(2002), p. 1–34, p. 201–237. D. Michel, *Qohelet* (EdF 258), Darmstadt, 1988. Schwienhorst-Schönberger, «Kohelet: Stand und Perspektiven der Forschung», in Schwienhorst-Schönberger, (éd.), *Das Buch Kohelet. Studien zur Struktur, Geschichte, Rezeption und Theologie* (BZAW 254), Berlin/New York, 1997.

4.3. 주요 저서 및 논문

F.J. Backhaus, *«Denn Zeit und Zufall trifft sie alle», Studien zur Komposition und zum Gottesbild im Buch Qohelet* (BBB 83), Frankfurt a.M., 1993. A. Buehlmann, *La structure logique du livre de Qohéleth. Ou comment être sage sous les Ptolémées?* (BN.B 12), München, 2000. J.-M. Carrière, «Qohéleth, une morale sans telos?», in O. Artus (éd.), *Eschatologie et morale*, Paris, 2009, p. 245–260. L. Crenshaw, «Qoheleth in Historical Context», *Biblica* 88(2007), p. 285–299. A.A. Fischer, *Skepsis oder Furcht Gottes? Studien zur Komposition und Theologie des Buches Kohelet* (BZAW 247), Berlin/New York, 1997. P. Garuti, *Qohélet: L'ombre et le soleil. L'imaginaire civique du Livre de l'Ecclésiaste entre judaïsme, hellénisme et culture romaine* (Cahiers de la Revue Biblique 70), Pendé, 2008. E.A. Knauf, *Die Umwelt des Alten Testaments* (NSK.AT 29), Stuttgart, 1994. Y.V. Koh, *Royal Autobiography in the Book of Qoheleth* (BZAW 369), Berlin/New York, 2006. T. Krüger, *Theologische Gegenwartsdeutung im Kohelet-Buch* (Habilitationsschrift München), München, 1990. J.-J. Lavoie, *La pensée du Qohéleth. Etude exégétique et intertextuelle* (Héritage et projet 49), Monréal, 1992. N. Lohfink, «Les épilogues du livre de Qohéleth et les débuts du canon», in P. Bovati/M. Roland (éd.), *Ouvrir les Ecritures; mélanges offerts à Paul Beauchamp à l'occasion de ses soixante-dix ans*, Paris, 1995, p. 77–96. D. Michel, *Untersuchungen zur Eigenart des Buches Qohelet. Mit einem Anhang von Reinhart J. Lehmann. Bibliographie zu Qohelet* (BZAW 183), Berlin, 1989. M. Perez Fernandez, *An Introductory Grammar of Rabbinic Hebrew*, Leiden/Boston/Köln, 1999. C. Préaux, *Le monde hellénistique: La Grèce et l'Orient de la mort d'Alexandre à la conquête romaine de la Grèce*, 323–146 av. J.-C. Tome 1, Paris, 1997[4]. M. Rose, *Rien de nouveau. Nouvelles approches du livre de Qohéleth* (OBO 168), Fribourg/Göttingen, 1999. A. Schoors, «La structure littéraire de Qohéleth», *OLP* 13, 1982, p. 91–116. Id., *The Preacher Sought to Find Pleasing Words: A Study of the Language of Qoheleth* (OLA 41), Leuven, 1992. L. Schwienhorst-Schönberger, *«Nicht im Menschen gründet das Glück» (Koh 2,24). Kohelet im Spannnungsfeld jüdischer Weisheit und hellenistischer Philosophie* (HBS 2), Freiburg I.B./Basel *et al.*, 1994.

Schwienhorst–Schönberger, (éd.), *Das Buch Kohelet. Studien zur Struktur, Geschichte, Rezeption und Theologie* (BZAW 254), Berlin/New York, 1997. A.G. Wright, «The Riddle of the Sphinx: The Structure of the Book of Qohelet», *CBQ* 30, 1968, p. 313–334. W. Zimmerli, «Das Buch Koheleth – Traktat oder Sentenzensammlung?», *VT* 24, 1974, p. 221–230.

애 가

윌링어(Christoph Uehlinger)

중세기 이후 *Lamentationes Ieremiae prophetae*(예레미야 예언자의 애가)에 헌정된 수많은 작곡을 맛본 음악광들을 예외로 한다면, 비교적 잘 알려지지 않은 작은 책자인 애가는 보기에 상반되는 두 가지 이유로 주석과 신학에서 대단한 관심을 끄는 작품이다. 한편으로, 이 작품은 시문학 유형에 속하는 양식과 문체와 표현의 모든 요소들을 능숙하게 활용하며, 이 점에서 완성된 시편들에 비해 결코 뒤지지 않는 성경 시의 탁월한 예에 속한다. 다른 한편으로, 책에 담긴 다섯 편의 시는 인간의 고통이라는 주제에 관한 성서적 숙고를 매우 인상적인 방법으로 파고든다. 정치적 재난으로 말미암아 야기된 육체적이며 정신적인 심각한 충격이 문제로 떠오른다. 예루살렘-시온의 실추, 성전을 포함한 제도의 파괴, 외국 점령자들에 의한 백성의 탄압에서 비롯된 충격이다. 잘못이 누구에게 있는 것인가? 다섯 편의 시는 해석을 위한 다양하고 보완적인 시도에서 볼 수 있듯이 분리해서 읽을 수 있다. 편집자가 의도한 순서에 따라 하나씩 읽다보면, 이 시들은 하느님이 원인으로 등장하는 완전한 혼란으로부터, 이 혼란에 대한 인간적이며 신적인 책임 전체를 균형 있게 두는 기도 자세를 향해 개입된 고통 앞에서 도덕적 양심을 불러일으키는 반성으로 나아가는, 진정한 하나의 신학적 여정을 제안하고 있음을 확인할 수 있다.

1. 설계와 내용

고대 유다교는 애가라는 소책자를 서로 다른 두 이름으로 전수했다. 소책자의 첫 단어인 *'ēkāh*('어찌하여': 1,1; 참조. 4,1; 5,1)는 오늘날 가장 일반적인 히브리어 서명으로 통용되며, 전통적으로 애도 탄식을 여는 표현이다(참조. 2사무 1,19.25.27; 이사 1,21; 예레 48,17). 탈무드가 증언하는(*Baba Bartha* 15a) 또 하나의 이름 *qînôt*(슬픈 노래, 탄식)은 그리스어(threnoi, 라틴어화한 threni), 라틴어(lamentationes), 현대어 명칭과 부합한다. 애가에 등장하지 않는 이 히브리어 용어는 번역본들 이상으로 자주 발설된 애도 탄식에 대한 울림을 보여준다. 요시야 임금의 죽음을 애도하기 위하여 애가를 읊은 예언자 예레미야와, 사람들이 그의 애가 본문을 모아놓은 책을 언급하는 2역대 35,25에 따라, 학자들은 애가를 예레미야의 작품으로 보았으며, 이는 그리스어 본문이 산문체 입문에서 분명하게 밝히는 바다: "이후 이스라엘은 사로잡혀 갔고 예루살렘은 파괴되었으며, 예언자 예레미야는 눈물을 흘리며 앉아서 예루살렘에 대한 다음의 탄식을 표명하는 일이 일어났다"(애가 1,1). 라삐 전승 하나는 애가를 예레 36,32에 언급된 '보충 부분'과 동일시한다. 예레미야서 다음에 애가를 읽어가면서 대중 라틴말 성경(Vulgata)은 이 전승을 영속시켜 나갔으며, 이후 애가를 예레미야의 작품으로 보는 전승은, 성금요일 전례 때 애가를 봉독하는(특히 1,12 참조) 그리스도교 전승에서 하나의 준-경전적 지위를 누리게 되었다.

그러나 고대의 어떤 히브리어 수사본도 예레미야서와 애가 사이의 본문 관계를 증언하지 않는다. 쿰란에서 확인된 네 개의 단편 수사본은(3Q3과 5Q5, '원 마소라본' 문체의 이본을 담고 있는 5Q7과, 관심을 끄는 몇몇 이본이 실려 있는 4Q111) 애가를 독립적인 작품으로 읽는 것 같다(Schöfer 참조). 그렇지만 이 수사본들이 자주 경시하는 것으로 보이는 ('시온'과 '예루살렘', *Yhwh*와 *'adonāy*의 뒤바뀜, 수정, 철자법 상의 여러 이본 등과 같은) 기법은 이 수사본들이 전례용보다는 사적이며 필요에 따른 독서로 사용되었다는 사실을 일러준다. 마소라본과 히브리어 성경에서 애가는 성문서(크투빔)에 자리하며, 더욱 정확하게는 대축제를 위해 유보된 다섯 개의 작은 '두루마리'(*Megillot*)에 속한다. 이 책자는, 기원후 6세기 이래 확인된 제식에 따르면, 네부카드네자르와(기원전 587년) 베스파시우스에 의한 (기원후 70년) 예루살렘 성전 파괴를 애념하는 날인 아브달(7/8월) 아흐렛날 축제 때 봉독되었다.

애가의 단일성은 내용, 유형과 양식, 1-2장과 4장 사이에서 가장 두드러진 유사성과 같은 세 요소에 기초한다. 1-2장과 4장은, 모든 것을 잃고 자녀들은 학살과 유배 또는 종의 신분으로 전락한(5장) 벌 받는 한 여인으로('딸 시온' 또는 '내 딸 백성') 묘사된 예루살렘의 고통을 상기시킨다. 시온의 비탄에 대한 묘사는 ('민족들 가운데 큰 민족'이라는) 이상화한 과거에 대한 향수와, 함락이 순간 체험한 포위와 학살에 의한 충격적인 추억과, 파괴된 사회로 말미암아 점령자들 앞에서 지금 겪고 있는 고통 사이에서 오락가락한다. 다섯 개의 장 각각은 운율과 내용에서 상중 탄식과 가까운 하나의 애도 시를 제공한다. 익명의 ('나'), 나아가 어머니 같은 존재가 자녀들을 두고 눈물을 흘리는 것 같은 시온-예루살렘의 목소리가 토해내는 탄식(1-2장), 일종의 고통 받는 의인을 상징적으로 가리키는 익명의 한 개인이('바로 내가 ...비참을 겪은 사람입니다') 하느님 징벌의 이유와 결과를 묵상한 시(3장), 가까이 다가온 급변에 대한 기다림 속에 시온-예루살렘의 운명을 떠올리는 집단 ('우리') 목소리가 쏟아내는 한탄(4장), 시온 공동체의 운명으로 되돌아오시기를 하느님께 간청하는 줄기찬 집단 ('우리') 기도이다(5장: 기억하소서, 야훼여...). 다섯 개의 시 가운데 네 개는 이합체 시를 본보기로 짜여 있다. 1-2장과 4장에서 각 구절의 첫 글자는 알파벳의 새로운 글자를 따라 시작한다(예를 들어, 1,1은 [*'alef*] *'ēkāh*..., 1,2는 [*bêt*] *bākô tibkēh*..., 1,3은 [*gimel*] *gāltāh yehûdāh me'onî*..., 1,4는 [*dalet*] *dārke ṣîyyôn*... 등). 3장에서는 이 원칙이 세 번 반복되는 까닭에, 시는 각각 동일한 글자로 시작하는 세 구절씩 묶여 읽힌다. 이 시의 가장 큰 폭은 그 시를 최후 구성의 축으로 쉽게 알아볼 수 있도록 해주며, 이는 시 자체가 중심을 향해 짜여 있음을 드러낸다. 마지막 장만이 이합체 원칙을 저버리나, (22개라는) 구절 수는 알파벳과의 관련성을 다시금 일깨운다. 알파벳으로 선명한 또는 감춰진 이와 같은 언급 이면에서 우리는 별 어려움 없이 완전한 총체와 일종의 완벽성을 추구하려는 문학적 야심을 읽는다('A에서 Z까지' 다 말하고자 하는 '알파와 오메가'; 4장 마지막 구절인 22절의 첫 단어 *tam*은 '끝났다'를 의미한다). 또 다른 설명은 이 시들의 특별한 내용의 변화 단계에 초점을 맞춘다. 알파벳은 단지 제한적인 구속을 나타낼 뿐만 아니라, 저자들이 드러내고자 하는 감정과 고통의 넘침을 어느 정도 담아낼 수 있도록 한다.

가. 위로해 주는 사람 없이 버려진 여인 시온(1장)

1,1-1	우는 시온(3인칭 여성으로 묘사)
1-6	외로운 과부 시온
7-11	예루살렘은 몰락을 회상한다
1,12-22	시온은 말하기 시작한다(직접 화법)
12-16	시온은 익명의 지나가는 사람들에게 호소한다
17-22	시온은 성실하지 못했음을 자인하면서 야훼께 말을 건넨다

나. 당신 분노의 날 야훼의 징벌(2장)

2,1-10	예루살렘을 거스른 야훼의 행위
1-5	야훼는 파괴하는 원수처럼 행동하셨다
6-10	하느님 행위의 결과: 하느님의 흐려진 질서와 설계
2,11-22	시인은 (1인칭 단수로) 시온에 말을 건넨다

11–17	망연자실한 시인은 이 상황이 야훼 계획의 완성임을 시온에게 확언한다
18–19	시인은 야훼께 말씀을 올리도록 시온을 북돋는다
20–22	시온의 탄원("보소서, 야훼여, 살펴보소서…")

다. 고통을 체험한 사람의 묵상(3장)

3,1–16	야훼에 의해 핍박 받는 사람의 탄식("내가 바로 …사람이다")
3,17–24	인간과 자기 '영혼'/마음과 대화
3,25–32	야훼는 당신을 믿는 사람에게 좋으신 분이다(3인칭 단수 판결)
3,33–39	하느님의 행위는 의롭다(수사학적 질문)
3,40–47	집단 양심 전검('우리')
3,48–51	예루살렘의 운명으로 혼란에 빠진 시인
3,52–54	원수들에 의해 박해 받는 사람의 탄식
3,55–66	야훼께 오르는 기도
3,55–57	청허("당신은 '두려워하지 마라' 하고 말씀하셨습니다.")
3,58–63	야훼에 의해 자유의 몸이 된 사람의 고백
3,64–66	박해자들을 거슬러 보상 요구

나'. 재난으로부터 복구로(4장)

4,1–1	예루살렘 포위 공격에 대한 공포(3인칭 묘사)
4,11–16	야훼는 사제들과 예언자들의 죄를 벌하셨다(3인칭 묘사)
4,17–20	버림받은 생존자들('우리')의 절망, 그들의 임금의 고아
4,21–22	정당한 귀환 예고: 에돔의 징벌과 시온의 복구

가'. 치욕이 오래 지속되고 있음을 야훼께 일깨워드리는 집단 기도(5장)	
5,1-14	치욕 묘사: 외국인들의 점령 하에 있는 예루살렘('우리')
5,15-18	절망 진단과 고백("저희가 죄를 지었으니!")
5,19-22	야훼께 기원: "저희를 당신께 되돌리소서. 저희가 돌아가오리다."

다섯 편의 시 각각은 특별한 주제를 중심으로 구별된다:

1장에서 반복되는 주제는, 폭행당하고 더렵혀진, 자식 잃고 적대자들에 의해 멸시받고 유린당한 과부로 묘사된 여인을 위해 '위로해 줄 사람이 없다는 사실'이다(2ㄴ.9ㄴ.16ㄴ.17ㄱ.21ㄱ절). 지나가는 사람들과(12절) 온 세상의 백성들이(18절) 이 고통의 깊이를 헤아려보도록 초대되나, 이들 역시도 위로를 전해줄 수가 없다. 위로는 야훼로부터만 올 수 있는 것이기 때문이다(9.11.20절의 "야훼여, 보소서!"하는 외침 참조). 하느님이 잘못 때문에 예루살렘을 치셨다면, 그분은 분명 죄를 지은 원수들에게도 똑같이 갚아주실 것이다(21-22절). 이 장은 고통에 직면한 시온의 첫 여정을 묘사한다. 말이 없는 탄식으로부터 죄로 말미암은 고통스러운 기념송을 향한 여정이며(5ㄴ.8ㄱ.14.18ㄱ.20ㄴ.22ㄴ절), 지나가는 사람들의 부름으로부터 하느님의 부르심을 향한 여정이다. 애가 1장은 엄청난 재앙과, 예루살렘과 그 주민들의 엄청난 죄 사이의 필연적 관계를 전제한다.

이와는 대조적으로 2장은 '야훼의 행위'에 초점을 맞춘다. 진정 바로 그분이 – 인간적 원수만이 아니라 – 당신 분노의 날에 하나의 적대자처럼 예루살렘을 공격하고 파괴하고 살해하면서 절멸하셨다(4-5절; 참조. 예레 12,7; 30,14). 그분은 당신의 도성과 성소와 축제들과 함께 임금들과 사제들과 예언자들을 혐오하셨다. 다가온 것은 바로 하느님 의지의 표명이었다(17절!). 그러나 이러한 비극을 일으키신 분이 그 비극의 원인은 아니시다. 예루살렘은 예언자들에 의해 기만의 대상이 되었다(예레미야서와 에제키엘서에 친숙한 주제). 예루살렘이 회귀를 기대하고자 한다면, 야훼께 그분 진노가 지나쳐 마치 살인자처럼 보일 수 있다는 사실을 일깨워드리고 자녀들의 비참을 알려드리면서 간청해야 한다.

3장은 음조를 완전히 바꿔, 하느님의 분노와 징벌을 자기 자신에게 집중시키고자 하는 것 같은 익명의 개인적 - 고통 받는 의인, 나아가 예레미야서 '고백록'의 예언자 또는 이사 53장의 '야훼의 종' - '기도-고백'을 보여준다. "바로 내가 ...비참을 겪은 사람이다. 나를 거슬러 그분(야훼)은 ...당신 손을 돌리셨고 되돌리셨다." 탄원시편과 욥기의 몇몇 탄식과 같은 방법으로 시인은, (실의에 빠진 자와 그 영혼 사이의 대화 형태로 무대에 오른) 이 짓눌린 사람의 내적인 추론이 여기서 오히려 욥의 친구들 특히 엘리후의 신학을 상기시키는 지혜문학적인 금언으로 귀착되기에 앞서, 이 사람을 거스른 하느님의 행위를 서술한다. 악과 선은 '지극히 높으신 분의 입에서 나온다.' 인간은 창조주를 거슬러 저항하기보다 자기 죄와 맞서 정직한 존재임을 드러내야 한다(37-40절). 하느님의 뜻에 순종함은 믿음으로 하느님께 간청하도록 이끌어주며, 이는 하느님은 당신께 호소하는 자에게 가까이 다가서는 분이시기에 사건의 흐름을 바꾸시는 데 부족함이 없도록 할 것이다.

우리를 '벌 받은 예루살렘의 상황'으로 인도하는 4장과 함께 음조는 다시금 새롭게 바뀐다. 포위된 시온은 자녀들을 먹이지 못한다. 첫 번째 장면 한 가운데에 자리한 6절은 ('내 딸 백성') 예루살렘의 잘못이 소돔의 잘못을 뛰어넘었다고 지적한다. 그런데 이 잘못이 온 백성에게 비극적인 결과를 초래한 반면, 그 책임은 예언자들과 사제들에게 돌아간다(13절). 백성이 ('야훼의 기름부음받은이', 20절) 임금을 잃어버린 이상 구원이 어디서 올 수 있겠는가? 에돔의 징벌을 예고하고 예루살렘을 위한 속죄의 기간이 끝났음을 알리면서, 21-22절은 구원은 야훼의 몫임에 의심의 여지를 남기지 않는다.

5장은 이제 '집단 탄식'을 올리면서 야훼께 간청한다("야훼여, 기억하소서. 저희가 어찌 되었는지를..."). '외국 점령 하의 삶'을 감동적으로 길게 묘사하는 가운데, 이 불행이 집단적인 범죄의 결과임을 분명히 하는 내용이 따른다("저희 선조들이 죄를 지었습니다.", 7절; "저희가 죄를 지었습니다.", 16절). 이 시편은 하느님께 대한 믿음을 다시금 확언하고 - 어찌하여 그분은 영원히 변치 않으시는가? 그분의 진노는 끝이 없다는 말인가? -, 그분만이 거부의 기간과 정도를 규정할 자유를 가지고 계신 분임을 천명하면서 마감된다.

이러한 요약은, 양식과 특별한 주제와 참화 앞에서의 책임 문제를 검토하는 방식에서, 각 시의 개별성과 동시에 예루살렘의 절망으로부터 회귀의 희망으로 이끄는 일종의 준-교훈적인 묵상 여정으로 다섯 편의 시를 신중하게 정돈한 역동성을 강조하고자 한다. 이 여정 내내 독자는 참화의 역사-신학적 이유(이스라엘의 죄, 야훼의 분노와 계획)를 이해하고, 과거의 제도 열쇠(예언자들과 사제들)에 최후 책임을 돌리는 집단 범죄의 개념을 분명하게 밝히고 나아가 수정하며, 이어서 야훼께 믿음을 두는 남자 또는 여자의 고유한 의식과 대립시키면서 이 고통스러운 역사의 연속을 수용하게 되었을 것이다.

2. 출처와 형성

가까이 들여다보면, 다섯 편의 시가 예루살렘-시온과 그 주민들에 대해 눈에 띄게 다양한 모습을 그리고 있다는 사실을 주목할 수 있다(아래 글상자 참조).

다섯 편의 시가 단 한 사람의 저자나 동시대의 작품일 수 없다는 사실은 일반적으로 받아들여진다. (네부카드네자르가 예루살렘을 점령한 시점인 기원전 587년 7/8월로 보는) 작품의 가장 오래된 작성 연대가 의심의 여지가 없다 하더라도, 애가의 저자들이 어떻게 이 사건의 동시대 증인들이 될 수 있었는지에 대해서는 설명하기 어렵다. 우선 구체적인 역사적 상황에 대한 분명한 언급을 전혀 담고 있지 않은 애가 3장에 있어 이는 가능성이 없어 보인다. 이 시는 후기의 지혜문학 세계, 특히 (4–3세기의) 욥기와 후대의 시편에 자주 사용된 문형들을 적지 않게 보여주며, 다섯 편의 시들 가운데 가장 최근의 구성을 보여주는 것 같다. 애가 5장은 느헤미야의 기도를 (느헤 9,36–37) 상기시키는 연장된 점유 상황을 묘사한다(애가 5,6의 이집트와 아시리아 동시 언급이 기원전 3세기의 프톨레마이오스 왕조와 셀레우코스 왕조 사이에 놓인 유다의 중간 입장을 전제하지 않는다는 조건에서 그러하다). 죄를 지은 조상들에 대한 언급은(5,7; 참조. 에제 18,2) 분명한 역사적 지표를 제공하지 못한다. 이 장이 오로지 사회적 문제에 관심을 쏟을 뿐, 제의와 종교에 관한 어떠한 제도도 언급하지 않는다는 사실을 적시하자. 시온 산의 폐허는 (5,18) 파괴된 채 기능을 온전히 상실한 성전을 전제할 수는 있으나, 전제해서는 안 된다. 이와는 달리 애가 5장은 다섯 편의 시들 가운데 정기적인 제의용으로 구성된 유일한 작품이다(참조. 시편 44; 60; 74; 79; 이사 63,7–64,11).

	1장	2장	3장	4장	5장
도성 이름	시온 딸 시온 딸 유다 예루살렘	시온 딸 시온 딸 유다 내 딸 백성 딸 예루살렘	내 딸 백성	시온 딸 시온 내 딸 백성 예루살렘	시온
주민 집합명사	유다(여성!) 야곱	이스라엘 야곱	–	시온의 아들들(!)	(유다의 고을들)

	1장	2장	3장	4장	5장
언급된 사회적 기능과 집단	고관들 사제들 원로들 처녀들과 총각들 아이들	임금 고관들 예언자들 사제들 원로들 처녀들 어미들 아이들 늙은이들	'내 도성의 딸들'(51절)	'야훼의 기름 부음받은이' 예언자들 사제들 원로들 총각들 어미들 아이들	고관들 원로들 여인들 젊은이들 늙은이들
하느님	야훼 '주님' (*'adonāy*)	야훼 '주님' (*'adonāy*)	야훼 '주님' (*'adonāy*) 지극히 높으신 분 (*'elyôn*) 하늘의 하느님 (*'ēl ba-šamāyîm*)	야훼 '야훼의 얼굴' (16절)	야훼 '아버지' (3절?)

1-2장과 4장에 관해서는 대다수 주석가가 기원전 6세기경, 따라서 사건과 비교적 가까운 매우 이른 작성 시기를 받아들인다(Berges는 애가 2장을 기원전 587년 직후, 애가 1장을 550년경, 애가 4-5장을 520-500년경의 작품으로 본다). 상대적인 연대는 따라서, 예를 들어 (무자비한 공격자에서 지극히 높으신 분으로의) 하느님 모습의 변화 또는 '신명기계 신학'의 발전과 관련된 간접적인 표지들과 같은, 너무나 단조로운 발전 과정을 과대평가하는 것 같은 모호한 기준들을 기초로 설정된다. 다른 문학 총체 특히 예언집과의 비교는, 비록 이 예언집의 역사 역시 논쟁의 대상이 되고 있다 하더라도, 더욱 신빙성 있는 지표를 제공할 수 있다. 애가 1장에서 '배반한 애인들'과(1,19) 겁탈당한 딸 시온의 발가벗겨짐 언급은, 페르시아 시대 예언문학에서(호

세아서, 예레미야서, 에제키엘서) 폭넓게 개진된 주제를 상기시킨다. 또한 성전 접근이 금지된 외국인들의 규정 위반 언급은(1,10; 참조. 신명 23,4; 에제 44,9; 느헤 13,1-3) 유배시대 이후 예배공동체(qāhal, '집회')의 폐쇄를 반영하며, 이 역시 후대의 일이다(5세기?). 이제 애가에서 가장 오래된 부분으로서 많은 이들이 재앙과 가까운 증언으로 취급하는 2장과 4장이 남아 있다. 그러나 현대의 독자들에게 그렇게 보일 수 있을 만큼 비통한 이 시들 역시 전통적인 틀에 박힌 주제들을 넓게 사용하고 있다는 사실을 잊어서는 안 된다(예를 들어 포위된 성읍에서 어미들이 따르고 있는 식인 풍습, 4,10). 이는 비극적인 강도를 조금도 드러내지 못하며, 묘사된 사건들에 대한 필연적인 근접성을 의심스럽게 할 뿐이다. 4,22와 같은 구절은 기원전 6세기의 30년대 이전에는 생각할 수 없는 내용을 담고 있다(이사 40,1-2 참조). 비극의 최후 책임을 예언자들과 사제들에게 돌리는 4,13-15는 예레미야서에서의 유사한 논쟁을 떠올리며 뚜렷한 사회-예배적 갈등을 반영하는 것 같다. 이와 관련하여 애가 2장은 - 야훼의 잔인한 성격을 그리는 초상이라는 차원에서 더욱 근원적으로 보이는 것은 사실이다 - '유다'와 '이스라엘'과 '야곱'을 병행하여, 나아가 동의어로 가볍게 사용하며, 이는 6세기 말, 나아가 5세기 이전에는 상상할 수 없는 어법으로 보인다.

많은 주석가는 애가에서 예언문학과 가까운 징벌의 동기가 발견된다는 이유로 선-신명기계 예언 본문들과 애가 2장과 4장의 공동 사용을 제안하며, 때로는 애가 1장을 유배시대 동안의 집단 애도 모임(*Volksklagefeiern*)의 틀에서 이해하고자 한다. 우리는 앞서 애가에서는 문학적인 '삶의 자리'(*Sitz im Leben*)가 제의적 또는 전례적 틀보다 더욱 가능성이 있다고 언급한 바 있다. 2장과 4장을 시 모음 최초의 핵심으로 간주하고 4장을 가장 오래된 시로 취급하는 것이 정당하다 하더라도(그러나 이 장을 1장과 동시에 2장에 속한다고 보는 Kaiser 참조), 애가가 문자 그대로의 유배시대 동안 구성되었다고 주장할만한 근거는 전혀 없다.

애가의 저자들이 성경외적 문학 예형들로부터 영감을 받을 수 있었겠는가? 이 질문은 아시리아 학자들이 '도읍과 그 성소들의 파괴에 관한 애가들'(*city laments, Stadtuntergangsklagen*)을 메소포타미아의 종교문학과 구별된 유형으로 확인한 이래 제기되었다. 이 작품들은, 기원전 2000년경 이신(Isin) 왕조(기원전 19세기)의 서기관들과 사제들이 볼 때, 수메르 문화의 보고였던 우르 제3 왕조의 몰락을 애념하고 설명한다. 성읍들과 그 성소들의 몰락은 위대한 신들, 특히 아누(Anu)와 엔릴(Enlil)이 바라고 명한 결과로 해석된다. 성소들의 파괴는 그 수호신들에 의해 성읍이 버려진 것을 의미한다. 주요 신이 여신일 때, 이 여신은 자기 고유의 탄식을 토해내고, 자기 성소만이 아니라 자녀들 잃음을 애도할 수 있다. "닌갈(Ningal)은 부르짖는다: 아, 내 성읍! 아, 내 집! 내 성읍은 부셔졌고 내 집 나나(Nana)는 파괴되었다. 우르는 부셔졌고, 그 주민들은 흩어졌다!" 몇몇 주석가는 이 수호 여신에게서 애가에 등장하는 그대로의 의인화한 '시온'의 예형을 보나, 이 둘을 접근시키는 것에는 한계가 있으며, 뿐만 아니라 성경문학이 시온-예루살렘이라는 신적 지위에 관한 어떤 흔적도 남기지 않았다는 사실을 전제로 해야 한다(역으로, 결코 메소포타미아 문학은 생리하는 여신을 표현하는 데까지 나아가지는 않는다, 애가 1,9 참조!). 그러나 한편, 한 여인의 모습으로 의인화한 성읍과 성읍의 안녕이라는 주제는 (*'îr*[성읍]가 여성 명사로 제시되는) 서부 셈족 세계에서, 특히 예언문학에서(Wischnowsky) 메소포타미아의 예배와 본래의 직접적인 관련이 없이 하나의 독립된 은유적 발전과정을 보여준다.

메소포타미아의 '도읍 파괴에 관한 애가들' 구성은 이천 년대 초로 거슬러 올라가며, 따라서 시공적인 차원에서 애가와 거리가 있다. 이 본문들은 한편, 설형문자 학교에서 셀레우코스 왕조 시대까지 계속해서 전승되어온 파생적 문학유형, 곧 발락(*balag*)이라 불리는 애가 속에서 일종의 재활용 과정을 거쳤다. 300에서 450줄 정도의 긴 기도문으로 특징되는, 준-경전적 지위를 갖춘 중요한 작품 구성을 말한다. 백성의 고통을 묘사하는 여러 주제, 곧 기아, 질병, 칼에 맞아 죽음 등은 애가의 모습을 자세히 상기시킨다. 발락 기도문이 이집트 지역과 추정컨대 그리스 지역으로 이전되었을 것이라 가정한다면, 애가의 가장 오래된 장들의 저자들 또한 유사한 작품을 알고 있었을 것이라는 사실을 배제할 수 없다(Gwaltney).

그러함에도 불구하고 성경의 애가들이 단순한 파생 단계를 넘어 독립적인 창의성을 보여준다는 것은 불변의 사실이다. '도읍 파괴에 관한 애가들' 또는 메소포타미아의 발락 애가들, 나아가 이집트 또는 그리스 본문들과 애가를 비교하는 일차적 관심은, 거의 가능성이 없는 몇몇 신화-신학적 종속 관계 재구성이 아니라, 비교되는 사건과 운명에 직면하여 받아들인 종교적이며 지적인 전략 대조에 있다. 이 점에서 애가는 특히 재앙에 대한 윤리적 원인과 책임에 대한 성찰로, 다른 성경 본문에서는 겨우 형태를 갖추기 시작한 성찰로 대별된다.

이합체 양식은(참조. 시편 9-10; 25; 34; 37; 111; 112; 119; 145; 나훔 1,2-8; 잠언 31,10-31; 집회 51,13-30; 11Q5[11QPs^{a}] xxii 1-15에 담겨 있는 시온을 위한 이합체 찬미가; 애가 5장처럼 알파벳 글자 수만 따르는 '알파벳화한' 시편인 시편 33; 38; 50; 103 참조) 애가 저자들의 사회적 안착에 대하여 어떠한 의혹도 남기지 않는다. 이들은 예루살렘의 지시층 구성원들, 좀 더 정확하게 말해서 유배시대 이후 성전 '학교들' 가운데 하나에 소속되어 있던 성가대 구성원들임이 틀림없다. 명시적 또는 묵시적으로 예언서와 – 특히 예레미야서("딸 시온", "딸 예루살렘"을 수없이 언급하는 예레 4-10장 참조; 또한 애가 1,5 이하//예레 13,20 이하 참조), 에제키엘서(참조. 애가 2,14//에제 12,24; 13,6 이하; 21,28.34; 32,28), 제2 이사야서(애가 1,9//이사 47,7 참조) – 시편을 참조하고 반영하는 현상은, 애가의 저자들이 이 문서에 직접 접근했음을 전제하며, 이는 이들이 서기관 세계, 추정컨대 레위 세계에 속해 있었다는 사실로 잘 설명될 수 있다.

후기의 시인 애가 1장이 *'ayin-pē*라는 정상적인 알파벳 순서를 준수하고 있음에도 불구하고, 가장 오래된 두 개의 시 곧 애가 2장과 4장이 기념비문에서 자주 발견되는 *pē-'ayin*이라는 '비정상적인' 순서를 따르고 있다는 사실은(시편 10편과 함께 34편도 참조) 우연이 아닌 것 같다. 애가 3장에서도 *pē-'ayin* 순서가 등장하나, 이는 이 시가 2–4장 사이의 이음 역할, 아니면 애가 전체의 중심 역할을 하도록 동시에 구성되었기 때문이라는 사실로 설명될 수 있다. 그러나 이합체시 선택 문제는 여전히 주석가들의 놀라움을 불러일으킨다. 지나치게 구속적인 이러한 시 양식과 애가의 주제 자체 사이의 관계를, 학술적인 재능 이상으로 친저성과 표현의 풍요성을 내세우는 것 같은 관계를 어떻게 이해해야 하는가? 하나의 가설, 물론 사변적이기는 하나, 수사학적인 덧붙임과 기타 서정적인 능력에 친숙했던 지적 세계에서는 충분히 개연성이 있는 가설 하나를 제안해보기로 하자. 가장 오래된 시들의(애가 2장과 4장) 양식이 수사학적인 개연성만큼이나 (그러나 제의적인 성과와는 거리가 먼) 문학적인 위업을 겨냥했을 것이라는 가설이다. 하나의 '예형'으로 자리한 다음, 이 양식은 본래의 예형에 변화를 주고 그것을 뛰어넘기 위해 시도한 모방을 야기했을 것이다.

이와 같은 다양화는 예루살렘–시온을 내리친 재난에 관한 상이한 신학적 관점과 교차적 또는 보충적 해석을 나타낸다. 주제를 중심으로 한 모음이 우선 편집상의 성격을 드러낸다면, 최후 정리 단계는 하나의 진정한 감정이입과 성찰과 기도의 과정을, 중심 단편인 3장의 개인 기도가 열쇠 역할을 하는 과정을 묘사하려는 의지를 보여준다. 편집 작업이 언제나 기존 자료들에 의해 좌우된다는 사실을 기억하자. 산문체 본문의 어떤 편집자가 제 마음대로 본문을 수정하고 부연했다면, 이합체 시들을 활용한 다른 편집자는 그 원전을 바꿀 자유를 누리지 못했다. 이 편집자는 완전한 새로운 시(이 경우 3장) 또는 일관성 있게 보이는 하나의 맥락 속에 독립적인 문학 단위들을 연결하는 방법을 통해서 자기 고유의 관점을 피력했다.

3. 주제와 의도

문자 그대로의 신학적 성격을 띤 작품으로 만들어지기 이전, 애가는 독자들에게 문학적 야심과 특별한 심미적 감각을 반영하는 작품으로 제공되었다. 독서 의도에 관한 평가는, 저자들이 숙고 끝에 선택한 양식적인 속박 곧 이합체 시를 무시하고 내려질 수 없을 것이다. 너무나 고통스러운 현실로 다가온 사회-정치적 상황을 잘 수용하도록 하기 위해서, 역사 흐름의 최종 책임자이신 하느님 앞에 보여드려야 하는 지속적이며 절제된 성찰을 향해 개별 시들이 폭력 체험을 집중시키고자 하는 하나의 '응집 예형'(*Modelldichtung*)으로 애가를 취급하는 것은 과장된 일이 아닐 것이다.

이러한 현실을 수용한다는 것은 우선 이 현실을 완화시키지 않는 것, 이 현실이 낳을 수 있는 하느님을 향한 저항 부분을 경감시키지 않는 것을 함축한다. 이런 의미에서 애가는 특히 하느님에 대해 내세우는 모습 속에서 여러 주제를 공유하는 욥기와 가까운 작품이다. 잔인한 방법으로 활과 올가미와 검을 다루는, 무죄한 아이들을 희생시키기를 마다하지 않은 사냥꾼과 전사의 모습을 말한다. 누가 하느님의 도덕성을 변호할 수 있으며, 무죄한 이들, 특히 책임자로 볼 수 없는 사건들을 겪는 어린이들의 고통이라는 터무니없는 현실에 늘 부딪치는 역사의 도덕성을 옹호하고자 하겠는가? 애가가 재난의 책임을 우선 기만적인 예언자들에게, 이어서 사제들에게, 끝으로 예루살렘 주민들 나아가 의인화한 도성의 죄로 주저 없이 돌리고 있는 반면, 전쟁과 억압이 죄를 지은 자들만이 아니라 특히 '아무것도 할 수 없는' 가장 약한 자들도 내리치고 있다는 점에서 징벌은 무제한적이었던 것으로 보인다. 바로 이와 같은 무죄한 이들의 징벌이라는 무시할 수 없는 현실 앞에서 하나의 신학이 효력을 드러내야 한다. 애가가 왜 어머니와 그 어린 자녀들의 모습, 정의에 대한 사랑으로 알려져 계시면서도 예루살렘을 황폐하게 만드신 날 이후 기이하게도 말이 없으신 하느님의 마음을 흔들기에 충분한 것으로 여겨지는 모습을 강조하고 있는지 알 수 있다. 존경과 제물을 받아 마땅하신 하느님이 피 흘리는 도살자의 모습으로 등장하시는 순간(애가 2,20-22 참조), 우리는 '선하신 하느님'이라는 개념과 더 이상 멀리 떨어져 있을 수는 없다.

애가는, 한편으로는 상호 보충되고, 다른 한편으로는 인간이 하느님과 자기 운명에 대해 가질 수 있는 통찰을 복잡하게 만들기도 하는 여러 측면과 관점을 병치하는 방법으로 악에 접근하는 욥기를 상기시킨다. 이 소책자를 욥기의 비극적 판화와 구별해주는 요소는 우선, 그 결과가 세대가 지난 이후에도 여전히 지속된다는 의미에서의 집단적이며 역사적인 비극에 관한 관심에 있다. 다음으로, 말로 다할 수 없는 참화 앞에서 두려움에 떨고 있는 독자를 방관자의 역할에서 악에 대한 개인적 책임성을 인식하는 존재로, 이어서 역사를 궁극적으로 하느님의 손에 다시 맡겨드리는 공동체적 기도 안에 통합되는 존재로 이끌기 위하여 사용한 특별한 전략에 있다. 이 전략은 역사와 마주하여 체험할 수 있는 공포와, 자신을 희생자들과 동일시하는 민감한 여정 속에서 자기 고유의 책임 문제에 관한 각자의 강한 의지와, 자기 고유의 방법으로 (특히 희생자들의 편에서 있을 경우) 모든 것을 변화시키기에 버거운 인간의 무능 사이의 긴장을 견뎌낼 수 있도록 한다. 이것이 바로 애가가 제기하는 도전이며, 결코 하찮은 것이 아니다. 이는 또한 이 시들이 현대의 독자들을 위해서도 강렬한 현실성을 내포하고 있음을 말해준다. 유다교 독자에게 이 시들이 예루살렘의 특별한 운명과 불가분의 관계에 머물러 있다면, 다른 독자들 또한 하나의 전쟁이 그 지역 주민 전체를 구별 없이 내리칠 때마다, 시온의 운명을 통하여, 남자와 여자와 살해당한 아이들의 고통을 읽지 않을 수 없을 것이다.

4. 참고 문헌

4.1. 주석서

U. Berges, HThK.AT, 2002. A. Berlin, OTL, 2002. F.W. Bobbs-Allsopp, Interpretation, 2002. J.M. Droin, *Le livre des Lamentations*, Genève, 1995. R. Gordis, *The Song of Songs and Lamentations*, New York, 1974. R.D. Hillers, AncB 7A, 1992². O. Kaiser, ATD 16,2, 1992⁴, p. 291-386. J. Renkema, HCOT, 1998.

4.2. 연구 현황

C. Westermann, *Die Klagelieder. Forschungsgeschichte und Auslegung*, Neukirchen-Vluyn, 1990.

4.3. 주요 저서 및 논문

E. Assis, «The Alphabetic Acrostic in the Book of Lamentations», *CBQ* 69(2007), p. 710-724. R. Bartelmus, «Von jungfräulichen Huris zu "pflückreifen Trauben"(C. Luxenberg) oder: Vom myrrhegetränkten Venushügel (Hld 4,6) zur Kirche als Braut Gottes. Überlegungen zur Möglichkeit einer theologischen Lesung des Hohenlieds - ausgehend vom Phänomen der Polyvalenz semitischer Lexeme», in F. Hartenstein/ M. Pietsch (éd.), *«Sieben Augen auf einem Stein» (Sach 3,9). Studien zur Literatur des Zweiten Tempels*, Neukirchen-Vluyn, 2007, p. 21-41. U. Berges, «"Ich bin der Mann, der Elend sah"(Klgl 3,1). Zionstheologie als Weg aus der Krise», *BZ* 44(2000), p. 1-20. E. Boase, *The Fulfilment of Doom? The Dialogic Interaction Between the Book of Lamentations and the Pre-Exilic/Early-Exilic Prophetic Literature* (Library of Hebrew Bible/Old Testament Studies 437), London, 2006. F.W. Bobbs-Allsopp, «Tragedy, Tradition, and Theology in the Book of Lamentations», *JSOT* 74(1997), p. 29-60. Id., «Linguistic Evidence for the Date of Lamentations», *JANES* 26(1998), p. 1-36. M. Emmendörfer, *Der ferne Gott. Eine Untersuchung der alttestamentlichen Volksklaglieder vor dem Hintergrund der mesopotamischen Literatur* (FAT 21), Tübingen, 1998, p. 17-76. C. Frevel, «Zerbrochene Zier. Tempel und Tempelzerstörung in den Klageliedern (Threni)», in O. Keel/E. Zenger (éd.), *Gottesstadt und Gottesgarten. Zu Geschichte und Theologie des Jerusalemer Tempels* (QD 191), Freiburg i.Br., 2002, p. 99-153. W.C. Gwaltney, «The Biblical Book of Lamentations in the Context of Near Eastern Lament Literature», in W.W. Hallo *et al.*, (éd.), *Scripture in Context II. More Essays on the Comparative Method*, Winona Lake(IN), 1983, p. 191-211. A. Labahn, «Trauern als Bewältigung der Vergangenheit zur Gestaltung der Zukunft. Bemerkungen zur anthropologischen Theologie der Klagelieder», *VT* 52(2002), p. 513-527. N.C. Lee, *The Singers of Lamentations. Cities under Siege, from Ur to Jerusalem to Sarajevo* (BIS 60), Leiden, 2002. C.R. Mandolfo, *Daughter Zion Talks Back to the Prophets. A Dialogic Theology of the Book of Lamentations* (SBL Semeia Studies, 58), Leiden *et al.*, 2007. L. Niesiolowski-Spanò, «Primeval History in the Persian Period?», *SJOT* 21(2007), p. 106-126. P. Schäfer, «Der Masoretische Text der Klagelieder und die Handschriften 3QLam, 4QLam und 5QLam$^{a.b.}$ aus Qumran», in U. Dahmen *et al.*, (éd.), *Die Textfunde vom Toten Meer und der Text der Hebräischen Bibel*, Neukirchen-Vluyn, 2000, p. 127-147. L.S. Tiemeyer, «Geography and Textual Allusions: Interpreting Isaiah xllv and Lamentations as Judahite Text», *VT* 57(2007), p. 367–385. M. Wischnowsky, *Tochter Zion. Aufnahme und Überwindung der Stadtklage in den Prophetenschriften des Alten Testaments* (WMANT 89), Neukirchen-Vluyn, 2001, p. 90–100.

4.4. 비교연구 문헌

M.E. Cohen, *Canonical Lamentations of Ancient Mesopotamia*, 2 vols., Potomac(MI), 1988. P. Michalowski, *The Lamentation over the Destruction of Sumer and Ur* (Mesopotamian Civilizations, 1), Winona Lake(IN), 1989. J.F. Quack, «Die Klage über die Zerstörung Ägyptens. Versuch einer Neudeutung der "Admonitions" im Vergleich zu den altorientalischen Städteklagen», in B. Pongratz-Leisten *et al.*, (éd.), *Ana šadî Labnāni lû allik. Beiträge zu altorientalischen und mittelmeerrischen Kulturen. FS W. Röllig* (AOAT 247), Kevelaer & Neukirchen-Vluyn, 1997, p. 345–354. S. Tinney, Nippur Lament: Royal Rhetoric and Divine Legitimation in the Reign of Isme-Dagan of Sin(1953–1935 B.C.) (Occasional Publications of the Samuel Noah Kramer Fund, 16), Philadelphia(PA), 1996.

에스테르기

마치(Jean-Daniel Macchi)

책 전체가 적대적 세계에서 믿는 이를 위협하는 위험을 강조하고 있어, 그 주제는 거의 밝지 못하다. 그러나 에스테르기는 페르시아 제국에서의 박해 때 유다인들이 구원된 사건을 기념하는 축제의 책이다. 그때부터 이 책은 푸림절 때 카니발과 흥겨운 춤 분위기 속에서 유다교 회당에서 봉독되었다.

1. 설계와 내용

에스테르기는 아름다운 소설문학 단편을 이룬다. 모의는 차질 없이 실행되고, 우리는 이 과정에서 긴장과 신비, 새로운 전개, 사건의 급전, 빈정거림과 해학을 만나며, 이 모든 것은 '해피 엔드'로 마감된다. 증오와 복수와 같은 기본적인 주제들이 특별하게 다루어진다. 등장인물들은 전형화 되어 있어 선인과 악인이 쉽게 구별되며, 구약성경에서는 희귀한 현상으로서 등장인물들의 심리적 측면이 강조된다. 술 중독자인 임금은 대신들에 의해 조정되고, 에스테르는 자기 목숨을 위태롭게 하는 일 앞에서 주저하며, 6장은 하만의 야욕에 분명하게 접근할 수 있도록 한다. 기사는 페르시아 임금 아하스에로스(=크세르크세스)의 조정을 특징짓는 사치와 정도를 벗어남과 음모의 세계에서 펼쳐진다.

출발 상황과 등장인물 배치(1-2장)

1	**페르시아 왕비 와스티 폐위.** 두 차례의 왕실 연회가(1-4절, 5-8절) 끝난 후, 와스티 왕비는 자기 미모를 보여주러 가기를 거절한다(10-12절). 법 전문가들의 조언에 따라 임금은 왕국 전역에 와스티의 폐위를 공포한다(13-22절).
2,1-20	**에스테르가 왕비가 되다.** 왕국의 가장 아름다운 처녀들을 대상으로 왕비 간택 대회가 조직되며, 유다 사람 모르도카이의 양녀 에스테르가 참여하여 승리한다. 연회가 조직된다.
2,21-23	모르도카이가 **반역 음모**를 좌절시킨다.

기사집(3,1-9,19)

3	**하만과 모르도카이 사이의 갈등 시작.** 모르도카이가 재상으로 임명된 하만 앞에 무릎 꿇기를 거부하자, 이를 응징하기 위하여 하만은 아다르 달 열사흗날에 제국의 모든 유다인들을 몰살하도록 명하는 임금의 칙령 선포를 받아낸다.
4,1-14	**모르도카이의 반응과 에스테르 연루.** 모르도카이는 왕비가 임금에게 개입하기를 요청한다. 에스테르는 부름을 받지 않은 채 임금에게 모습을 보이면 죽는다는 두려움에 싸여 한 번 거절한 다음, 개입을 수용한다.
4,15-17	수사의 모든 유다인들 **단식**

5,1-8 **에스테르의 첫 번째 연회.** 에스테르는 임금에게 모습을 보이나, 임금은 벌하지 않는다. 그녀는 임금을 하만과 함께 연회에 초대하며, 연회가 끝난 다음 그 둘을 이튿날 다시 초대한다.

5,9-14 **하만과 모르도카이 사이의 갈등 악화.** 모르도카이는 무릎 꿇기를 여전히 거부하자, 하만은 아내의 조언에 따라 모르도카이를 위한 말뚝을 세워 임금에게 그의 머리를 요청할 준비를 한다.

6 **모르도카이의 첫 승진**(상황의 전도). 밤중에 임금은 연대기를 읽으며, 모르도카이가 음모를 좌절시켰음에도 아무런 보상이 집행되지 않았다는 사실을 전해 듣는다. 하만이 입궁하며, 임금은 그에게 자신이 영예롭게 하는 사람에게 무엇을 베풀어야 하는지 묻는다. 하만은 자신이 그 대상이라 믿으며 임금처럼 옷을 입혀 도성을 돌게 하도록 제안한다. 임금은 그에게 모르도카이를 위해 그대로 집행하라고 지시한다. 집에 돌아온 하만은 아내로부터 자신이 결국 모르도카이 앞에서 실추하게 될 것임을 전해 듣는다(12-14절).

7,1-8,2 **에스테르의 두 번째 연회.** 얼마 안 돼 두 번째 연회가 펼쳐졌을 때, 에스테르는 임금에게 자기와 자기 백성의 목숨을 구해줄 것을 청하면서, 하만을 참극의 주동자로 고발한다. 하만은 탄원에도 불구하고 사형에 처해지며, 모르도카이가 재상으로 임명되어 하만의 자리에 오른다.

8,3-17 **역-칙령.** 에스테르는 임금에게 유다인들을 거슬러 반포된 칙령을 철회해줄 것을 청하며, 철회가 불가능하자 유다인들에게 원수들을 학살하도록 윤허하는 두 번째 칙령이 공포된다.

9,1-19 **유다인들의 원수들 학살.** 페르시아 제국 전역에서는 아다르 달 열사흗날에, 수사에서는 열사흗날과 열나흗날에 학살이

집행된다. 이후 유다인들은 두 차례에 걸친 연회를 통해 그들의 승리를 축제로 경축한다.

최후 상황과 맺음말(9,20-10,3)

9,20-32 **푸림절 제정.** 모르도카이와 에스테르의 칙령에 의한 축제
10,1-3 **모르도카이가 페르시아 제국을 관리한다.**

와스티의 축출 일화에 이어, 기사는 이중 길잡이 줄거리를 뒤섞어 놓는다. 하나는 하만과 모르도카이 사이의 갈등이며, 다른 하나는 임금과의 관계와 함께 에스테르의 운명이다.

우리는 이 책에서 작품을 재미있게 만들고 그것을 구조화하는 다양한 동기와 문학 기법을 만난다. 여러 일화가 긴장감을 유지하는 목적을 지니고 있다. 에스테르는 모르도카이의 사명을 받아들일 것인가(4장)? 그녀는 연회와 함께 무엇을 준비하려는가? 아울러 새로운 전개 또한 없지 않다. 예를 들어 7장 말미에서 유다인들이 목숨을 건지게 되었다고 믿게 된 바로 순간, 임금의 칙령이 취소될 수 없음을 알게 되었을 때이다(8,8). 한편 우리는 승진과 실추가 교차하는 주제를 확인하기도 한다. 하만은 - 우선은 임금에 의해서(3,1-2), 이어서 임금과 동등한 자격으로 그를 초대한 에스테르에 의해서(5장) - 두 차례에 걸쳐 들어 높여지며, 다음으로 - 우선은 자기 적대자를 영예롭게 해야 할 의무로 말미암아(6장), 이어서 사형선고를 받음으로써(7장) - 실추를 맛본다. 이 마지막 순간은 한편, 모르도카이를 매달기 위해 하만이 세워둔 바로 그 말뚝이 자기의 종말을 결정짓는 요소가 된다는 블랙 유머를 동반한다. 모르도카이는 첫 번째 칙령 반포시 실추로 시작하기에(3장), 하만의 여정과 역순의 길을 걷는다. 그는 하만에 의해 죽음에 붙여지기에 이르나(5,14), 6장에서의 승리로 새

로운 단계를 맞이하여 들어 높여지고 결국 하만의 자리에 임명된다. 이외에 다른 상황 전도들이 발견된다. 왕비였다가 폐위된 와스티의 경우와, 임금 앞에 모습을 보임으로써 죽음을 각오한 다음 자기 원수로부터 승리하는 에스테르의 경우와, 끝으로 절멸의 위기에 처했다가 결국 원수들을 쳐 이기고 마는 유다인 자신들의 경우가 그러하다.

되풀이되는 주제들 가운데서 특히 우리는 적어도 십여 번 언급되는 연회에 주목한다. 이 연회는 종종 둘씩 짝지어 제시된다. 1장은 왕실 연회로 열리며, 에스테르 역시 두 차례의 연회를 마련하고, 기사는 9,17-19에서 두 번에 걸친 푸림절 연회로 마감된다. 한편, 기사의 주요 사건들은 흔히 연회로 끝맺음한다. 임금의 칙령이라는 주제 역시 네 차례에 걸쳐 개입된다. 이 주제는 페르시아 조직의 보편성과 위력만이 아니라, 동시에 그 한계를 강조한다. 박해 칙령은 취소될 수 없는 반면, 역-칙령이 공포되어야 한다. 와스티가 하나의 칙령으로 제거된 반면, 하만에 이어 모르도카이의 영향력은 그들의 권한이 임금의 칙령을 반포하도록 하는 데서 드러난다.

현재의 형태대로의 에스테르기는 푸림절의 기원을 밝혀준다. 그러나 푸림절이라는 주제가 주로 본문의 마지막 부분에 등장하며, 다소 인위적인 방법으로, 곧 박해 일자 선택을 위해 던져진 '주사위'(=푸르)라는 어원을 통하여(3,13; 9,24) 유다인들을 거스른 칙령 문제와 칙령 철회에 연계된다는 사실을 적시해야 한다.

2. 출처와 형성

2.1. 에스테르기의 역사적 상황

에스테르기에 등장하는 임금의 히브리어 이름 '아하스에로스'는 그리스어 본문들이 크세르크세스라 부르는 페르시아 임금 이름의 본래 형태

두라-유로포스 유다교 회당의 그림 속에 묘사된 에스테르기 장면.
왼쪽에 임금 복장을 한 모르도카이가 있고(에스 6 참조),
오른쪽에 페르시아 임금이 에스테르와 함께 있다.

를 잘 옮겨 쓴 것이다. 이 책은 따라서 에스테르의 활동 시기를 크세르크세스 1세(기원전 486-464) 시대로 둔다. 이 시대에 페르시아 제국은 전성기를 맞이하여, 서쪽으로는 소아시아, 동쪽으로는 인도, 남쪽으로는 이집트까지 펼쳐졌다.

작품에 기술된 여러 요소는 우리가 페르시아 세계에 대해 알고 있는 바와 부합한다. 특히 왕궁의 부, 영향력 있는 책사로서의 조정 대신들과 내시들 존재, 공신 기록, 요직 존재 등을 떠올릴 수 있다. 한편, 기사는 사실과 다른 요소들을 다수 담고 있어, 에스테르기는 하나의 역사서보다는 허구적 작품으로 여겨야할 정도이다. 사실과 다른 요소들 가운데 몇몇 예를 들기로 하자. 크세르크세스의 아내는 잘 알려져 있는 여인으로서 아메스트리스라 불리며, 왕비는 일반적으로 페르시아의 위대한 가문에서 간택되었고, 제국은 에스테르기가 확언하는 것처럼 127개의 속주를 소유하고 있었던 것 같지 않다. 나아가 임금의 사생활에 관한 칙령 공포는 역사적 사건보다는 문학적 빈정거림을 더 많이 포함하고 있으며, 끝으로 특히 크세르크세스 시대의 것으로 활용되는 비교적 중요한 문헌들이 존재함에도 불구하고, 언급된 사건들은 성경 밖의 문학에서 그 예를 전혀 찾아볼 수 없다.

2.2. 편집 과정

편집 과정과 이 본문이 편집된 세계에 관한 문제는 에스테르기 그리스어 본문들이 제기하는 문제와 불가분의 관계에 있다. 사실 히브리어 마소라본(TM) 이외에, 에스테르기는 매우 다른 두 가지 형태로 우리에게 전해진다.

칠십인역성경(LXX) 본문은 마소라본과 가까운 히브리어 본문을 대본으로 번역한 것 같으며, 여기에 여섯 개의 긴 첨가부분이 삽입되어 있다. 이 문제에 대해서는 (제4부 제2경전) 그리스어 에스테르기에 특별히 할애된 입문 부분을 참고하기 바란다.

칠십인역성경의 그리스어 본문보다 짧은 또 하나의 그리스어 본문은 '알파 본문'(TA)이라 불리며, 몇몇 수사본을 통해 우리에게 알려져 있다. TA가 칠십인역성경의 첨가부분들을 알고 있었음에도 불구하고, 마소라본과 공유하는 부분에서는 그것보다 훨씬 더 짧은 본문을 보여준다는 사실은 매우 흥미롭다. 오늘날 일반적으로 수용되는 견해는 (칠십인역성경 이후 후기에 삽입된 것으로 보이는 여섯 개의 첨가부분이 빠진) 본래의 TA가 에스테르기 마소라본보다 더 오래된 히브리어 본문 곧 '원-에스테르기'를 대본으로 번역한 본문이라고 여긴다(Clines, Kossman 참조). 보다 오래된 이 본문은 셈족을 겨냥한 학살이라는 주제도, 페르시아 법률의 취소할 수 없는 성격이라는 주제도 포함하고 있지 않았다. 원-에스테르기는 아마도 페르시아 시대 또는 헬레니즘 시대 초기에 디아스포라에 정착한 유다교 집단으로부터 유래한 것 같다. 페르시아 세계와, 유다인들이 외국에서 평화롭게 살 수 있는 가능성에 대한 관심은 마소라본에서보다 분명히 덜 부정적이다. 원-에스테르기의 이념은, 에스테르기와 병행구가 많으며, 부정할 수 없는 난관에도 불구하고 한 유다인이 외국에서 번성할 수 있고, 지방 장관에 의해 도움을 받을 수 있다는 개념을 보여주는 작품인 요셉 소설의 이념과 그렇게 멀지 않다.

마소라본 편집은 분명 음조를 견고하게 다진다. 유다인들의 원수들을 거스른 투쟁은 무척이나 잔인해지며, 이 충돌은 결국 무력으로 해결되기에 이른다. 이 편집은 지배 제국과의 긴장 관계가 더욱 두드러지고 명백한 민족적 충돌이 전개되던 시점 또는 환경으로부터 유래했을 것이다. 우리는 여기서, 예를 들어 마카베오의 저항 운동과 연계된 긴장 상황과 같은, 후기 헬레니즘 시대를 떠올릴 수 있다. 이러한 결론은 아다르 달 열사흗날이 1마카 7,49와 2마카 15,36에서 (유다 마카베오의 적인) 니카노르의 죽음을 기념하는 날로 언급되며, 이 일자가 에스테르기 마소라본 편집에서 유다인들이 원수들을 학살하기로 한 일자와 정확하게 맞아떨어진다는 사실로 확인되는 것 같다.

이렇게 제안된 가설은 그러나 논쟁의 여지가 있다. 몇몇 저자는 TM이든 TA든 훨씬 더 올라가는 일자들을 옹호하며, 나아가 TM을 그리스어 두 역본보다 더 오래된 것으로 주장한다(Jobes 참조).

이제 본래 형태대로의 에스테르기가 이전의 여러 기사를 규합한 결과물이 아닌지 질문하는 문제가 남아 있다. 저자들은 종종 하나는 에스테르와 관련된 독립 기사, 다른 하나는 모르도카이와 관련된 독립 기사가 존재한다고 보았으나, 코스만(R. Kossman)은 독립된 세 기사가 에스테르기 초반의 바탕을 이루고 있었다고 주장한다. 세 기사는 와스티 이야기와, 현인과 교만한 사람 사이의 갈등 기사와 – 이 기사는 특히 6장에 제시되어 있다(모르도카이/하만) –, 하만과 모르도카이와 왕비를 연루시키는 기사이다(3-5장과 7장). 끝으로, 중심인물들의 이름 또한 때로는 이스타르(에스테르)와 마르둑(모르도카이) 신을 포함하는 고대 신화가 변형되고 역사화 했다고 추정하게하기도 한다. 본문의 선사성에 관한 이 모든 가설은 본문의 관점에서나 외적인 자료를 통해서나 받아들이기 어려우며, 따라서 매우 의심스럽기만 하다.

3. 주제와 의도

에스테르기는 그리스도교 세계에서 항상 좋은 평을 받았던 것은 아니다. 폭력적이면서도 민족주의적인 성격이 자주 비판의 대상이 되었기 때문이다. 그러나 이러한 측면을 넘어 이 책이 자기 방어를 위해 이용하는 폭력과 방법의 합법성에 관한 기본적이며 동시에 현실적인 신학적 질문들을 불러일으킨다는 사실을 지적해야 한다. 특별히 외국인들이 지배하는 세상에서 유다인들이 차지하는 자리 문제가 에스테르기에서 큰 진전을 보여준다. 유다인들은 그들을 둘러싸고 있는 세상에서 그들의 신원을 밝히는 데 힘쓰도록 불림을 받은 사람들인가, 아니면 반대로 에스테르가 처음에 - 모르도카이의 조언에 따라 - 그렇게 했던 것처럼 그들의 신원을 감추는 데 관심을 보인 사람들인가? 유다인이 아닌 사람들과의 관계는 필연적으로 무력 관계에 기초했던 것인가?

에스테르기에서 하느님의 자리는 한편 어려운 문제로 남는다. TM은 한 번도 하느님의 업적을 소개하거나, 철저하게 유다교적인 종교 의식을 언급한 적이 없다. 4,15-17의 단식은 유다교의 신심을 보여주는 독자적인 의식이 아니었음을 분명히 해두자. 우리는 TM에서의 하느님의 부재가 저자가 심사숙고한 문학 기법의 결과가 아니었는지 자문할 수 있다. 이 경우 독자는 분명 우연의 결과일 수 있는 사건들 뒤에서 하느님의 손길을 식별하도록 초대될 수 있다. 그렇다면 4,14에서 모르도카이가 언급하는 "다른 데서 일어날 구원"은 하느님의 행위를 암시하는 것일 수 있다. 이와 같은 문학 기법은 요셉 소설을 상기시키지 않을 수 없다. 이 소설에서도 하느님은, 요셉이 사건들을 신학적으로 설명하기 이전에는(창세 45,5), 사건의 흐름에서 극히 제한적으로만 언급되기 때문이다.

4. 참고 문헌

4.1. 주석서

H. Bardtke, KAT 17/4–5, 1963. A. Berlin, JPSTC, 2001. F.W. Bush, WBC 9, 1996. D.J.A. Clines, NCBC, 1984. M.V. Fox, *Character and Ideology in the Book of Esther* (Studies on Personalities of the Old Testament), University of South Carolina(SC), 1991. G. Gerleman, BK.AT 21/1, 1970–1973. J.D. Levenson, OTL, 1997. J.A. Loader, ATD 16/2, 1992. C.A. Moore, AncB 7B, 1971. A. Meinhold, ZB.AT, 1983. L.B. Paton, ICC, 1908.

4.2. 연구 현황

C.A. Moore, «The Book of Esther», in D.N. Freedman (éd.), *The Anchor Bible Dictionary. Vol. 2*, New York *et al.*, 1992, p. 633–643. H. Wahl, «Esther-Forschung», *ThR* 66(2001), p. 103–130.

4.3. 주요 저서 및 논문

D.J.A. Clines, *The Esther Scroll: The Story of the Story* (JSOT.S 30), Sheffield, 1984. K.H. Jobes, *The Alphatext of Esther: Its Character and Relationship to the Masoretic Text* (SBL.DS 153), Atlanta(GA), 1996. R. Kossman, *Die Esthernovelle vom Erzählten zur Erzählung. Studien zu Traditions- und Redaktionsgeschichte des Estherbuches* (VT.S 79), Leiden/Boston/Köln, 2000. A. Lacocque, *Esther Regina*, Evanston, 2008. E. & M. Lubetski, *The Book of Esther. A Classified Bibliography*, Sheffield,

2008. J.-D. Macchi, «Les livres d'Esther. Evolution littéraire et approche narrative», in D. Marguerat (éd.), *La Bible en récits. L'exégèse biblique à l'heure du lecteur* (Le Monde de la Bible 48), Genève, 2003, p. 239-249. K. de Troyer, *The End of the Alpha Text of Esther: Translation and Narrative Technique in MT 8:1-17, LXX 8:1-17, and AT 7:14-41* (SBL. SCS 48), Atlanta(GA), 2000. H.M. Wahl, «Das Motiv des "Aufstiegs" in der Hofgeschichte. Am Beispiel von Joseph, Esther und Daniel», *ZAW* 112(2000), p. 59-74.

유다교 묵시록

니한(Christophe Nihan)

입문

20세기 전반기 내내 유다교 묵시록은 역사-비평 주석에 있어 비교적 이차적인 연구 대상으로 머물러 있었다. 대체로 주해가들은 이 문서들을 성경 예언의 뒤를 잇는 후대의 절충적인 작품들로 취급하려는 경향을 보였다. 그러나 20세기 후반기, 특히 1970년대 이후 이 문서들과 묵시문학 전승들은 점진적으로 재발견의 대상이 되기 시작했다. 코흐(K. Koch, 독일), 사치(P. Sacchi, 이탈리아), 스톤(M.E. Stone, 이스라엘) 또는 콜린스(J.J. Collins)와 핸슨(P.D. Hanson, 미국)과 같은 유럽과 이스라엘과 북아메리카의 학자들은 이 문서들의 풍요로움과 제2성전의 유다교를 위한 그 중요성에 관심을 쏟았다. 이러한 발전 과정은 특히 묵시문학의 기원을 잘 이해할 수 있도록 이끌어준 쿰란 발굴의 기여와, 이 문학의 내적 복합성과 다양성을 잘 고려한 결과에 따른 것이다. 이 시대 이후 - 유다교는 물론 그리스도교의 - 묵시록들은 빠르게 별도의 연구 대상이 되었으며(참조. Collins 1979, Hellholm, Collins & Charlesworth), 오늘날에도 계속해서 연구가들의 대단한 관심을 끌게 되었다(예를 들어 DiTommaso 학파의 최근 연구 상황 참조). 일반적으로 유다교 묵시록에 대한 관심은 특히, 수많은 학술적 전승들과 엇갈려 함께 자리한, 대부분 독창적이며 매우 전문적인 문학 작품이라는 사실에 쏠려 있다. 이 문서들 연구는 따라서 제2성전 시대에 탄생한 유다교의 종교적이며 철학적인 믿음과 표현을 잘 파악하도록 이끌어준다.

이어지는 설명은 완전한 설명이기를 전혀 바라지 않고, 다만 묵시록 연구에 있어 기초가 되는 네 가지 문제로 독자들을 이끄는 데 목적을 둘 뿐이다. 첫째는 이 문학의 유형과 주제이고, 둘째는 그 역사적이며 제의적인 맥락이며, 셋째는 이 문학이 종속된 문학 전승이고, 넷째는 그 저술 배경 문제이다. 이 입문 부분이 받아들인 일반적 관점에 따르면, 제2성전 시대부터 바르 코흐바의 반란과 유다인들의 제2차 항쟁(기원후 132-136)에 이르기까지의 기간 동안 (그리스도교가 아니라) 유다교도의 묵시록에 훨씬 더 특별하게 초점이 맞춰져 있다. 따라서 우리는 고대 말과 중세기의 라삐 유다교에서 묵시전승들이 어떻게 지속되고 변형되었는지 하는, 매력적이기는 하나 복잡한 문제는 제쳐둘 것이다. 제2성전 시대의 몇몇 유다 묵시록에 대해 보다 상세한 점을 알아보기 위해서 우리는 이 입문 부분에서 '에녹서'와(M. Langlois) '다니엘서'에(J. Vermeylen) 관한 논문을 참고할 것이며, 예외적인 경우를 제외하고는 신구약 중간 문헌를 발간한 플레이아드(Pléiade) 출판사의 번역을 인용할 것이다(A. Dupont-Sommer et M. Philonenko [éd.], Paris, 1987).

1. 정의, 문집, 문학유형

유다 묵시록에 대한 정의와 해당 문집의 한계는 중요한 방법론적 문제들을 야기하나, 무시할 수 없는 것들이다. '묵시'라는 용어는 그리스어 *apocalupsis*에서 유래하며, '계시'라는 의미도 지닌다. 이 용어는 "예수 그리스도의 계시(*apocalupsis*)"(묵시 1,1)라는 선언으로 열리는 요한 묵시록에서 독자적인 문서의 내용을 지칭하기 위해서 처음으로 사용된다. 이때부터 이 칭호는 통칭적인 의미로, 다시 말해서 계시를 담고 있는 문서를 가리키기 위해서 후기 고대 유다교와 그리스도교의 다른 본문들에 적용된다(예를 들어 '아브라함 묵시록' 또는 '바룩의 그리스어 묵시록' 참조). 19세기에 와서, 현대 비평은 '묵시록'이라는 이 명칭을 계시를 담고 있는 본문들 사이의 유사성과 요한 묵시록과의 유사성을 드러내는 일련의 문서 전체에 확대 적용시켰다. 이 현대 비평은 또한, ('묵시와 관련이 있는'이라는 의미의) 형용사로만이 아니라 – 나아가 기본적으로 – ('묵시'를 뜻하는) 명사로 사용되는 *apocalyptique*(=*apocalyptic*)라는 용어를 만들어냈다. 명사로서의 묵시는 묵시에 고유한 '세상의 환시'(*Weltanschauung*)를 이룬다고 여겨지는 일련의 개념들을 가리킨다. 게다가, 이 세상의 환시가 제2성전 유다교의 몇몇 독특한 세계에서 발전을 거듭해나감에 따라, 묵시는 유다교 한가운데서 일어난 사회–종교적 운동, 유다교 묵시록에서 비롯되었을 운동을 가리키는 표현이 되었다. 이렇게 해서 사람들은 종종 '묵시 사조', 나아가 '묵시 공동체'를 말할 수 있게 되었다. 따라서 '묵시'라는 용어는 문학유형, 일련의 개념과 신조, 사회–종교 운동 또는 사조라는 삼중 의미를 지니게 되었다.

유다교 묵시록에 관한 연구는 이 서로 다른 차원들 사이의 밀접한 상호관계 설정을 위하여 오랫동안 힘써왔다. 이와 같은 개념에서 보면, (예를 들어 다니엘서와 같은) 유다교 묵시록은 이 묵시록 안에 진술되고 개진된 신앙 체계와 밀접하게 결합된 '묵시 공동체'에서 구성된 것이다. 시간이 흘러가면서, 특히 1970년에 코흐(K. Koch)의 저서가 발간된 이래, 이와 같은 개념의 경계는 더욱 더 뚜렷해졌다. '묵시 공동체'라는 개념은 우선 그리고 무엇보다도 먼저 순환 논리라는 위험을 안고 있는 현대의 구조체이다. 학자들은 각 묵시록 뒤에 이와 같은 공동체가 자리하고 있다고 주장하며, 이어서 해당 문서에서 확인할 수 있는 지표들을 바탕으로 이 공동체의 사회학적 윤곽을 재구성하고자 힘썼다. 제2성전 유다교의 사회학적 관점에서 보면 그러나, 이러한 '묵시 공동체'의 윤곽을 정확하게 밝혀낸다는 것은 어려운 일이거나 아니면 불가능한 일이다. 사해(쿰란) 공동체에서 이러한 '묵시 공동체'의 탁월한 모습을 찾아볼 수 있다 하더라도(예를 들어 Collins) – 몇몇 학자는 오늘날 이에 이의를 제기한다 –, 공동체의 서고에서 여러 묵시 문건들이 발견되기는 했어도, 이 공동체가 문자 그대로의 묵시록을 전혀 구성한 적이 없었다는 사실은 놀랍기만 하다! 사실 많은 증언은 에녹서 상권과 다니엘서와 같은 유다교 주요 묵시록들이 (소위 '묵시 공동체들'이라 일컬어지는) 특정한 세계에 갇혀 있지 않고, 제2성전 유다교에 상당히 널리 유포되어 있었다고 일러준다. 예를 들어 에녹서 전승들은 쿰란에서 구성된 것이 아니다(이 전승들의 일부는 이 공동체 설립 이전의 것들이다). 그럼에도 불구하고 쿰란 지역에서 (1에녹 37–71의 '비유들'을 제외하고) 에녹서 단원 대부분의 단편들이 발견되었다는 사실은, 이 공동체에서 에녹서와 관련된 전승들이 많은 인기를 누리고 있었음을 대변해준다. 콜린스가 기술한 대로(1984 = 1998), "유다교의 묵시록들은 단 하나의 '묵시 운동'에 의해 탄생한 것이 아니라, 다양한 집단에 의해 그리고 다양한 상황 속에서 사용될 수 있었던 하나의 유형을 이룬다." 이와 같은 결론은 그러나 유다교 묵시록의 사회학적이며 역사적인 상황을 살펴보기를 포기해야 한다는 말이 아니라, 그 반대이다(아래 §4 참조). 다만 묵시록의 '문학유형'과 그 '탄생(과/또는 유포)의 상황' 사이의 상관관계가 오랫동안 생각해온 것 이상으로 복잡하다는 사실을 지적할 뿐이다.

제2성전의 유다교에서 '묵시 운동'을 찾아내거나, 나아가 (일련의 신앙과 표현으로서의) 일관성 있는 '묵시 세계'의 특성을 밝힌다는 것이 불가능하다는 사실은, 1970년대 이후 전문가들이 기본적으로 아니면 배타적으로 이 문서들의 문학유형에서 출발하여 묵시의 정의 문제를 되짚도록 이끌었다. 이러한 방법론적 선택은 특히 콜린스에 의해 1979년에 발간된 공저(*Apocalypse: The Morphology of A Genre*[묵시록: 유형의 형태론])에서 개진되고 정당화되었으며, 이어진 많은 연구에서 이를 다시 확인할 수 있다. 이 접근 방법 역시 몇몇 난제 야기를 피할 수 없었다. 사실 묵시록들은 단순한 목록에서 출발해서 꿈, 환시, 신탁, 지혜문학적 교육 등을 거쳐 유훈에 이르는 다수의 매우 다양한 유형을 보여주기 때문이다. 묵시록에 고유한 '유형'에 대해 말할 수 있는지 살피는 문제는 따라서 전통적으로 논쟁의 대상이 되어 왔다. 예를 들어 폰 라트(G. von Rad)는 이미 묵시록에서 오로지 '혼합 유형'(*mixtum compositum*)만을 보고, 독자적인 '묵시록' 유형 개념을 포기했다. 다시 말해서 우리는 모든 묵시록에서 일반적인 구조를 찾을 수 있으며, 이 구조에 따르면 "비의적(秘義的) 지식에 관한 계시는 초월적 존재(신의 사자)의 중개를 통해 과거의 영향력 있는 인물에게 부여되며, 특히 역사와/또는 초월적 세계의 감춰진 의미를 밝히는 데 있다." 묵시록에 관한 이러한 일반적인 정의는 콜린스가 1979년에 발간한 공저에서 이미 제안된 것이며, 사실 우리는, 다소의 차이가 있기는 하나, 매우 많은 저자에게서 유사한 정의를 확인할 수 있다.

> '묵시록'은 서술체 틀을 포함한 하나의 계시 문학유형(*revelatory literature*)을 가리키며, 여기서 계시는 종말론적인 구원을 고려한다는 점에서 시간적이며 동시에 초자연적인 다른 세상을 내포한다는 점에서 공간적인, 초월적 현실을 공표하는 초현세적 존재(*otherworldly being*)를 통해 수신자로서의 인간에게 전달된다(Collins 1979, p. 9).

우리가 문학유형으로서 '묵시록'이라는 용어의 정의를 수용한다면, 라삐 시대 이전의 유다교 주요 묵시록들 가운데 '에녹서 상하권', '다니엘서', '에즈라기 4권', '바룩서 2권'과 함께 '아브라함 묵시록'을 포함시켜야 할 것이다.

> 에녹서는, 창세 5,21-24에 따르면, 노아 홍수 이전 인류의 일곱 번째 조상인 성조 에녹에게 주어진 하나의 다양한 계시집이다. 이 책에서 가장 오래된 전승은, 한편으로는, 특히 ('감시자'로서의) 천사들의 실추와 그 결과 빚어진 지상의

타락과(1에녹 6-16) 함께 에녹이 우주의 비밀을 밝힐 수 있다고 생각하는 세상의 경계에서 실시한 여행을(1에녹 17-36) 이야기하는 '감시자들의 책'(1에녹 1-36)이며, 다른 한편으로는, (비록 에녹의 천상 여행이 보고되어 있지는 않으나) 에녹에게 계시된 천상 세계에 관한 하나의 환시처럼 제시되고 다양한 천체의 기능과 그것들이 의미하는 바를 상세히 설명하는 '천문학 책'(1에녹 72-82)이다. 쿰란에서 발견된 에녹서의 아람어 단편들을 바탕으로 이 두 전승의 작성 연대를 좀 더 이르게 기원전 3세기로 추정하는 것은 가능해보인다. 한편, '천문학 책'과 마찬가지로 '감시자들의 책'이 복잡한 문학사를 분명히 겪었다는 사실은 이 문서들의 몇몇 부분이 매우 오래된 것들이며, (1에녹 6-16의 경우) 4세기, 나아가 ('천문학 책'에 담긴 우주론적 사변 전승들의 경우) 5세기까지 거슬러 올라갈 수 있음을 시사한다. 묵시적인 또 다른 문서들이 기원전 2세기 초반 10년대 유다의 헬레니즘 지배 상황과 확실히 관련되어 있다. '에녹의 꿈들'과(1에녹 83-90) '주간 묵시록'은(1에녹 93; 91,12-17) 이스라엘의 과거와 미래의 역사를 당대 최근의 사건들과, 하느님 심판이 임박했음에 대한 확신에 비추어 해석하는 데 목적을 둔 '역사적' 묵시록들이다. '에녹의 꿈들'이 그 최후의 형태에서 마카베오의 항전 중에(167-164) 작성된 것이 분명한 반면(1에녹 90 참조), '주간 묵시록'은 마카베오 운동 직전에 집필된 것 같다. 현재 형태대로의 다니 7-12장 역시, 비록 (8-12장처럼 히브리어가 아니라 아람어로 기초된) 7장이 분명 더 오래된 작품이고 본디 200년과 187년 사이에 예루살렘을 다스린 안티오코스 3세와 관련된 사건들을 반영할 수 있다 하더라도, 이 시대로 추정된다. 우주론적 사변을 깊이 있게 개진하면서 에녹의 천상 여행 전승을 되풀이하는 (기원후 1세기의 작품인?) 에녹서 하권을 예외로 할 수 있다면, 앞서 언급한 유다교의 다른 묵시록들은 모두 70년의 제2성전 파괴 이후에 저술된 것들이다. 특히 둘 다 기원후 100년경 집필된 바룩서 2권과 에즈라기 4권은 로마 군대에 의한 예루살렘 점령과 성전 파괴에 관한 의미를 치밀하게 구상하는 가운데 발전시켜나간다. 이 두 문서는 특히 하느님의 정의 문제와, 현 세상이 '낡은' 세상이라는 사실과, 새롭고 영광스러운 세상에 의해 곧 교체되어야 하는 운명에 대하여 강조한다(예를 들어 2바룩

85,10은 "세상의 젊음은 지나갔으며, 창조의 기운은 그 끝에 다다랐다"고 한다). 예루살렘 점령과 성전 파괴는 우주와 역사의 숨겨진 의미에 관한 아브라함의 천상 환시 기사를 주요하게 담고 있고, 기원후 1세기 말에 집필된 것으로 추정되는 '아브라함 묵시록'에도 반영되어 있다.

그들의 문학유형을 기초로 유다교 주요 묵시록들을 확인하는 작업이 가능하다면, 비의적 성격의 계시 개념은, (레위의 아람어 유훈, 아브라함의 유훈과 같은) 유훈들, 또는 전형적으로 쿰란의 성전 두루마리와 창세기의 묵시록이 속해 있는 유형인 '고쳐 쓰기 성경', 또는 희년서와 같은 묵시록에 고유한 것이 아니라, 제2성전의 여러 다른 문학유형에서 발견된다는 사실을 중시해야 한다. 한편, '계시 문학' 범주에 속하는 다양한 문학유형 사이의 경계는 분명하지 않다. 예를 들어 레위의 유훈은 에녹의 환시를 상기시키는 일곱 하늘과 세상의 종말에 관한 환시로 열리는 반면(레위의 유훈 2-5), 이 모음을 닫는 에녹 서간은 유훈의 유형을 모방하고 있다(1에녹 91,1 이하 참조). '아브라함의 유훈'은, 기원후 2세기의 작품으로서 하나는 짧고 하나는 긴 두 개정본으로 계승되어 온 '아브라함 묵시록'과 많은 병행구를 보여주는 반면, 묵시록을 특징짓는 신비적이며 우주론적인 사변 차원은 현저하게 떨어진다. 기원후 2세기의 유다교 문서인 희년서는 사실상 한정 사례만을 다룬다. 이 작품은 시나이산에서 천사가 모세에게 내린 하나의 계시처럼 소개되며, 특히 23장에 소묵시록을 담고 있다. 따라서 우리는 이 작품을 앞서 정리한 정의에 따라 구분한 묵시록들 가운데 하나로 취급할 수 있을 것이다. 이와는 달리 (에녹서 상하권, 다니엘서, 에즈라기 4권, 바룩서 2권, 아브라함 묵시록과 같은) 문자 그대로의 주요 묵시록들은 양식적인 관점에서나 내용면에서 상당한 차이점을 드러낸다. 1979년부터 콜린스는 묵시록의 두 주요 유형, 곧 (에녹서 상하권, 아브라함 묵시록과 같은) 초현세적 여행을 포함하는 유형과 (다니엘서, 에즈라기 4권, 바룩서 2권과 같은) 초현세적 여행이 생략된 유형 사이를 구분할 것을 제안했다(예를 들어,

최근의 Arcari, 2004도 참조). 나아가 비의적 사변 차원이 둘째 유형보다는 첫째 유형에서 더욱 중요한 역할을 한다는 것은 분명해 보인다. 이미 다니 7-12장은, '감시자들의 책'과 비교해 볼 때, 우주론적 사변과 관련된 부분과 우주의 경계선에 관한 묘사에서(1에녹 17-36), 또는 '천문학 책'('빛물체들의 책' 또는 '천문학 개론'이라고도 한다)과 천체를 지배하는 비밀스러운 법칙에 대한 진술에서(1에녹 72-82) 분명히 뒤로 물러선 느낌을 준다. 에즈라기 4권 역시 초현세적 여행과 이 여행을 동반하는 불가사의한 우주론적 지식에 대한 가능성을 명백히 부정하는 것으로 보인다(4에즈 4,7-8을 참조하고, 1에녹 17-19장의 에녹의 첫 여행 환시와 비교). 유다교의 첫 묵시록들의 종말론 또한 매우 큰 차이를 보인다. 특히 에녹서 상권과 다니엘서가 현저한 이원론, 곧 지상에서의 갈등과 시련이 기본적으로 천상 세력들 사이의 우주적 갈등에 대한 반영이라는 이원론으로 구별되는 반면에(다음 항목인 2. 유다교 첫 묵시록들의 역사와 문화 상황 참조), 이 이원론은 에즈라기 4권과 바룩서 2권에는 거의 다 사라진 상태이다. 이처럼 에녹서 상권과 제2성전의 유다교 다른 전승들에 있어 지상 악의 기초에 천상 군대 한 편의 저항이 자리한다면, 에즈라기 4권과 바룩서 2권은 악과 고통이, 더 좋은 세상으로 바뀔 시점에 있는, 이 세상의 피폐에서 유래한다는 설명으로 이러한 관점을 대체한다.

콜린스의 뒤를 이어 저자 대부분은 종말론을 묵시록에 관한 정의에 포함시키고자 한다. 이러한 관점은 그러나 특히 앵글로 색슨계에서 논쟁의 대상이 되며, 몇몇 연구가는 묵시록에 고유한 문학유형의 존재를 수용하면서도 묵시문학 정의 안에서의 종말론의 중요성을 과소평가하고자 한다. 롤랜드(C. Rowland)와 데이비스(P.R. Davies)와 같은 저자들에게 묵시록의 주된 특징은, 전통적인 지혜문학에서처럼 경험적 탐구보다는 신의 계시를 통해 얻을 수 있는 비의적(비밀에 싸인) 지식 형식의 개념 속에서 찾아야만 한다. 이러한 유형의 점술적이며 비의적인 지식은 분명 역사의 의미와 세상의 종말과 그 재창조, 또는 의인의 운명 또는 사후의 생명과 같은 질문에 적용될 수 있다. 그러나 여기에는 결국 점성술, 식물학, 천사학 등과 같은 수많은 다른 지식들 가운데 하나의 탐구 차원만 있을 뿐이다. 특히 데이비스에게 묵시록은 결국 제2성전의 유다교 서기관들이, 이미 메소포타미아의 서기관들과 이집트와 같은 고대의 다른 위대한 문화에 의해 기원전 이천 년대부터 구상되어온, '점술 문화'(*mantic culture*) 유형을 그들 나름대로 추구하고 발전시킨 형태에 불과하다. 이러한 견해는, 앞에서 살펴보았듯이, '묵시'(그리스어로 '계시')라는 용어의 어원에 부합한다. 나아가 (용어의 좁은 의미에서) 유다교 묵시록의 뿌리를 제2성전의 비의 문학에 둔다는 이점을 지닌다. 묵시문학을 이스라엘과 고대근동의 점술학과 점술 지혜와 묶어주는 심오한 관련성을 고려하게 된 것은 한편 최근 십여 년 동안의 연구에서 가장 의미 있는 진척들 가운데 하나로 꼽힌다(다음의 2. 유다교 첫 묵시록들의 역사와 문화 상황 참조). 그러나 우리는 이 개념이 라삐 시대 이전의 유다교 주요 묵시록들 안에서 종말론의 역할을 과소평가하는 것은 아닌지 자문할 수 있다. 묵시록들 사이의 차이점에도 불구하고, 하느님에 의한 지상의 종말론적 심판에 관한 일반적 개념은 에녹서 상하권, 다니엘서, 바룩서 2권, 에즈라기 4권과 아브라함 묵시록과 같은 문서에서 지배적인 역할을 하고 있는 나머지, 학자들은 대부분의 경우 이 심판이 묵시록에 의해 전수된 계시의 기본적인 측면을 이룬다고 말할 수 있을 정도이다. 에녹의 두 번째 여행은 특히 종말론적 심판에 연계된 다양한 환시들, 곧 천체와 천사의 지옥, 정령들의 거주 장소, 생명나무, 그리고 이스라엘의 '의인들'이 새롭게 '심어진' 종말론적 예루살렘에 관한 환시들을 이야기한다(1에녹 21-26). 1에녹 90장과 다니 10-12장 등도 비교해 볼 수 있다. 나아가 유다교의 묵시록에 의해 묘사된 종말론적 장면들이 매우 다양한 모습을 띠고 있음에도 불구하고, 변치 않는 몇몇 요소를 찾아낸다는 것은 가능한 일이다. 특히 모든 묵시록은 의인들과 불경한 이들 사이의 분리와 (새로운 창조 또는 현 세상의 변형 형태로) 우주의 갱신을 동반한 최후의 심판 모습을 그린다. 다소 치밀하게 구상된 형태로 사후의 삶(부활 또는 기타)

모습을 언급하고 있는 현상 또한 묵시록의 불변 요소이다(1에녹 22; 다니 12 등 참조). 데이비스는 몸소 종말론을 (천문학, 할라카[*halakhah*] 등과 같은 다른 아류 유형들 함께) 유다교 묵시록의 '아류 유형'으로 간주하기를 제안하지 않을 수 없었다. 그러나 유다교의 모든 주요 묵시록에 되풀이되는 핵심 관점이라는 차원에서 이러한 해결은 지나친 것일 수 있다. 우리는 오히려, 모든 가능성에 따라, 유형에 대해 정의를 내리는 문제를 재검토해야 할 것이다. 역으로 종말론은 넓은 의미의 '계시 문학'에 속하는 다른 유형들에서 부차적인 역할을 할 뿐이다. 다시 말해서 종말론은 예를 들어 성전 두루마리에 빠져 있으며, 종말론적 차원이 희년서에 보다 분명하게 제시되어 있다 하더라도(희년서 23장 참조!), 계시의 중심 주제는 우선 그리고 무엇보다도 먼저 토라(율법)를 해석하고 적용시키는 할라카에 담겨 있다.

이러한 면에서 유다교 묵시록은, 흔히 '지혜의 종말론화'로 지칭되었으며(최근에도 DiTommaso 참조), 종말론적인 관점에서 비의적 지혜문학의 점진적 개정에 상응하는, 보다 일반적인 현상에 대한 독특한 형태를 보여준다. 에녹서의 예가 보여주듯이, 이 현상은 아무튼 기원전 3세기에 시작하여('감시자들의 책' 참조) 2세기에 정점에 이르렀으며(다니 7–12장, '주간 묵시록', '짐승 묵시록'), 이어서 기원후 1세기 말 예루살렘 멸망 이후에 새롭게 시작하였다. 본디 이 현상은 헬레니즘 시대의 역사적이며 사회–경제적인 상황과 함께, 개념사 차원에서 예언과 지혜 전승들의 점증적인 융합에 의해서 설명될 수 있다. 이 '지혜의 종말론적 재해석'은 가장 오래된 묵시전승들을 위해 잘 보존되었다. 특히 '천문학 책'은(1에녹 72–82) 이 점에서 매우 흥미롭다. '천문학 책'은 기본적으로 천문학 개요를 이루며, 우리는 이 책이 바빌론의 주요 천문학 개론들 가운데 하나인 (바빌론어로 '쟁기 성좌'를 뜻하는) MUL[APIN]로부터 영향을 받았다는 사실을 입증할 수 있다(Koch와 Albani 참조). 따라서 처음에는 전형적으로 '점술적'이며 비의적인 지혜 문제였으나, 어떤 전승 단계에서 '하늘의 모든 별들에 관한 법' 묘사가(1에녹 72–79) 종말과 의인들과 죄인들의 운명에 관한 일련의 예언으로(1에녹 80–81) 보완된 것이다. 이러한 고찰은, 유다교 묵시문학이 사실상 그 기원을 점술적이며 비의적인 지혜 전승에서 찾는다면, 기원전 3세기부터 이미 종말론의 존재가 궁극적으로 이 유형의 기본적인 구성 요소가 되었다는 이론을 다져준다. 다만 묵시록에 고유한 종말론을 특히 예언서의 종말론과 견주어 어느 점까지 특징짓는다는 것이 가능한지 살피는 문제가 전문가들에 의한 논쟁의 대상으로 남아 있다(아래 3. 예언과 지혜 사이의 유다교 묵시록 참조).

앞서 살펴본 고찰은 이미 고대 유다교 '묵시' 유형의 발전과정에 의해 제기된 문제를 분명히 보여준다. 다른 문학유형들처럼, 묵시문학은 공시적이며 유형학적인 단 하나의 관점으로는 접근할 수 없다. 통시적인 관점에서의 발전과정과 함께, 다양한 묵시록 사이의 종속관계와 상호작용 또한 검토하는 일이 중요하다. 대다수 저자는 오늘날, 다니 7–12장이 이미 에녹서 상권의 가장 오래된 부분에 보존된 우주론적 사변 전승에 견주어 하나의 반응을 보여준다는 이론을 지지하며, 이 가설은 특히 다니엘서에 모든 천상 여행이 빠져 있는 현실을 설명해줄 수 있을 것이다(A. Arcari). 반대로 몇몇 저자는 유다교 묵시 작품들의 문학유형 문제에 대해 기본적으로 통시적, 나아가 '발생론적' 접근을 옹호한다. 특히 사치(P. Sacchi)와 그의 제자들 가운데 여럿이 그러한 입장을 취한다(이 점에 대해서 Boccaccini이 적절한 종합 참조). 사치가 주장하는 이론에 따르면, 현실적으로 – 에녹서 상권에 담긴 가장 오래된 묵시전승들 가운데 하나로서 – 악의 기원 문제를 중심 주제로 하는 '감시자들의 책'에서 시작하는 것이 적절해 보인다. 이후의 작품들은 이 전승의 연장선상에 자리할 때에 비로소 '묵시록'으로 규정될 수 있었다(이는 한편 Boccaccini와 그의 제자들이 다니엘서를 '묵시록'으로 지칭하는 데 이의를 제기하도록 이끌었다). 이 접근 방법은 '묵시록'으로 여겨지는 유다교 문서들 사이의 문학적이며 개념적인 종속 문제를 불러일으키고, 이러한 점에서 앵글로 색슨계에서 추진되어온 보다 비교학적이며 유형학적인 절충안을 제공한다는 이점을 안고 있다. 그럼에도 불구하고 유다교 묵시록의 문학유형은, 사치 학파가 원칙적으로 지지하고 있듯이, 발생론적인 각도에서만 검토될 수는 없는 문제이다. 에녹에 관한 전승들이 가장 오래된 유다교 묵시전승들을 보여주는 것 같기에(아래 참조), 문학유형으로서의 유다교 묵시록이 사실상 에녹서 상권에 한정되어 있어야 하는 것은 아니다. 1990년대 이후 대부분의 저자는, 유형과 양식 기준에 따른 묵시록의 일반적 정의에서 출발하면서도, 이어서 묵시록들의 (에녹서 상권의 경우처럼 여러 세기에 걸쳐 펼쳐질 수 있었던) 발전 과정과 있을 수 있는 상호 종속 관계를 고려하면서, 역사적인 차원에서 유다교 묵시 문서들을 구별하고자 힘쓰는 접근 방법에 우선권을 부여했다.

2. 유다교 첫 묵시록의 역사와 문화 상황

다니엘서가 유다교의 가장 오래된 묵시록으로 오랫동안 간주되어 왔기에, 유다교 묵시록은 본질적으로 구체적인 역사적 상황, 곧 기원전 167-164년에 안티오코스 4세(에피파네스)를 거슬러 유다 마카베오가 일으킨 항전에 뿌리를 둔 논쟁 문학이라는 개념이 종종 우선시되었다. 오늘날에도 여러 사전과 입문서에서 찾아볼 수 있는 이와 같은 고전적인 관점은, 밀릭(J.T. Milik)이 쿰란 제4 동굴에서 발견된 에녹서 상권의 아람어 첫 단편들을 발간한 1976년 이래 문제시되었다. 고문서학 기준을 바탕으로 밀릭은 특히 에녹서 상권에서 가장 오래된 두 단원이('감시자들의 책'과 '천문학 책', 각각 4QEn[a]와 4QEnastr 참조) 이미 기원전 2세기 초에 저술되었다는 사실을 밝혀냈다. 이 결론은 이후 진지하게 문제시된 적이 없었으며, 따라서 에녹서 상권의 이 두 단원이 200년 이전에 저술되었다는 사실을 전제한다. 이 논제는 한편 다른 내적 고찰에 의해서도 입증된다. 예를 들어 그 또한 마카베오 봉기 이전의 작품으로 추정되는 '주간 묵시록'이(1에녹 93과 91,12-17) 보다 더 오랜 작품임이 틀림없는 '감시자들의 책' 판을 이미 알고 있는 것으로 보인다는 사실이다. 이 경우, 첫 묵시록들을 그리스 - 후에는 로마 - 문화에 대한 저항 문학으로 보는 것이 합당한 일이라면, 유다교 묵시록의 출현을 마카베오 항전 운동과 같은 구체적인 역사적 사건과 결부시킨다는 것은 더 이상 불가능하게 된다. 에녹서 상권의 가장 오래된 전승들을 통해, 헬레니즘 시대 초기부터 확인되는 매우 복잡하고 변화무쌍한 현상이 문제시되기 때문이다. 기원전 2세기 전반기의 '역사적' 대묵시록들은 제2성전 파괴 이후 에즈라기 4권과 바룩서 2권으로 확대되며, '감시자들의 책'과 '천문학 책'에 담긴 우주를 다스리는 '숨겨진' 법칙과 세상의 비밀에 대한 사변 전승 속에 뿌리를 드리운다. '주간 묵시록'과 다니 7-12장과 함께 에녹서의 둘째 '꿈'(1에녹 85-90, 또는 '짐승 묵시록')과 같은 문서에서 비의적인 이 사변 전승은 이제 ('주간 묵시록'의 열 '주간', 또는 다니 7-12장의 네 제국과 같은) 연속적인 '시대' 체계를 바탕으로 한 역사 이론 구성을 통하여 역사의 '숨겨진' 의미에 적용된다(이 주제에 관해서는 예를 들어 Kaestli 참조).

이러한 발전 과정과 병행하여, 연구가들은 유다교 묵시록과 병행하는 주요 문구들을 공유하는 고대 세계의 수많은 문서의 존재를 강조했다. 이 문서들의 공통점은 그것들이 기원전 4세기부터 헬레니즘 세계 군주들에 의해 초래된 정치와 종교와 문화적인 혼란을 반영한다는 점이다(참조, Collins 1975; J.Z. Smth 1975; 상세한 점에 대해서는 1983년에 Hellholm에 의해 발간된 공저). 이집트에서든, 메소포타미아(바빌론)나 페르시아에서든, 외국 세력에 의한 지배 경험은 반-헬레니즘적인 문자 그대로의 '소책자' 작성으로 이끌었으며, 이 소책자들은 - 무질서와 혼돈으로 간주된 - 현재의 정치적 상황을 설명하고 주해하기 위하여 민족의 전승과 전설을 바탕으로 끌어낸 것들이며, 조만간 국가의 왕정제도 형태가 복원될 것임을 예언하는 것들이다. 이 문서들은 종종, 외국 군대에 의한 국가의 침입을 예상하고 예고했던, 예외적인 인물들의 것들로 되어 있는 신탁이나 환시의 형태를 취한다. 이러한 방식으로 현재의 정치적 상황은, 국가의 복원에 대한 기다림과 같은, 보다 폭넓은 우주론적 관점으로 대체된다. 외국 지배

시대는 이제 하느님 계획의 일부를 이루는 것으로 제시되며, 진정한 황금기를 향한 회귀로 자주 묘사되는 화려한 번영의 시대가 필히 뒤따를 것이다. 이와는 대조적으로, 외국 지배 시대는 전형적으로 (질병, 죽음, 신들 포기 등과 같은) 사회적 구조의 완전한 전복을 동반하며, 이 전복은 또한 – 유다교의 다수 묵시록에서처럼 – 자연 현상 질서의 전복을 포함하면서 펼쳐질 수도 있다.

이집트에서 기원전 3세기에 작성된 것으로 추정되는 작품 '민용문자 연대기'는 이집트 최후 군주들과 페르시아 침입자들과 끝으로 '큰 개'라는 별명을 지닌 알렉산드로스 대제(또는 프톨레마이오스 1세 소테르)의 당도와 관련된 매우 어두운 환시 주해를 포함한다. 복잡한 천문학적 계산법에 힘입어 이 주해는 이집트의 종속 시대를 국가 복원 시대, '헤라클레오폴리스의 한 사람이 이오니아인들(=그리스인들)에 이어 다스림'으로 시작될 시대가 뒤따를 것임을 예고한다. (기원전 2세기 또는 1세기의 작품인) '어린양의 신탁'은 한 어린양이 어떻게 보크코리스 파라오 치하(기원전 722–716)에 예언하게 되었었는지를 이야기한다. 어린양은 특히 외국인들에 의한 이집트 침입을 예언한다. 이 외국인들은 신상들을 나라 밖으로 가져갈 것이며, 여러 세기 동안의 외국 지배가 지난 다음 이 신상들이 돌아올 것임을 예언한다. 이 점에서 장례용 토기에 세 개의 언어로 기록된 비문은, 바로 페르시아인들이 가져갔던 신상들을 이집트로 다시 가져와 신전에 복원시켜 놓은 것을 자찬하고 있는 프톨레마이오스 3세(246–222)를 암시하는 것 같다. 기원전 2세기에 작성된 '도기 장인의 신탁' 역시 이러한 전승에 포함된다. 도기를 만드는 한 사람이 이 신탁에서, 황금 시기가 궁극적으로 돌아오기 전에, 일련의 천재지변과 함께 사회 질서의 근원적인 파괴의 전주곡으로 신들이 도주하고 외국인들이 침입할 것을 예고한다. 이미 '민용문자 연대기'에서처럼, 과거와 현재와 미래의 정치적 사건들에 대한 해석이 신화 영역에, 여기서는 셋과 오시리스 사이의 투쟁 신화에 젖어 있다.

메소포타미아에서 우리는 무엇보다도 이 문서들을 '아카드 예언들'이라 불리는 작품들과 접근시켜 볼 수 있다. 특히 최종 형태가 셀레우코스 시대에 작성된 것으로 보이는 작품인 '왕조 예언'은 연이은 네 제국, 곧 아시리아와 바빌론과 페르시아에 이어 끝내 셀레우코스 1세 니카토르(311-281)를 암시하는 것 같은 ('카네[Khane]족'이라는 이름으로 지칭된) 그리스인들의 계승을 언급한다. 이 예언은 한편 그리스인들의 패배를 예고하며(III, 17), 전문가에게만 보일 수 있었던(IV, 8-9) 서판의 신비적 또는 비의적 성격을 언급하면서 마감된다. 그 또한 셀레우코스 시대에 최종 형태를 갖춘 '우룩의 예언'은 우룩 왕국을 지배할 일련의 사악한 임금들을 예고한다(1. 3-7, 8 이면). 이 임금들은 '온 세상을 억누르고 떨게 만들'(1절, 9-10절) 임금 시대에 정점에 이르나, 결국 우룩에 아누 숭배를 복원하고 도읍에 예전의 영광을 되돌려줄 의로운 임금에 의해 대체될 것이다(1절, 11-16절).

이란에서는 조로아스터교 전승의 여러 작품이 유다교 묵시록과의 현저한 병행 현상으로 말미암아 연구가들의 주의를 끌었다. 그러나 이 문제는, 전문가 대부분이 이 작품들이 담고 있는 전승들이, 아무튼 일부라도, 매우 오래된 것들이라는 사실에는 의견의 일치를 보인다 하더라도, 거의 다 기원후 8세기 또는 9세기에 작성되었다는 사실 때문에 매우 복잡한 문제로 머문다. 흔히 바흐만 야스트(*Bahman Yasht*)라는 이름으로 지칭되는 첫 문서는 조로아스터교의 경전 아베스타(Avesta) 가운데 소실된 책 보후만 야스트(*Vohuman Yasht*)에 관한 주해서인 것 같으며, 헬레니즘 시대로 거슬러 올라가는 작품으로 추정된다. 바흐만 야스트 1장과 3장은 특히 아후라 마즈다(Ahura Mazda)에 의해 조로아스터에게 주어진 꿈, 조로아스터가 '하나는 금, 하나는 은, 하나는 강철, 하나는 합금으로 된 네 개의 가지가 있는 나무 한 그루의 뿌리'를 본 꿈을 묘사한다. 아후라 마즈다는 이어서 조로아스터에게, 네 개의 가지는 연이은 네 왕국에 상응하며, 마지막 왕국은 본디 그리스 왕국이었을 것임을 설명한다. 또 다른 신탁 '히스타스페스(Hystaspes 또는 Vishtasp)의 신탁'은 불행히도 고대의 후기 원전에 인용됨으로써만 우리에게 알려져 있을 뿐이다. 락탄씨우스(250-325)에 따르면, 이 신탁은 주로 로마제국의 패망을 예고했던 한 아이에 의해 발설된 예언에 대한 해설을 포함한 꿈을 담고 있었다. 일반적으로, 악의 기운을 처이기는 아후라 마즈다의 승리를 보게 될 시대의 최후 도래와 평화 통치시대 도래 이전의 역사를 주기화하는 주제는 조로아스터교에서 자주 되풀이된다. 플루타르코스가 (기원전 4세기의) 페르시아 마법사들에 관한 그리스 철학자 테오폼포스의 증언, 이미 이와 같은 개념을 전제하는 증언을 인용하고 있는 것을 보면, 이는 오래된 개념인 것 같다.

유다교 묵시록의 몇몇 길잡이 문구들과의 병행 현상은 너무나 분명하며, 이미 연구가들에 의해 충분히 설명된 내용이다. 바흐만 야스트에서 역사가 서로 다른 네 가지 금속과 결부된 연속적인 네 치세로 세분되어 있는 내용은 다니엘서 2장(과 이미 그 이전에 헤시오데스의 '신의 계보')에서 그대로 다시 발견된다. 더욱 일반적인 차원에서, - 그리스 제국과 함께 절정에 이르는 - 연속적인 네 치세 개념은 '왕조 신탁'의 바빌론 본문과 다니 7장과 '시빌(*Sibyl*)의 신탁서'(IV,49-101)와 함께 일련의 라틴어 본문들, 그 가운데서 대체로 기원전 2세기 초에 작성된 연대기자 애밀리우스 수라의 단편이 가장 오래된 것으로 보이는 본문들에서도 발견된다. 또한 현재의 '아이온'(영구불변의 힘)이 사라져 또 다른 아이온, 곧 (학자들이 흔히 유다교 묵시록의 전형적인 관점에 해당한다고 주장해온) 하느님의 정의가 악을 처이길 아이온에 의해 대체되도록 초대된다는 개념은, 이란의 많은 문서(와 플루타르코스에 의해 인용된 테오폼포스의 증언)에서만이 아니라, 기원전 3세기 초에 작성된 베로수스의 바빌로니아카(*Babyloniaka*)에서도 발견된다(단편 21). 앞서 왕권의 최후 복원과 관련하여 언급한 바 있고, 그 치세가 왕국의 사회와 종교 질서 회복에 있었던 이집트와 메소포타미아 또는 페르시아(이란) 문헌 내용은 유다교와 그리스도교 몇몇 묵시록의 메시아적 사조를 분명히 상기시킨다. 또 다른 공통점들도 언급할 수 있는데, 예를 들어 헬레니즘 문화

확산에 대한 저항으로 지역 신화에 의존하는 방법, 사회 질서 파괴와 관련된 (천재지변과 기타) 여러 자연적 징조를 상기시키는 방법 등이다.

유다교 묵시록의 대주제들 가운데 몇몇은, 비록 그 실질적인 종속 관계가 판단하기 난해한 문제로 여전히 남아 있다 하더라도, 그 기원을 인접 대문화의 문학 전승에서 찾을 수 있다는 사실은 충분히 가능한 일이다. 조로아스터교 경전 문학이 불러일으키는 방법론적인 난제에도 불구하고, 이 가설은 개연성이 있다. 유다교 묵시록 대부분에 스며든 이원론, 연속적인 치세 원칙에 따른 역사의 주기화, 나아가 죽은 이들이 종말에 되살아난다는 언급 등은 사실 페르시아에서 유래한 것일 수 있다. 그러나 앞서 다룬 이란과 이집트 또는 메소포타미아 문서들의 중요성은, 우선 그리고 무엇보다도 먼저 유다교 묵시록의 출현이 – 오랫동안 그렇게 말할 수 있었던 것처럼 – 고대 세계에서 고립된 현상이 아니라, 헬레니즘 시대에 더욱 폭넓게 발전된 현상에 속한다는 점을 밝히는 데 있으며, 이는 스미스(J.Z. Smith)가 이미 '주인 없는 지혜'(*wisdom lacking a patron*)라는 문형으로 요약하기를 제안한 바 있다. 이집트에서든, 페르시아에서든, 바빌론에서든, 또는 유다에서든 (고대 세상의 질서와 안전성의 전통적인 수호자인) 임금의 사라짐은, 서기관들이 현재의 사회와 우주 질서 파괴의 이유를 설명하고, 기대된 복원 곧 질서와 안전성의 회복을 묘사하면서, 예언적이며 종말론적인 모든 종류의 각본을 구성하기 위하여 그들의 문학 전승들을 인용하도록 이끌었다. 예를 들어, '어린양의 신탁'은 지혜 전승에 그야말로 전형적인 다음의 약속과 함께 절정에 이른다:

> "진리는 빛에서 나올 것이며, 거짓은 땅에 던져지리라.
> 법과 질서가 이집트에서 다스리리라"(II,22-23).

(예를 들어, 이집트 신 셋과 오시리스 사이의 투쟁과 같은) 민족 신화의 가치와, 방금 다루었던 반-헬레니즘 문서에 담긴 문학 전승들과, 지역 종교

관습 활용은 그러나 이 시대 문화 발전의 단면만을 나타낼 뿐이다. 실상 헬레니즘 시대는 동시에 지중해 전 지역의 문학적이며 종교적인 전승들의 엄청난 유포와 관련이 있으며, 이 현상은 특히 헬레니즘 시대 군주들의 지배 아래 단행된 경제적이며 행정적인 놀라운 발전과, 이 군주들에 의해 고무된 정치적이며 지적이며 종교적인 다양한 혼합주의 형태를 통해 설명된다. 그런데 고대근동의 위대한 문화 중심지에서 비의적 예술과 학문은 서기관들 교육 과정의 정점을 이룬다. 메소포타미아에서, 예를 들어, 점술 개론은 – 특히 (짐승의 간을 통하여 점치는) 간장 관찰법과 점성술 – 바빌론 문화의 문학적이며 지적인 주요 완성 과목들 가운데 포함되었다. 동일한 사실이, 서기관들이 중요한 비의 문학을 발전시켰던, 기원전 2세기와 1세기의 이집트 문화에 서도 '바뀌어야 할 것이 바뀐 상태로'(*mutatis mutandis*) 드러난다. 점차 이 문서들 가운데 일부가 유포되어 기원전 천 년대 후반기 동안 지중해 세계 전체에 알려졌다. 예를 들어, 인도까지 계승되었던 것으로 보이는, 앞서 언급했던 MUL^{APIN}과 같은 바빌론의 여러 천문학 개론의 경우이다. 이러한 발전 과정은 헬레니즘과 로마 시대에 절정에 이르러, 몇몇 저자는 오늘날 헬레니즘 시대부터 지중해 세계에 그야말로 '점술 코이네'(*koine*)가 존재했다고 주장하기도 한다(W. Burkhardt). 우리는 이처럼 메소포타미아, 이집트, 이란, 그리스와 기타 문화의 신비적이며 비의적인 전승들 사이에 형성된 놀라우면서도 독보적인 수많은 통합을 목격한다.

유다교 묵시록 역시 그 나름대로 어느 정도까지는 기원전 천 년대 후반기에 점차 자리하기 시작한 '점술 코이네'에 참여한다. 이 현상은 특별히 디아스포라 문학에 각인되어 있다. 성경 전승에 적용시키기 위하여 시빌의 작품으로 취급된 비-유다 예언들을 재생하고 변형시킨 '유다 시빌들'의 경우는('시빌의 신탁서' 3, 4, 5권) 극단적이며 매혹적인 경우이다. 그러기에 쿰란에서도 학자들은 천문학 책 두 권을 필사한 수사본 세 개를 발견했다(4Q318과 561; 4Q186). 이 수사본들은 그리스와 동방(바빌론)의 천문학 요소들을 조합한 것이며, 고대의 다른 문화에 의해 발전된 점술법(여기서는 점성술)을 향한 사해 공동체의 관심을 증언한다. 동일한 사실이 문자 그대로의 묵시문학에 속한 유다교 여러 문서에서도 드러난다. MUL^{APIN} 바빌론 천문학 개론으로부터 직접적인 영향을 받은 '천문학 책'(1에녹 72-82)의 경우는 이미 앞서 언급되었다. 이 '천문학 책'의 구조도 일정 정도까지는 바빌론 개론의 구조를 상기시키는 것 같다. MUL^{APIN}에서도 서판의 마지막 부분에서 천체 관찰이 예외적인 사건에 관한 일련의 예언들을 뒤따르기 때문이다(1에녹 80-81과 비교). 또한 유다교 묵시록에 대한 점술 문학의 영향력을 보여주는 여러 예가 제시될 수 있다. 다니 7-12장의 상징체계는 '숨마 이즈부'(*šumma izbū*)라는 제목의 모음집과 같은 바빌론의 점술 대목록에서 빌려온 부분들을 다수 담고 있다(Porter 참조). 많은 유다교 묵시록에서 종말을 예고하는 기이한 '표징들'에 관한 명백한 관심은(예를 들어 1에녹 80; 103; 희년 23; 4에즈 5 등) 메소포타미아의 일련의 모든 점술 모음에서도 발견된다. 더욱 일반적인 차원에서 우리는 유다교 묵시록에서, 이웃 문화에서 폭넓게 빌려온 비의적인, 나아가 신비적인 형태를 향한 분명한 관심을 주시한다. 이처럼 우주 경계에서의 에녹의 환시적 여행은(1에녹 17-20과 21-36), 성경 문학에서 찾아볼 수 없으나, 유사한 수많은 여행 기사를 민날 수 있는 바빌론과 이집트와 이란의 비의적 우주형상과 신화로 풍요로워진 문학 전승의 시작을 표기한다. 이 전승은 에녹서 하권과 함께(2에녹 3장 이하의 일곱 하늘 승천 참조) 고대와 중세 유다교와 그리스도교의 일련의 모든 묵시록에서 다시 발견되며, 이러한 발견은 고대의 비의적 우주형상 전승으로부터 영향을 많이 받고 있음이 틀림없는 아브라함 묵시록 또는 바룩서 3권에서 시작된다(Himmelfarb, Davila).

문학유형 관점에서, 유다교 묵시록들이 일반적인 의미로서의 '점술' 문학 양식을 보여주는 반면, 예를 들어 통상 이분 구조, 곧 선행절이 해설이 필요한 현상이나 전조를 제시하고 후행절이 문자 그대로의 해설을 제공하는 이분 구조에 따라 구성된 아카드의 전조 목록과 큰 차이를 보이고 있다는 것은 분명하다. 한편 이러한 병행 현상은 유다교 묵시록을 구성한 서기관들의 지적이며 종교적인 세계를 깊이 있게 밝혀준다는 점에서 중요성을 띤다. 이 세계는 특히 두 가지 중심 개념으로 특징된다. 하나는 세상의 흐름 속에서의 과거와 현재와 미래의 사건 전체가 밀접하게 연계되고 신들의 의지에 의해 좌우된다는 개념이며, 다른 하나는 이 의지는 원칙적으로 바빌론의 점쟁이처럼 묵시적 현자가 신의 세계의 '비밀'을 파고들어갈 수 있도록 용인해주는 상위 지혜, 나아가 비의 지혜에 의해 늘 밝혀지고 해설된다는 개념이다(Vanderkam, Davies). 이 마지막 견해는 우리를 다음 관점, 곧 제2성전 시대의 묵시와 예언과 지혜 사이의 관계로 이끌어간다.

3. 예언과 지혜 사이의 유다교 묵시록

유다교 묵시록은 오랫동안 본질적으로, 아니면 배타적으로 히브리어 성경에 보존된 (이사야서에서 말라키서에 이르는) 예언서와의 관계 하에 있었다. 묵시록은 성경 예언이 다소 주춤했던 시대에 그 연장으로 이해되었던 것이다. 그러나 이 이론은 특히 폰 라트에 의해 1965년에 문제시되기 시작했다. 폰 라트는 몇몇 더 오래된 저자에 의해 이미 개진된 개념을 받아들여, 유다 묵시문학 안에서 성경 예언과는 아무런 관련이 없는, 오히려 지혜 전승의 발전 과정을 찾아보기를 제안했다. 이 두 이론 사이의 토론은 이후 이십여 년 동안 이어졌으며, 1983년에 헬홀름(D. Hellholm) 중심의 공저가 출간된 이래 이 두 이론 사이의 택일은 일반적으로 – 비율상 – 시대에 뒤졌거나 타당하지 않은 것으로 인식되었고, 대다수의 저자는 유다 묵시문학의 뿌리가 예언전승과 지혜 전승, 비록 이 두 전승 각각의 기여가 논쟁의 대상으로 남아 있다 하더라도, 이 두 전승에 있음을 분명히 했다. 어쨌든 우리는 이 두 전승 사이의 경계가 절대적이 아님을 상기해야 할 것이다. 가장 오래된 예언전승들이 이미 지혜의 영향력을 증언하고 있기 때문이다(예를 들어 아모 6,12 참조). 그러기에 묵시문학에서, 오히려 이 전승 또는 저 전승에서 따온 것 같은 몇몇 특징을 찾아낸다는 것은 가능한 일이다.

3.1. 묵시와 예언

유다교 묵시록에 대한 예언의 영향력은 특히 (그러나 '오직'은 아니다) '종말론' 차원에서 분명히 드러난다. 종말에 관한 환시 또는 계시가 유훈과 같은 제2성전의 다른 유형의 문서에서도 존재한다 하더라도(예를 들어 모세의 유훈 또는 아브라함의 유훈 참조), 이 점에서는 예언과 묵시 사이에 뚜렷한 유사성이 있다. 종말론에 관한 많은 묵시적 계시들은 한편 예언 신탁의 언어와 주제를 분명하게 되풀이한다(예를 들어 1에녹 5,6과 이사 65,15-16 비교). 역으로, 여러 성경 예언은 '의인들'에게 유보된 낙원 모양의 세상 창조(또는 재창조)가 뒤따르는 우주 차원의 심판 주제와 같은 묵시적 종말론의 주요 주제들을 미리 보여주는 것 같다(특히 이사 24-27장과 65-66장과, 낮은 차원에서 에제 38-39장과 즈카 9-14장과 같은 본문 비교). 사실 고대에는 종종 '묵시'와 '예언' 사이의 경계가 분명하게 그어지지 않았다. 가장 잘 알려진 예는 표제에서(묵시 1,1) 그렇게 지칭되는 '요한 묵시록'의 경우로서(묵시 1,1), 이어서는 여러 차례 '예언'이라 불리기 때문이다(1,3; 22,18-19). 동일한 현상이 사실 유다교 첫 묵시록 대부분에서 목격된다. '유다 서간'은 에녹서의 한 문구를 인용하면서 에녹의 '예언'으로 제시한다(14-15절). 에즈라기 4권의 한 문구는 그 영웅(에즈라)을 분명하게 한 예언자로 소개하며(4에즈 12,42), 쿰란 본문 하나는(4Q174) 다니엘서의 두 구절에(다니 12,10과 11,32) 관한 '페세르'(*pesher*, 해석)를 담고 있는데, 이 해석은 '예언자 다니엘의 책에 기록된'(*'šr ktwb bspr dny'l hnby'*)이라는 문구로 도입된다. 다니엘을 예언자로 확인하는 예는 마태 24,15와 같은 신약성경과 함께 플라비우스 요세푸스의 작품에서도 발견되며, 다니엘서를 '예언서'에 포함시킨 칠십인역성경의 경전에 의해 전제된다. 이러한 상황은 특히 고대 유다교에서 '예언' 개념이 예언서에만 유보되었던 것이 아니라, 신의 영감을 받은 모든 계시 형태를 가리키기 위해 일정 부분 사용될 수 있었다는 사실로 잘 설명된다(필론의 작품 또는 신약성경에서 '예언서' 또는 '예언 신탁'과 같은 표현들은 이미 영감 받은 문서 전체를 가리킬 수 있다). 지금까지 살펴본 점들은 이미 '묵시'와 '예언'이 어떤 점에서 밀접한 관계에 있는지를 지적하고 있기에, 우리는 이 두 문학유형 사이에 지나치게 경직된 경계를 긋지 않도록 주의해야 할 것이다.

최근의 연구에서 제2성전 유다교의 묵시와 예언 사이의 관계 성격은 논쟁 주제로 머물러 있다(예를 들어 2003년에 Grabbe와 Haak에 의해 발간된 공저 참조). 오늘날에도 많은 저자가 지지하는 고전적인 설명은 묵시에서 유배시대와 유배시대 이후 예언의 논리적 발전을 보고자 한다. 이 저자들에게 이사 24-27장과 65-66장과 에제 38-39장 또는 즈카 9-14장과 같은 본문들의 존재는, 어떻게 보면 에녹서 상권과 다니엘서와 같은 첫 묵시록으로 가는 길을 준비하는 '원-묵시록' 단계와 자주 동일시된다. '원-묵시록' 범주가 주해가들에 의해 종종 다소 모호하게 사용되기는 하나, 다른 여러 저자는 이 전승 발전의 다양한 단계들을 짚어가면서 예언에서 묵시로 향하는 전이 과정을 보다 정확하게 묘사하고자 힘썼다(특히 Hanson과, 예언에서 묵시로 이끄는 연속적이 네 단계를 확인해낸 최근의 Uffenheimer 참조). 이 연구들이 관심을 끌지 못하는 것은 아니나, 방법론적인 많은 문제를 야기한다(Oswalt의 비평 참조). 핸슨(P.D. Hanson)의 연구는 특히 '신화'와 '역사' 사이의 매우 엄격한 유형학적 대립과 함께, 유배시대 이후의 예언 문서 보유 집단의 사회학적 재구성으로 특징된다. '원-묵시록적' 예언 문서들을 이설적인 비주류 집단에 조직적으로 묶어놓는 재구성을 말하나, 본문 자체에 바탕을 두고 있지 않거나 잘못 기초된 개념이다. 특히 묵시를 향한 예언의 점진적인 발전을 내세우는 가설은 '원-묵시록'이라는 중간 단계 확인과 함께 전통적으로 어느 시점에서 예언이 멈추고 묵시로 대체되었다는 이론에 근거한다. 그러나 이러한 관점은 문제를 낳는다. 첫 묵시들을 편집한 다음에 예언들을 계속해서 구성할 수 있었으며, 이는 특히 기원전 2세기 또는 1세기의 작품으로서 쿰란에서 발견된 '예레미야 외경'(4Q384, 4Q385a, 4Q387, 4Q388a, 4Q389-390)이나 '에제키엘 외경'(4Q385, 4Q385b, 4Q386, 4Q388)이 증언하고 있다. 이와는 달리, 몇몇 저자는 오늘날 '원-묵시록' 범주 사용에 대하여 매우 비판적인 자세를 취한다. 최근의 연구에서 콜린스는(2003년) 이 개념 사용에 대하여 (그의 고유한 용어에 따르면) 일종의 '유예기간'을 제안하기까지 했다. 아무튼 문학적이며 이념적인 차원에서 '예언'과 '묵시' 사이의 심오한 연관성은 특히 가장 후기의 예언 문서에서 부정할 수 없는 현실이며, 하나의 설명을 요구하고 있는 것이 사실이다. 하나의 유형에서 다른 유형으로 점진적으로 넘어간다는 가설은 분명이 설명의 일부만을 채워줄 뿐이다. 이 문제에 대한 미래의 작업들은, 후기 예언 문서의 탄생 배경(페르시아 시대 말과 헬레니즘 시대 초)과 유다교의 첫 묵시록 구성을 주도한 집단 사이의 밝혀내지 못한 관계를 다시 다루어야 할 것이다.

일반적인 방법으로 '예언적' 종말론과 '묵시적' 종말론을 특징짓고, 경우에 따라 예언적 종말론에 견주어 묵시적 종말론에 고유한 점들을 유리시키려는 수많은 시도가 있었다(예를 들어 Collins 1984, Aune, Uffenheimer 참조). 여기서도 문제는, 역사적인 관점에서 보면 묵시적 종말론이 주요 부분에서 예언적 종말론을 바탕으로 구성된다는 사실로 말미암아, 더욱 복잡해진다. 결과적으로 묵시적 종말론의 대주제들은 낮은 차원에서 이미 예언 본문에 들어 있는 주제들을 되풀이하고 근원화하는 현상을 보여준다. 특히 우주의 갱신에 대한 임박한 기다림의 경우가 그렇다. 이 주제는 모든 묵시록에 공통적이나, 예를 들어 이미 이사 24-27장 또는 이사 65-66장에서 발견되기 때문이다. 그럼에도 불구하고 유다교의 첫 묵시록의 종말론에 고유한 것으로 여길 수 있는 일련의 특징들을 찾아내는 작업은 충분히 가능하다. 특히 이 종말론은, 종말을 예고하는 지상의 무질서가 실은 (고대근동의 종교적 사고의 기초들 가운데 하나인 땅/하늘의 밀접한 상응관계에 따라) 하늘의 우주적 세력들 사이의 투쟁을 반영한다는 이원론에 체계적으로 젖어 있다. (앞서 언급했던 대로, 이란에 기원을 두고 있을) 이와 같은 종말론적 이원론은 그러나 예언서에서는 어떠한 대응 개념도 찾아볼 수 없다.

> 1에녹 1-36장은 세상의 폭력과 악의 바탕에 서있는 (실추한 천사들을 가리키는) '감시자들'의 반역과 그들의 최후 심판을 언급한다. 이 주제는 또한 '에녹의 꿈'에서(1에녹 86-88과 90,24) 반복된다. '천문학 책'은 한편 우주 질서, 따라서 신의 질서를 거스른 천체 세력의 반란을 간략하게 상기시킨다(특히 1에녹 82,6 참조: "천체의 여러 우두머리가 법칙을 침해할 것이다..."). 다니 10-12장의 대환시는 땅의 각 민족은 그 민족을 살피고 하늘에서 그 민족을 대표하는 수호천사와 같은 하나의 '제후'를 소유한다는 개념을 조직적으로 전제한다(다니 10,13.21; 12,1). 페르시아의 (아케메니데스) 제국에 의한 유다 점령은 이처럼 페르시아의 제후 천사와 이스라엘의 운명을 주재하는 제후 천사 (또는 오히려 제후 천사들 가운데 하나인) 미카엘 사이의 투쟁으로 제시된다. 한편, 이러한 이원론은 에즈라기 4권과 바룩서 2권에서는 불분명하게 나타난다. 예를 들어 4에즈 11장의 독수리 환시에서 세상을 지배하는 네 짐승(= 네 제국, 다니 7,3 참조)은 하느님에 의해 직접 파견된다(4에즈 11,39). 아마도 여기서 보다 오래된 묵시록들에 견주어 의미 있는 수정이 있었던 것 같다.

우주론적 이원론에 묵시록에서 두드러지게 등장하는 역사적 결정론이 대응한다. 분명 세계 역사의 흐름이 야훼에 의해 결정된다는 개념은 대부분의 예언 문서에 이미 내재해 있다. 예를 들어 아시리아 임금의 침공에 대해서는 이사 8,5-8, 바빌론 임금의 침입에 대해서는 예레 20,1-6, 또는 키루스에 대해서는 이사 45,1-7을 비교할 수 있다. 그러나 야훼의 결정은 일반적으로 백성의 자세에 대한 반응으로 제시된다. 아시리아 또는 바빌론 임금 파견은 따라서 백성의 성실하지 못한 자세를 벌하기 위한 것이다. 한편 예언자의 불행 예고 앞에서, 백성의 '회귀'(어근 *šwb*)를 통해 하느님의 심판을 야훼로부터 떼어놓을 수 있는 가능성은 (공동체 한가운데서 '의인들'과 '불경한 이들' 사이에는 극복할 수 없는 분리가 존재함을 전제하는 것 같은 이사 65–66장과 같은 몇몇 후기 예언 본문을 제외하고) 원칙적으로 항상 열려 있다. 이와는 달리 유다교 묵시록의 세계는 인간이 결국 제한된 역할만 할 수 있는 세계이다. 지상에서 펼쳐지는 사건들은 우선 그리고 무엇보다도 먼저 인간의 능력을 넘어서는 초자연적 세력들의 반영이다. 한편 이 세력들 사이의 대적은 오래전부터 예정된 하느님의 계획에 따라 전개된다. 대부분의 묵시록에서 이 결정론은 규칙적이며 온전히 논리적인 구조에 따라 역사를 편성하는 참된 '체계'를 강조함으로써 드러난다. 다니 7장과 8–12장의 네 제국의 계승, 1에녹 93장과 91,12–17의 '주간 묵시록'의 열 '주간', 창조 이래 세상의 시간이 '검은' 여섯 물과 '밝은' 여섯 물 사이의 교차에(2바룩 56–76) 따라 나뉘는 2바룩 53장 이하의 구름과 물 환시, 또는 4에즈 14,11–12의 세상 기간의 열두 '시기'에 관한 형상(2바룩 27장과 비교) 등이다. 유다교 묵시록의 종말론에 스며든 역사적 이원론과 결정론 이외에, 유형 구성 요소인지 아닌지를 결정하는 어려운 문제가 있다 하더라도, 또 다른 주제들이 제안될 수도 있다. 종말론적 심판 때의 영생을 위한 '의인들'의 부활에 대한 기다림은, 이미 여러 주석가가 강조했던 대로, 모든 묵시적 대전승에서 체계적으로 발견된다(참조. 1에녹 22; 다니 12,2–3; 4에즈 7,75–99; 2바룩 49–52 등). 이러한 점들이 이미 헬레니즘 시대의 이러저러한 예언 본문에 다소 모호한 상태로 등장하기는 하나(이사 26,19 참조), 유다교 묵시록에서는 분명하고 체계적인 방법으로 펼쳐진다. 예언서의 전통적인 종말론에 비해 – 특히 우주론적 이원론과 역사적 결정론에 관한 – 묵시적 종말론의 주요 차이점들은, 여러 학자가 최근에 관심을 갖기 시작한(Arcari, DiTommaso), 두 문학에 등장하는 '계시'라는 동일한 개념에 관한 근본적인 차이점과 부합한다. 대체로 묵시록들은 천상에 기원을 둔 비의적 지식, 곧 사건들의 '숨겨진' 질서를 일반적인 주제로 하는 지식을 전해준다. 이는 (시간적인 차원에서) 사건들의 눈에 띄는 혼란 뒤에 숨어 있는 역사의 비의일 수 있고, 또는 (공간적인 차원에서) 천상 세력들의 거주지와 세상의 경계이든(1에녹 6-36; 2에녹) 아니면 천체의 기능을 다스리는 숨겨진 법칙이든(1에녹 72-82) 등의 우주의 눈에 띄지 않는 구조일 수 있다. 이 계시를 취하는 '형태'는 그 내용과 밀접하게 연결되는 경우가 다반사다. 계시의 '신비' 또는 '비밀'은 곧바로 이해 가능한 것은 아니며, 묵시의 현자가 직접 또는 계시를 내리는 천상 존재가 밝혀주는 하나의 설명을 필요로 한다. 체계적인 해독을 필요로 하는 우의적 환시들에 자주 의존하는 현상은(에녹의 '꿈', 다니 7-12장, 4에즈, 2바룩) 묵시록에 의해 전달되는 비의적 계시에 고유한 차원을 더욱 보강한다. 나아가, 바로 그 비의적 성격으로 말미암아 묵시록에 의해 전달되는 계시는 모든 이가 아니라, (1에녹 81,5-6에 언급된 에녹의 '자녀들', 다니 12,3.10의 *maśkîlîm*[현자들 또는 교사들]과 같은) 선택받은 사람들에게만 전수되도록 예정되어 있다. 한편, 여러 문구는 종말의 심판을 앞서는 마지막 세대에게만 계시의 '충만한' 의미가 주어질 것이라 밝히며, 이는 이미 에녹서 상권 시작 부분이 명백히 언급하는 내용이다. "내가 생각하는 것은 현재의 세대가 아니며, 내가 말하는 것은 먼 훗날의 세대를 위한 것이다"(1에녹 1,2; 참조. 예를 들어 1에녹 83,10; 90,6-7.9-10; 다니 9,26; 12,10 등).

예를 들어, 에녹의 첫 환시 꿈은(1에녹 83-84) 종말론적 심판을 동반하는 우주의 대이변 환시를 서술한다.

83,3) 나는 조부 마할랄렐의 집에 누워 있었다. 나는 하늘이 벗겨지고 무너져 땅 위로 덮치는 것을 환시로 보았다.

83,4) 그리고 땅을 덮치자, 나는 땅이 거대한 심연으로 빨려들고 산들이 산들에 걸쳐지고 언덕들이 언덕들 위로 망가지는 것을 보았다. 큰 나무들이 뿌리째 뽑혀 쓰러지고 심연으로 빠져들었다.

83,5) 그때 말씀 하나가 내 입에 떨어졌고, 그래서 나는 "땅의 파멸이다"하고 외쳤다.

종말론적 심판을 동반하는 대이변은 본래 예언서에 이미 존재하던 주제이나 (참조. 이사 24-27; 65-66; 즈카 14), 여기서의 환시는 보충적인 해설 – 마할랄렐에 의해 주어지는 해설은(83,7-9) 하늘/땅이라는 이분법과, 환시에 이미 담긴 지상의 사건들 속에서 하늘의 역할을 강조하며(83,9: "오, 나의 자녀여! 하늘에서 이 모든 것은 땅으로 닥친 것이다...."), 특히 에녹의 환시를 "땅의 모든 죄의 신비들"(83,7)로 소개한다. 끝으로 에녹이 하느님께 "땅 위에 남아 있는 것을 그대로 두시도록" 간청한 다음 "마지막 세대"를 위해 자기 기도를 글로 기록했다고 한다 –, 환시의 뜻을 충만하게 알아들을 수 있도록 할 해설을 필요로 한다.

이와는 달리 예언자의 '말씀' 또는 '현시'는 본디 비의적이기보다는 '현교적'(顯敎的) 차원을 보여준다. 다시 말해서, 예언자의 신탁은 즉각 이해 가능하며 주해를 필요로 하지 않는 경우가 흔하다. 예언자가 비유(*māšal*) 또는 우의에 의지하는 경우(예를 들어 에제 17장 또는 19장 참조), 이 우의는 문자 그대로의 '암호'를 담지 않는다. 이보다는 수사법적인 목적에서 활용되는 은유의 경우에 해당하다('예루살렘 왕실은 원수에 의해 뿌리가 뽑힐 수 있는 포도그루, 또는 사로잡힐 수 있는 사자 같다' 등). 예외적인 경우를 제외하고 – 즈카 1-6장의 즈카르야의 밤의 '현시' –, 동일한 잣대가 예언자들에 의해 서술된 현시에 적용된다. 예언자는 자기가 본 것을 보도하는 것으로 만족한다(예를 들어, 이사 6장의 그분 성전에서 본 야훼의 '영광', 에제 8-11장과 43장의 '영광'의 예루살렘 떠남 또는 돌아옴). 예언자들의 신탁과 현시들이 묵시들처럼 역사 안에서의 하느님의 행위를 해독하도록 힘써야 한다 하더라도, 에녹서 상권과 다니엘서와 에즈라기 4권과 바룩서 2권에서 볼 수 있는 것처럼 제국 또는 시대의 연속과 함께 역사의 일반적 '체계'를 제안하지 않는다. 나아가 묵시전승들과 달리 예언 신탁들은 대체로 세상의 비밀에 관심이 '없다.' (그야말로 유일한 예외가 있다면, 에제키엘의 현시들, 특히 에제 1장의 현시에서 찾아야 할 것이다. 학자들은 여기서 메르카바[*merkhaba*, 유다교의 신비와 관상 문학]의 출처를 찾기를 제안했으며, 메소포타미아의 종교적 도상(圖像)과 비의적 지식에 깊이 종속되어 있음을 확인할 수 있었다). 끝으로 예언자의 계시들은, 비록 '제자들'로 구성된 하나의 집단에 의해서만 수용되고 전수되는 경우에도(이사 8,16-20), 언제나 - 원칙적으로 - 백성 전체에게 전달된다.

묵시록과 예언서에 각각 내포되어 있는 계시 개념의 이와 같은 근본적인 차이점은, 예언서의 계시가 언젠가는 그 심오한 의미를 밝힌다고 확신하는 묵시록의 '비의적' 재독의 대상이 될 수 있다는 사실에서도 드러난다. (유일한 것은 아니지만) 가장 잘 알려진 예는 다니 9장의 다니엘의 기도에서 발견된다. 예루살렘의 파괴를 그 복원으로부터 갈라놓은 70년에 관한 예레미야 예언의 의미를 곰곰이 생각한 다음(다니 9,2-3), 다니엘은 가브리엘 천사의 방문을 받으며, 천사는 예레미야 '말씀'의 심오한 뜻을 밝혀주면서 그의 간청에 응답한다. 예레미야가 예고했던 '70년'은 실은 '70주간'을 가리킨다. 다니엘은 이렇게 '(예레미야의) 말씀을 이해하도록', 다시 말해서 가브리엘이 그에게 계시한 대로 '그 심오한, 진정한 의미를 간파하도록' 초대된다. 이 해석은 한편 10-12장의 최후 대계시를 끌어들인다.

> 9,23) 네가 간정하기 시작할 때에 이미 말씀이 내렸는데, 그것을 일러주려고 내가 왔다. 총애들(이기) 때문이다! 그러니 이 말씀에 주위를 기울여서 환상의 뜻을 깨닫도록 하여라!
>
> 9,24) 너의 백성과 너의 거룩한 도성에 정해진 일흔 주간이 지나야 악행이 그치고 죄가 끝나며 속죄가 이루어지리라. 또한 영원한 정의가 펼쳐지고 환시와 예언이 확증되며, 가장 거룩한 곳에 기름이 부어지리라.
>
> 9,25) 그러니 너는 이것을 알고 이해해야 한다. 예루살렘을 복구하고 재건하라는 말씀이 내린 때부터 기름부음 받은 영도자가 나올 때까지 일흔 주간이 흐르리라. 또 예순두 주간이 흐르는 동안 예루살렘이 복구되고 재건되어 광장과 외호까지 갖추겠지만 그 기간은 어려운 때가 되리라.

9,26) 이렇게 예순두 주간이 흐른 다음 기름부음받은이가 잘려 나가 그에게 아무것도 남지 않으리라. 그리고 도성과 성소는 앞으로 일어날 군주의 군대가 허물어 버리리라. 그 종말은 홍수처럼 들이닥치리라. 전쟁이 끝날 때까지 황폐하게 남도록 결정되었다.

9,27) 그 준주는 한 주간 동안 많은 이와 강력한 동맹을 맺고, 반 주간 동안은 희생 제물과 곡식 제물을 바치지 못하게 하리라. 성전 날개에는 황폐를 부르는 혐오스러운 것이 세워져, 황폐하게 만드는 그자에게 이미 결정된 멸망이 쏟아질 때까지 서 있으리라.

동일한 원칙이 사실상, 이를 현실화하고 쿰란에서 발견된 묵시전승에 젖은, 페사림(*pesharîm*)에서 발견된다. 이 주해 유형의 해석학적 원칙이 예언자 하바쿡(1Qphab)에게 헌정된 페세르(*pesher*)의 문구에 분명하게 묘사되어 있다(1QpHab VII 1–5):

1절) 하느님께서 (...에게: 2절 초두) 다가온 일들을 기록하라고 하바쿡에게 말씀하셨다.

2절) 마지막 세대에게; 그러나 그분은 그에게 종밀을 알노록 하지 않으셨다.

3절) 그분이 말씀하신 바로는: '그것을 읽는 사람이 유창하게 읽도록', –

4절) 이것의 설명은 하느님께서 (...을: 5절 내용) 알도록 하신 정의의 스승에 관한 것이다.

5절) 당신 종들인 예언자들의 말씀들의 모든 신비를.

창조의 다른 '신비들'처럼 예언은 이처럼 자구적 또는 표면상의 의미 뒤에 '숨겨진' 새로운 의미를 밝혀주는 영감 받은, 다시 말해서 하느님에 의해 계시된 해설 아래에 놓인다. 이 숨겨진 의미는 하느님께서 "종말을 알도록 하지 않으신"(1QpHab VII 2) 예언자 자신이 접근할 수 있는 것이 아니었다. 이제는 묵시적 '현자'(정의의 스승, 에녹 또는 다니엘)에게 접근 가능한 것이 된다. 하느님은 이 현자에게 종말의 '비밀' 또는 '신비'에 관한 충만한 앎을 드러내셨기 때문이다. 여기서 우리는 이미 에녹에 관한 가장 오래된 전승들에 담긴 개념을 발견한다. '천문학 책'에 실린 천체의 법칙에 대해 에녹에게 주어진 계시는 1에녹 81,1-3의 확언과 함께 정점에 이른다.

> 1절) 그분은 내게 또 말씀하셨다. "들여다보아라, 에녹아. 천상의 서판들을. 거기에 기록된 것을 읽고 모든 상세한 점을 배워라."
> 2절) 나는 천상의 서판들을 들여다보았고, 기록된 모든 것을 읽고 모든 것을 배웠다. 나는 마지막 세대에 이르기까지 사람들, 땅 위의 육체(생물)의 모든 자녀의 모든 행위 책을 읽었다.
> 3절) 그때 나는 세상의 모든 위업을 이루셨음에 대하여 주님, 위대하신 분, 영광의 임금님을 영원히 찬미했다...

또한 다니엘의 '현시들'은, 유다 마카베오에 의한 예루살렘 성전의 제2 헌당 시점과 정확하게 일치하는 일흔 주간이라는 '기간'에 관한 계시로 12장에서 마감된다(그 역시 성전의 제2 헌당 환시로 정점에 이르는 에녹의 둘째 '꿈'을 담고 있는 1에녹 85-90과 비교). 다른 전승들, 특히 제2성전 파괴 이후의 전승들은 종말의 정확한 시점에 대하여 매우 신중한 자세를 보이나, 그럼에도 불구하고 이 개념은 중심을 차지한다(4에즈 4,33-50; 14,11-12; 2바룩 26-28).

요약하면, 묵시전승이 여러 점에서 예언의 '완성'으로 제시된다 하더라도(1에녹 108,6: 하느님께서 예언자들의 입을 통하여 말씀하신 것은 이루어져야 한다), 예언전승의 단순한 연장은 아니다. 묵시문학이 근본적으로 차원이 다른 '계시' 이론에 예언 종말론의 많은 주제와 동기를 삽입시켜 취하고 있다고 말하는 것이 보다 타당할 것이다. 예언과는 달리 묵시문학은 결정론적이며, 아무튼 그야말로 이원론적인 유다교 첫 묵시록에서 그러하다. 나아가 이 개념은 그 자체로 세상의 숨겨진 질서 계시에 관한 독보적인 이론에 기초한다. 개념의 이러한 변형 또는 발전은 아울러, 고전적인 예언자들의 계시 자체가 비의적 재독 아래에 놓였을 가능성을 내포한다. 이 재독에 따르면, 묵시적 현자에 의해 전수된 계시와 함께 비로소 예언서에 계시된 '신비들'이 완벽하게 밝혀진다. 역으로 말해서, '묵시'와 '예언' 사이의 복잡한 연속 형태는, 앞서 이 단락 초에 언급했던 대로, 고대에 이 두 문학유형 사이의 경계가 절대적인 방법으로 확정된 적이 없었다는 사실을 설명하는 것 같다. 에녹과 다니엘과 맺어진 문서들이 이들을 '예언자'로 지칭하기를 - 아마도 심사숙고하여 - 삼간 것이 사실이라 하더라도, 우리가 그들의 계시를 '예언'으로 읽고 이해했던 것처럼, 이는 아무튼 용어의 폭넓은 의미에서 늘 가능한 일이었다.

3.2. 묵시와 지혜

성경 연구에서 오랫동안 지배적이던, 묵시를 기본적으로 예언의 후기 결과물로 여기려는 경향은 묵시가 지혜와 지혜 전승과 유지해온 관계를 인정하는 데 종종 장애물로 작용했다. 고대 유다교의 주요 묵시록에 대한 지혜의 영향은 그러나 뚜렷하며, 이제 이 점은 널리 알려지게 되었다(특히 Wright & Willis 2005에 규합된 시론 참조). 에녹은 줄곧 서기관과 '현자'로 소개되며, 92,1의 아람어 단편에서 그는 '사람들보다 더욱 지혜로운 이'(*ḥrym 'nwš*)로 지칭되기도 한다(4QEn[g] 12,23-24). (그리스어로 *sophia*, 에티오피아어로 *ṭebab*인) '지혜'라는 용어는 또한 에녹 자신에 의해 기록된 계시 내용을 묘사하기 위하여 82,2-3에 사용되며, 동일한 개념이 책의 여러 곳에 반복된다(예를 들어 1에녹 37,1-4; 92,1). 책의 마지막 단원인 '교훈'은(1에녹 91-108) 한 '아버지'(에녹)가 우선 마투살렘(Mathusalem)과 그 형제들(에녹의 '생물학적' 아들들)과, 보다 넓게는 그의 가르침을 준수하고 묵상하는 모든 '의인'을 가리키는 표현인 자기 '아들들' 또는 '자녀들'에게 주는 가르침으로 체계적으로 제시된다(참조. 91,1-3; 91,18-19; 92,1; 94,1과 여러 곳). 이러한 제시는 필연적으로 지혜 가르침의 전통적인 구조를 상기시킨다(예를 들어 잠언 1-9 참조). 에녹서의 '교훈'에서 되풀이되는, 정의의 길을 걷고(94,1-5; 108,1 이하) 하느님을 경외하라는(1에녹 101) 권고 또한 전통적 지혜 가르침의 특징을 이룬다(예를 들어 잠언 1,7 참조: "야훼를 경외함은 지식의 근원이다"; 잠언 15,33; 집회 1,11-20과 여러 곳도 참조). 지혜와 묵시 사이의 밀접한 관계는 다니엘서의 경우에서도 분명하다. 다니엘이 그의 이름을 지니고 있는 책에서 '예언자'로 불린 적이 없는 반면, 아무튼 책의 첫 부분에서 여러 차례 현자로 지칭된다(다니 1,4.17.[20]; 2,23; 5,11.14). 에즈라기 4권에서 서기관 에즈라는 한 번 '예언자'로 불리나(4에즈 12,42), 그는 우선 그리고 무엇보다도 먼저 탁월한 현자로, 하느님으로부터 지고의 지식과 지혜를 전수했기에 이스라엘의 다른 현자들을 가르칠 수 있는 유일한 현자로 여겨진다(참조. 4에즈 12,38; 14,13; 14,26; 14,46-47). 바룩은 예언자가 아니라 예레미야 예언자의 서기관, 현자의 모습과 밀접하게 연계된 직무 수행자이다(참조. 예레 36,4; 36,32; 45,1). 지혜라는 주제가 바룩서 2권에 여러 차례 반복되어서만이 아니라(특히 2바룩 14,9; 38,2; 48,9.24; 51,4), 바룩 스스로 태어날 때부터 하느님의 지혜로부터 '멀리' 있어 본 적이 없다고 말하기 때문이다(2바룩 38,4).

유다교 묵시록이 우선 그리고 무엇보다도 먼저 구약성경의 지혜 전승들과 공유하고 있는 내용은 사회와 우주 질서와, 전통적 지혜의 특수 개념인 하느님의 뜻 사이의 밀접한 관련성에 대한 확언이다. 창조 질서는 지속적으로 창조주 하느님의 뜻을 나타낸다. 따라서 인간은 자연과 사회의 주요 구조를 따르고 존중함으로써 하느님을 알기를 배울 수 있고 그분의 뜻에 순종할 수 있다. 지혜의 세계는 전형적으로 극의 세계이다. 창조의 조화 명상과 결합되어 있는(예를 들어 집회 16,24 이하 참조) 사회적 책임(자식으로서의 의무, 구호, 상부상조, 망자들을 위한 의무 등) 존중과 (하느님의 계명으로부터 시작해서) 윤리 규범의 존중, 정의 실천, 신앙심, 절제와 자기 억제 등은 인간을 지혜로 이끄나, 이와 대립하는 모든 자세는 무분별과 불경과 파괴로 몰고 간다. 근본적인 이 개념 역시 묵시문학에서 여러 차례 발견된다. 에녹서 상권은 특히 질서에 관한 중요한 명상을 담고 있는 도입부로 열리며(1에녹 1-5), 이 도입부는 하느님의 업적과 인간과 세상을 위한 그분 계획을 끊임없이 증언한다(1에녹 2-5). '천문학 책'의 천체의 비밀에 싸인 흐름에 대한 고찰 역시 일반적인 방법으로 창조에서의 하느님의 질서와 계획을 나타내고자 한다(예를 들어 1에녹 75,3 참조). 동일한 개념이, 특히 창조에 대한 찬미 형태로, 유다교 묵시록의 많은 문구에서도 발견된다(예를 들어 1에녹 84,2-6; 2에녹 33,1-4; 44,1-4와 여러 곳; 4에즈 6,38-54, 또는 **ApAb** 21 비교). 창조 이외에 이스라엘의 과거 역사 또한 창조주의 전지전능을 증명하는 역할을 한다. 사실 지혜서에서도 찾아볼 수 있는 특징이 거기에 있다(지혜 10-19; 이를 2바룩 61-74 또는 4에즈 14,27-35의 열두 검고 밝은 '물' 환시와 그 설명과 비교). 에녹서 상권을 마감하는, 하느님 경외와 지혜와 정의의 길 따름에 대한 권고(에녹의 '교훈') 또한, 하나의 양식 또는 다른 양식으로, 여러 유다교 묵시록에서 발견된다(예를 들어 4에스 14,27-35 참조). 에녹서 하권은 특별히 이와 같은 권고로 규칙적으로 운율되어 있다(참조. 2,1-5; 39,1-2; 42,4-11; 특히 에녹이 하늘로 사라지기 직전의 2에녹 44-66장의 긴 교훈 연사).

요약해서 말하면, 유다교 묵시록의 세상은, 우주론적 차원에서 '질서'와 '혼돈', 윤리적 차원에서 신앙심과 불경 사이의 근본적인 대조법과 함께 유다교 지혜를 특징짓는 우주론적이며 윤리적인 '이분법'에 깊이 젖어 있다. 그러나 바로 이 점에서 묵시문학과 전통적인 지혜 사회에 기본적인 차이가 있다. 전통적인 지혜에서 세상의 질서는 인간의 태도와 그 보상 사이의 밀접한 관계를 내포한다(예를 들어 잠언 10,16 참조: "의인의 소득은 생명에 이르고, 악인의 소출은 죄악에 이른다"). 그러나 유다교 묵시록에서 지혜의 근본적인 이 기준은 공개적으로 문제시된다. 바룩은 2바룩 15,2에서 "의인들은 사라졌고, 악인들은 번성했다"하고 확언하기 때문이다. 이 동일한 개념은 다양한 변체로 유다교 주요 묵시록에서 자주 발견된다. 하느님의 정의라는 주제는 이미 '감시자들의 책'에서, 특히 죽음이 언뜻 보아 보상

받지 못 한 채 남아 있는 의인들의 박해 문제에서 의미 있는 자리를 차지한다(1에녹 9와 22,5-7.12 참조). 에녹의 '교훈'은 기본적으로 최후의 심판 때 '의인들'과 '불경한 이들'을 각각 기다리는 보상에 관한 하나의 긴 명상이다. 이 '교훈' 모음은 '두 개의 길' 곧 '정의'의 길과 '억압'의 길에 대한 일반적인 주해로 열리며, 정의의 길을 따라 걸어갈 것을 권고하는 내용이 뒤따른다(1에녹 91,18-19). (의인들이 사라지고, 악인들이 승리하는 것처럼) 세상의 질서가 잠시 뒤바뀐 것으로 보이는 것은, 창조의 일시적인 착란 때문이다(예를 들어, 1에녹 102-103 참조). 의인들의 처형과 박해 또한 가장 오래된 부분을 포함한 다니엘서에 자주 등장하는 주제이다(다니 3; 6; 나아가 칠십인역성경의 다니 8,24-25; 11,28-35 등 참조). 에즈라기 4권과 바룩서 2권의 중심 주제는 (기원전 587년 바빌론 군대에 의한 예루살렘 점유 울림으로서의) 유다인들의 첫 항거 때의 예루살렘 점유와 성전의 파괴 이유를 설명하는 데 있다. 어찌하여 하느님은 당신이 택하신 백성을 희생시켜 (바빌론, 이어서 로마와 같은) 불경한 민족들이 승리하도록 내버려두시는가? 에즈라기 4권의 에즈라의 연사는 다음과 같은 선언으로 열린다(3,30-31): "나는 당신이 어떻게 이 죄인들을 지원하시는지, 어떻게 불경한 이들을 살려두시고 당신 백성을 헤매게 하셨으며 당신 원수들을 보호하셨는지 보았기 때문입니다!(...) 바빌론이 시온보다 잘한단 말입니까?" 바룩서 2권이 재난에 있어 백성의 책임을 힘주어 강조하는 반면, 동일한 질문이 여러 문구에서 드러난다(예를 들어 2바룩 82 참조).

이 점에서 묵시문학은, 지혜의 우주론적이며 윤리적인 이분법을 유지하면서도 더 이상 전통 개념, 곧 하느님에 의해 창조된 세상의 질서가 '행동'과 '보상'사이의 밀접한 관계를 보장한다는 개념에 만족하지 않는 지혜문학과 다른 문학으로 간주될 수 있다. 본디 이러한 개념 발전은 특히 헬레니즘 군주들의 출현으로 야기된 전통적인 사회-경제 구조의 전복을 반영했다(앞서의 2. 유다교 첫 묵시록들의 역사와 문화 상황 참조). 1에녹 6-11장의 (실추한 천사들인) 감시자들의 도착에 이어 땅 위에 쏟아진 피 묘사는 기원전 3세기 알렉산드로스 대제의 그리스 장군들 사이의 투쟁을 우의적으로 묘사하는 것 같다(Nickelsburg). 같은 차원에서 '역사적'이라 불리는 묵시록은('주간 묵시록', 에녹의 '꿈', 다니 7-12장) 셀레우코스 왕조의 군주들인 안티오코스 3세와 4세의 경제, 사회, 문화, 종교 정책에 맞선 경건한 유다인들 세계의 대립을 반영한다. 따라서 유다교 묵시록들 은 나름의 방법대로, 아무튼 어느 정도까지는, 전통적인 지혜를 문제시하는 특징을 지니며, 이는 페르시아 시대 동안 시작해서 헬레니즘 시대에 절정에 이른 현상이었다. 에녹서 상권이 창조의 질서와 완성을 명상하도록 권고하는 내용으로 열린다면(1에녹 2,1-5,3), 세상에 대한 경험적이며 귀납적인 관찰은 지상의 악과 불의와 폭력의 현실을 확인하도록 강요된다. 이러한 의미에서 지혜 유형의 '형' 또는 '이형'으로서의 묵시문학은 우리가 일반적으로 '지혜의 위기'로 가리키는 바를 반영하는 (기원전 4세기의) 욥기 또는 (3세기의) 코헬렛과 같은 작품과 접근시켜 볼 수 있다. 특히, 하느님의 지혜가 인간의 지혜를 무한히 초월한다는 욥기의 중심 개념은(욥에 대한 하느님의 '응답'을 담고 있는 욥 38,1-42,6 참조) 후기의 지혜 작품들만이 아니라(예를 들어 바룩 3,15-31), 유다교 묵시록에서 수차례 반복하여 나타난다. 예를 들어 (언어에 있어 부분적으로 욥기의 그것을 상기시키는) 1에녹 93,11-13; 4에즈 4,1-11, 또는 2바룩 14,8-11을 비교할 만하다. 그러나 욥 또는 코헬렛과 같은 작품과 유다교 묵시록을 구분하는 잣대는, 경험적이며 귀납적인 지혜를 - 부분적으로 - 의문에 붙이는 방법이 '숨겨진', 그러나 과거의 몇몇 현자들(에녹, 아브라함, 다니엘, 바룩, 에즈라 등)에게 하느님에 의해 계시되는 지혜의 또 다른 형태로 이루어진다는 것이다. 유다교 묵시록에서는 계시된 이 지혜가 세상과 역사의 흐름을 다스리는 비밀스러운 참 질서를 밝혀주면서, 경험적인 지혜 차원에서 쌓인 모순들을 제거할 수 있도록 이끈다. 이 점에서 묵시적 지혜는 제2성전의 몇몇 지혜 전승을 의문시함과 아울러 전통적인 지혜에 대한 반작용으로 간주될 수 있다.

나입(M.A. Knibb)은 '감시자들의 책'에 묘사된 에녹의 여행이, 욥 38-39장에서 하느님께서 이미 욥에게 제시했던 - 수사학적인 - 질문에 대한 하나의 응답으로 읽혀야 할 것 같다고 주장했다. 욥 38장이, 창조의 신비 앞에 선 인간은 바다의 원천까지 가보지 못하고 심연의 밑바닥을 걸어볼 수 없으며(38,16) 죽음의 대문을 열을 수 없고(38,17) 빛과 어둠이 머무는 곳을 찾아볼 수 없음을(38,19) 함축적으로 확언하지만, 이는 바로 에녹이 우주의 경계를 여행하면서 밝혀낼 것이다. 에녹은 "빛물체들의 자리"(17,3)이기도 한 "어둠의 장소"(17,2)에 이르며, "어떤 육체도 걸은 적이 없는 곳"(17,6), "모든 강과 모든 심연의 입구로"(17,8) 이끌린다. 마침내 그는 천체와(21,1-6) 천사들의 지옥을 보며(21,7-10), 죽은 자들이 머무는 곳에 다다른다(1에녹 22). 또한 에즈라기 4권이 하느님 지혜의 무한한 성격을 여러 차례 강조하고(4,1-21; 5,31-40 등), "땅에 사는 사람들이 땅의 일들을 이해할 수만 있고, 하늘에 사는 사람들이 하늘 위에 있는 것을 이해할 수 있다"고 확언하기까지 하는 반면(4,21), 하느님의 "신비들"(10,38) 또는 "비밀들"은(12,38) 그러나 백성 한가운데 있는 '현자들'에게 가르칠 수 있도록 일련의 환시 안에서 에즈라에게 계시된다.

비의적 지혜 형태에 대한 관심은 한편 유다교 묵시록에 고유한 것이 아니며, 제2성전의 경전 외의 수많은 작품에서 발견된다(예를 들어 '희년서' 참조). 쿰란에서 발견된 여러 지혜 본문, 특히 4Q Instruction(1Q26, 4Q415-418b, 4Q423)과 4QMystères는 이에 관한 깊은 관심은 잘 드러난다. 이와는 달리, 헬레니즘 시대에 구성된 여러 지혜 본문은 다소 분명한 방법으로 유다교 첫 묵시록들이 품고 있는 것과 같은 비의적 지혜 개념에 대립하는 것으로 보인다. 잠언 8장과 집회 24장은 지혜가 천상에서 (따라서 하느님에게서) 유래한 것이라면, 이제는 하늘이 아니라 땅에서 찾아진다고 확언한다(바룩 3,32-38과 비교). 집회서 역시 자신들을 초월하는 신비들을 명상하기 위하여 헤맸던 거짓 '현자들'을 거스른 여러 비난을 담고 있으며(특히 집회 3,17-24; 또는 34,1-8도 참조), 비교적 꼼꼼한 연구에서 아르걸

(R. Argall)은 집회서에서 이와 같은 문구들은 특히 에녹과 관련된 전승들을 포함한 지나치게 노골적인 비의적 지혜 유형을 겨냥하고 있다는 사실을 설득력 있게 논증했다. 코헬렛의 몇몇 구절 역시 동일한 의미에서 읽힐 수 있다. 코헬렛이 에녹서 상권의 가장 오래된 단원들에 이미 존재하는 주제인 죽은 이들의 부활 가능성에 대해(1에녹 22 참조) 명백하게 이의를 제기하는 구절을 예로 들 수 있다(코헬 3,18-22). 인간은 사후에 자기에게 닥칠 일을 알 수 없다는 코헬렛의 반복적인 확언은(3,22 참조: "죽은 다음에 무엇이 일어나는지 보도록 누가 그를 이끌어 줄 수 있으리오?"; 같은 의미에서 6,12; 8,7; 10,14) 특히 1에녹 17-36장에 서술된 저승에서의 환시 여행을 거스른 직접적인 비난으로 이해될 수 있다.

우리는 여기서 헬레니즘 시대의 유다 지혜학파 한가운데서 펼쳐진 기본적인 논쟁 앞에 서 있는 것 같다. 다양한 우주론과 윤리 개념들이 대립하는 논쟁이며, 제2성전의 묵시전승들 역시 수취인으로 자리하는 논쟁이다. 잠언 1-9장의 저자와 후기의 집회서처럼 지혜의 - 경험적이며 귀납적인 - 전통 개념을 재확언하는 일부 현자들에게 지혜는 하늘에서 찾아야 할 것이 아니라 땅에 존재한다(잠언 8; 집회 24; 바룩 3,32-38). 지혜는 따라서, (잠언 10-31장 또는 집회서에서 찾을 수 있는 전통적인 지혜의 가르침과 같은) 그 교훈들을 따름으로써 이 세상에서 의로운 삶을 영위할 수 있는 인간에게 접근 가능한 것이다. 유다교 첫 묵시록들을 - 특히 에녹에 관한 전승들을 - 구성한 서기관들에게 참된 지혜는 반대로 땅이 아니라, '환시여행'의 형태로든(1에녹 1-36장과 72-82장, 아브라함 묵시록), 종종 천상 중개자에 의해 전달되는 신탁과 환시 방법으로든(다니 7-12, 에즈라기 4권 등) 하늘에서 찾아져야 할 것이다. 이러한 입장은 대체로 정화되도록, 나아가 종말론적 심판의 순간 대체되도록 불림을 받은 현 세상의 온통 부정적인 현시위에 기초한다. 따라서 전통 지혜는 의로운 삶을 영위하기 위해서 부족한 지혜로 남으며, 묵시적 현자의 계시에 접근할 수 있는 사람들만이 '의인들' 가운데 자리하게 될 것이다. 지혜의 근본적인 - '현교적'이며 '비의적'

인 – 이 두 개념 사이의 논쟁은 실상 제2성전 시대 말에 이르기까지 이어졌다. 예를 들어, 기원전 또는 기원후 1세기에 작성된 에녹의 '비유'는(1에녹 37–71), 지혜가 예전에 땅으로 내려왔으나 머물 곳을 찾지 못하고(!) 땅을 폭력에 내버려둔 채 '천사들 가운데 있는' 제 거처로 돌아갔다고 확인한다(1에녹 42). 이는 잠언 8장과 집회 24장에 언급된 지혜의 지상 체류 개념을 파괴하는 언급이다. 아울러 이 점이 전통적 지혜에서 묵시적 지혜를 갈라놓는 것이 무엇인지 이해하기 위한 기본적인 요소라 하더라도, '비의적' 지혜와 '현교적' 지혜 사이의 대립을 격화시키지 않도록 주의해야 한다. 집회서도 비의적 지혜 탐구를 온전히 포기하지는 않는다. 예를 들어 집회서는 그 유명한 '서기관 찬사'에서(집회 39,1–11) 서기관의 속성 가운데 "하느님의 신비를 묵상하는"(집회 39,7) 특권을 언급한다. 반대로, 몇몇 비의적 지혜 형태 거부 또한 몇몇 유다교 묵시록과 함께, 보다 일반적인 차원에서 보면, 계시되는 지혜에 대한 관심을 보여주는 여러 본문에서 중심 요소를 이룬다.

1에녹 6–11장에 실린 감시자들의 반역 기사는 실추한 천사들이 인간에게 가르치는 비밀을 강도 있게 강조하며, 여러 문구에서 이 '신비'에 대한 가르침은 홍수 이전 땅에 널리 퍼진 폭력의 원인과 기원으로 제시된다(8,2–4; 9,6; 10,7–8). 같은 주제가 에녹서 상권의 다른 부분들과(참조. 16,2–4; 64,2; 65,11; 68,2; 69,1–12) 아브라함 묵시록에서(14,1–2) 다시 등장한다. 에녹서는 또한 거짓 계시를 기록했다고 고발된 서기관들을 거스른 논쟁을 담고 있다(참조. 1에녹 98,15–16과 특히 104,10–11). 쿰란에서 발견된 지혜 본문들 가운데 몇몇은, 특히 (앞서 언급했던) 4QMystères 역시 자칭 영감을 받거나 계시되었다고 주장하는 거짓 지혜 형태를 거스른 논쟁을 싣고 있다(예를 들어, 1Q27 1i2–4 par. 4Q300 2 3–4에서 '부정한 신비'를 가르치는[?] 자들 언급 비교). 끝으로 비의적인 사변에 주어진 자리가 묵시록에 따라 큰 차이를 보인다는 사실을 상기할 필요가 있다. 에녹서 상하권과 함께 아브라함 묵시록의 경우와 달리, 우주의 비밀스러운 차원은(천상 거주지, 반역한 천사들의 감옥, 죄인들의 지옥 등) 다니엘서에서는 이를테면 어떤 역할도 하지 못한다. 에즈라기 4권에서는 천상 여행의 가능성이 여러 차례 거부되는 것으로 보인다(예를 들어 4에즈 4,7-8 참조).

제2성전 시대에 비의적 사변의 '한계'에 관한 논쟁, 다시 말해서 신성을 해치지 않으면서 인간의 지성이 우주의 신비에 대해 어디까지 이를 수 있는지를 알아보는 문제가(집회 3,21-24 참조!) 점진적으로 두각을 드러내기 시작했다고 말하는 것이 타당해 보인다. 이 논쟁은 무엇보다도 묵시전승을 보다 전통적인 지혜 형태를 옹호하는 전승과 대립시키나, 묵시전승의 탄생 배경 한가운데서도 영향을 끼쳤던 것으로 보인다.

4. 유다교 첫 묵시록의 탄생 배경

앞서의 고찰은 또한, 무엇이 유다교 첫 묵시록 저자들의 사회학적 위치 문제와 관련되었는지에 대해서도 중대한 결과를 가져다준다. 이미 언급했던 대로, 제2성전 시대와 동일한 '묵시 운동'에 관한 상상은 완전히 포기해야 한다. 유다교 첫 묵시록들은 유일한 사조나 분파의 작품이 아니라, 다양한 집단과 학파를 전제하는 문서와 전승으로 된 복합적인 구성물이다. 그럼에도 불구하고 유다교 첫 묵시록 저자들, 특히 에녹과 다니엘의 사회학적 모습에 관한 몇 가지 일반적 특징을 제기하는 것은 충분히 가능한 일이다.

이 두 묵시전승의 경우 우리는, 과거의 위대한 현자들(다니엘과 에녹, 보다 후기에 에즈라 또는 바룩)의 모습과 결합되어 있는, '계시 받은' 지식 전수자로서의 현자들로 정의되는 서기관들을 우선 그리고 무엇보다도 먼저 살펴보아야 한다. 서기관들은 이 계시를 내세우는 집단을 후견하는 권위자로서의 기능을 행사하는 사람들이었기 때문이다(에녹은 몸소 자신을 서기관과[1에녹 12,3-4; 15,1; 92,1] 동시에 지혜 교사로 소개한다). 에녹과 관련된 전승의 경우에, 에녹으로부터 마투살렘, 이어서 최후의 심판에 이르기까지 에녹의 모든 '자녀'에게 끊임없이 전수된 가르침이라는 상상은(1에녹 81,5-6; 82,1-3; 91,1-3 등), 기원전 3세기와 2세기 사이에 에녹의 계시를 계승하고 확대하고 발전시켜나간 교사들이 줄곧 존재했다는 사실을 가정하는 것 같다. 이러한 가정은 또한 '감시자들의 책'과 '짐승 묵시록' 사이에 존재하던 연속성을 설명해줄 수 있다(Tiller). 에녹서 상권의 사회학적이며 제도적인 틀은 따라서 예를 들어 집회서의 '탐구의 집'(*bêt midraš*)과 비교할 수 있는 지혜학파의 틀이었던 것으로 보인다(Wright III 참조). 다니엘의 경우 사정은 다소 다르기는 하나, 그럼에도 다니 7-12장의 몇몇 요소 역시 지혜 가르침의 활동 속에 있던 집단을 참고한다. 특히 다니 11장과 12장은 다니엘 계시의 주요 수취인으로서의 *maśkîlîm* 또는 '교사들'을 확실하게 언급한다(다니 11,33-34; 12,3). 이 표현은 전문용어로서, 공동체 구성원들을 감독하고 하느님의 신비를 전수하는 임무를 지닌 이 공동체의 탁월한 인물을 가리키는 쿰란에서도 확인된다. 에녹서 상권만큼 다니엘서가, '천문학 책과(1에녹 72-82) 함께 다니 2-6장의 아람어로 된 궁정 기사가 보여주는 것처럼, 바빌론 디아스포라 전승 속으로 그 뿌리를 확장하고 있다는 사실을 주시한다는 것은 놀라운 일이다. 따라서 기원전 3세기와 2세기 초 사이에 유다로 돌아와 정착함으로써 당연히 지혜학파와 당대의 분파와 대화에 들어간 디아스포라의 유다인 집단들을 고려해야 할 것이다.

에녹서 상권과 다니엘서에 보존되어 있는 전승 대부분의 문학적이며 철학-종교적인 구상의 높은 수준과, 수많은 문구에 인용된 모호한, 또는 암호처럼 보이기도 하는 언어는, 유다 문학뿐만 아니라 – 앞서 살펴보았듯이(2. 유다교 첫 묵시록들의 역사와 문화 상황) – 메소포타미아와 이집트와 그리스 또는 이란의 비의 전승의 일부에도 친숙했던, 매우 박학한 제한된 지식인 집단 앞에 우리가 서 있다는 사실을 일러준다. 특혜를 받은 계시 덕분에 탁월한 '의인들'로 여겨진, 매우 엘리트적인 성격의 집단임이 틀림없다(예를 들어, 1에녹 104,12의 "의인들과 성인들과 현자들은 내[=에녹] 책을 받아 진리를 누릴 것이다"하는 언급과, 같은 의미에서 다니 12,4.10 참조). 그렇다고 해서 배타적인 집단 또는 '종파'를 말하는 것은 아니다. 다니 12,3은 *maśkîlîm*의 임무는 '많은 사람'을 의인으로 만드는 데 있으며, 이들은 제2성전의 여러 본문에서 종종 별들과 동일시되는 천사들처럼(예를 들어 희년서 28,7 참조) 별들의 대열로 들어 높여지는 보상을 받으리라 확신한다. 학자들은 다니 10-12장의 *maśkîlîm*에서 셀레우코스 왕조의 유다 행정관들을 찾아보기를 제안하기도 했다(Kaestli 참조). 에녹 전승들의 경우는 특히 이 전승들이 발전 과정을 거쳤다는 점에서 보다 복잡하다. '감시자들의 책'과 '천문학 책'과 같은 가장 오래된 전승들은 별도의 집단에 대한 명백한 언급을 담고 있지 않는 것 같으며, 보기에 모든 이스라엘, 또는 보다 정확하게는 이스라엘 한가운데 있는 모든 '의인'을 대상으로 한다(예를 들어 1에녹 10,16.17-21 비교). '주간 묵시록' 또는 '짐승 묵시록'과 같은 후대의 전승에서 우리는 이스라엘의 나머지 사람들과 뚜렷하게 구별되는 선택된 자들 집단에 대한 언급을 확인한다. '주간 묵시록'은 '영원한 정의의 나무'(1에녹 10,16에 따르면 이스라엘)에서 나온, 하느님으로부터 특별한 지식을 전수할(1에녹 93,10) '의인들'의 일곱 주간의 떠오름을 언급한다. 같은 맥락에서 1에녹 90,6-8은 또한, 마카베오 항전 직전, 이스라엘의 '무리' 한가운데서 '흰 어린양들'이 떠오르며, 이 어린양들은 나머지 양들의 몰이해로 그 양들에 의해 박해 받으리라 예언한다. 기원전 3세기와 2세기 사이에 따라서 에녹 전승들을 소유하고 있던 집단이 자신을 인식하는 방법에 있어 일종의 의미 있는 진전이 있었던 것으로 보인다. 이 진전은 아마도 안티오코스 4세 에피파네스 치하의 사건들과 관련이 있었을 것이다. 그럼에도 불구하고 여기서 우리는, '주간 묵시록'에도, '짐승 묵시록'에도 최후 심판 때의 구원이 오로지 이 집단에만 유보되어 있다는 언급이 발견되지 않는다는 사실에 주목해야 한다. '주간 묵시록'은 오히려 '불의'와 '거짓'을 거슬러 싸우는 투쟁에 이 '선택된 자들'이 수행해야할 결정적인 역할을 강조할 뿐이다(1에녹

93,10 + 91,1 비교). 이러한 관점에서 이들의 기능은 다니 12,3의 *maśkîlîm*의 그것에 비교될 수 있다. 다니엘서처럼 에녹 문학은 이처럼 예외적이기는 하나 독점적이지는 않은 계시를 소유하고 있다고 주장하는 한 집단의 작품이다. 이러한 결론은 또한, 기원전 2세기부터 제2성전 시대 말에 이르기까지 에녹과 관련된 전승들이 어떤 이유에서 특히 에세네파 세계에 광범위하게 확산될 수 있었는지를 설명해준다.

5. 참고 문헌

M. Albani, *Astronomie und Schöpfungsglaube. Untersuchungen zum Astronomischen Henochbuch* (WMANT 68), Neukirchen–Vluyn, 1994. L. Arcari, «Intorno al concetto di "genere letterario apocalissi". Osservazioni di metodo», *Henoch* 24(2002), p. 343–353. Id., «Sui rapporti tra apocalissi "con viaggio ultraterreno" e "senza viaggio ultraterreno. Indagine per una "storia" del "genere apocalittico», *Henoch* 26(2004), p. 63–85. R.A. Argall, *1 Enoch and Sirach. A Comparative Literary and Conceptual Analysis of the Themes of Revelation, Creation and Jugement* (SBLEJL 8), Atlanta(GA), 1995. Id., «Competing Wisdom: 1 Enoch and Sirach», *Henoch* 24(2002), p. 169–178. D.E. Aune, *Prophecy in Early Christianity and the Ancient Mediterranean World*, Grand Rapids(MI), 1983. G. Boccaccini, «Jewish Apocalyptic Tradition: The Contribution of Italian Scholarship», in Collins & Charlesworth (éd.), *Mysteries and Revelations*, p. 33–50. G. Boccaccini/J.J. Collins (éd.), *The Early Enoch Literature* (JSPSup 121), Leiden/Boston, 2007. J.J. Collins, «Jewish Apocalypticism against Its Hellenistic Near Eastern Environment», *BASOR* 220(1975), p. 27–36. Id., (éd.), *Apocalypse : The Morphology of a Genre*

(Semeia 14), Atlanta(GA), 1979. Id., *The Apocalyptic Imagination : An Introduction to Jewish Apocalyptic Literature*(1984), Grand Rapids(MI)/ Cambridge, 1988. Id., (éd.), *The Encyclopedia of Apocalypticism. I: The Origines of Apocalypticism in Judaism and Christianity*, New York, 1988. Id., «The Eschatology of Zechariah», in Grabbe & Haak (éd.), *Knowing the End from the Beginning*, p. 74–84. J.J. Collins/J.H. Charlesworth (éd.), *Mysteries and Revelations: Apocalyptic Studies since the Uppsala Conference* (JSPSup 9), Sheffield, 1991. P.R. Davies, «Apocalyptic Literature», in J.W. Rogerson/P.R. Davies (éd.), *The Old Testament World*, Cambridge, 1989, p. 198–208. J.R. Davila, *Descenders to the Chariot. The People behind the Hekhalot Literature* (JSPSup 70), Leiden, 2001. L. DiTommaso, «Apocalypses and Apocalypticism in Antiquity (Part I)», *CR:BS* 5/2(2007), p. 235–286; Id., «Apocalypses and Apocalypticism in Antiquity (Part II)», *CR:BS* 5/3(2007), p. 367–432. L. Grabbe/ R.D. Haak, (éd.), *Knowing the End from Beginning* (JSPSup 46), London/ New York. P.D. Hanson, «Jewish Apocalyptic against its Near Eastern Environment», *RB* 78(1971), p. 31–58. Id., «Old Testament Apocalyptic Reexamined» (1971), in P.D. Hanson (éd.), *Visionaries and Their Apocalypses* (IRT, 2), Philadelphia/London, 1983, p. 37–60. Id., *The Dawn of Apocalyptic: The Historical and Sociological Roots of Early Jewish Apocalyptic Eschatology*, Philadelphia, 1975; 1979[2]. D. Hellholm (éd.), *Apocalypticism in the Mediterranean World and the Near East: Proceeding of the International Colloquium on Apocalypticism*, Uppsala, August 12–17, 1979, Tübingen, 1983; 1989[2]. M. Himmelfarb, *Ascent to Heaven in Jewish and Christian Apocalypses*, New York, 1993. J.-D. Kaestli, «Les rapports entre apocalyptique et historiographie: réflexion à partir du livre de Daniel», in G.J. Brooke/T. Römer (éd.), *Ancient and Modern Scriptural*

Historiogaphy – L'historiographie biblique, ancienne et moderne (BETL 207), Leuven 2007, p. 191–201. M.A. Knibb, «The Book of Enoch in the Light of the Qumran Wisdom Literature», in F. Garcia Martines (éd.), *Wisdom and Apocalypticism in the Dead Sea Scrolls and in the Biblical Tradition* (BETL 168), Leuven, 2003, p. 193–201. K. Koch, *The Rediscovery of Apocalypotic*(1970), London, 1972. J.N. Oswalt, «Recent Studies in Old Testament Eschatology and Apocalyptic», *JETS* 24(1981). P.A. Porter, *Metaphors and Monsters: A Literary-Critical Study of Daniel 7 and 8* (CBOT 20), Lund 1983. C. Rowland, *The Open Heaven: A Study of Apocalyptic in Judaism and Christianity*, New York, 1982. P. Sacchi, *Jewish Apocalyptic and Its History*(1990), Sheffield, 1997. J.Z. Smith, «Wisdom and Apocalyptic»(1975), in Hanson, *Visionaries and Their Apocalypses*, p. 101–120. M.E. Stone, «List of Revealed Things in the Apocalyptic Literature»(1976), in Id., *Selected Studies in Pseudepigrapha and Apocrypha with Reference to the Armenian Tradition* (SVTP 9), Leiden, 1991, p. 379–418. P. Tiller, «The Sociological Settings of the Components of 1 Enoch», in Boccaccini/Collins, *The Early Enoch Literature*, p. 237–255. B. Uffenheimer, «From Prophetic to Apocalyptic Eschatology», in H.G. Reventlow (éd.), *Eschatology in the Bible and in Jewish and Christian Tradition* (JSOTSup 243), Sheffield, 1997, p. 200–217. J.C. VanderKam, *Enoch and the Growth of an Apocalyptic Tradition* (CBQMS 16), Washington, 1984. B.G. Wright, «1 Enoch and Ben Sira: Wisdom and Apocalypticism in Relationship», in Boccaccini/Collins, *The Early Enoch Literature*, p. 159–176. B.G. Wright, III/L.M. Wills (éd.), *Conflicted Boundaries in Wisdom and Apocalypticism* (SBLSymS 35), Atlanta(GA), 2005.

다니엘서

베르멜렌(Jacques Vermeylen)

다니엘('하느님께서 심판하시다')서는 크투빔 또는 '성문서' 총서에 속하며, 구약성경의 탁월한 묵시 작품으로 등장한다. 이 책은 히브리어 부분과 아람어 부분을 포함하며, 칠십인역성경은 중요한 보충 부분을 담고 있다.

1. 설계와 내용

우선 마소라본의 작품을 읽어보도록 하자. 언어 사용 차원에서 우리는 세 단원을 구별할 수 있다.

1. 1,1–2,4ㄱ(히브리어): 네부카드네자르 궁중에서의 다니엘과 그 동료들, 하난야(사드락)와 미사엘(메삭)과 아자르야(아벳 느고)의 교육 기사(1장); 2장 첫머리는 네부카드네자르가 꾼 거대한 형상 꿈 기사를 도입한다.
2 2,4ㄴ–7,28(아람어): 교훈적인 다양한 기사에(2–6장) 이어 네 마리 짐승 현시(7장).
3. 8,1–12,12(히브리어): 다니엘에게 주어진 새로운 현시와 계시.

하나의 언어에서 다른 언어로 넘어가는 과정은 이처럼 내용면에서 작품의 구분과 일치하지 않는다. 이제 이 문제를 짚어보기로 하자. 우리는 이 책을 거의 동일한 분량에 따라 두 부분으로 나눌 수 있다.

1-6장은 시간적인 틀만이 아니라(1,21과 6,29 참조) 문학유형으로 통합된다. 이 단원은 주로 바빌론 궁중에 머물던 이스라엘 젊은이 다니엘이라는 인물에 관련된 일련의 교훈적 기사들을 진술한다.

ㄱ. 네부카드네자르 궁중에서 성장한 젊은 주인공은 토라의 음식 규정을 준수했기에 지혜와 해몽 기술 획득(1장)

ㄴ. 다니엘이 해설한 네부카드네자르의 첫 번째 꿈: 여러 금속으로 구성된 형상(2장). 꿈은 지상 왕국의 종말과 하느님의 주권 도래를 예고한다. 끝내 임금은 다니엘 앞에 엎드려 절하고 그의 신을 신들의 하느님으로 인지한다(46-49절)

X. 네부카드네자르의 금 상을 숭배하기를 거부한 징벌로 불가마에 던져진 사드락과 메삭과 아벳 느고의 기적적인 해방(3장). 기사는, 세 젊은이의 하느님을 찬미하고 이 하느님을 존경하지 않는 사람은 누구든지 벌 받을 것이라 명하는(28-33절) 임금의 신앙 고백으로 마감된다.

ㄴ'. 다니엘이 해설한 네부카드네자르의 두 번째 꿈: 거목(4장). 이 꿈은 임금의 과대망상적인 오만을 겨냥하며, 예고했던 불행이 이루어진다. 기사는 가장 높으신 분을 찬양하는 임금의 회개로 마감된다(31-34절)

ㄱ'. 벨사차르의 잔치(5,1-6,1). 다니엘은 벽에 쓰인 글자를 해독한다: 임금은 하느님을 거슬러 자신을 들어 높였기에, 그의 왕국은 메디아인들과 페르시아인들에게 주어질 것이다. 벨아차르는 다니엘이 들어 높여지도록 명한다(5,29). 임금은 살해되며, 메디아 사

람 다리우스가 즉위한다(5,30-6,1)

중심 요소를 반향하는 결어: 사자 굴에 던져진 다니엘(6,2-29). 하느님께 충실하게 머문 죄로 사형에 처해지나, 이 주인공은 천사에 의해 구출된다. 기사의 끄트머리에서 다리우스 임금은 다니엘의 하느님을 찬미하며, 다니엘은 이후 행운의 길을 걷는다(26-29절)

불가마 일화를 중심에 둔 채 대칭을 이루는 방법으로 배치된 다양한 기사들은 대조적인 두 운명을 제시한다. 하나는, 바빌론 임금의 오만이 꺾여 참 하느님의 절대권을 인정하기에 이르며, 다른 하나는, 율법에 대한 충실성 때문에 박해받은 현자는 죽음에서 구출되어 끝내 승리에 이른다.

7-12장은 자서전적 기사로 편집되어 있다. 다니엘 자신의 일련의 현시를 보노하며, 이 현시들은 예언 또는 계시들과 갈마든다.

ㄱ. 짐승과 원로와 사람의 아들 현시(7장). 세상의 대제국들을 상징하는 짐승들은 단죄되며, 왕국은 "사람의 아들 같은" 신비스러운 인물에게 위임된다. 이어지는 현시 풀이에서 이 인물은 "지극히 높으신 분의 거룩한 백성" 공동체를 나타낸다.

ㄴ. 숫양과 숫염소의 현시(8장). 가브리엘 천사가 이 현시는 종말의 때를 상기시킨다고 설명한다: 메디아인들과 페르시아인들 제국은 그리스인들의 제국에 의해 짓눌릴 것이며, 이 제국은 거룩한 백성을 파멸시킬 것이나 결국 부서질 것이다.

X. 70주간에 관한 계시(9장). 예레미야서(25,11-14) 독서는 하느님께 죄의 고백과 탄원의 ('우리'!) 기도를 올리도록 다니

엘을 고무한다(4-19절). 가브리엘 천사는 그가 읽은 본문의 의미를 밝혀주기 위해 신비스러운 언어로 말한다. 그것은 종말의 때 까지 예루살렘의 운명에 관한 것이다.

ㄴ'. 아마포 옷을 입은 사람 현시와, 하느님의 진노와 종말의 때에 관한 계시(10,1-12,4). 이 큰 벽화는 전대미문의 재앙의 때에 이어, 이스라엘 백성의 해방과 죽은 이들의 부활로 끝맺음한다.

ㄱ'. 종말의 때에 관한 아마포를 입은 사람의 두 번째 현시(12,5-13). 거룩한 백성은 "일 년과 이 년과 반 년" 동안 짓눌릴 것이나, 이 시련은 그것을 이겨낸 사람들의 행복과 다니엘 자신의 부활로 귀착될 것이다.

책의 이 둘째 단원만이 묵시 문학유형에 해당한다. 여기서 우리는 더는 바빌론 궁중의 다니엘에 관한 교훈 기사들이 아니라, 다니엘이 보유자로 등장하는 계시를 만날 뿐이다. 이 단원의 중심에는, 종말 때까지의 예루살렘 역사 전개와 함께, 70주간에 관한 계시가 자리한다.

작품 전체는 두 번에 걸친 마스킬림(*maśkîlîm*, '현명한 이들') 언급으로 틀을 이룬다(1,4; 12,10). 이 두 구성 요소는 논리적으로 연결된다. 다니엘은 하느님의 메시지를 알아보고 그것을 정확하게 해설할 수 있는 능력을 갖춘 사람임을 증명해 보였기에(1-6장), 다음 장에(7-12장) 계시되는 내용에 대한 충만한 권위를 부여받을 자격이 있다. 복된 결말로 이어진 (첫 단원의 중심과 끄트머리에 자리한) 불가마와 사자 굴에서의 시련은 엄청난 시련의 때와 최후의 해방을 예고하며, 이는 둘째 단원에서 여러 가지 방법으로 묘사된다.

칠십인역성경은 4-6장에서 마소라본과 매우 다른 양상을 보인다.

그리스어 본문에 알려진 가장 오래된 형태를 보여주는 것 같은(Bogaert) 수사본 하나는(P967) 이 부분을 8장 다음에 놓고 있다. 특히 칠십인역성경은 히브리어와 아람어 본문에 여러 추가 부분을 첨가하고 있다. 아자르야의 노래(3,24-45: 여기에 보충 부분인 46-50절이 함께 한다), 세 젊은이의 노래(3,51-90), 수산나 이야기(13장), 벨과 큰 뱀 이야기(14장)이다.

2. 출처와 형성

7-12장 내내 '나'로 자신을 표현하는 다니엘은 6세기에 바빌론에 살았던 인물로 여겨지나, - 아직도 몇몇 저자에 의해서 옹호되는 전통적 견해에도 불구하고 - 그의 책은 훨씬 후대의 것임이 분명하다. 실상 우리는 다니엘서에서 사실과 다른 내용들을 다수 목격한다. 예를 들어, 벨사차르는 책이 제시하는 것처럼 네부카드네자르의 아들이 아니라 나보니두스의 아들이었으며, 그는 임금이라는 칭호를 지녀본 적이 없다. 다니엘은 다가올 사건들을 예고하나, 앞선 세기의 사건들보다 2세기 전반기의 사건들을 잘 알고 있었던 듯이, 역사가 전진하면 할수록 사건들은 더욱 명확해진다. 1장과 8-12장에 사용된 언어는 아람어로부터 영향을 받은 것이며, 이 아람어는 에즈라기와 엘레판틴 파피루스의 아람어보다(5세기) 비교적 후기 언어의 특징을 지니면서 2-7장에서 직접 사용된다. 이 모든 점은 오늘날 널리 받아들여진 결론으로 향한다. 다니엘서는 6세기가 아니라, 예고된 마지막 사건들의 시대, 다시 말해서 2세기에 작성되었다.

앞서 밝힌 관련성에도 불구하고 이 작품은 거의 단일성을 보여주지 못해 한 저자의 작품으로 보기 어렵다. 언어의 교차 외에 매우 상이한 문학유형이 존재하며, 교훈 기사에서 다니엘이 임금과 유지하는 전반적으로 긍정적인 관계와 묵시 현시를 특징짓는 폭력적 묘사 사이의 대조가 두드러진다. 이밖에 유사한 난제들 또한 책의 두 부분 각각에 반영되어 있다. 예를 들어 3장은 다니엘을 언급하지도 않으면서, 1장의 (히브리어!) 도입 부분을 통해서만 문맥에 연결되는 독립적인 기사를 이룬다. 이 도입 부분은 사실 사드락과 메삭과 아벳 느고를 다니엘의 벗들인 하난야와 미사엘과 아자르야와 동일시한다. 나아가 이 장들의 연대순도 일관성이 없다. 둘째 부분도 정확하게 일치하지 않는다. 언어 문제 이외에(아람어 7장, 히브리어 8-12장), 우리는 예를 들어 8,14(1150일)과 12,11(1290일)과 12,12(1335일) 사이에서 숫자상의 차이를 확인할 수 있으며, 7장의 현시는 지나친 겹쳐쓰기 현상을 보여준다. 이러한 난제들은 전혀 명확하지 않은 문학사의 단면이다. 주해가 대부분은 그러나 다니 1-6장 또는 2-6장의 기사들이 본디 대중적인 여러 '완전한 역사'를 형성하고 있었다고 추정하는 데 견해를 함께 하며, 이는 한편 아람어의 사용을 설명해준다. 그러기에 책의 기사들과 다른 요소들의 출처와 함께 그 형성을 순서대로 정리하기로 하자.

2.1. 편집 과정

다수의 아람어화 경향으로 말미암아 1장은 아람어에서 번역된 것으로 보이며(Koch, Collins), 이어지는 다섯 개의 장과 함께 이 문제를 다룰 수 있다. 첫 여섯 장의 기사들은 모두 바빌론 궁중에서 펼쳐진다는 데 공통점이 있다. 이 장들은 하나의 폭넓은 문학 단위 곧 '궁중 기사'에 속하며, 요셉과 파라오 이야기와(창세 40-41) 에스테르기와 성경 밖의 아키카르 이야기도 그러하다. 험프리스(W.L. Humphreys)는 여기서 두 종류의 기사를 구별하기를 제안했다. 하나는 임금과는 갈등이 없는 궁중 대신들 사이의 암투를 보여주는 기사이며(다니 2; 4; 5; 창세 40-41), 다른 하나는 군주와의 갈등 기사이다(다니 3; 6; 에스테르기; 아키카르 기사). 이와 같은 외적인 차이에도 불구하고 기사는 언제나 주인공 또는 그의 하느님을 찬양하는 임금의 태도 변화로 마감된다. 달리 말하자면, 이 기사들의 일반적 분위기는 참된 지혜가 늘 승리하고 만다는 세상에 대한 긍정적 시각 분위기이다. 성전을 파괴하고 예루살렘의 지도층을 압송해온 네부카드네자르도 2장과 4장에서 다니엘과 우호적 관계를 맺는다!

기사들 본래의 출처와 범위는 논쟁거리로 남아 있다. 4장의 기사는 나보니두스에 관한 독립 이야기에서 유래한 것 같다. 하나의 이본이 쿰란 사본에 보존되어 있다('나보니두스의 기도', 4QPrNab). 학자들은 다니엘의 지혜가 잠언이나 집회서의 지혜가 아니라, 바빌론의 큰 자랑거리였던 점술이라는 사실을 주시했다. 모든 기사가 동일한 세계에서 유래했다는 사실이 확실하지 않다면, 몇몇 기사는 페르시아 시대 동방의 디아스포라에서, 좀 더 정확하게는 기사들이 무대에 올려놓은 궁중 대신들의 세계에서 나온 것일 수 있다. 이러한 가설을 전제로 한다면, 기사들은 제국의 틀 안에서 유다인들의 사회적 지위가 향상하고 있음을 보여준다(Collins). 사실 문학 유형은 필히 저자의 사회적 상황을 반영하는 것은 아니다(Henze). 조정에 관한 언급들은 역사적인 명백한 오류만이 아니라 거친 과장법으로도 특징된다. 임금이 막 꾼 꿈을 이야기할 능력이 없다고 해서 모든 현자를 살해하는 현실(2,12), 또는 천 명에 이르는 귀족에게 벨사차르가 베푼 잔치(5,1) 등의 사실이 과장되어 있다. 다니엘과 그의 동료들은 지혜롭고 신심 깊고 능변인 반면, 이들의 이방인 경쟁자들과 임금들은 그에 비해 우둔한 사람들이다. 이들은 분명한 인간 존재보다는 '유형들'을 나타낸다. 헨체(M. Henze)는 한편 다니엘의 변신을 강조한다. 1장의 아무런 경험도 없는 젊은이가 2,48부터 "바빌론 지방 전체를 다스리는 통치자이며 바빌론의 모든 현인을 거느리는 총감독관"이 된다. 다니엘은 이스라엘 또는 좀 더 특별하게 디아스포라 유다인들의 희망을 대표했을 것이다.

동일한 문학유형에 속하는 다른 본문들에 견주어 다니 1-6장의 기사들은 종교적 차원으로 특징된다. 이 기사들은 네부카드네자르와(2,47; 3,28.31-33; 4,31-34) 다리우스가(6,26-28) 영광을 올리는 이스라엘 하느님 찬송에 비해 조정 대신들의 영전에 대한 언급이 적다. 언제나 기사의 마지막에 제시되는 이 요소는 그러나 본문 계승의 이차적인 단계에서 도입되었을 것으로 보인다.

2.2. 책의 기타 요소들 출처

7장에서 12장까지의 현시들은 앞선 기사들과 다른 출처를 보여준다. 문학유형은 (가명, 하느님의 비밀 계시, 천사 개입, 꿈과 현시 등과 같은) 주요 특징들을 지닌'역사적 묵시' 유형이다. 현시들은 안티오코스 4세 에피파네스와(7,8; 8,23-25) 성전 모독에(9,27) 관한 여러 참고 문구를 담고 있다. 11,2에서 열리는 역사적 벽화는 동일한 임금의 치세를 상세히 묘사하나, 저자는 아직 그의 죽음의 상황을 알지 못한다. 현시들의 저자는 아마도 책의 저자인 것 같으며, 이후 몇몇 미미한 수정이 가해졌을 것이다.

두 단원은 특별한 특징을 보여준다. 사람의 아들 현시에서(7장) 안티오코스 4세 암시는 이차적인 문학 단계에 속하는 것 같다(7,8.11.20ㄴ-22.24ㄴ-25). 다음 장들과 달리 이 장은 1-6장과 뚜렷한 관련성을 보여

헬레니즘 시대의 새로운 전쟁 기구로서의
(뿔과 함께 표현된) 코끼리를 새긴 셀레우코스 1세 치하의 동전.
다니 7장의 네 번째 짐승이 여기서 암시된다고 볼 수 있다.

주기 때문이다. 아람어로 기초되었고, 불길한 네 세력 주제를 재해석하며(2장), 첫 번째 짐승의 변신은(7,4) 4장을 참고하는 것으로 보인다. 한편 다니엘의 기도는(9,4ㄴ-19) 본디 독립적인 요소를 이루었던 것 같다.

칠십인역성경에만 등장하는 아자르야의 기도, 세 젊은이의 노래, 수산나 이야기, 벨과 큰 뱀 이야기는(이 본문들에 할애된 입문 참조) 셈어로 된 대본으로부터 번역된 것으로 보인다.

2.3. 책 형성

책의 전반부 바탕에서 우리는 바빌론 디아스포라에서 구전 또는 문서 형태로 유포되었을 아람어로 된 독립 기사들을 만난다. 이후 이 기사들은 하나로 규합되어 하나의 문집을 형성한다. 여기서 비록 가설들을 제안할 수밖에 없다 하더라도, 이 과정은 여러 단계를 포함했을 것이다.

1) 옛 칠십인역성경에 담긴 특별한 특징들을 보여주는 4-6장으로 된 작은 문학 단위가 (페르시아 시대에?) 형성된다.

2) 이미 고대근동의 (네 번째 제국) 그리스 통치를 언급하는 신상 꿈이(2장) 헬레니즘 시대에 덧붙여진다. 1장이나 7-12장에서도 찾아볼 수 없는 찬영가들이(2,20-23; 3,31-33; 4,31-32; 6,27-28) 이때 삽입된 것 같다.

3) 세 번째 단계에서 1장과 3장과 최초 형태로서의 7장이 덧붙여진다. 바빌론 궁중에서의 세 젊은이 교육 이야기는 (다니엘이 현시와 꿈을 해설하는) 2장, (세 동료에 관한) 3장, (다니엘이 꿈을 해몽하는) 4장, (성전 기물들을 언급하는) 5장, (키루스 치세를 참고하는) 6장을 준비하나(1,21; 6,29), 8-12장까지는 아직 대상 밖이다. 한편 기사는 이미 음식 문제와 관련하여 안티오코스 4세가 강요했던 방법 적용에 대한 거부를 반향한다(참조. 1마카 5,62-63; 2마카 5,27; 6,7-8; 엘아자르와 일곱 형제들의 순교를 말하는 2마카 6,18-31과 2마카 7장도 참조).

4) 마카베오의 위기 한가운데서, 164년 중일 것이나 안티오코스의 죽음 예고 이전에, 이 작품은 그 최후 형태를 갖춘다. 아람어 소책자는 8–12장의 현시들로 보충되며, 이 기회에 1장이 히브리어로 번역되고, 전체가 새로운 상황에 맞추어 개정되었을 것이다. 최후 수정은 마카베오의 위기가 해결된 다음 도입되었을 것이다(예를 들어 12,11–12 참조).

그렇다면 편집자를 어떻게 자리하게 해야 하는가? 콜린스(J.J. Collins)는 책 끄트머리의의 '현명한 이들'(*maśkîlîm*)이라는 언급에 관심을 쏟았다(12,10; 참조. 11,33.35; 12,3). 이들만이 사건들을 이해할 것이며, 이는 이들이 하느님의 비밀을 간직하고 있는 자들임을 의미한다. 이들은 따라서 많은 이를 가르쳐야 할 책임을 맡았으며(11,33), 다니엘은 이 *maśkîlîm*의 일원(1,4), 나아가 그 원형이었다. 쿰란 문학에서 *maśkîl*(현명한 이)은 비의적 지식의 수탁자인 공동체의 교사이다. 따라서 그는 공동체에서 중요한 역할을 하는 사람이었으며, 다니엘서의 최후 편집자 역시 *maśkîl*임이 틀림없다. 아마도 그는 마타티아와 유다 마카베오가 조직한 항전에 합류하나(1마카 2,42) 그들의 정치에는 동조하지 않았던(1마카 7,13), 하시딤(자의적으로 '경건한 자들') 집단에 속한 사람이었을 것이다. 이 집단은 토라와 예배에 대한 애착으로 특징되나, 정치나 메시아 기다림에는 별로 관심이 없었다.

3. 주제와 의도

다니엘서는 첫 번째 성경에서 묵시문학을 대표하는 주요 작품이다. 묵시문학이 기원후 두 첫 세기의 유다교와 그리스도교 정신에 기본적인 역할을 한 것처럼, 이러한 현실은 작품에 결정적인 역할을 부여했다. '사람의 아들'의 모습과 개별 부활이라는 두 가지 특별한 주제를 살려보아야 할 것이다.

3.1. 묵시의 기원

중대한 위기의 시기와 관련된 '묵시록'은 세상의 역사, 특히 그 완성에 대한 하느님의 신비 또는 비밀을 계시해주는 문학유형이다. 다니엘서가 끊임없이 되풀이하는 종말의 때를 말한다(7,26; 8,17.19; 9,26.27; 10,14; 11,10; 12,4.9.[13]; 2,28도 참조). 이 계시는, 언제나 악의 세력에 대한 하느님의 승리를 이러저러한 방법으로 예고하는, 특히 꿈 또는 환상적인 현시를 통해 이루어진다. 묵시록의 또 다른 특징이기도 한 가명 기법은 이러한 목적에서 사용된다. 과거의 한 현자에게 현시들을 돌리는 현상은 책에 강력한 권위를 부여하고 그 가르침에 전통적인 영향력을 심어줄 뿐만 아니라, 종말을 예고하면서 기나긴 시기 동안 펼쳐진 역사를 품어준다. 독자에게 알려진 일련의 사건 예고와 그 해설은 종말에 다가올 희망을 믿게 해준다.

다니엘서에서와 같은 묵시는 167-164년의 마카베오 위기로 말미암아 초래된 충격에서 탄생한 것 같다. 587년의 사건들이 문학적이며 신학적인 지대한 갱신을 불러일으켰던 것처럼, 성전 모독에서 비롯된 충격과 전통에 성실하게 머문 유다인들 박해와 야훼 공동체로서의 이스라엘의 생존에 관한 인간적인 모든 희망 상실은 새로운 연사를 낳게 했다. 이러한 비극적인 상황에서 제기된 근원적인 질문이, 공동체가 새로움을 향한 위험을 무릅쓰기 위해, 잘 알려져 있던 문학유형에서 빠져나오도록 강요한 것이다. 다니엘서와 에녹서 상권의 저자들은 인간적 연사에서도, 이전의 문서에서도 그들의 근본적인 질문에 대한 응답을 찾을 수 없다는 의식을 가지고 있었다. 이는 오직 사건들의 의미와 해결 방법을 유일하게 말해줄 수 있는 하느님의 계시 안에서만 가능한 일이었다. 이 묵시 작품들은, 이스라엘의 종말이나 그리스도교 신자들의 죽음에 관한 근원적인 질문이 끊임없이 제기되는 (전쟁, 박해 등의) 상황에 기초한, 유다교와 그리스도교의 광범위한 문학을 위한 원형 역할을 할 것이다.

묵시 연사의 새로움은 그러나 절대적이지는 않다. 이 새로움은 무엇보다 먼저 형성 중에 있던 히브리어 성경의 모든 부분에 속한 일련의 전통적 요소들 사이의 전혀 새로운 일관성을 파악하는 데 있다. 이처럼 다니엘서 저자는 시편 또는 2세기 초의 교훈문학(토빗기) 세계뿐만 아니라, 예언자들(특히 에제키엘과 즈카르야, 그러나 또한 아모스, 이사야 또는 예레미야) 또는 오경(요셉 이야기)으로부터 영향을 받았으며, 이 요소들은 새로운 체계 안에서 재해석되었다.

성경 독서는 종말의 신비를 밝혀준다. 이 종말은 이스라엘의 궁극적인 파괴가 아니라, 먼 옛날부터 체계적으로 설정되어온 역사의 종점에서 결국 야훼에 의해 정복되고 말 악의 제국의 최후 위기를 말한다. 이 점에서 묵시는 (사제계 연대기적 틀 속에서의) 오경과 동시에 (역사적 결정론이 결여된 종말론에 관한) 예언 설교를 연장시켜 나간다.

3.2. '사람의 아들' 현시

복음서에서 예수님은 자신을 종종 '사람의 아들'(*huios tou anthrôpou*)이라 칭하신다. 이 칭호는, 박해자들의 희생 제물인 예수님의 버림받은 상태와(마태 17,22 참조) 동시에 부활하신 분에 대한 찬미를 표현하기에 적합한, 그리스도론 직함의 기본적인 표현이다. 이 표현은 다니 7,13에서 유래하며, 마태 24,30; 26,64; 마르 13,26; 14,62; 루카 21,27에 인용된다(묵시 1,7 참조). 현시에서 다니엘은 세상을 지배하며 폭력을 난무하게 했던 잔인무도한 짐승 네 마리와(2-8절), 이 짐승들을 단죄하는 지고의 판관의 착좌를(9-12절) 인지한다. 이어서 "사람의 아들 같은 이"가 하늘의 구름을 타고 나타나 모든 백성에 대한 통치권을 부여받는다. 인간이 폭력과 결부된 짐승과 대립하는 것이다. 해설자 천사가, 왕국과 제국은 "지극히 높으신 분의 거룩한 백성"(27절), 곧 박해에도 불구하고 토라에 성실하게 머문 공동체에게 주어지리라고 밝힌다. 사실상, 그를로(P. Grelot)가 적시했던 대로, "암시적인 단순한 상징으로서의 사람의 아들에 대한 신원 확인 문제가 아니라, 그에게 다가올 일에 대한 해설 문제이다."

3.3. 개별적인 부활

(말라빠진 뼈 현시에 관한) 에제 37장과 같은 본문들은 오래전부터 민족적 부활을 말해 왔으나, 다니 12,2-3.13은 개별적인 부활 신앙을 확언하는 첫 본문이다. 추정컨대 이 확언은 순교 현실을 보상 신학과 양립시켜야 할 필요성에서 요구된 것 같다.

4. 참고 문헌

4.1. 주석서

D. Bauer, NSK.AT22, 1996. J.J. Collins, FOTL, 1984. Id., Hermeneia, 1993. M. Delcor, SBi, 1971. J.E. Goldingay, WBC 30, 1989. E. Haag, NEB.AT, 1993. K. Koch, BK.AT 22, 1986ss. A. Lacocque, CAT 15b, 1976. J.C. Lebram, ZBK, 1984. S. Pace, Smyth 7 Helwys Bible Commentary, 2008. P.L. Redditt, NCBC, 1999. W.S. Towner, Interpretation, 1984.

4.2. 연구사

J.M. Asurmenti, «El libro de Daniel en la investigación reciente», *EstB* 55(1997), p. 509-540. J.J. Collins, «Current Issues in the Study of Daniel», in J.J. Collins/P.W. Flint (éd.), *The Book of Daniel: Composition and Reception. Vol. 1*(VT.S 81/1), Leiden, 2001, p. 1–15[l'ouvrage entier propose un large panorama de la recherche actuelle]. A.S. van der Woude (éd.), *The Book of Daniel in the Light of New Findings* (BEThL 106), Leuven, 1993. D.M. Valesta, «The Book of Daniel in Recent Recherch (Part 1)», *CBR* 6(2008), p. 330–354.

4.3. 주요 저서 및 논문

G. Becquet *et al.*, *La fosse aux lions. Lecture du livre de Daniel*, Paris, 1993. P.-M. Bogaert, «Relecture et refonte historicisante du Livre de Daniel attestées par la première version grecque (Papyrus 967)», in R. Kuntzmann/J. Schlosser (éd.), *Etudes sur le Judaïsme hellénistique. Congrès de Strasbourg* (1983) (LeDiv 119), Paris, 1984, p. 197–224. L. DiTommaso, *The Book of Daniel and the Apocryphal Daniel Literature* (Studia in Veteris Testamenti Pseudepigrapha 20), Leiden/Boston, 2005. P. Grelot, *Le livre de Daniel* (CEv 79), Paris, 1992. M. Henze, «The Narrative Frame of Daniel: A Literary Assessment», *JSJ* 32(2001), p. 5–24. W.L. Humphreys, «A Life-Style of the Diaspora. A Study of the Tales of Esther and Daniel», *JBL* 92(1973), p. 211–223. J.-M. Husser, «Théologie du pouvoir politique dans les récits araméens de Daniel», *Trans* 22(2001), p. 21–34. K. Koch/M. Rösel, *Polyglotensynopse zum Buch Daniel*, Neukirchen-Vluyn, 2000. K. Koch, *Europa, Rom und der Kaiser vor dem Hintergrund von Zwei Jahrtausenden Rezeption des Buches Daniel*, Göttingen, 1997. R.G. Kratz, *Translatio imperii. Untersuchungen zu den aramäschen Danielerzälungen und ihrem theologigeschichtlichen Umfeld* (WMANT 63), Neukirchen-Vluyn, 1991. Id., «Die Visionen des Daniel», in R.G. Kratz *et al.*, (éd.), *Schriftauslegung in der Schrift FS O.H. Steck*

(BZAW 300), Berlin/New York, 2000, p. 219–236. A. Lacocque, *Daniel et son temps. Recherches sur le mouvement apocalyptique juif au IIe siècle avant Jésus-Christ* (Le Monde de la Bible 8), Genève, 1983. P. de Martin de Vivies, *Apocalypses et cosmologie du salut* (LeDiv 191), Paris, 2002, p. 69–101. R.T. Mclay, «The Old Greek Translation of Daniel IV–VI and the Formation of the Book of Daniel», *VT* 55(2005), p. 304–323. T.J. Meadowcroft, *Aramaic Daniel and Greek Daniel* (JSOT.S 198), Sheffield, 1995. H. Rouillard–Bonraisin, «Problèmes du bilinguisme en Daniel», in F. Briquel–Chatonnet (éd.), *Mosaïque de langues, Mosaïque de cultures. Le bilinguisme dans le Proche-Orient ancien* (Antiquités Sémitiques 1), Paris, 1996, p. 145–170. R. Stahl, *Von Weltengagement zu Weltüberwindung. Theologische Positionen im Danielbuch* (CBET 4), Kampen, 1994.

에즈라-느헤미야기

아바디(Philippe Abadie)

흔히 에즈라기와 느헤미야기를 하나의 동일한 문집에 규합하고 있는 터에, 그 단일성에 대해 언급할 필요가 있겠는가? 또한 어떤 동기가 이 규합을 주도했는가? 또 다른 논점은 에즈라-느헤미야 문집과 역대기 사이의 저자 단일성에 관련되어 있다(이 책의 역대기 상하권 입문 참조). 그러나 에즈라-느헤미야기 모음은 또 다른 여러 난제를, 본문의 복합성과 유배 귀환 시대 중의 유다 역사와의 관련성 문제를 시작으로, 이 모음 전체의 해석을 결정짓는 문제에 이르기까지의 난제를 제기한다. 우선 그 내용과 구조를 제시함이 적절해 보이며, 이어서 우리는 이 모음의 원전과 작성 연대와 탄생 배경을 다룰 것이다. 이러한 과정을 밟아가는 동안 에즈라기와 느헤미야기의 주요 신학적 의도들이 우리 고유의 선택을 안내할 것이다.

1. 설계와 내용

에즈라-느헤미야기는 자연스럽게 연대순에 따라 연결되어 있는 세 개의 문학 단위를 제시한다.

I. **에즈 1-6장**은, 유배자들의 귀환과 성전 재건을 허가하는 538년의 키루스의 칙령(에즈 1) 이후, 다리우스 1세 치하인 520-515년에 진행된 재건 공사의 완료에 이르기까지(에즈 5-6), 유다 복원의 첫 연대들을 묘사한다. 그 사이에서 3-4장은 귀환민에(에즈 2 참조) 대한 원주민의 적대감과, 지방관들의 의혹에 의한 장기간의 공사 중단을 서술한다.

II. '둘째 단원'은, 하느님의 율법을 임금의 법으로 공식적으로 공포할 사명을 지닌 에즈라의 예루살렘 도착과 함께 시작된다(**에즈 7-8**, 여기에 **느헤 8**의 기사를 결부시키는 것이 적합하다). 이 율법 공포의 선행 조건으로 사제-서기관 에즈라는 모든 유다인을 소집하는 장엄한 집회의 때에 이민족 아내들과 맺은 혼인 계약을 파기하도록 한다(**에즈 9-10**). 이 업적은 '아르타크세르크세스 제7년', 책의 연대에 따르면 기원전 458년의 일로 추정된다.

III. '셋째와 마지막 단원'은(**느헤 1-13**), 느헤미야 지방관이 445년 이후 두 번에 걸친 사명 수행 동안 예루살렘 도성의 성벽을 다시 세우고 (농민들의 부재, 예루살렘의 인구 감소, 레위인들의 빈곤 문제 등) 수많은 사회 문제와 (이민족들과의 관계, 안식일 휴식 준수 등) 종교 문제 등을 해결하는 치적을 소개한다.

원전들을 살피면서 우리는 실상 본문 짜임이 매우 복잡하다는 사실을 확인하게 될 것이나, 지금으로서는 특히 에스케나지(T.C. Eskenazi)의 작업을 기초로 책의 구조적 단일성을 강조하는 것으로 시작하기로 한다. 이 저자에 따르면, 에즈 6,14는 ('원로들'로 내표되는) 이스라엘 백성의 행동과, 성전 재건과, ("하느님의 명령에 따라") 페르시아 임금들에게 명을 내리는 권능의 참된 원천을 한 자리에 묶어놓으면서 이 책의 신학적 주제에 기초를 놓는다. 문학 분석은 에즈 2장과 느헤 7장의 귀환민 명단 반복으로 시작해서, 책 전체 구조화에서 쐐기돌 역할을 하는 '반복'의 중요성을 드러나게 한다.

1. 서언: 에즈 1,1-4. 키루스의 칙령은 성전 재건을 명한다
 2. 칙령 적용: 에즈 1,5에서 느헤 7,72
 ㄱ 서언과(에즈 1,5-6) 귀환민 명단(에즈 2,1-70)
 ㄴ 귀환민들에 의한 '제단'과 '성전' 건축(에즈 2,1-6,22)
 ㄷ '율법'에 의한 귀환민 공동체 구성(에즈 7,1-10,44)
 ㄹ 귀환민들에 의한 '성벽' 건축(느헤 1,1-7,5)
 ㅁ. 약술: 귀환민 명단(느헤 7,6-72)
3 재건 성공: 느헤 8,1-13,31. 율법 기념과 성벽 봉헌

비슷한 구조화가 책의 중심 대상, 곧 성전과 율법과 (예루살렘을 상징하는) 복원된 땅이라는 세 축을 중심으로 연결된 귀환민 공동체 구성을 밝혀준다(에즈 2와 느헤 7). 유배의 종료를 표기하는 서언과 완성된 복원을 기념하는 결어 사이에, 율법 증여와 정화된 공동체 성립으로 드러나는 일종의 전이 과정이 발생한다.

2. 출처와 형성

이 두 권의 책을 하나의 '문학 단위'로 읽을 수 있는지를 살피는 문제로 시작해서, 여러 문제가 조명을 필요로 한다.

하나의 경전에서 다른 경전으로 넘어 가는 책의 본문 전승은 복잡한 문제를 이룬다. (칠십인역성경에서 에즈라기 2권 또는 '에즈라기 B'라 불리는) 히브리어 경전 입장에서 보면, 알렉산드리누스 전승은 매우 다른 본문, 곧 대중 라틴말 성경이 세 번째 자리(= 에즈라기 3권)에서 반복하는 에즈라기 1권 또는 '에즈라기 A'를 담고 있다. 이 책은 비교적 후기의 전례적 작품으로서

(Eskenazi), 요시야 치하에 거행된 파스카 축제와(2역대 35) 에즈라에 의한 율법 공포를 동반했던 초막절(느헤 8) 사이의 복구 작업을 기술한다. 성경 자료 반복은 다리우스의 세 시동(侍童) 이야기와 같은 독자적인 일화 창작을 동반한다. 그러나 관심은 예루살렘 성전과 예배에 쏠려 있으며, 이는 느헤미야의 활동에 관해 일말의 언급도 없음을 설명해준다. 그리스어 경전에서 취한 이 책에 대중 라틴말 성경은 마지막 작품인 유다교 묵시록 에즈라기 4권을 덧붙이며, 이 책의 기본적 요소는 기원후 70년의 성전 파괴 이튿날, 곧 그리스도교의 고쳐 쓰기 단계에 삽입되기 이전에 기록된 것이다. 간략한 도표가 이와 같은 복잡성을 밝혀줄 것이다.

마소라본(히브리어)	칠십인역성경(그리스어)	대중 라틴말 성경(라틴어)
	에즈라기 1권	
에즈라기	에즈라기 2권	에즈라기 1권
느헤미야기		에즈라기 2권
		에즈라기 3권 (= 칠십인역성경의 에즈라기 1권)
		에즈라기 4권(외경)

그러나 (히브리어) 경전 양분도 후대의 일이다. 유다교와 마찬가지로 (Flavius Josephus, *Contra Apionem*; *b. San* 93b와 *Baba Bathra* 14b; Ibn Ezra 등) 그리스도교의 고대 용법은(사르디스의 멜리톤) 오리게네스와 특히 예로니모에 의해(*Prologus Galeatus*: 서론) 책이 양분되기 이전에는 한 권이었음을 확증해 준다. 그리스어와 라틴어 작품들의 영향 아래 유다교 전통은 중세기 말에 (1448년) 가서야 이러한 구분을 수용하게 되었다.

책 전체에서 에즈라와 느헤미야라는 인물이 뒤얽혀 있는 현상이 보여주듯이, 이러한 구분은 그러나 이차적인 것으로 머문다. (장엄한 율법 봉독에 관한) 느헤 8장은 유다 지방관 느헤미야의 활동을 넘어 에즈 7–8장 기사와 연장선상에 있기 때문이다. 최후 편집자의 눈에 개혁 작업은 하나임이 틀림없었다(느헤 12,26과 12,47 참조).

이와 같은 최후 편집 작업의 단일성은 그러나, 우리가 책에 포함된 원전들을 통해 접근할 수 있는 복잡한 문학사에 대해 그 어떤 것도 예단하게 하지 않는다. 이 작업을 위해 우리는 에즈라기와 느헤미야기의 줄거리를 형성하는 세 가지 서술체 문학단위를 분리해서 분석해야 할 것이다.

2.1. 에즈 1-6장

'다니엘서'의 첫 세 장과 유사하게, 이 첫 번째 서술체 단위는 히브리어와(에즈 1,1-4,7과 6,19-22) 동시에 아람어로(4,8-6,18)로 작성되었기에, 이중 언어 사용으로 특징된다. 다양한 원전이 분명하게 명시되어 있으며, 특히 아람어 부분에서 그러하다.

*** 히브리어 부분**

- 키루스 칙령(1,2-4);
- 성전 집기 목록(1,9-11);
- 귀환민 명단(2,1-70)

*** 아람어 부분**

- 서신(4,6.7);
- 르훔이 아르타크세르크세스에게 보낸 서신과(4,8-16) 임금의 답신(4,17-22);
- 타트나이가 다리우스 임금에게 보낸 서신(5,6-17);
- 키루스의 비망록과(6,3-5) 임금의 답신(6,6-12)

후기의 편집 하나가, 조화를 이루지 못하는 이 자료를 성전 재건에 초점을 맞추어 편찬했다. 유배로부터의 귀환은 이제 '제2의' 탈출로 묘사된다. 본문의 이 단원과 역대기 사이의 다수의 병행 문구를 확인하면 할수록, 우리는 저자의 단일성에 이를 수 없다(Blenkinsopp). 보다 분명히 말한다면, 에즈 1-6장은 책의 가장 후기의 문학 단위로서, '에즈라의 회고록'과 '느헤미야의 회고록'이 통합된 다음에 전체에 삽입된 것이다. 그 편집 세계는 사제계이며, 역대기를 재독한 세계이다(Williamson). 예형의 유연성은 저자의 단일성이라는 지나치게 편협한 개념 속에 갇히지 않기를 촉구한다(Ackroyd).

인용된 문헌들의 역사적 가치는 경우마다 평가되어야 할 것이다. 엑바타나 고문서고에서 발견된(에즈 6,3-5), 성전 건축을 윤허하는 아람어 칙령이 '실질적으로' 진본이라면, 에즈 1,2-4의 히브리어 칙령은 제2 이사야의 신학과 탈출기 주제들에 의해 특징된 다분히 이념적인 건축에 관한 것이다. 우리는 또한 르훔이 아르타크세르크세스에게 보낸 서신이(에즈 4,17-22의 군주의 답신과 함께 에즈 4,8-16), 이 서신 교환이 편집자의 신학적 구성에 포함된다는 사실에 주목하면서, 진본임을 지지할 수 있다. 역사적으로 성벽 복구 사업은 전혀 다른 상황에 속하는 일이었다(450년경 느헤미야 시대). 본문 배치에서 이 부분은 서사체 공백을 메우며, "유다와 벤야민의 적들"을 고발하면서 성전 재건사업이 지연된 이유를 설명한다. 하까 1장의 병행 신탁은 유다인들의 열정이 부족함을 비난함으로써 현실에 더 가까운 장면을 보여준다. 이러한 예는 계승된 문헌의 진실성을, 이 문헌이 책에 삽입되는 현실과 분리하도록 초대한다. 이 현실은 역사가로서의 편집자의 의도를 충족시키기 위한 것이기 때문이다.

2.2. '에즈라의 회고록': 에즈 7-10장

에즈 7-10장으로 구성된 서사체 단위를 일견하는 것으로 우리는 사건들의 이중 기사를 인지할 수 있다. 첫째는 하나의 자서전적 관계로 제시되는 '나' 기사이며(에즈 7,27–9,15), 둘째는 보다 서사체적 양식인 '그' 기사이다(에즈 7,1–11과 10,1–44).

넓은 의미에서 '그' 기사는 '나' 기사와 병행한다(예를 들어 에즈 10,1–6에서 반복되는 에즈 9,1–5 참조). 따라서 독립적인 원전이 문제가 아니라, 사제이며 서기관인 주인공 에즈라를 모세 가문의 창립자들 혈통에 끼어 넣는데 목적이 있는 편집적인 부연 설명이 문제시된다(여기에 에즈라를 아론과 연결시키는 에즈 7,1ㄴ–5의 족보가 첨가된다).

문학 단위의 바탕에서 우리는 후기의 편집자에 의해 재생된 '나' 기사를 어림잡을 수 있다. 그 저자는 누구였나? 몇몇 학자는(Torrey) 여기서 일종의 위조적인 작업, 사제이며 서기관인 에즈라라는 가상 인물의 업적으로 돌리면서 자기의 개혁적 관점을 받아들이게 하고자 했던 역대기자의 문학적 작업을 본다. 이와는 달리, 다른 학자들은(Albright) 그 저자를 에즈라 자신과 동일시하기 위하여 전통적인 자료에 의존한다(*baba Bartha* 15a). 최근에 와서, 켈러만(U. Kellermann)은 '에즈라의 회고록'을 기사의 유일한 공증 요소인 아르타크세르크세스의 '칙령'에(에즈 7,12–26) 대한 임의의 미드라시로 보기를 제안했다. 우리로서는 윌리엄슨(H.G.M. Williamson)의 그리 과격하지 않은 견해를 받아들인다. 이 저자에게 기사는('나' 기사) 실질적으로 에즈라에게, 아마도 예루살렘에 도착한지 얼마 되지 않아 페르시아 임금 아르타크세르크세스에게 이 기사를 보낸 에즈라에게 거슬러 올라간다. 본래의 이 기사는, '그' 기사로 이를 증보한 어떤 발행인에 의해 수정되어, '에즈라의 회고록'과 '느헤미야의 회고록' 통합으로 완성된 작품 전체 안에 편입되었다.

이 점에 관해서, 에즈라의 회고록과 느헤 8–10장 기사 사이의 관계가 질문으로 제기된다. 에즈 7–10장과 느헤 8장 사이의 연결 관계는, 비록 에즈 7,26의 *dat*(법)와 느헤 8장의 *torah*(율법)처럼 기사 상호간의 전문용어 차이가 발견된다 하더라도(Rendtorff, 그리고 Crüsemann의 응답 참조), 대부분의 주해가들에게 분명한 것으로 보인다. 이제 책에서 에즈라의 활동 기사가 분산되어 있는 현실을 설명하는 문제만 남아 있다(아래 참조).

검토해 보면, 느헤 9,5ㄴ-37은 앞서 묘사된 장면과 실질적인 관련이 없는, 문맥을 벗어난 하나의 전례 기도이다. 초막절의 틀 속에서, 시기적으로는 *Yom Kippur*(속죄일)와 가까운 틀 속에서, 율법 공포와 죄에 대한 '민족적' 고백을 결부시키고자 하는 9,3의 후기 주해 부분을 예외로 하면, 그 무엇도 에즈라, 나아가 느헤미야의 활동과 어떤 관계를 찾아보도록 허용하지 않는다. 느헤 10장 또한 에즈라의 활동보다는 (느헤미야의 '이차' 사명에 관한) 느헤 13장과 더 가까이 다가서는 혼합 기사이다. 아마도 시기적인 일관성에 큰 관심을 두지 않았던 최후 편집에 의해 이곳에 삽입된 독립 기사인 것 같다.

2.3. '느헤미야의 회고록': 느헤 1-13장

'에즈라의 회고록'에 관련된 여러 특징은 이중 기사를 시작으로 해서 '느헤미야의 회고록'에도 유효하다.

'나' 기사

1,1-2,20	느헤미야의 사명과 예루살렘 도착; 일차 방해
3,33-7,5	방해에도 불구하고 성벽 재건
12,31-43	성벽 봉헌
13,4-31	몇 년 후 느헤미야의 '이차' 사명

'그' 기사

3,1-32	재건 자원자들 명단
11,1-2	예루살렘 주민 증가

12,27-30	성벽 봉헌에 함께 한 행렬 묘사
12,44-47	'이상적 시대' 묘사
13,1-3	느헤미야의 '이차 사명'에 관한 신명기계 서언

이 간략한 정리는 (명단, 기사, 신학적 재독과 같은) '그' 기사에 담긴 자료들이 동질의 것이 아님을 보여준다. 이와는 달리 '나' 기사는 이어지는 이야기를 제시한다. 그러나 이 기사가 비평을 불러일으키지 않는 것은 아니다. 켈러만은, 역대기자의 손과(느헤 6,10.11ㄱㄴ.13) 보다 후기의 편집자의 손에(느헤 3,26ㄱ; 7,1) 의한 몇몇 주해부분을 식별해내면서도, 느헤 1,1-7,5ㄱㄴㄱ만을 진본으로 받아들이며, 느헤 7,5ㄴㄴ-8,1은 후-역대기자의 작품으로 돌린다. 비록 우리가 켈러만이 제안한 전문용어를 받아들이지 않는다 하더라도, 그는 구성 요소들 가운데 몇몇을 통해 '탄원 시편'을 상기시키는 '자서전적' 기사의 편집 복합성을 밝혀냈다(최근의 Reinmuth도 참조). 예루살렘 안팎으로 적대자들에게 둘러싸인(안에서는 대사제 엘야십, 밖에서는 호론 사람 산발랏과 암몬 사람 관료 토비야와 아라비아 사람 게셈), 기도하는 느헤미야는 하느님께 호소하여("기억해 주십시오.") 자기의 정의를 드러내고(느헤 5,19; 13,14.22.31) 적대자들을 혼란케 하고자 한다(느헤 6,14; 13,29).

이와 같은 문학 편집은 이 기사에서 단순한 역사적 관계를 살펴보기를 금하며, 여러 저자는 이 기사를 고대근동 임금들의 비문과 아람의 봉헌 비문과 접근시켜 보고자하며, 또는 느헤미야가 페르시아 임금에게, 나아가 하느님께 올린 청원을 보기도 한다(Reinmuth의 저서에서 이 다양한 관점에 관한 논쟁 참조). 학자들의 몇몇 입장에 대한 이 간략한 요약은 '느헤미야 회고록'의 문학유형을 둘러싸고 있는 어려움을 드러낸다. 윌리엄슨은 독자적인 해결안을 제안하며, 우리는 이 제안을 받아들일 것이다. '회고록'은 문학적인 두 단계를 거쳐 발전되었을 것이다. 아르타크세르크세스가 느헤미야에게 위임한 (예루살렘 성벽 재건) 사명에 관한 간략한 '보고서'에 '하느님께 올린 청원'의 글이 덧붙여졌다(느헤 5,10을 발전시킨 느헤 5,14-19 참조). 느헤미야 자신이 고쳐 쓴 이 글은, 자기의 개혁 업적이 훗날 몇몇 사회에서 (특히 고위 성직자 사회에서) 불러일으켰던 이의 제기에 답을 주고자 한다. 이중 편집이라는 이러한 예형은 느헤미야의 회고록이 제시한 기사의 '절충적' 성격에 정당성을 부여한다.

3. 주제와 의도

문학적인 문제를 넘어 이 책은 역사와의 관련성에서 적지 않은 질문을 제기한다. 여기서 모든 것은, 탈출 서사시를 예형으로 구상된 첫 귀환의 역사로 시작해서(에즈 1-6), 편집자들의 신학적 글에 의해 조정되는 것 같다. 그들의 땅으로 귀환한 유배민들은, 그 옛날 모세와 여호수아에 의해 인도된 지파들이 요르단 건너편 임금들과 대적해야 했던 것처럼, 원주민들의 적대 표적이 된다(Abadie).

우리는 책의 신학적 고쳐 쓰기와 직접적인 관련이 있는 두 역사적 관점만을 살펴보기 위해서, 참고자료들을 인용하는 매우 자유로운 용법에 대해 재론하지 않을 것이다.

3.1. 유다의 제후 세스바차르

책에서 세스바차르는 '유다의 제후'(*hannâsî' lîhûdâh*: 에즈 1,8)와 '지방관'(*pehâh*: 에즈 5,14)이라는 두 개의 직함을 받는다. 그러나 그는 매우 모호한 인물로 남아 있어, 학자들은 잘 알려져 있던 '다윗 가문의 왕자'이며(1역대 3,17-19) '지방관'인(하까 1,1) 즈루빠벨이라는 인물과 섞어 보고자 했다(이미 Flavius Josephus: 유다 고대사 XI, I,13-14). 두 사람 다 귀환 무리를 인도했으며(에즈 1,11과 2,2), 성전의 기초'를 놓았다(에즈 5,16과 즈카 4,9). 이 논제를 지지하는 학자들은, 이 이중 이름 가운데 하나는 페르시아 고관으로서의 '공적인 이름'(세스바차르)에 해당하며, 다른 하나는 '유배민들 사이의 이름'(즈루빠벨)에 속한다고 주장한다. 사실 이중 호칭 관습이 불가능한 것은 아니나(참조. 다니 1,6-7; 에스 2,7), 하나는 바빌론식 이름이며 하나는 유다식 이름이다. 따라서 이 두 호칭이 바빌론에서 유래한 것이 아님은 분명하다. 나아가 이 책의 '아람어 문헌'을 읽어보면, 이 두 인물은 하나는 과거의 인물로(세스바차르), 다른 하나는 현재의 인물로(즈루빠벨) 각각 소개된다.

그렇다면 기사의 이러한 모호함을 어떻게 이해해야 하겠는가? 자펫(S. Japhet)이 밝혔던 대로, 책의 최후 편집자는 즈카 4장의 올리브 나무 두 그루 현시에서 영감을 받은 일종의 쌍두정치에 따라 사제(대사제)와 평신도(지방관)라는 이중 인물에 의해 지배되는 이중 도식을 중심으로 기사 전체를 편성했다.

1) 대사제 예수아와 지방관 즈루빠벨에 의한 성전 재건(에즈 1-6);

2) 사제이며 서기관인 에즈라와 지방관 느헤미야의 보호 아래 유다교 탄생(에즈 7-느헤 13).

이러한 대칭 속에서 세스바차르라는 인물은 어떤 자리도 차지하지 못한다. 기억 속에서 완전히 지워버릴 수 없어, 편집자는 그를 즈루빠벨과 동일시하면서 '일종의 존속'으로 간직했다. 이 예는 이처럼 역사 재구성이 어떤 방법으로 신학적 지향성에 의해 조정되는지를 밝혀준다.

3.2. 에즈라와 느헤미야 사이의 관계

다수의 연대 지표들이 에즈라와 느헤미야의 사명 기사를 조율한다.

에즈 7,8	"임금 제칠년 다섯째 달"(= 기원전 458년)에 에즈라 예루살렘 도착
에즈 7,9-8,31	에즈라의 전 여행 기간: 첫째 달 열이튿날에서 다섯째 달 초하룻날까지(108일)
에즈 10,9	"아홉째 달 스무날"에 혼인을 개혁하는 집회
에즈 10,16-17	집회 작업의 시작(열째 달 초하룻날)과 마침(첫째 달 초하룻날)
느헤 1,1	"제이십년 키슬레우 달"(= 446년 12월) 느헤미야를 향한 전갈
느헤 2,1	"니산 달"(445년 3/4월) 느헤미야와 임금 사이의 대담
느헤 5,14	느헤미야의 사명 기간: "아르타크세르크세스 임금 제이십년부터 제삼십이년까지"(445-433)
느헤 7,72ㄴ-8,2	장엄한 율법 봉독: "일곱째 달 초하룻날"
느헤 13,6	느헤미야의 수사(Susa) 귀환과 이차 사명(424년 이전?)

매우 구조적인 이 연대표에서 우리는 기본적으로 두 가지 점에 귀를 기울일 수 있다. 우선 에즈라와 느헤미야의 동시대성이다. 율법 봉독과(느헤 8,9) 성벽 봉헌(느헤 12,36) 때에 분명하게 확인되며, 느헤 12,26의 연대 표기에서 반복되기 때문이다. 그러나 본문을 내적으로 검토해보면, 연대에 관한 이러한 표기는 독립적인 원전이 아니다. 느헤 8장에서 느헤미야는 어떤 역할도 하지 않으며, 동사의 (단수)형은 그의 이름이 괜히 덧붙여져 있음을 드러낸다. 이러한 분명한 사실은 성벽 봉헌에서 에즈라에게도 똑같이 나타난다. 성벽 봉헌 기사에서 에즈라의 이름은, 단순한 *waw*(그리고) 접속사를 통해 기사에 연결되어 있어 편집적인 덧붙임으로 보이는, 일종의 부록에 등장한다(12,36ㄷ). 따라서 이 두 위대한 개혁자의 동시대성은

'신학적인 기획을 위한 문학 기법'(Shaver)이라는 결론이 요구된다.

동일한 난제들이 '이들의 사명 수행 연대'를 추정하는 데도 등장한다. 세 가지 시나리오가 고려될 수 있다. 첫째는, 연대순을 따르는 것이며(Blenkinsopp, Williamson), 둘째는, 에즈 7,8의 본문 수정을 통하여 에즈라와 느헤미야 사명의 동시대성을 그대로 유지하는 것이며(Myers), 끝으로 셋째는, 본문을 수정하지 않은 채 에즈라의 도착을 다른 문맥, 곧 '아르타크세르크세스 2세 제칠년'(기원전 398년)으로 옮기는 것이다(Cazelles, Michaeli).

책의 내부적 논거와 함께 에즈라와 느헤미야의 두 가지 개혁에 관한 몇몇 사법적인 자료 검토는 셋째 시나리오를 택하도록 한다. 엄격한 역사적 관점에서 보면, 느헤미야의 개혁 작업은(기원전 445) 에즈라의 그것을(기원전 398) 앞서기 때문이다. 그렇다면 연대 자료들을 뒤집는 성경의 전개를 어떻게 설명해야 하는가? 여기서 다시 한 번, 책에서 서술체로 무대에 올려놓은 신학적 의도가 이를 설명해줄 수 있다. 이민족과의 혼인 문제를 해결하지 않은 채(에즈 9-10), 그리고 예루살렘이 성벽 안에서 견고하게 되고(느헤 2-3/6) 주민들이 재정착하지 않은 채(느헤 7), 어떻게 율법이 공포될 수 있었겠는가(느헤 8)? 율법은 '모든 혼합 요소'에서 갈라지고 정화된 백성에게 주어지기 때문이다. 에즈 9,9의 표현이 주는 강력한 의미에서 율법은 이제 '유다와 예루살렘의 피신처(*gader*)'를 이룬다. 나아가 임금의 '칙령'과(에즈 7,11-26) 느헤 8,1의 서술체 도입 사이에 놓인 간격은, 이 율법이 페르시아 군주의 호의가 아니라 오직 하느님 안에서 그 정당성을 찾음을 밝혀준다.

이 또한 분명하게 확인되는 신정적(神政的) 문맥에 따르면, 사제이며 서기관인 '사제계 인물' 에즈라의 도착은 논리적으로 '평신도계 인물' 느헤미야의 도착보다 앞서야 했다. 과거의 사건들을 꼼꼼하게 재구성하려는 의도보다는 바로 이와 같은 신학적 의도가 성경 본문에서 에즈라와 느헤미야의 사명 수행 연대 기초가 된 것이다.

신성한 공간	세속적 공간
1. '성전의 전례적 틀 속에서' 에즈라에 의한 이민족과의 혼인 단절(에즈 9-10)	
	2. 느헤미야에 의한 성벽 복구(느헤 2-3/6)
3. '초막절의 전례적 틀 속에서' 에즈라에 의한 장엄한 율법 봉독(느헤 8)	
	4. 느헤미야에 의한 성벽 봉헌(느헤 12,27-47)
5. '안식일의 전례적 틀 속에서' 느헤미 야에 의한 이민족과의 혼인 단절(느헤 13)	

사건들과 그 기사화 사이의 시간적 차이에서 빚어진 연대 착오 또는 혼동이라는 가설은 역사나 연대보다 전례가('신성한 공간') 더욱 지배적이었던 이와 같은 현실을 감안하지 못한다. 의심할 여지없이, 장엄한 율법 봉독을 다시 한 번 책의 중심(3항 = 느헤 8)에 놓은 '작자의 의도에 의한' 의도적인 선택 문제이다(F. Michaeoli).

4. 참고 문헌

4.1. 주석서

A. Bertholet, 1902. J. Blenkinsopp, OTL, 1989. D.J. Clines, NCBC, 1992[2]. K. Galling, ATD 12, 1954. A.H.J. Gunneweg, KAT 19/1, 1985; 19/2, 1987. G. Hölscher, HSAT, 1923. F. Michaeli, CAT 16, 1967. J.M. Myers, AncB 14, 1965. H. Scheider, HSAT 4/2, 1959. H.G.M. Williamson, WBC 16, 1985.

4.2. 연구 현황

M. Noth, *Überlieferungsgeschichtliche Studien, Halle, 1943 = The Chroniclers's History* (JSOT.S 50), Sheffield, 1987. W.Th. In der Smitten, *Esra: Quellen, Überlieferung und Geschichte*, Assen, 1973. U. Kellermann, *Nehemiah: Quellen, Überlieferung und Geschichte* (BZAW 102), Berlin, 1966. T.C.M. Vogt, *Studien zur nachexilischen Gemeinde in Esra-Nehemiah*, Werl, 1966.

4.3. 주요 저서 및 논문

P. Abadie, «Le livre d'Esdras: un midrash de l'Exode?», *Trans* 14(1988), p. 19–31. P.R. Ackroyd, «Chronicles – Ezra – Nehemiah: the Concept of Unity», *ZAW* 100(1988), p. 189–201. F. Ahlemann, «Zur Esra–Quelle», *ZAW* 59, 1942/43, p. 77–98. J. Blenkinsopp, «The mission of Udjahorresnet and those of Ezra and Nehemiah», *JBL* 106(1987), p. 409–421. D. Böhler, *Die heilige Stadt in Esdras a und Esra-Nehemiah Zwei Konzeptionen der Wiederherstellung Israels* (OBO 158), Fribourg, 1977. H. Cazelles, «La mission d'Esdras», *VT* 4(1954), p. 111–140. P.R. Davies (éd.), *Second Temple Studies 1: Persian Period* (JSOT.S 117), Sheffiled, 1991. T.C. Eskenazi, *In an Age of Perse: A Literary Approach to Ezra-Nehemiah* (SBL.MS 36), Atlanta(GA), 1988. K. Galling, *Studien zur Geschichte Israels im persichen Zeitalter*, Tübingen, 1964. S. Japhet, «Sheshbazzar and Zerubbabel», *ZAW* 94(1982), p. 66–98; *ZAW* 95(1983), p. 218–229. H.H. Schraeder, *Esra der Schreiber*, Tübingen, 1930. H.G.M. Williamson, *Studies in Persian Period History and Historiography*, Tübingen, 2004.

역대기 상하권

아바디(Philippe Abadie)

역대기는 흔히 사무엘기와 열왕기의 변형된 후대의 반복 작품으로 취급되어, 성경 독자들로부터 경시의 대상이 되어 왔다. 사실 역대기는 제2성전 레위인들의 신조에 따라 왕정제도의 역사를 독창적으로 재해석한 작품이다. 기원전 4세기경에 쓰인 이 작품은 잘 알려지지 않은 시대 유다교의 희망과 신학을 밝혀주는 소중한 증언이다.

1. 설계와 내용

1.1. 전체 구조

히브리어 성경에 따르면, 역대기는 성경의 세 번째 총서, 곧 성문서 또는 크투빔의 마지막 부분을 이룬다. 스페인의 몇몇 수사본은 그러나 이 책을 성문서 제일 앞자리에 두며, 아마도 예배에 대한 두드러진 강조가 이 책을 뒤따르는 시편에 훌륭한 입문을 제공한다고 여겨졌기 때문일 것이다. 이와는 달리 칠십인역성경(과 대중 라틴말 성경, 에티오피아어 성경과 같은 그 뒤를 잇는 다양한 번역)은 역대기를 에즈라기와 느헤미야기 직전에 배치하며, *Paralipomenes*(누락된 것들)라는 이름으로 역사서 가운데 배열한다. 순서는 따라서 열왕기, 역대기, 에즈라기 1권(에즈라기), 에즈라기 2권(느헤미야기)이 된다.

책을 두 분분으로 나눈 것은 후대의 일이다. 이 구분은 우선 칠십인역성경에 나타나며, 히브리어 성경은 15세기에 가서야 이를 받아들였다. 그러나 마소라본은, 구절 총계를 2역대 36,23 다음에 자리한 최후 출판정보 페이지에 제시하면서, 본문의 또 다른 상태를 증언한다. 사실 이 책은 연대순에 따라 이루어지는 삼등분 구조, 곧 아담부터 다윗까지와 다윗으로부터 솔로몬까지와 르하브암으로부터 예루살렘 멸망까지의 구분에 잘 어울린다. 좀 더 가까이 들어가 보면, 곧 살펴보겠지만, 이 마지막 부분은 작품 전체에 신학적 일관성을 제공하는 두 장면으로 세분된다는 사실을 확인할 수 있다. 역대기는 이처럼 다윗이 세운 예배의 계승자이면서도 죄로 말미암아 늘 결속과 일치 문제에서 위기에 처해 있던 전례적 이스라엘을 제시한다.

Ⅰ. 족보: 자기 땅에 자리한 이스라엘(1역대 1-9)

가. 1역대 1	아담으로부터 이스라엘까지: 노아의 자손과(1,4-27) 아브라함의 자손(1,28-54)
나. 1역대 2-9	이스라엘의 후손: 이스라엘의 아들들과(2,1-8,40) 유배에서 예루살렘으로 귀환한 사람들(9,1-44)

Ⅱ. 다윗과 솔로몬 통치: 일치 속의 이스라엘(1역대 10-2역대 9)

가. 1역대 10	반-본보기: 사울
나. 1역대 11-29	본보기 1: 다윗
다. 2역대 1-9	본보기 2: 솔로몬

Ⅲ. 솔로몬의 후계자: 일치를 추구하는 이스라엘(2역대 10-36)	
가. 2역대 10-28	르하브암으로부터 아하즈까지, 분리의 열매들
나. 2역대 29-36	히즈키야로부터 치드키야까지, 복원과 유배 사이

2. 출처와 형성

2.1. 책 이름

이 책의 히브리어 이름 *dibrê hayyamîm*(날들의 말씀들/행위들)은, 예로니모가 사무엘기와 열왕기 서론(*Prologus galeatus*)에서 부여한 *Chronicon totius divinae historiae*(하느님의 모든 역사 연대기)라는 책이름으로 잘 번역되어 있으며, 여기서 통상적인 서명 '역대기'가 유래한다.

이와는 달리, 칠십인역성경의 그리스어 판 책이름 *Paralipomenes*(누락된 것들)는 현실과 부합하지 않는다. 실상 이 책은, 저자가 사무엘기와 열왕기에 알려지지 않은 (또는 사용되지 않은) 원전에 기초한 고유의 자료들을 단순하게 덧붙여 만든, 다시 말해서 사무엘기와 열왕기를 재생한 작품이 아니라, 기원전 400년과 300년 사이의 제2 예루살렘 성전의 레위계 세계에서 탄생한 독창적인 작품이기 때문이다.

이 점을 살펴보기에 앞서, 이 책이 에즈라-느헤미야기와 맺고 있는 관련성을 간략하게 정리해 보기로 하자.

2.2. 에즈라-느헤미야기와 역대기 사이의 저자 단일성?

이 책들 사이에 공통적인 문체와 주제의 특수성을 바탕으로, 충(L. Zung)은 1832년에 ('역대기자'의 작품으로 되어 있는) 이 책들 사이의 저자의 단일성에 관한 가설을 발표했다. 이 가설은 전통적인 자료를 기초로 한 것이며(바빌론 탈무드, *baba Bartha* 27: "에즈라는 자기 책과 역대기, 다시 말해서 본인에게 이르기까지의 세대들의 그 뒤를 썼다. 그러면 누가 이 작품을 완성했는가? 하칼야의 아들 느헤미야이다"), 이후 폭넓게 수용되어온 이론이다(Curtis, Madsen 등).

다양한 자료가 구문론적 논거를 강화해준다. 첫째, 2역대 36,22-23의 (간추려진) 마지막 부분이 에즈 1,1-4에서 반복되고, 둘째, 2역대 35-36장과 에즈 1-10장과 느헤 8장을 (느헤미야에 관한 모든 언급을 생략한 채) 재생한 책인 에즈라기 1권이 칠십인역성경에 존재하며, 셋째, 기사를 다룸에 있어 (특히 족보에 관한) 원전들을 동일하게 사용하고 있다는 점과 같은 논거들이다.

입문이라는 틀 속에서 이 가설에 관한 문제를 상세하게 제기한다는 것은 거의 불가능한 일이나, 오늘날 이 가설은 공감대 형성의 대상이 되지 못한다는 사실은 지적해두어야 한다. (Japhet, Williamson의) 면밀한 연구는 이 다양한 자료들, 특히 드라이버와 커티스/매드슨이 내세운 특수한 문체 목록을 선별하여, 백사십 여개의 자료 가운데 여섯 개만을 선택했다. 또한 본문의 이전 상태를 반영하는 것과는 멀리, 에즈라기 1권은 마카베오 시대 유다인들과 그리스인들 사이의 대립 관계 흔적이 있는 매우 미드라시적인 후기의 전례 작품으로 밝혀졌다. 2역대 36,22-23 역시, 히브리어 작품에 이 책들의 순서가 수용되던 시점에, 에즈 1,1 이하의 영향으로 구성되어 본문에 덧붙여진 첨가 부분에 불과할 것이다(Williamson). 문서화한 원전들과 족보 원전들은 아마도 헬레니즘 영향 아래에 놓여 있던 당시의 역사편찬 개념을 밝혀준다(Hoglund).

언어학적 논거에 관한 비평적 검토는 한편 충분하지 못했던 것으로 드러났으며, 역대기자의 포를라게(*Vorlage*: 본문 원형)에 사용된 언어와 역대기자 자신에 의해 활용된 언어와 이차적인 자료의 언어 사이를 식별하지 않았다는 점에서 특히 자펫(S. Japhet)에게 질타가 가해졌다(Mosis, Talshir 참조). 이 책과 저 책 사이의 관련성에 관한 이와 같은 재검토에는 마땅히 이 책들의 대주제에 관한 정확한 평가가 뒤따라야 한다(Williamson).

노트(M. Noth)가 1943년에 제안한 독서법 가설이 오랫동안 지배적인 평가를 받아 왔다. 이 가설에 따르면, 예루살렘의 신정 왕국 묘사는 저자의 반-사마리아적 의도에 유리하게 작용했으며, 여기서 역대기에 북 왕국의 역사에 대한 언급이 거의 없다는 점과, 유배에서 귀환한 유다인 집단과 "땅의 백성" 사이에 대해 에즈라-느헤미야기에 묘사된 갈등 문제가 설명된다. 그러나 좀 더 주의를 기울여 보면, 이 책들 사이의 관점 차이가 발견된다. 두 번째 책의 의도가 느헤미야의 적대자인 산발랏이 상징하는 북의 주민들에 대해 매우 적대적인 반면, 역대기에서는 그렇지 않다. 역대기에서 북 왕국은 자주 훨씬 긍정적인 면모를 보이며(2역대 25,17-24; 28,5-15), 위대한 개혁 임금들의 관심 대상으로 등장하기도 한다(2역대 30,5-20; 31,1 또는 34,9). 전체로서의 이스라엘 백성은 게르(*gēr*, 거류 외국인)까지 포함하여(2역대 30,25) 나라 전체를 감싼다. 이와 같은 통합주의적 관점은 에즈라와 느헤미야의 개혁에서 주창된 배타적이며 분리주의적 특정주의와 대립한다(Braun, Japhet, Abadie). 우리는 따라서 유다인들과 사마리아인들 사이의 단절에서 야기된 논쟁, 기원전 128년 요한 히르카노스에 의한 그리짐 성전 파괴 이후에야 비로소 대두되었을 논쟁 안에 이 책을 가두어둘 수 없다(Coggins).

마찬가지로 탈출 주제를 다룸 역시 이 책 저 책에서 매우 큰 차이를 보인다. 이 주제가 에즈라-느헤미야기에서 참고와 구조화에 있어 예형 역할을 하는 반면, 역대기에서는 또 다른 중심 주제인 예루살렘 성전 주제로 말미암아 가려져 있다.

이밖에도 우리는 역대기와 에즈라-느헤미야기 사이의 큰 차이점 목록을 확대할 수 있다. 예를 들어, 에즈라-느헤미야기에는 역대기에 나와 있는 그대로의 보상 개념과 전문용어가 결여되어 있으며, 에즈라-느헤미야기의 경우와는 정반대로 역대기에는 다윗 왕조에 의해 수행되는 역할이 강조되어 있음을 확인할 수 있다. 예언주의 또한 역대기에서는 중요한 자리를 차지하나, 에즈라-느헤미야기에서는 낮게 평가되어 있다(느헤 6,4-14 참조). 한편, 역대기와는 달리 레위인들을 성가대(41절), 문지기(42절), '주어진 사람들'(성전 봉사자, 43절)로 구분하는 에즈 2,40 이하(= 느헤 7,43 이하)의 증언에 의거하는 문제는 다소 어려운 일이다. 이러한 구분이 이 두 권의 책에 사용된 원전으로부터 유래한 것일 수 있기 때문이다.

역대기의 구성과 에즈라-느헤미야기의 구성 사이의 관련성에 대한 평가는, 의견의 일치와는 거리를 두고서, 비평가들을 계속해서 분열시키고 있다. 도식적으로 우리는 이 비평가들을 세 부류로 구분할 수 있다. (Freedman과 Cross에 이어) 최소한 편집 단계에서 저자의 단일성을 인정하는 주석가들과(Ackroyd, Mosis, Clines), 이 책들을 온전히 독립적인 방법으로 다루는 학자들과(Japhet, Williamson), 끝으로 이 책들을 동일한 저자의 분리된 책들로 보는 학자들이다(Willi, Welten). 언어학과 주제를 내세워 앞서 언급한 이유로 우리는 둘째 부류에 자리하면서, 역대기와 에즈라-느헤미야기를 서로 다른, 나아가 서로 대립되는 저자들과 세계의 작품으로 취급하기로 한다.

2.3. 집필 연대와 세계

확실한 외적 기준이 없어 역대기의 집필 연대 역시, 기원전 515년에서 250년까지(Welten), 아니면 그 이상으로(A. Lods에게는 기원전 190년) 추정할 만큼, 매우 심한 논쟁거리이다. 다양한 여러 가설 가운데 우리는 두 가지를 택하기로 한다. 프리드먼(N. Freedman)의 논증을 발전시키면서 크로스(F.M. Cross)는 역대기-에즈라기-느헤미야기 전체에서 세 개의 판을 제안한다. 첫째는 즈루빠벨이 이끈 복구 작업을 지지하는 기원전 515년의 '역대기 1판'(1역대 10-에즈 3,13), 둘째는 에즈 5,1-6,19의 아람어 원전과 에즈라기 1권의 포를라게(플라비우스 요세푸스가 유다 고대사 XI에서도 반영하는 본문)를 포함한 에즈라 시대의 '역대기 2판', 끝으로 1역대 1-9장의 족보 목록을 도입하고 '느헤미야의 회고록'과의 통합을 일구어낸 기원전 400년경의 '역대기 3판'이다. 우리가 평가하고 있는 것처럼, 매우 창의력 있는 이 가설은 (최후 편집 단계에서) 어느 정도의 저자의 단일성과 함께, (오늘날 이 역시 대단한 논쟁의 대상이 되고 있는) 느헤미야의 예루살렘 도착보다 에즈라의 개혁이 앞선다는 사실을 받아들인다.

우리가 보기에 책의 고유한 자료에 더 적합한 가설은 윌리엄슨(H.G.M. Williamson)이 제안한 이론이다. 1역대 29,7에 시대에 맞지 않는 페르시아 화폐 '다릭'이 언급되고 있는 것처럼, 또는 제국의 행정 체계를 반영하는 2역대 8,3-4의 타드모르와 하맛 초바의 제휴가 보여주는 것처럼, 여러 지표는 책이 페르시아 시대에 작성되었다는 결론으로 이끈다. 여기에 우리는 2역대 16,9에 즈카 4,10이 인용되고 있음을 부연할 수 있다. 또는 1역대 3,17-24에 실린 여콘야의 아들들의 족보 분석도 그러하다(마소라본에서는 유배 이후 여섯 세대를 말하며, 이는 기원전 400-350년으로 향하게 한다). 노트나 루돌프(W. Rudolph)와는 달리, 윌리엄슨은 (6,35-38을 제외한) 1역대 1-9장 대부분을 역대기자의 작품으로 돌린다. 그리스어 전문용어와 강도 높은 헬레니즘적 영향이 보이지 않는다는 점에서, 그는 "기원전 4세기 가운데 어느 시점으로"(*at some point within the fourth century B.C.*) 집필 연대를 결론짓는다. 그렇다면 이 작품이 오로지 단 하나의 편집 단계를 겪었다는 말인가? 책에서 (특히 1역대 15-16장과 23-26장에서) 레위인들의 지위와 역할을 검토하는 과정에서, 윌리엄슨은 우선 중요한 레위계 편집이 있었고, 몇 십 년이 지난 후 사제계 교정자에 의해 논쟁적인 방법으로 손질되었다고 본다. 이와는 달리, 노트(와 그 뒤를 이은 루돌프)는 이 장들을 마카베오 시대에 수집된(1역대 24,7의 암시 참조) 이차적인 자료 총체로 취급했다.

집필 연대를 헬레니즘 시대 초기로 추정하는 것도 불가능한 일은 아니다(페르시아의 영향력이 에즈라-느헤미야기에 비해 현저하게 떨어진다고 보는 Japhet 참조). 책에 활용된 역사편찬 방법들과 그리스 역사가들의 방법들 사이의 비교 연구 역시 동일한 결론으로 이끈다(Hoglund, Knoppers). 빌리(T. Willi)와 벨텐(P. Welten)이 책의 군대 시설에 대한 전문적인 연구를 바탕으로 제안한 것처럼, 좀 더 (기원전 3세기로) 내려가야 하는가? 어느 정도의 신중성은 오히려 기원전 350년과 300년 사이를 포함하는 연대에 우선권을 부여하도록 우리를 초대한다.

책을 소장하고 있던 세계에 관한 문제는 덜 복잡한 문제로 보인다. 조금만 주의를 기울여 책을 읽어보아도 레위인들, 그 가운데서도 성가대원들에게 주어진 중요한 역할을 확인할 수 있다. 몇 가지 예만 들어본다 하더라도, 레위인들의 부재는 궤 운반의 첫 실패를 설명한다(1역대 15,2). 그러기에 다윗은 몸소 이들을 예루살렘으로 소환하며(15,3 이하), 궤가 운구 행렬을 마치자 이스라엘의 이 신성한 상징 앞에서 "야훼를 기리고 찬송하며 찬양할" 사명을 이들에게 위임한다(16,4 이하). 레위인들은 여호사팟 시대에 이스라엘의 송사를 해결하는 일과 같은 또 다른 대개혁에서든(2역대 19,8 이하), 또는 히즈키야 시대에 예배 업무를 다시 맡게 되었을 때에든 중심 역할을 맡는다(2역대 29-31). 2역대 11,13-17은 사제들과 레위인들이 이스라엘 땅을 두 경쟁 왕국으로 분단한 현실 앞에 방임 상태로 있었음을 보고하고 있는 것은 아닌가? 사무엘기와 열왕기에 해당 자료가 없다는 점에서, 이는 고유한 원전에서 유래했다기보다는 저자의, 나아가 저자가 속해 있던 세계의 창작일 것이다. 이 점에 대해서는 책의 신학적 의도를 다룰 때 다시 살펴보기로 한다.

2.4. 책의 원전들

책의 가장 분명한 원전은 사무엘기와 열왕기로 국한시켜서는 안 되는 성경 본문 자체이다. 이처럼 1역대 1-9장의 족보 전체는 (창세기, 탈출기, 민수기와 같은) 오경의 여러 책에서, 나아가 여호수아기와 룻기에서 폭넓게 끌어온 것이고, 1역대 16장의 시편 구성은 시편 96, 105, 106편을 조합한 것이며, 이사야서(2역대 28,16-21), 예레미야서(2역대 36,21), 즈카르야서에(2

역대 16,9) 대한 암시도 찾아볼 수 있다.

여러 차례에 걸쳐 책은 "이스라엘 임금들의 실록"(2역대 20,34; 33,18)과 같은 '역사적' 문서와, "사무엘 선견자의 기록"(1역대 29,29), "나탄 예언자의 기록"(1역대 29,29; 2역대 9,29) 등과 같은 '예언서적' 문서를 참고한다. 가장 흔한 현상은, 역대기자가 해당 소재를 선별하고 있다 하더라도, 이 다양한 참고가 경전으로서의 원전 자체를 대상으로 한다는 것이다. 역대기자는 사울의 치세를 단 하나의 기사로 축소하며(1역대 10), 다윗에게 영예롭지 못한 간통 사건이나(2사무 11-12) 왕권 계승의 난국을(2사무 9-20: 1역대 29,24와 비교) 기술하지 않는다. 솔로몬 치세의 그림자(1열왕 11) 역시, 성전 건축을 위해 선택된 임금에게 어울리지 않기에, 기사에서 사자진다(Braun, Williamson). 선별된 일화들 역시 저자의 예배 목적에 따라 진정한 고쳐 쓰기 작업의 대상이 된다. 그 한 예로 2사무 24장과 1역대 21장을 비교할 수 있다(이 점에 대해서 Knoppers 참조). 한편 역대기자와 그의 원전들 사이의 모든 차이점을 역대기자의 탓으로 돌릴 수는 없는 일이며, 이는 역대기자가 활용한 포틀라게에 관한 복잡한 문제를 야기한다(Cross, Mckenzie 참조).

보다 미묘한 문제는, "임금들의 실록 미드라시[주석서]"(2역대 24,27), 또는 "실로 사람 아히야의 예언서"와(2역대 9,29) "이또 예언자의 미드라시"와(2역대 13,22) 같은 다양한 '예언서'가 해당될 수 있는 경전 이외의 원전에서 초래된다. 이들 문서는 그야말로 경전으로서의 원전과는 독립된 것인가? 왕국의 건설 사업에 관한 여러 목록이나(예를 들어 2역대 11,5-12), 원전으로서의 본문에 알려져 있지 않은 아자르야나(2역대 15,1-15) 하나니의(2역대 16,7-10) 개입을 보도하는 기사와 같은 예언 기사들을 이들 문서에서 비롯된 것으로 보아야 하는가? 아니면, 레이니(A.F. Rainey)와 함께 사무엘-열왕기와 역대기에 공통된 원전의 존재를, 곧 유배시대 이전의 예언자 집단에서 유래한 '유다 임금들의 연대기'를 인정해야 하는가? 이 연대기는 추정컨대 신명기계 역사편찬보다 더욱 선별적인 의도를 강조했던 것으로 보이며, 이는 역대기자 고유의 기사들을 설명해줄 수 있다(이 가설과는 다르게 공통 원전의 작성 시기를 좀 더 후대로 보는 이론을 살펴보기 위해서는 Auld 참조). 이론의 여지없이, 해답은 대체로 역대기자와 그의 작품의 역사적 신빙성에 대해 우리가 어떤 개념을 가지고 있느냐에 달려 있다(Japhet). 이 점에서 저자들의 견해는, 절대적인 불신에서 어느 정도 절대적인 신뢰에 이르기까지, 전적으로 갈라진다. 최근의 두 저자 벨텐과 윌리엄슨은 정반대의 비판적 시각을 증언한다. 벨텐에게 역대기의 고유 자료들은 역대기자의 보상 신학과 결부된 주제들인 반면에, 윌리엄슨은 역대기자가 다양한 원전에서 취한 이 자료들 안에서 일종의 역사적 신빙성을 찾아 인정한다. 물론 이 경우 언어와 고유한 개념화 작업을 배제하는 것은 아니다. 우리로서는 (R.W. Klein과 함께) 역대기자의 고유 기사들이 성경 본문 자체를 기초로 정교하게 구성된 작품임을 주시하면서 가급적 벨텐의 주장을 수용하기로 한다. 클라인이 분석한 2역대 13장에, 탈출 14장에서 취한 요소들로 구성된 본문들로서의 (예를 들어) 1역대 16장의 시편 선집이나 2역대 20장의 전쟁에 관한 전례적 작품을 덧붙이기로 하자. 여기서 칠십인역성경의 책 이름처럼 '누락된 것들'을 말한다는 것은, 재독이라는 고유한 작업을 통하여(Willi), 나아가 박학한 역사편찬 구성을 통하여(Kalimi) 작품의 일관성을 끌어내는, 책의 정신을 무시하는 일이 된다.

원전들에 관한 토론을 바탕으로 이제 우리는 책의 신학으로 넘어간다.

3. 주제와 의도

앞서 제안했던 구조화 단계에서 다시 출발하는 것이 바람직해 보인다. 이 구조화는 책의 의도가 아담으로부터 편집자의 시대에 이르기까지 이스라엘을 정의하는 일 자체에 관련되어 있음을 밝혀준다.

3.1. 이스라엘의 예배적 정의

첫째 단원은(1역대 1-9장) 매우 넓은 외연을 부여하면서 자기 땅에 자리한 이스라엘을 묘사한다. 두 가지 점이 이 단원을 특징짓는다. 우선, 유배라는 단절의 시대를 넘어, '토착' 예형이 단절에 특권을 부여하는 다른 예형들과 대립하는(에즈라기 참조) '연속성'이라는 원칙의 중요성을 확언한다는 점이다. 다음, 임금들과 사제들과 레위인들을 중심으로 뭉친 백성의 일치라는 책의 고유한 역동성에 화답하는, 야곱/이스라엘과 유다와 레위라는 세 인물이 차지하는 중요성에 주목할 수 있다. 사실 둘째 단원은(1역대 10-2역대 9) 일치 안에 있는 이스라엘을 묘사한다. 긍정적(다윗-솔로몬) 또는 부정적(사울) 상징을 통하여 임금의 모습들을 연결하는 방식은, 특히 예루살렘 성전과 그 예배를 통하여 결합되는 하느님과 이스라엘의 관계를 결정짓는다. 몇몇 저자는(Mosis) 여기서 잘못으로 얼룩진 과거와(사울, 유배) 완료되지 않은 현재 진행과(다윗, 복원) 종말론적인 완성(솔로몬, 미래) 사이의 연결점을 보기도 한다. 셋째와 마지막 단원은(2역대 10-36) 끝으로 이스라엘이 굴곡의 역사를 통하여 하느님을 찾아 나섬을 서술한다. 르하브암과(2역대 10-12) 아하즈(2역대 28) 같은 부정적인 인물에, 요시야와(2역대 34-35) 특히 새로운 솔로몬처럼 묘사된 히즈키야(2역대 29-32) 같은 긍정적 인물이 대립한다. 아비야(2역대 13), 아사(2역대 14-16) 또는 여호사팟(2역대 17,1-21,1) 같은 보다 대조적인 다른 임금의 모습들은, 이스라엘의 찾아 나섬이 결코 마감되지 않았음을 의미한다. 책에 실린 '임금의 연사들'의 역할과 전파는 이 구조를 보강한다. 이처럼 다윗의 세 '연사'는(1역대 22; 28; 29) 다윗-솔로몬 예배 작품의 단일성을 보장하는 반면, 마지막 부분은 회개에 관한 두 '연사'(아비야: 2역대 13,4-12; 히즈키야: 2역대 30,6-9), 곧 각 세대는 2역대 7,13-14에 확립되어 있는 보상 원칙에 따라 신실의 길을 걸어가야 한다는 연사로 둘러싸여 있다.

3.2. 레위인 시각으로 과거 다시 읽기

이렇게 포괄적으로 정리할 수 있다 하더라도, 책의 풍요로운 의도를 단 하나의 주제로 축소할 수는 없는 노릇이다(Japhet 참조). 몇몇 저자는 책에서 다윗의 모습이 차지하는 중요성을 지적한다. 모세처럼 왕조의 창립자는 예배의 창시자와 레위인 성가대원들의 전형으로 등장한다. 그 옛날 시나이산에서의 모세처럼(탈출 25,1-27,21), 다윗은 지어야야 할 성전의 모형을 하느님으로부터 직접 받고, 그것을 솔로몬에게 물려준다(1역대 28,11-19). 이렇게 해서 성전 건축은 다윗 시대의 완료와 '평화의 사람'을 의미하는 솔로몬이라는 이름의 완성으로 등장한다(*šālôm*[평화]를 말하는 1역대 22,9와 *šālem*[완성]을 언급하는 2역대 8,16 사이의 삽입 참조). 나아가 다윗은 레위 계급과(1역대 23-26) 시편 예배의(1역대 15-16; 2역대 7,6에서 반복) 기초를 놓은 사람이며, 이렇게 해서 모세와 함께 모든 예배 개혁에 관한 전형이 된다(2역대 8,13-15; 23,18; 29,25-27.30; 35,4).

다윗 모습에 대한 특별한 취급은 저자들에 의해 다양하게 해석된다. 어떤 저자들은 여기서, 즈루빠벨이라는 인물 변호를 통하여 유배 귀환 이후의 왕정제도 복원에 대한 희망(Freedman, Cross), 또는 예배 묘사를 통하여 유배시대 이후 신정제도의 정당성을 본다. 윌리엄슨은 '왕정주의 종말론'에 대하여 말하며, 모지스(R. Mosis)는, 앞서 보았던 대로, 매우 상징적인 방법으로 (유배 - 복원 - 종말론적 미래의) 인물로 다시 읽는다.

우리가 제안하는 해석에 따르면, 다윗의 모습에 대한 역대기자의 재독은 이 전승을 소장한 세계에서 비롯된 것이다. 따라서 우리는 이 책을 제2성전의 레위인들에 의해 '조정된 역사', 다시 말해서 자신들의 위치를 '예언자'로 인정된 임금의 고위 후원자 자리에 올려놓음으로써 지위 상승을 겨냥한 일종의 법적이며 신학적인 변론과 같은 역사로 규정할 수 있다(Abadie). 과거는 따라서 현재를 위한 기능과, 신명기계 개혁으로 지위가 하락했으며 에제 44장의 사제 상속 신학에서도 경시의 대상이 된 레위인들을 아론계 사제단과 대립시키는 복합적인 관계를 위한 기능을 하도록 초대된다. 역대기는 이처럼 논쟁 분위기에서 탄생한 작품이다. 이 책은 또한, 사제계 여러 수정이 전제된 다음 비로소 경전으로 수용되었기에, 역사의 '패자들'의 시각을 반영하는 작품이기도 하다(Williamson).

3.3. 현재 방향: 예배와 율법에 대한 신실성

마치기에 앞서서, 책을 특징짓고 단일성을 부여하는 마지막 신학적 주제인 즉각적인 보상에 대한 신학적 원칙을 적시하기로 하자. 책의 여러 열쇠 부분에서 다윗과(1역대 22,13; 28,9) 솔로몬은(2역대 7,13-14), 각 세대는 하느님께 신실할 것인지 그렇지 않을 것인지에 대한 선택, 다시 말해서 예루살렘의 예배와 율법에 성실할 것인지 그렇지 않을 것인지에 대한 선택 앞에 선다는 원칙을 진술한다. 여기에 2역대 12,5; 15,2; 20,20을 덧붙일 수 있다. 신실하다는 것은 '야훼를 찾음', 그분 앞에 '자신을 낮춤', 그리고 '포기'와 '불신실성'과 대립되는 그분께 '돌아섬'을 의미한다. 각 시대는 따라서 이 원칙에 따라 판단되며, 그에 따라 (번성, 다수의 활동과 건축, 적에 대한 승리, 대중적 지지와 같은) 축복 또는 (군사적 패배, 민심 이반, 질병과 같은) 서수를 받는다. 단 하나의 예로 이 주제를 조명하기에 충분할 것이다. 르하브암은 불신실성으로(2역대 11,18-12,1) 이집트의 침입을 불러들이나(2역대 12,2-11), 야훼께 순종함으로써 그분의 진노를 돌리고 평화를 되찾는다(2역대 12,12-13). 임금과 야훼 또는 백성 사이의 계약을 기준으로 '긍정적 단계'와(2역대 17,1-18ㄱ; 19,1-20,30; 21,1) '부정적 단계'의(2역대 18,1ㄴ-34; 20,35-37) 교차에 따라 구성된 요사팟의 역사가 입증하고 있듯이, 요컨대 보증되어 있는 것은 아무것도 없다. 다시금 언급하지만, 다윗에 관한 모습은 본보기 역할을 한다. 이스라엘의 인구 조사에 관한 1역대 21장 기사는, 죄인으로서의 임금보다는(7-8절: 그는 무지로 행동했을 뿐이다) 이스라엘을 위해 간청하는 회개하는 죄인의 모습을 더 강조한다(Knoppers). 본보기로서의 한결같음은,

우리가 책의 역사적 신뢰도를 높일 수 있고, 따라서 강론에 버금가는 서적 또는 신학적 주제들이라 말할 수 있을 정도의 평가에 영향을 미친다 (Welten).

결론적으로 말해서, 역대기는 예배 백성으로서의 이스라엘이라는 정의, 레위인들에 의해 여과된 과거 역사 재독, 현재 이스라엘에게 본보기 역할을 하는 보상 신학이라는 세 가지 대주제를 중심으로 신학적으로 구성된 작품이다. 이 주제들의 불변성은 두 권으로 분리되어 있는 현실을 넘어 책에 단일성을 부여한다.

4. 참고 문헌

4.1. 주석서

R.L. Braun, WBC 14, 1986. R.J. Coggins, CNEB, 1976. E.L. Curtis/ A.A. Madsen, ICC, 1910. R.B. Dillard, WBC 15, 1987. K. Galling, ATD 12, 1954. W. Johnstone, *1 and 2 Chronicles* (JSOT.S 253-254), 2 vol., Sheffield, 1997. S. Japhet, OTL, 1993. R.W. Klein, Hermeneia, 2006. G. Knoppers, AncB 12(1Ch 1-9), 2003; AncB 12a(1Ch 10-29), 2004. J.M. Myers, AncB 12-13, 1979-1981. W. Rudolph, HAT 21, 1995. T. Willi, BK.AT 24, 1991-. H.G.M. Williamson, NCBC, 1982.

4.2. 연구 현황

I. Kalimi, *Zur Geschichtsschreibung des Chronisten* (BZAW 226), Berlin, 1995. R.W. Klein, «Chronicles, Book of (1-2)», in D.N. Freedman (éd.), *The Anchor Bible Dictionary. Vol. 1*, New York *et al.*, 1992, p. 992-

1002. W. Johnstone, «Which is the Best Commentary? 11 - The Chronicler's Work», *The Expository Times* 103, 1991, p. 6–11. P. Welten, «Chronikbücher, Chronist», *NBL* 1, p. 369–372.

4.3. 주요 저서 및 논문

P.R. Ackroyd, *The Chronicler in His Age* (JSOT.S 101), Sheffield, 1991. E. Ben Zvi, *History, Literature and Theology in the Book of Chronicles*, London/Gakville, 2006. I. Gabriel, *Friede über Israel,* Klosterneuburg, 1990. M.P. Graham/K.G. Hoglund & S.L. Mckenzie (éd.), *The Chronicler as Author* (JSOT.S 263), Sheffield, 1999. T.S. Im, *Das Davidbild in der Chronikbüchern*, Frankfurt a.M. *et al.*, 1985. S. Japhet, *The Ideologiy of the Book of Chronicles and its Place in Biblical Thought* (BEAT 9), Frankfurt a.M. *et al.*, 1989. J. Kegler/M. Augustin, *Synopse zum Chronistischen Geschichtswerkes* (FTS 92), Freiburg I.B., 1973. R. Mosis, *Untersuchungen zur Theologie des chronistischen Geschichtswerkes* (FTS 92), Freiburg i.B., 1973. M. Oeming, *Das Wahre Israel. Die «genealogische Vorhalle» 1 Chronik 1-9* (BWANT 128), Stuttgart, 1990. G. von Rad, *Das Geschichtsbild des chronistischen Werkes*, Stuttgart, 1930. P. Welten, *Geschichte und Geschichtsdarstellung in den Chronikbüchern* (WMANT 42), Neukirchen–Vluyn, 1973. H.G.M. Williamson, *Israel in the Book of Chronicles*, Cambridge, 1977.

제4부 | 제2경전

입문

그리스어 에스테르기

그리스어 다니엘서

유딧기

토빗기

마카베오기 상하권

지혜서

집회서

바룩서

예레미야의 편지

입 문

히브리어 성경의 39권 경전에 속하지 않는 십여 권의 작품은 칠십인역성경(Septuaginta) 그리스어 번역으로 우리에게 전해졌으며, 우리는 이를 '제2경전'이라 부른다. 불어판 공동번역(*Traduction oecuménique de la Bible*)과 예루살렘 성경(*La Bible de Jérusalem*), 기타 불어판 성경 목록에는 유딧기, 토빗기, 마카베오기 상권과 하권, 지혜서, 집회서, 바룩서, 예레미야의 편지, 다니엘서 그리스어 부분, 에스테르기 그리스어 부분이 실려 있다.

'예레미야의 편지'는 대중 라틴말 성경(Vulgata)과 (우리말 성경을 포함한)[1] 여러 번역본에서 바룩서 6장을 이룬다. 다니엘서와 에스테르기의 그리스어 보충 부분은 현대어 역본에서 '부가 부분'으로 끄트머리에 규합되어 있는 경우도 있다. 다니엘서 그리스어 부분은 네 개의 부가 단락을 '아자르야의 기도', '세 젊은이의 노래', '수산나 이야기', '벨과 큰 뱀'과 같은 표제로 달아 분명하게 하고 있다.

---

1) 역자 주 : 성경, 한국천주교주교회의(성서위원회), 2005.

1. 하나의 전승에서 다른 전승으로

제2경전은 유다교 세계에서 탄생한 작품이며, 그 가운데 몇몇은 어느 정도의 성과를 체험한 것으로 보인다(토빗기, 다니엘서 그리스어 부분, 집회서). 그러나 이 작품들은 히브리어 경전에 통합되지 않은 탓에 유다교 공동체에서 누렸던 지위를 분간하기란 쉬운 일이 아니다. 이 작품들은 라삐 문학에서 종종 '바깥 책'으로 지칭되었다.

가톨릭 전승은 이 책들을 완전한 성경책으로 간주하나, 보다 늦게 경전에 수용되었기에 '제2경전'(이차적으로 경전화한 책)이라 부른다. 사실 트리덴트 공의회(1546년)의 신학 논쟁에 이어서 비로소 이 책들은 하느님에 의해 영감을 받은 책으로, 따라서 로마 가톨릭교회에 의해 성경 목록에 받아들여졌다.

프로테스탄 전승은 이 책들을 경전으로 인정하기를 유보한 나머지 결국 어떤 경전적 지위도 부여하지 않았다. 종교개혁자들에 의해 신앙에 필요하다기보다는 '유익한' 작품으로 취급됨으로써 그야말로 완전히 거부되었던 것은 아니다(묵시록들은 루터[M. Luther]의 다양한 성경 판에서 늘 자리하고 있다). ('숨기다'를 의미하는 그리스어 동사에서 파생한) '외경'(*Apocrypha*)이라는 명칭으로 묶여, 이 책들은 성경 판에서 부차적인 자리로 밀려났다. 18세기 말까지 모든 전승의 개신교는 이 책들을 구약성경과 신약성경 사이에, 또는 성경 끄트머리에 모아 놓았으나, 이후 규모가 큰 성서학회의 영향 아래 외경들은 (Segond, Osterwald 등과 같은) 개신교 성경 판에서 점차 사라져 갔으며, 오늘날 이 책들에 대한 관심이 다시 일어나고 있음을 확인할 수 있다.

2. 외경과 제2경전

'제2경전'과 '외경'이라는 용어는 동일한 문서 목록에서 정확하게 일치하지 않는다. 개신교 성경의 외경은 칠십인역성경이나 대중 라틴말 성경에서 유래한 세 권에서 여섯 권의 보충 작품을 포함하며, 이 작품들은 앞서 언급한 열 권으로 된 제2경전 목록에 더해지는 것들이다. 므나쎄의 기도, 에즈라기 상권(대중 라틴말 성경에는 에즈라기 3권), 에즈라기 4권(또는 2권), 시편 151편, 마카베오기 3권과 4권이 해당된다.

끝으로, 이 복잡한 문제에 한 마디 보탠다면, 가톨릭 신자들에게 '외경'이라는 용어는 개신교 신자들이 '위경'(*Pseudepigrapha*)이라 부르는 책들(에녹서 상권, 모세의 유훈, 아브라함 묵시록 등)을 가리키기는 데 사용된다.

3. 출처, 전수, 일자와 내용

제2경전은 팔레스티나와 알렉산드리아의 유다 세계에서 구성되었으나, 그 편집 역사는 매우 복잡함을 자주 드러낸다. 이 작품 대부분은 히브리어나 아람어로 구성되었으며, 후에 그리스어로 번역되었고(토빗기, 마카베오기 상권, 집회서, 유딧기), 다른 책들은 그리스어로 직접 구성되었다(지혜서, 마카베오기 하권, 에스테르기 그리스어 부분). 다니엘서의 그리스어 보충 부분은 아마도 셈어로 된 원문을 번역한 것 같다.

더 이상 정확하게 언급할 수 없다 하더라도(보다 자세한 점에 대해서는 각 권의 '입문' 참조), 제2경전의 작성 연대는 기원전 2세기와 1세기 사이에 두어야 할 것이다. 제2경전 가운데 토빗기와 예레미아의 편지와 집회서와 같은 몇몇 단편들이 사해(와 마사다) 사본에서 발견되었기 때문이다.

성경 본문의 몇몇 판은 제2경전을 종종 유일한 문집에 모아 놓았으나, 이 문집은 동질의 문집을 이루지 못한다. 우리는 하느님과 그분의 위업에 대한 찬미 이외에 어떤 내적 일관성도 찾아내지 못한다. 문학유형과 마찬가지로 내용도 매우 다양하다. 그 가운데 지혜 진술(집회서, 지혜서), 역사적이며 순교사적인 기사(마카베오기 상하권), 찬미 본문들, 기도들과(다니엘서 그리스어 부분) 함께 계몽 소설들을(유딧기, 에스테르기 그리스어 부분, 토빗기) 만날 수 있다. 전체로 본다면, 제2경전 문서들은 통합하고 재해석하는 자료로 성경을 사용한다. 기본적으로 오경 또는 역사서를 향해 있으며, 자주 성경의 위대한 인물들과 히브리 역사를 특기하는 일화들이 무대에 등장한다.

4. 중요성

전승에 있어 제2경전의 중요성은 분명하다. 유다교와 그리스도교에서 이 책들이 사용되고 성과를 거두었으며 (그리스어, 라틴어, 시리아어, 콥트어 등과 같은) 고어로 번역되었다는 사실은 여러 개정본의 실재를 고무했을 것이다. 집회서와 다니엘서 그리스어 부분 등은 이 문서들의 중요성을 잘 대변해준다.

뿐만 아니라, 오늘날 제2경전에 대한 관심은 이의의 여지가 없다. 이 책들이 전해주는 정보와 전승은 그리스도교의 탄생을 앞서는 두 세기 동안의 유다교를 잘 이해할 있도록 이끈다. 신구약 중간 작품들 또는 위경과의 인접성으로 말미암아 제2경전은 전수 역사와 경전 역사, 문학유형의 발전과 개념의 역사를 위한 중요한 증언이다.

나아가 칠십인역성경과 훗날의 대중 라틴말 성경에 의해 전수된 제2경전은 초대교회 그리스도교 신자들에 의해 읽히고 주해되었다. 이런 이유로 제2경전은 그리스도교 신심과 신학적 토론을 풍요롭게 했으며, 따라서 마땅히 우리의 관심을 끌 만 하다.

그리스어 에스테르기

마치 (Jean-Daniel Macchi)

(흔히 *o'* 또는 TB[베타 본문]이라는 약어로 불리는) 칠십인역성경의 그리스어 역본은 히브리어 본문보다 70% 정도 긴 에스테르기를 증언한다(이 역본은 에스테르기의 '알파 본문'[TA]과 혼동해서는 안 된다; 이 점에 대해서는 '에스테르기 입문' 참조). 이러한 차이는 주로 여섯 개의 그리스어 첨가 부분으로 설명된다. 라틴어 역본에서 되풀이되는 그리스어 전승에 충실한 가톨릭교의 성경은 따라서 개신교 성경에 담긴 그것과 다른 에스테르기를 제시한다. 구약성경 부분에서 히브리어 본문을 기초로 한 '에스테르기'와 제2경전 가운데 칠십인역성경의 본문을 기초로 한 '그리스어 에스테르기'를 출간한 불어판 공동번역(TOB)을 따라, 우리는 여기서 그리스어 에스테르기를 별도로 다루기로 한다.

1. 설계와 내용

칠십인역성경에서 여섯 개의 첨가 부분은, 큰 줄거리에 있어 에스테르기의 히브리어 본문의 그것과 다르지 않은 기사 가운데 등장한다.

공통부분을 살펴보기 위해서 독자는 이 입문서의 에스테르기에 할애된 장을 참고할 것이다.

첨가. 가1	**모르도카이의 꿈.** 책의 시작 부분에서 모르도카이는 수사(Susa) 조정의 중요한 인물로 소개된다. 본문은 싸울 태세가 되어 있는 용 두 마리가 등장하는 모르도카이의 꿈을 묘사한다. 이 용들의 으르렁거림에 민족들은, 혼란에 빠져 하느님께 부르짖는 의로운 민족을 치려고 준비한다. 그러자 마치 작은 샘처럼 이 부르짖음에서 물이 많은 큰 강이 흘러나온다. 빛과 해가 솟아오르고, 비천한 이들이 고귀 이들을 집어삼킨다.
첨가. 가2	**음모.** 곧 이어 본문은 임금을 거스른 내시 두 사람의 음모를 이야기 하나, 이 음모는 모르도카이에 의해 실패로 돌아간다. 이 음모가 모르도카이와 그의 백성을 향한 하만의 증오의 원인으로 제시된다.
첨가. 나	**유다인들을 거스른 칙령.** 유다인들을 거스른 하만의 칙령이 히브리어 본문에는 언급만 되어 있으나, 칠십인역성경에는 그 내용이 길게 기술되어 있다. 연사는 반-셈족적임이 분명하다. 유다인들에게 가해진 주요 비난은 공통법을 따르지 않는다는 것이며(5절), 계획된 몰살은 공중위생을 위한 작업처럼 묘사된다.
첨가. 다	**모르도카이와 에스테르의 기도.** 에스테르가 자기 백성을 위해 개입하기로 결심한 다음, 칠십인역성경은 모르도카이의 기도와 함께 에스테르의 기도를 삽입한다. 기도에서 모르도카이는, 구원을 청함을 넘어, 하만 앞에

서 무릎 꿇기를 거부한 이유는 인간의 영광을 하느님의 영광 위에 두지 않으려는 의도였음을 밝힌다. 한편 에스테르는 보호를 간청하며, 페르시아 왕비로서의 자기 처지가 시련을 이루고 있다는 사실을 강조한다. 그녀는 페르시아의 상징을 지녀야 하는 것을 수치스럽게 여기고, 이방인의 연회에 참석하지 않으며 (따라서 카스룻 식사법을 따르며), 이방인들의 잠자리를 혐오한다.

첨가. 라 **에스테르가 임금 앞에 섬 기사**는 마소라본의 두 구절에서보다 훨씬 더 연극적이다(5,1-2). 왕비의 두려움은 마치 임금의 마음이 하느님 에 의해 바뀐 것처럼 언급된다.

첨가. 마 **유다인들에게 호의적인 칙령.** 반-셈족 칙령처럼 유다인들에게 호의 적인 칙령이 인용된다. 하만은 페르시아의 황제를 뒤엎고자하는 악의 를 포함한 모든 악덕을 갖춘 인물이다. 반대로 모르도카이와 에스테르는 제국의 은인들로 소개된다. 칙령은 제국의 법정에서 표현되는 하느님의 정의를 폭넓게 강조한다. 선택된 민족인(21절) 유다인들은 제국에 호의적인 관습으로 말미암아 치하된다(15절).

첨가. 바 **모르도카이 꿈의 해석.** 히브리어 에스테르기 본문의 결론을 이루는 부분에 이어 곧 바로 모르도카이는 처음 꾼 꿈을 기억하여 해석한다. 용 두 마리는 하만과 모르도카이이며, 민족들은 물론 유다인들을 공격했던 자들이고, 샘은 에스테르를 표현한다. 나아가 모르도카이는 이 역사적 사건들 이면에서 하느님의 행위를 식별한다.

바 11 칠십인역성경 본문의 마지막 구절은 수사본 저자의 신원과 그 집필 시기를 밝히는 일종의 **출판 정보**이다.

우리가 살펴본 것처럼, 첨가 부분은 작품의 열쇠가 되는 장소에 자리한다. 모르도카이의 꿈과 그 해석은(가1과 바) 기사의 틀을 이루며 신학적 해석을 제공한다. 기술된 사건들을 통하여 우주적 투쟁을 반영하는 (용 등의) 발전적 상징체계와 기저를 이루는 신학은 묵시문학을 연상하게 한다. 에스테르가 갈등에 연루되는 결정적인 순간은 첨가 부분 다와 라에 폭넓게 개진되어 있다. 마소라본에는 언급만 되어 있는 칙령은 칠십인역성경에 의해 길게 인용된다. 끝으로 우리는 마소라본에는 2장 끄트머리에 자리한 음모 역시 칠십인역성경에 보도되어 있다는 사실을 지적한다. 여기서 음모는 첨가 부분 가2의 그것과 구별되는 일화로 제시된다.

번역본들의 첨가 부분 자리에 대해서도 몇 가지 특기 사항이 있다. 5세기에 예로니모는, 성경을 라틴어로 번역할 때(Vulgata: 대중 라틴말 성경) 칠십인역성경만큼 완전하게 알고 있던 히브리어 본문에 충실하면서, 첨가 부분 전체를 본문의 끝에 자리하도록 결정한다. 본문의 역사적 관점에서 만족스럽게 보일 수 있는 이와 같은 해결안은, 서사체 문맥에서 첨가 부분을 추출하여 거의 이해 불가한 부분으로 만들어버린다는 단점을 안고 있다. 불어판 성경에서는 서로 다른 접근이 공존한다. 개신교 성경들은 마소라본만 번역하며, 전통적인 가톨릭교 성경들은 예로니모를 따라 책의 끄트머리에 첨가 부분을 배치해 놓는다. 불어판 공동번역(TOB)은, 마소라본 에스테르기 번역 이외에, 제2 경전에 칠십인역성경 번역을 자리하도록 제안한다. 이와는 달리 1998년판 예루살렘 성경(La Bible de Jérusalem)은 첨가 부분을 이탤릭체로 표기하면서 칠십인역성경 발간을 택했다. 칠십인역성경의 장 번호 매기기 역시 가변적이다. 몇몇 성경은 마소라본의 장 번호를 바꾸지 않은 채 가에서 바까지의 첨가 부분을 별도의 독립적인 번호로 매기며(Hanhart 칠십인역성경), 다른 성경들은(Ralph 칠십인역성경) 앞선 구절의 번호에 로마 글자를 순서대로 덧붙여 번호 매긴다(따라서 첨가 부분 마는 8,12a-x가 된다). 또 다른 성경들은 첨가 부분과 내용이 공통된 부분을 번호 매김으로써 16개의 장으로 된 에스테르기를 제공한다. 끝으로, 대중 라틴말 성경은 마소라 본문의 장들 다음에 첨가 부분을 보충 부분으로 취급하여 번호 매겨놓았다.

2. 출처와 형성

마소라본과 공통된 부분에서, 칠십인역성경의 그리스어 본문은 마소라본과 가까운 이전의 히브리어 본문을 기초로 한 것 같다. 역자가 언제나 단어를 그대로 번역한 것은 아니며, 때로는 히브리어 대본을 다소 정리한 것이 사실이라 하더라도, 비교적 원전에 충실했던 것은 사실이다.

첨가 부분 가와 다와 라와 바는 셈어로 된 원문에서 번역된 것이다. 그 내용, 특히 가와 바의 명백한 묵시적 성격은 다와 라에서 찾아볼 수 있는 정통파 종교 의식과 결부된 문제 제기와 함께, 이 첨가 부분들을 아무리 빨라도 기원전 2세기에 자리하도록 한다.

나와 마에 사용된 그리스어는 매우 문학적인 언어이며, 수사학적으로도 풍요로운 언어이다. 이 언어는 한편 그리스어 에스테르기에서 확인할 수 있는 셈어적 그리스어와 대조를 이룬다. 나와 마, 이 두 단락은 아마도 그리스어로 직접 기초된 것 같으며, 다른 네 개의 단락과 동일한 원전에서 유래한 것이 아니다. 우리는 이 두 단락을 그리스어를 사용하던 유다인 세계, 추정컨대 알렉산드리아에 자리하게 할 수 있을 것이다.

첨가 부분 바의 끄트머리에 게재된 출간 정보 내용은 이 책을 프톨레마이오스와 클레오파트라 통치 제4년에 둔다. 이 연대표기는 칠십인역성경 그리스어 본문의 출간을 (프톨레마이오스 8세 치하인) 기원전 114년이나 (프톨레마이오스 12세 치하인) 77년으로 잡게 한다.

우리는 히브리어 본문을 번역하고 (묵시문학, 정통 유다교, 그리스어를 사용하던 유다인 세계 등) 서로 다른 세계에서 유래한 첨가 부분들로 이 책을 보충한 칠십인역성경의 편집 속에서, 유다교 전체를 위한 표준 본문을 만들어내고자 하는 의도를 읽어볼 수 있다. 우리는 이러한 의도가 하스몬 왕조 시대에 존재했음을 잘 알고 있다. 이 시대의 칠십인역성경 에스테르기 판 구상은, 출간 정보에 명시된 일자 표기만이 아니라, 이 출간 정보가 예루살렘의 *imprimatur*(출판 인가)를 획득하고자 한 의도를 드러내고 있다는 사실을 통해서 확증된다.

3. 주제와 의도

그리스어 첨가 부분들은, 마소라본에서는 거의 하나의 세속적인 기사로 머물러 있는 작품을 신학적으로 재독해나가는 과정을 증언하고 있다는 점에서 흥미롭다. 히브리어 본문에는 하느님의 이름이 한 번도 명시적으로 등장하지 않음에도 불구하고, 첨가 부분에는 모르도카이의 꿈과 동시에 그 해석에, 곧 기사에 반영된 우주적 전투에서 승리하시는 분이 하느님이심을 밝힐 때마다, 다수 삽입되어 나타난다. 첨가 부분 다와 라 또한 신학적인 차원의 관심에 응답한다. 한편으로, 기도는 하느님을 기사의 능력 있는 유일한 주관자, 곧 임금의 마음을 변화시키는 분으로 만드는 방법이며, 다른 한편으로, (외국 세계에서 체험하게 된) 에스테르의 종교적 관습에 관한 문제와 함께 모르도카이의 동기는 정통 유다교의 각도에서 접근되기 때문이다. 모르도카이는 탁월한 신앙인이 되며, 에스테르는 주어진 상황에도 불구하고 자신의 백성에게 성실한 존재로 머무는 유다인 여인이 된다. 끝으로, 두 칙령의 내용은 고대 세계에서 반-셈족적이며 친-셈족적인 정치적 연사의 논거를 이해하는 데 있어 매우 중요한 관심의 대상이 된다.

4. 참고 문헌

C.A. Moore, «Additions to Esther», in D.N. Freedman (éd.), *Anchor Bible Dictionary. Vol 2*, New York *et al.*, 1992, p. 626–633외에 에스테르기의 참고 문헌을 보시오.

그리스어 다니엘서

힘바자 (Innocent Himbaza)

다니엘서의 그리스어 역본은 히브리 전승에서 찾아볼 수 없는 여러 독창적인 일화를 담고 있다. 다니 3장에서 아자르야는 동료들과 함께 타는 불가마 속에 있으면서 기도한다. 천사 하나가 내려와 불가마 내부 공기를 식히자, 동료들은 긴 찬미로 아자르야와 합류한다. 다니 13장은 백성 한가운데서 자신들의 직무를 남용하던 음탕한 두 원로의 분노를 젊은 다니엘 덕분에 최후의 순간 모면한 수산나 이야기를 전한다. 이어서(14장), 동일한 다니엘은 바빌론의 두 우상이었던 벨을 조롱하고 그 신상을 뒤집어 엎어버리며, 큰 뱀을 죽인다. 사자 굴에 던져진 다니엘은, 공중 길을 통해 유다로 온 하바쿡 예언자를 통해 우선 자신을 먹이신, 하느님에 의해 끝내 구원받는다.

이 본문 각각을 통해 우리는 하느님은 어떤 상황에서든 당신께 신실한 자를 구하신다는 개념을 다시 만난다. 그분은 살아 계신 유일한 하느님이시기에, 그분은 또한 흠숭 받아 마땅한 유일한 분이시다.

1. 설계와 내용

다니엘서에 첨가된 그리스어 본문은 연속적인 기사를 이루지 못하며, 별도로 분석함이 적절한 다양한 단편으로 구성되어 있다. 다니엘서 첨가 부분들은 여러 차이점을 보여주는 두 가지 판, 곧 칠십인역성경과 테오도씨온(Theodotion) 역본에 실려 있다. 이 두 판은 다양한 셈어 원작(Moore), 또는 몇몇 구전 전승에 기초한 증보판에서 유래할 수 있다(Delcor). 가장 널리 알려진 판은 테오도씨온 역본으로서 우리가 취하는 판이기도 하다. 다니엘서의 그리스어 전승에서 확인된 기사들은 바룩의 기도(바룩 1,15-3,8), 시편의 구조와 몇몇 문형(시편 106; 107; 118; 136), 요셉과 포티파르의 아내 이야기(창세 39), 엘리야와 바알의 사제들 기사(1열왕 18), 또는 사자 굴속에서의 다니엘 기사(다니 6) 등과 같은 본문들을 상기시킨다.

1.1. 다니 3,24-90: 아자르야의 기도와 세 동료의 찬미가

이 구절들은 다니 3장 23절과 24절 사이에 삽입되어 있다. 두 동료와 함께 타는 불가마 속에서 있던 아자르야는 홀로 기도한다(24-25절). 이 기도는 의로우신 하느님의 진노를 감수한 백성의 죄에 대한 고백이다. 아자르야는 이어서 주님의 은총을 청한다. 그는 하느님이 유일한 하느님으로 인식되고, 백성의 적들이 혼란 속에 빠지기를 기원한다.

임금의 시종들은 그들 가운데 몇 사람을 태워버릴 정도로 불을 지피나(46-48절), 주님의 천사가 개입해 불길을 가마 밖으로 내몰아 서늘함을 느낄 수 있는 환경을 만든다(49-50절).

세 동료는 하느님을 기린다(51-90절). 이 긴 본문은 주송자와 회중이 교대로 노래하는 기도문과 같다. 우리는 우선 하느님을 직접 찬양하는 본문을 만나며("주님, 찬미 받으소서...", 52-56절), 이어서 주님을 찬미하도록 모든 피조물을 초대하는 문구가 따른다(57-87절). 끝으로 (본문의 시적 운율을 다소 벗어나는) 88절은 타는 불가마로부터의 구원을 노래함으로써 서술체 문맥과의 이음 역할을 하는 반면, 89-90절은 상당수 시편의 시작 또는 말미에서 확인되는 문형들을 되풀이한다.

수산나 이야기는 자주 형상화되었다.
4세기 석관의 형상에서 수산나는 원로들 엿봄의 대상이 되며,
오른쪽의 다니엘은 원로들을 심판하고 있다.

1.2. 다니 13장: 수산나 이야기

요아킴 아내 수산나는 그녀를 탐내던 백성의 원로 두 사람과 잠자리하기를 거부한다(1-27절). 이 원로들은 집회를 소집하여 수산나가 자기들을 피해 달아나버린 젊은이와 간통죄를 저질렀다고 고발하며, 사형선고를 받은 수산나가 기도를 올리자 주님께서 그녀의 기도를 들어주신다(28-44절). 이때 다니엘이라는 젊은이가 모든 사람을 법정으로 돌아가게 한 다음, 간통 사건이 벌어졌다고 추정된 나무를 주제로 이 두 거짓 증인을 혼란에 빠뜨린다(45-60절). 이 두 원로는 모세의 율법에 따라 처형되며, 수산나는 명예를 회복한다. 이때부터 다니엘은 백성 앞에서 위대한 인물이 된다(61-64절).

1.3. 다니 14장: 다니엘과 벨의 사제들, 다니엘과 큰 뱀

벨: 벨을 신으로 숭배하는 바빌론 임금에게 다니엘은 주님만이 살아 계시다고 확언한다(1-7절). 벨의 사제들은 따라서 그들의 신이 음식을 섭취하니 실재하는 존재임을 입증해야 한다. 입증에 실패한다면 그들에게 주어지는 처벌은 죽음이며, 성공한다면 이 죽음은 다니엘의 몫이 될 것이다(8-13절). 다니엘은 봉헌된 음식이 벨이 아니라 사제들과 그 가족들에게 섭취되었음을 증명해 보인다(14-20절). 임금은 그들을 죽음에 부치고 벨을 다니엘에게 넘기며, 다니엘은 그것을 신전과 함께 없어버린다(21-22절).

큰 뱀: 임금은 살아 있는 큰 뱀이 숭배 받아 마땅하다고 확신하나, 다니엘은 먹이로 던져준 음식 덩어리로 이 뱀을 죽인다(23-27절). 바빌론 사람들은 임금이 유다인이 되었다고 비난하자, 임금은 압박에 의해 다니엘을 그들에게 넘기고, 그는 결국 사자 굴속에 던져진다(28-32절). 천사에 의해 유다에서 붙잡혀 바빌론으로 옮겨진 하바쿡은 다니엘에게 먹을 것을 준다(33-39절). 이렛날 임금은 사자 굴에서 다니엘을 나오게 하며, 다니엘의 하느님을 인정하기에 이른다. 그런 다음 임금이 다니엘을 비방했던 사람들을 사자 굴속에 던지자, 그들은 곧 잡아먹힌다(40-42절).

2. 출처와 형성

2.1. 작성 일자와 저자와 수신인

다니엘서의 첨가 부분은 우리에게 그리스어로 전해진다. 그러나 학자들은 이 부분이 셈어, 곧 히브리어나 아람어 원문에서 유래한 것이라는 데에 의견의 일치를 보인다(Moore, Bennett, Delcor, Collins). 다만 수산나 이야기에 관해서만큼은 적지 않은 이론이 있다. 오리게네스에게 보낸 편지에서(§4-5) 3세기의 율리우스 아프리카누스는 이 이야기가 그리스어로 작성되었다고 확인하면서, 이미 몇몇 언어유희가 그리스어로만 가능하다는 사실을 강조한다. 오늘날 여러 저자는 그러나 역자들이 언어유희를 직접 창안해낼 수 있었다고 가정한다(Collins, Delcor).

우리는 저자도, 다양한 단편의 구성 장소도 알지 못한다. 그리스어 번역은 아마도 알렉산드리아에서 이루어졌을 것이다(Davies).

아자르야의 기도와 세 동료의 찬미가의 작성 일자를 추정한다는 것은 어려운 문제이다. 그 구성은 다니엘서 구성보다 더욱 오래되었고, 처음부터 독립적이었을 것이며, 훗날 이 문집에 삽입되었을 것이다(Bennett, Moore, Collins). 산문체 본문은(다니 3,46-50) 다니엘서에 첨가 부분으로 구성된 것이다(Collins). 마지막 세 구절은 타는 불가마의 상황과 연결시키고 이 시를 종결짓기 위하여 덧붙여졌을 것이다(Bennett).

몇몇 연구가는 수산나 이야기를 페르시아 시대의 작품으로 추정한다(Moore). 이 이야기는 이방 세계에서 유래한 것으로서, 유다교화 과정을 거쳐 다니엘과 관련을 맺게 되었을 것이다. 다른 저자들은 수산나 기사를 기원전 1세기 초기로 둔다. 이 기사는, 판결과 관련하여 당시의 사두가이파의 관습과는 달리 증언들을 재심하기를 요구했던, 시몬 벤 세타(Shetah)를 지지하던 어떤 바리사이에 의해 작성된 작품으로 본다(Brüll, Kay). 델코르(M. Delcor)와 엥엘(H. Engel)은 그러나 수산나의 기사에서 사법적인 궁극성을 찾는 가설을 거부한다. 델코르는 이 이야기를 기원전 1세기 말로 추정하는 견해 역시 거부하며, 그저 단순하게 다니엘서 자체의 구성보다는 후대라고 말할 뿐이다. 그는 이 기사에서 예레 29,21-23의 설화적 미드라시를 본다. 한편 콜린스(J.J. Collins)는 후기 페르시아 시대와 헬레니즘 시대 사이에 자리한 시대를 고려하는 가운데, 아무튼 기원전 2세기 이후는 아니라고 확신한다(Fabre도 참조).

벨과 큰 뱀 이야기는 기원전 2세기 말에 작성되었을 것이다(Moore, Delcor). 이 이야기는, 이 이야기를 통해 다양한 관점을 보이게 되는, 다니엘서를 전제로 하기 때문이다(Davies, Delcor). 무어(C.A. Moore)는 이 이야기가 예레 51,34-35.44에서 영향을 받은 것으로 본다. 몇몇 저자는 살아 있는 뱀 또는 큰 뱀 숭배가 바빌론에는 생소한 현상이었다고 단언하나, 해당 도상(圖像)은 메소포타미아에 뱀과 관련된 신이 존재했다는 사실을 확인해준다(Delcor). 칠십인역성경에서 *drakôn*은 히브리어 *tanîn*(큰 뱀, 악어)과 *nāḥāš*(뱀)를 번역한 것이다. 한편, 탈출 4,3; 7,10.15 이 뱀에 관한 두 이름은 동일한 동물을 가리키는 것 같다. 동일한 확인 작업이 호메로스에 나오는 그리스어에서도 가능하다(Collins). 무어는, 사자 굴에 있는 다니엘에게 음식을 주기 위하여 유다에서 온 하바국 일화는, 이야기의 주인공이 다니엘 자신이 아니라 하느님이 되도록 덧붙여진 것으로 가정한다.

연구가들은 이 첨가 부분의 수신인에 대해서는 의견을 달리 한다. 몇몇은 그 구성이 바빌론의 유다인들을 겨냥하는 반면, 번역본은 알렉산드리아의 유다인들을 대상으로 한다고 여긴다. 다른 이들은 벨과 큰 뱀에 관한 두 이야기가 이교도들의 우상숭배와 맞선 논쟁 상황에서 쓰였다고 추정한다(Delcor). 콜린스는 이 이야기들은 기원전 2세기 초반에 예루살렘에서 구성된 것들로서 이교 세계를 겨냥하지 않는다고 본다. 수산나 이야기에서, 이 이야기가 바빌론에서 펼쳐진 것일 뿐이라면, 이방인들은 어떤 역할도 하지 않는다는 사실을 적시해야 한다. 제2성전의 여러 문서에서 우리는 우상들을 조롱하는 문학적 경향을 볼 수 있기에, 유다교는 이제 새로운 도전에 직면하게 된 것이다(Bergmann).

2.2. 수용

무어는, 이 첨가 부분들이 유다교 경전에 들어서지 못한 것은 경전 본문과 어긋나는 신학적이며 종교적인 개념들 때문이 아니라, 문학과 주제상의 몇몇 상반관계 때문일 것이라 추정한다. 예를 들어, 수산나 이야기가 백성의 원로들을 겨냥하고 있다는 사실이 비-경전화의 이유가 됐을 수 있다(Moore, Collins). 다니엘서의 첨가 부분들은 필론, 요세푸스, 아퀼라, 탈무드 등 어떤 작품에서도 인용되지 않았으며, 유다 광야의 수사본들에도 알려져 있지 않았다. 밀릭(J. Milik)은 기원전 1세기의 수사본 4Q551(4QDanSuz)이 수산나 이야기의 역사적 틀에 해당하는 본문을 담고 있다고 생각했다. 이 두 본문 사이의 관련성은 그러나 불가능해 보이며(Collins도 참조), 이 수사본의 최근 발행들은 밀릭의 그것과 다른 독서법을 제안한다(Beyer, Martinez-Tigchelaar 참조).

무어와는 달리, 그러나 베넷(W.H. Bennett)의 주장을 따라, 우리는 신약성경이 다니엘서 그리스어 판을 알고 있거나 인용했다고 말할 수 있는 가능성을 배제한다. 한편, 미드라시는 다니엘서 그리스어 본문의 (또는 적어도 그 번역본의) 벨 이야기를 알고 있었고 인용했다. *Genèse Rabba* LXVIII,13과 *Cantique Rabba* VII,9가 다니엘을 벨과 대립시키고 있기 때문이다. (2세기) 리옹의 이레네오는 수산나와 함께 벨과 큰 뱀 이야기를 인용한다(*Haer.* IV,26,3; IV,5,2). 수산나 이야기를 혁신적인 기사로 취급하여 거부했던 아프리카누스에게 보낸 편지에서 오리게네스는 이 이야기를 경전 문서처럼 변호하며(*PG* XI, col. 47-86), 예로니모는 벨과 큰 뱀 이야기는 포기하면서도 아자르야의 기도와 세 동료의 찬미가와 함께 수산나의 이야기는 취한다(*PL* XXV, col. 508-512, 580-584). 한편 히폴리투스는 수산나를 박해 받는 교회의 상징으로 여긴다(*Com. Dan.* I). 끝으로 다니엘서 그리스어 첨가 부분들이 개신교의 상당수 성경 판에 제외되어 있다는 사실을 알아두자.

3. 주제와 의도

다니엘서의 첨가 부분에서, 경전 본문에서 찾을 수 있는 묵시 주제들이 전혀 발견되지 않는다는 사실은 흥미로운 일이다.

아자르야의 기도와 세 동료의 찬미가는 다니 3장의 의도를 옮겨 놓는다. 다니엘서 아람어 본문의 33개 구절은 임금과 그의 조정에 초점을 맞추나, 그리스어 첨가 본문 67개 구절은 세 순교자의 신앙을 강조하기 때문이다.

수산나 이야기는 다니엘 문학에서 하느님을 향한 단 하나의 신실한 여성 본보기를 제시한다(Moore). 이 이야기는 또한 하느님은 활동하시고 구원하시는 분이라는 사실을 밝힌다. 그분은 당신 율법에 신실한 이들을 저버리지 않으신다(Kay, Delcor). 수산나 기사는, 하느님은 다니엘이 젊었을 때부터 그에게 영감을 불어넣기 시작하셨으며(Kay, Moore), 이는 바빌론의 우상숭배와 맞서기에 앞서 이미 모든 백성의 눈에 그렇게 비쳤다는 점을 분명히 하는 역할을 한다. 바로 이러한 이유로 몇몇 (치글러와 같은) 발행인과 (히폴리투스와 같은) 주석가는 수산나 이야기를 다니엘서 앞에 두었다. 칠십인역성경과 테오도씨온 역본 사이의 본문상의 차이점들은(Fabre 참조) 한편, 콜린스가 볼 때, 테오도씨온 역본이 수산나의 신심을 앞세우는 반면, 칠십인역성경은 오히려 두 원로의 불경함을 강조한다는 사실을 드러나게 한다.

(Moore와 같은) 몇몇 저자에 따르면, 벨과 큰 뱀 이야기는 권력 영역에서 보낸 긴 시간들과 승진에도 불구하고 다니엘의 신실성이 변함없음

을 드러낸다. 그럼에도 우리는 이 이야기가 특히, 예레미야의 편지와 동일 선상에서, 바빌론 신들의 무능을 드러내는 데 목적을 두고 있다고 생각한다(Bergmann, De Martin de Viviés 참조). 다니엘은 신들이 숭배 받을 자격이 없다고 간단하게 밝히고 있기에, 그것들은 조롱거리로 전락한다. 우리는 또한 다니엘이 임금의 이러저러한 선언을 비웃고 있음을 본다(다니 14,7.19). 델코르와 콜린스는 이러한 각도에서 벨의 기사는 우상 숭배를 조롱거리로 만들고자 하는 데 목적이 있다고 강조한다. 임금조차 거짓 맹세를 하기에 이른다. 14,18에서 "벨이시여, 당신께서는 위대하십니다. 그리고 당신께는 거짓이 하나도 없습니다."하고 확언했던 임금이 14,41에서 "주 다니엘의 하느님, 당신께서는 위대하십니다. 당신 말고 다른 분은 계시지 않습니다."하고 선언하기 때문이다. 벨과 큰 뱀 이야기의 중심에서 우리는 하느님은 유일하신 분, 유일하신 참 창조주이시며 구원자이신 분이라는 가르침을 접한다.

4. 참고 문헌

[본문 비판]

J. Ziegler (éd.), *Septuaginta: Vetus Testamentum graecum auctoritate Academiae scientiarum Gottingensis editum. Vol. 16, pars 2: Susanna. Daniel. Bet et Draco*, Göttingen, 1954.

4.1. 주석서

[이 책의 다니엘서 부분에 인용된 주석서도 참조].

W.H. Bennet, «The Prayer of Azariah and the Song of the Three

Children», in R.H. Charles (éd.), *The Apocrypha and Pseudepigrapha of the Old Testament in English with Introductions and Critical and Explanatory Notes to the Several Books. Vol. 1: Apocrypha*, Oxford, 1913, p. 625–637. J.J. Collins, Hermeneia, 1993. M. Delcor, SBi, 1971. T.W. Davies, «Bel and the Dragon», in R.H. Charles (éd.), *The Apocrypha and Pseudepigrapha*, p. 652–664. C.A. Moore, AncB 44, New York, 1977, p. 23–149.

4.2. 연구 현황

J.J. Collins, «Current Issues in the Study of Daniel», in J.J. Collins/P.W. Flint (éd.), *The Book of Daniel: Composition and Reception. Vol. 1* (VT.S 81/1), Leiden/Boston/Köln, 2001, p. 1–15. K. Koch, *Deuterokanonische Zusätze zum Danielbuch. Entstehung und Textgeschichte. Bd. 1. Forschungsstand, Programm, Polyglottensynopse* (AOAT 38), Kevelaer/Neukirchen-Vluyn, 1987.

4.3. 주요 저서 및 논문

C. Bergmann, «Idol Worship in Bel and Dragon and Other Jewish Literature from the Second Temple Period», in W. Kraus/R.G. Wooden (éd.), *Septuagint Research. Issues and Challenges in the Study of the Greek Jewish Scriptures* (SCS 53), Atlanta, 2006, p. 207–223. K. Beyer, *Die aramäischen Texte vom Toten Meer samt den Inschriften aus Palästina dem Levis aus der Kairoer Genisa, der Fastenrolle und den alten talmudischen Zitaten: aramaistische Einleitung, Text, Übersetzung, Deutung, Grammatik/Wörterbuch, deutsch-aramäische Wortliste, Register*, Göttingen, 1984.

N. Brüll, «Das apokryphische Susanna-Buch», *Jahrbücher für Judische Geschichte und Literatur* 3(1877), p. 1-69. P. de Martin de Viviés, «Les séjours de Daniel dans la fosse aux lions, regard narratif synoptique», in C. Focant/A. Wénin (éd.), *Analyse narrative et Bible. Deuxième colloque international du RRENAB, Louvain-La-Neuve, Avril 2004* (BETL 191), Leuven, 2005, p. 131-143. H. Engel, *Die Susanna-Erzählung, Einleitung, Übersetzung und Kommentar zum Septuaginta-Text und zur Theodotion-Bearbeitung* (OBO 61), Freiburg(CH)/Göttingen, 1985. M.-L. Farbe, *Susanne ou les avatars d'un motif biblique* (sémantique), Paris, 2000. F. Garcia Martinez/E.J.C. TigchElaar (éd.), *The Dead See Scrolls: Study Edition. Volume 2* (4Q274-11Q31), Leiden *et al.*, 1998. D.M. Kay, «Susanna», in R.H. Charles (éd.), *Apocrypha and Pseudepigrapha*, p. 638-651. J.T. Milik, «Daniel et Susanna à Qumrân?», in M. Carrez/J. Doré et P. Grelot (éd.), *De la Tôrah au Messie. Etudes d'exégèse et d'heurméneutique bibliques offertes à Henri Cazelles pour ses 25 années d'enseignement à l'Institut Catholique de Paris (Octobre 1979)*, Paris, 1981, p. 337-359.

유딧기

니한 (Christophe Nihan)

유딧기는 얼핏 보기에 하나의 역사 서술로 제시되어 있음에도 불구하고, 독자는 곧 바로 이 작품이 사실상 이스라엘의 역사를 임의로 다시 쓴 하나의 우의적 기사와 관련이 있음을 알 수 있다. 유배로부터의 귀환 후 얼마 되지 않아, 이스라엘은 587년에 예루살렘을 멸망시킨 네부카드네자르에 의해 재차 공격을 당한다. 네부카드네자르는 이제 바빌론이 아니라 아시리아의 임금으로 등장하며, 그의 대장군 홀로페르네스는 페르시아 이름을 지니고 있다. 이스라엘은 유딧이라는 한 여인에 의해 구출된다. 이 여인은 홀로 홀로페르네스 장군의 목을 벰으로써 자기 백성에게 승리를 가져다준다. 임의적인 역사 약술은 이처럼 영웅적인 기사에 관한 일련의 성경 전승 반복, 이 역시 매우 임의적인 반복과, 특히 문학적 인물로서의 유딧을 중심으로 다져진 여인들의 계략으로 중첩되어 있다. 그러나 환상적인 설화와 아무런 관련이 없는 이 책만큼 진지한 작품도 없다. 요나서나 토빗기의 기사들과는 달리 이 책에는 경이로운 사건들이 거의 보이지 않으며, 하느님도 몸소 사건에 직접 개입하지 않으신다. 간단하게 말해서 이 기사는 의도적으로 그 시대, 곧 하스몬 임금들 시대의 공적인 역사편찬 작업의 가장자리에 자리한다. 이 시대는 역사편찬 작업이 전제로 하면서도 종종 그 반대쪽을 향하는 시대였다.

1. 설계와 내용

유딧기는 아시리아의 임금 네부카드네자르가 메디아인들의 임금 아르팍삿과 맞선 전쟁에서 자신을 지원하기를 거부했던 서쪽 지방의 백성 전체를 거슬러 어떤 방법으로 터무니없는 전투를 벌이는지 기술한다. (보병 십이만 명과 기병 이천 명을 거느린) 대규모 군대를 앞세워 네부카드네자르의 대장군 홀로페르네스는 서쪽의 민족 전체를 굴복시키고 난 다음, 유다와 사마리아 가까이에 당도한다(1-3장). 이스라엘 주민들은 굴복하기를 거부하고서 항전 체제를 갖추며 하느님께 목숨을 살려주시기를 간청한다. 산악 지방에 거주하는 이 민족의 정체성에 관한 정보를 입수한 홀로페르네스는, 기사에 따르면, "에스드를론 앞, 도탄 옆의 평야 맞은쪽에"(4,6) 위치해 있고, 이스라엘 영토에 접근하기 위한 산악지방 통과를 통제하던 촌락 배툴리아를 포위한다. 저장해 놓은 물이 떨어지자 배툴리아 주민들은 그들의 지도자들에게 아시리아 침입자들에게 굴복하지 않았다고 비난한다. 성읍의 수장들은, 닷새가 지나도 하느님께서 자신들을 구하기 위해 개입하지 않으신다면, 그때에 항복하겠다고 백성에게 약속한다(4-7장). 이 소식을 접한 부유한 집안의 과부 유딧은 배툴리아의 수장들을 자기 집에 불러 모아, 하느님께 대한 믿음 없음을 드러내는 이러한 약속을 백성에게 전했음을 질타하면서, 자신이 백성을 위해 눈부신 행적을 완수해내리라 예고한다(8장). "약한 이들의 보호자" 이신 이스라엘의 하느님을 이 세상 임금들의 군사력과 대립시키는 긴 기도에 이어(9장), 유딧은 하녀와 함께 아시리아 진지로 향하며, 자신의 미모와 계략으로 적진에 스며드는 데 성공한다. 유딧은 적진에서 나흘째 되던 저녁 연회에 자신을 초대한 홀로페르네스를 유혹한다. 이 연회

중에 홀로페르네스는 곁에 유딧이 있다는 사실로 기쁨에 넘친 나머지 만취 상태에 빠진다. 유딧은 그의 목을 벤 다음 배툴리아로 가지고 돌아와 성읍의 높은 벽에 걸어놓는다. 유딧의 눈부신 활약으로 말미암아 아시리아 군대는 두려움에 떨고 배툴리아 주민들은 열광하며, 이스라엘의 남은 자들과 함께 힘을 합해 도주하던 아시리아인들을 몰살시킨다. 유딧은 영웅적인 행위로 말미암아 우선은 예루살렘의 수장들에게, 이어서 이스라엘의 모든 여인에게 칭송을 받는다. 그녀는 예루살렘을 향해 걸어가면서 찬미의 노래를 읊으며, 모든 백성은 석 달 동안 성전에서 승리 축제를 거행한다. 유딧기는 판관기의 약술 형식에 따라 유딧의 남은 생애에 관한 약술로 끝맺음한다(16,21-25).

I. 세상의 임금(신) 네부카드네자르(유딧 1-7)

1. 최초의 상황: 서쪽 지방 백성들의 정복과 항복(1-3장)

1,1-16	서쪽 지방을 향한 전투 상황: 네부카드네자르와 메디아인들의 임금 아르팍삿 사이의 전쟁
2,1-13	진군을 위해 홀로페르네스에게 주어진 지침
2,14-3,10	서쪽 지방에서 펼친 홀로페르네스의 전투; 네부카드네자르를 유일한 신으로 받들게 된 모든 백성의 항복

2. 이스라엘 포위(4-7장)

4,1-15	이스라엘은 두려움에 떨면서도 항전을 준비한다; 단식과 애원과 기도
5,1-6,21	홀로페르네스는 이스라엘 주민들에 관하여 알아본

	다; 끝내 홀로 페르네스의 분노를 일으킨 암몬인의 수령 아키오르의 연사. 아키오르는 진영에서 추방된다
7,1-32	배툴리아 포위; 샘물을 빼앗기자 주민들은 수령들에게 성읍을 넘길것을 요구한다; 수령들의 무분별한 약속

II. 홀로페르네스에 대한 유딧의 승리; 세상의 하느님 야훼(유딧 8-16)

8,1-8	유딧에 관한 최초 소개
8,9-36	원로들을 향한 유딧의 연사: 이스라엘의 해방을 위한 지침
9,1-14	하느님을 향한 유딧의 기도
10,1-23	배툴리아를 출발하여 아시리아 진지 도착; 유딧이 출발할 때 성읍의 원로들은 그녀의 미모를 예찬한다
11,1-23	홀로페르네스 앞에 홀로 선 유딧 I: 유딧의 연사
12,1-9	유딧은 아시리아 진영에 통합된다
12,10-20	홀로페르네스의 연회에 초대 받은 유딧
13,1-10ㄱ	홀로페르네스 앞에 홀로 선 유딧 II: 유딧은 홀로페르네스의 목을 벤다
13,10ㄴ-20	아시리아 진지를 출발하여 배툴리아로 귀환; 유딧이 도착하자 원로들은 그녀의 용기와 용맹을 칭송한다
14,1-10	모든 백성을 향한 유딧의 연사: 이스라엘의 승리를 위한 새로운 지침

14,11–15,7	아시리아 군대의 패배
15,8–13	유딧은 우선 대사제와 예루살렘의 원로단으로부터 칭송을 받고, 이어서 그녀와 함께 예루살렘을 향해 걸어가는 이스라엘의 모든 여인의 축하를 받는다.
15,14–16,17	이스라엘의 하느님을 세상의 하느님으로 기념하는 <u>유딧의 찬양가</u>
16,18–20	예루살렘에서의 승리 축제
16,21–25	유딧에 관한 최후 소개

유딧기의 기사는 치밀하게 구상된 복잡한 구조를 보여주나, 그 원칙은 논쟁거리로 남아 있다. 그러나 8장에서 유딧이라는 인물의 도입은 분명 이야기 속의 중간 휴지를 이루며, 이등분 구조를 암시한다(1–7장과 8–16장; 그러나 Otzen이 지지하는 Zenger는 1–3장, 4–7장, 8–16장, 이렇게 삼등분 구조를 주장한다). 두 단원은 거의 동등한 중요성을 보이며, 나아가 둘째 단원은 유딧에 관한 도입과(8,1–8) 결어(16,21–25) 약술로 한계를 뚜렷이 한다. 크레이븐(T. Craven: 1977; 1983)은 이 두 단원은 각각 구심 도식에 따라 짜여 있다고 주장했으나, 이러한 주장은 논쟁의 대상이 되고 있다. 크레이븐이 확인한 병행구들과 삽입구들은 종종 매우 일반적이거나 부자연스럽게 보이며, 작품의 상세한 구조에 상응하지 못하기 때문이다. 1–7장은 주제와 구조에서 쉽게 식별되는 두 개의 하위 단원으로(1–3장과 4–7장) 구성된 것으로 보인다. 1–3장은 우선은 메디아인들과 맞서, 이어서 서쪽 지방의 백성들과 맞서 승리한 전투를 이야기하며, 4–7장은 배툴리아 포위를 기술하기 때문이다. 8–16장은 분명 10–13장에 묘사된 아시리아 진영에서의 유딧의 체류를 중심으로 짜였고, 이 체류 양쪽으로 여러 주제가 서로 반향하고 있는 것이 사실이다(도식에 관한 위의 글

상자 참조). 그러나 이 경우에도 우리는 문자 그대로 이 단원을 위한 구심 구조를 말하기는 어렵다. 다른 한편, 크레이븐의 주장은 이 두 단원의 주제적이며 구조적인 독립성을 과대평가하고자 한다는 점에서, 방법론적인 문제를 야기한다. 사실 이 두 단원의 조직과 구성은 무엇보다도 먼저 기사의 전체 논리에 의해 지배된다.

기사의 두 주요 부분이 상호 반대주제로 구상되었다고 보는 것이 보다 적절해 보인다. 1–7장이 알려진 세상의 모든 백성에 대한 네부카드네자르와 그의 장수 홀로페르네스의 승전 분위기 하에 놓여 있고 배툴리아의 항복과 이스라엘의 패전을 예상하며 마감되고 있는 반면(7,20ㄴ–32), 8–16장은 아시리아인들에 대한 이스라엘의 하느님 야훼와 그분의 '장수' 유딧의 승전 분위기 하에 놓여 있고 온 이스라엘의 승전 축제를 거행하는 것으로 맺음하기 때문이다(15,8–16,20). (이 점에서, 15,12–13에서 화관을 쓰고 거행한 유딧의 승리 축제가, 3,7절에서 홀로페르네스가 페니키아 해안 지방을 제압하고 맞이한 승리를 어떤 방법으로 반향하는지 살펴보자.) 홀로페르네스의 원수 유딧은, 기사의 논리에서 보면, 아시리아의 장수와 기능면에서 동등하면서(이스라엘인들에게 최후의 공격을 명하는 인물은 바로 유딧이다, 14,1–4 참조) 동시에 그와 대조를 이루는 인물로 제시된다. 여인으로서, 게다가 과부로서 유딧은 나약함을 대표하는 인물인 반면, 홀로페르네스는 아시리아 임금 다음으로 가장 강력한 남자이다. 보다 세밀한 분석은, 특히 유딧 5–6장과 11장에서 아키노르와 유딧이 발설한 연사처럼, 이러한 대조법이 어떻게 책의 일련의 모든 주제를 지배하는지 쉽게 밝혀줄 수 있다(더욱 상세한 분석을 위해서는 Roitman 참조). 사실 아키오르와 유딧 모두 야훼만이 이스라엘의 승리와 패배를 결정하시는 분임을 확언하나, 관점은 바뀐다. 아키오르는 아시리아 장수가 패배할 수 있음을 솔직하게 경고함으로써 이 장수에 의해 진영에서 추방당하는 반면, 유딧은 승리를 예고하면서 홀로페르네스를 쳐 이김으로써 이 계략이 진지에서 시행되도록 한다. 이 모든 경우, 대조적 도식의 궁극적 목적성은 분명하다. 홀로페르네스에 대한 유딧의 승리는 네부카드네자르에 대한 이스라엘의 하느님 야훼의 승리이다. 세상의 모든 백성의 임금의 대장군 홀로페르네스와 그의 모든 아시리아 군대가 "한 여자의 손으로"(유딧 13,15에서 반복되는 9,10) 패배한다는 사실은 이스라엘 하느님의 전능을 강조하며, 이로써 이스라엘의 하느님은 세상의 참 하느님으로 모습을 드러내신다.

2. 출처와 형성

2.1. 유딧기의 전승사

우리가 소유하고 있는 유딧기에 관한 주요 증언은 칠십인역성경의 그리스어 본문이다. 이 증언은 특히 네 개의 대문자 수사본에서 확인되며(바티카누스, [유딧 11,13-13,9가 누락되어 있는] 시나이티쿠스, 알렉산드리누스, 베네투스 코덱스), 여기에 많은 소문자 수사본을 덧붙여야 한다(더욱 상세한 내용을 위해서는 특히 R. Hanart 참조). 적지 않은 셈어적 경향이 발견된다는 점에서, 전문가들은 그리스어 본문이 셈어 원문 자체에서, 아마도 (아람어 또한 고려될 수 있다 하더라도) 히브리어 원문에서 유래했을 것이라는 사실에 의견의 일치를 보인다. 물론 우리에게 이에 관한 직접적인 물증은 없다. 이러한 가설은, 가끔 이의 제기가 없는 것은 아니나, 오늘날에도 폭넓은 공감대의 대상이 되고 있다. 이 밖에 고대 라틴어 전승에 의해 확인된 여러 역본이 존재하며, 이 역본들은 그리스어 본문을 기초로 이루어진 것들이다. 그러나 칠십인역성경 본문과의 여러 차이점은, 이 역본들이 칠십인역성경의 그리스어 본문과 현저하게 다른 그리스어 본문을 소유하고 있었다는 사실을 암시하며, 따라서 이는 유딧기 본문 역사와 비평에서 중요한 역할을 한다(이 문제에 관한 상세한 내용을 위해서는 특히 정간물 1967-1978년의 *Revue Bénédictine*에 P.-M. Bogaert가 게재한 연구 참조).

또 다른 라틴어 전승인 예로니모의 대중 라틴말 성경(Vulgata)은 매우 흥미로우며 복잡한 경우를 보여준다. 예로니모의 증언에 따르면, 그의 번역은 자구적이 아니라 임의적인 번역이며, 스스로 하루 밤 사이에 번역 작업을 마쳤다고 자찬할 정도이다(이는 예로니모가 유딧기에 그리 큰 중요성을 부여하지 않았음을 일러준다). 아람어 판과 조화를 이루도록 임으로 수정을 가하면서 기본적으로 기존의 라틴어 번역본에 기초한 번역이다. 그러나 이 아람어 판 자체가 우리에게 접근 불가능한 것으로 남아 있다는 사실로 말미암아, 유딧기 본문 비평을 위해 예로니모의 대중 라틴말 성경을 활용하는 문제는 까다로운 일이 된다. 그러나 다른 라틴어 판에 비해 대중 라틴말 성경에 셈어 경향이 다수 존재한다는 사실은 예로니모가 이 포를라게(*Vorlage*: 본문 원형)를 사용했음을 분명히 밝혀준다. 한편 이 포를라게가 사실상 셈어 원문으로 거슬러 올라가고, 단순한 칠십인역성경 번역이 아니라는 점에서, 대중 라틴말 성경은 유딧기의 본문 비평에서 어느 정도의 관심을 끌 수 있다.

시리아어 판들은 그리스어 본문의 헥사플라(*Hexapla*) 수정본을 기초로 한 것으로서 이 수정본을 충실히 따른다. 유딧기 히브리어 판 하나가, 일반적으로 대중 라틴말 성경을 임의로 적용시킨 것으로 여겨지는 중세기의 몇몇 수사본에서 확인된다. 일련의 고대 연구에서, 뒤바를르(A.M. Dubarle)는 이 논제는 잘못된 것이며, 이 히브리어 수사본들은 우리가 가지고 있는 유딧기 본문의 가장 오래된 셈어 판들이라고 주장했다. 이 판들은 아람어로 번역되었을 것이며, 뒤바를르에 따르면, 이는 이 수사본들과, 그 또한 예로니모가 소유하고 있던 아람어 포를라게에 맞게 수정한 대중 라틴말 성경 판 사이의 유사성을 설명해준다. 뒤바를르의 이론은 그러나 거의 수용되지 않았으며, 이 점에서 전통적인 견해를 고수하는 것이 바람직해 보인다. 끝으로 우리는 중세기의 여러 미드라시와 비잔틴 시대의 두 연대기자의 증언에서 유딧기의 기사와 너무나 다른 판들을 만난다. 특히 침략자의 신원이 유동적이고(다리우스일 수도 있고, 안티오키아나 셀레우코스 그리스인들일 수도 있다), 여주인공은 종종 익명으로 제시되며, 성읍은 분명히 예루살렘과 동일시된다. 한편 유딧에 관한 기사는 기원전 164년의 성전 봉헌을 기념하는 하누카 축제와 체계적으로 결부되어 나온다. 이 판들은 구전 전승 속에 유딧이 받아들여졌다는 중요한 사실을 증언한다는 점에서 관심을 끈다. 그러나 이 판들은 학자들이 종종 시도했던 대로, 중세기의 몇몇 유딧에 관한 기사 이본이 더욱 오래된 전승에 기초했을 수 있다 하더라도, 본문 비평에 활용할 수 없다.

2.2. 작품의 단일성과 문학유형

작품의 단일성은 20세기 전반기에 특히 문제시되었다. 한편으로, 몇몇 주석가는 아시리아 시대부터 마카베오 시대에 이르는 서로 다른 시대 병합이 책의 점진적인 구성 과정을 반영한다고 가정하면서 책의 연대 착오적 여러 요소를 조정하고자 했다(특히 1907년의 F. Steinmetzer). 고지식하면서도 객관적인 역사주의 양식에 속하는 이와 같은 가정은 작품의 문학 설계를 온전히 지나쳐버리는 이론이며, 오늘날 더는 이어지지 않는다. 다른 한편으로, 학자들은 기본적으로 유딧이라는 인물이 등장하지 않는다는 사실로 1-7장의 친저성에 종종 이의를 제기했다. 그러나 유딧이라는 인물이 기사에 뒤늦게 등장하는 것은, 앞서 가정했던 대로, 하나의 서술적 기법으로 설명될 수 있으며, 유딧을 무대 위에 올리는 장들은 아무튼 앞선 기사 없이 이해가 어려운 대목이다. 이 가설과 유사한 또 하나의 가설은, 세계 차원의 역사적 틀 속에 본래의 기사를(4-16장) 삽입시키려는 목적을 지닌 하나의 가필을 1-3장에서 찾고자 한다. 여기서도 다시 한 번 4-16장의 기사가 1-3장을 전제로 한다는 것이 분명해 보인다. 사실상 세계 역사와 개별 역사의 연동은 작품의 문학유형에 상응하고(아래 참조), 이 작품의 문학 설계에 온전히 통합된다.

이삼십년 전부터 책 전체의 단일성은 이처럼 일반적으로 수용되었으며, 논쟁은 이제 몇몇 별도의 구절, 특히 16,1-17의 유딧의 찬양가에 대해 전개될 뿐이다. 몇몇 저자는 여기서 하나의 가필을 보며, 다른 저자들은 경우에 따라 재생되고 간행되었을 유다교 회당의 시편을 찾는다(특히 Moore, 252-257쪽 참조). 아무튼 이 시편이 온 땅에 대한 이스라엘의 하느님 야훼의 통치를 확언하면서 기사 전체에 꼭 필요한 결론을 제공한다는 점에서 유딧기 초판에 들어있지 않았으리라는 추정은 의심스럽다. 한편, 이 찬영가는 둘째 단원 시작 부분의 유딧의 기도와(9장) 짝을 이루는 것으로 보인다(위의 책 구조 참조). 또한 기사의 나머지 부분과 밀접하게 결합되어 있는 찬영가의 내용을 고려한다면, 이 찬영가가 책 뒤에서 본디 독립적이던 시편을 구성하고 있었다고 보기도 힘들다. 그러나 16,13-17의 친저성은 종종 논쟁의 대상이 되었다(Moore 참조). 특히 보다 분명한 묵시적 음조와(특히 15절과 17절 참조), 책의 나머지 부분에 담긴 예루살렘 성전과 제사에 대한 높은 평가와 대조를 이루는 것 같은 16절에 표현된 예배에 대한 비판 때문이다. 그러나 이러한 결론 역시 문제가 있다. 책 전체는 명백한 종말론적 관점으로 짖어 있고, 묵시문학, 특히 다니엘서와 상당한 접촉 관계를 보여주기 때문이다. 나아가, 본래의 찬미가는 12절에서 끝맺음했다고 보기 힘들다. 적어도 보다 일반적인 순서에 따라, 탈출 15,18에서와 같은 하느님의 통치에 관한 최후의 확언이 당연히 기대되며, 이 확언은 16,17이 완벽하게 대신할 수 있기 때문이다. 사실 13-17절은 하느님을 경외함이라는 주제를 도입하며(15절과 16절), 이 주제는 유딧기 메시지의 중심 측면, 아니면 정점을 이룬다. 우리는 따라서, 다양한 판 사이의 차이점들이(위 참조) 여러 이본의 존재를 분명히 한다 하더라도 - 이는 유딧기 연구에서 참조해야 할 점이다 -, 일반적인 방법으로 작품의 문학적 단일성이라는 결론에 이를 수 있다.

작품의 문학유형은 한편 여전히 논쟁의 대상으로 남아 있으며, 이는 특히 잘 정립된 범주에 이 작품의 유형을 배치하는 데 있어 어려움을 드러낸다. 현실적으로 유딧기는 분명 여러 내적 전승의 합류점에 자리한다.

1) 우리는, 여러 저자가 강조했듯이, 특히 에페소의 크세노폰의 작품과 이암블리코스의 작품에 나오는, 침실에서 칼로 애인을 살해하는 주제가 암시하는 것처럼, 그리스와 동방세계의 소설 문학으로부터 영향을 받은 '유다 소설' 앞에 서 있다(이 점에 대해서는 예를 들어 Zenger 참조). 유딧기에 대한 그리스 비극 문학의 영향 역시 주장되었으나(Lacocque 참조), 그 가능성은 훨씬 희박해 보인다.

2) 그럼에도 불구하고 단편소설과는 달리 개별 역사와 세계 역사를 연동하는 소설 유형은(Zenger 참조), 유배시대 이후 이스라엘의 모든 역사를 단 하나의 사건 속에 요약하기 위해 시대들을 혼합하는 기사 속에서, 매우 특이한 방법으로 세상의 유일한 임금이 되기 위한 네부카드네자르의 전쟁을 이용한다. 이 주제는 야훼와, 예를 들어 에제 38-39장에서 만날 수 있는 그러한 이스라엘의 적대 세력 총체를 상징하는 적대 임금 사이에 벌어지는 세상 차원의 최후 전쟁에 관한 성경(과 성경 이후) 주제를 상기시키며(특히 유딧 16,3-4 참조), 따라서 우리는 유딧기에 관해 '종말론적 우화', 또는 묵시적 우화를 말할 수 있게 되었다.

3) 끝으로, 유딧기의 기사는, 많은 성경 전승이 재생되고 주해되거나 임의로 각색되었다는 점에서, 분명히 후대의 라삐 미드라시가 될 유형과 가까운 문학유형에 속한다(자세한 연구를 위해서는 Schmitz 참조). 특히 홀로페르네스의 목을 베어 그 머리를 배툴리아로 가져오는 유딧의 이야기는 판관 4,17-24의 야엘의 시스라 살해 기사와, 1사무 17장의 골리앗과 맞선 다윗의 전투 기사와, 창세 14장의 메소포타미아 임금들을 쳐 이긴 아브라함의 승리 기사로부터(유딧 13,18은 창세 14,19-20을 인용한다) 동시에 영향을 받고 있다. 유딧기의 기사는 또한, 특히 아시리아 군대의 예루살렘 포위와 도성의 기적적인 구원을 기술하는 2역대 32,1-23과(참

조. 2열왕 18-19; 이사 36-37), 기원전 160년 데메트리오스 1세 소테르의 대장군 니카노르의 예루살렘 포위와 무찌름을 기술하는 1마카 7장과 2마카 15장에 실린 시온/예루살렘의 구원에 관한 다양한 전승을 재생한다. 여러 저자가 밝혔던 대로, 예루살렘 성전의 이름으로 행동하는 유다 마카베오가 니카노르를 죽인 다음 적군을 패퇴시키고 적장의 목을 베어 모든 이가 볼 수 있도록 예루살렘 성벽 밖에 걸어둔 이야기를 전하는 1마카 7,39-50의 본문과 유딧기 기사 사이의 병행 현상은 너무나 현저하다. 우리는 또한 이스라엘이 적군을 추격하는 장면 묘사에서 특히 이 두 본문 사이의 자구적 병행 현상도 확인한다(1마카 7,44-46과 유딧 15,1-7). 유딧의 찬양가는(유딧 16,1-17) 이집트 탈출과 이스라엘의 해방 기사를 결론짓는 탈출 15,1-18의 모세의 찬양가 예형을 기초로 구상되었음이 분명하다. 유딧기의 일반적인 주제, 다시 말해서 "전쟁을 쳐 없애 버리시는 주님"(9,7과 이를 궁극적으로 반복하는 16,2) 주제는 한편 칠십인역성경의 탈출 15,3의 인용이기도 하다. 탈출 1-15장 기사와의 다른 병행 현상 역시, 이스라엘의 하느님과 유다 백성의 압제자 네부카드네자르 사이의 갈등을 탈출기의 야훼와 파라오 사이의 갈등과 대비하여 보고자 하는 의지를 드러내는 유딧기에 뚜렷하다(성경의 이 모든 병행 문구와 기타 사항을 살피기 위해 Zenger, 439-446쪽과 Otzen, 74-80족 참조). 성경의 많은 다른 전승 또한, 비록 제한된 역할을 한다 하더라도, 유딧기에 실려 있다. 예를 들어, 시메온의 후손으로 소개되는 유딧이(9,2; 이보다 앞서 유딧이, 칠십인역성경 민수 1,6에 따르면, 시메온 지파의 수령 추리사따이의 아들 슬루미엘의 후손으로 소개되는 8,1의 족보 참조) 몸소 창세 34장의 시메온(과 레위)이 스켐의 주민들을 죽음에 부치는 일화를 언급함으로써 그녀가 수행할 준비가 되어 있는 홀로페르네스 살해를 정당화하고자 하는 경우이다.

"신의 현현, 정복자, 안티오코스 임금"이라는 글귀가 새겨진
안티오코스 4세 에피파네스 동전

2.3. 작성 시기와 저자

델코르(M. Delcor)가 이미 1967년의 논문에서 밝혔듯이, 유딧기의 여러 요소는 분명히 하스몬 왕조 시대(기원전 142-63)의 역사적 맥락을 전제로 하며, 이 시기 설정은 오늘날의 연구에서 상당한 공감대를 형성하고 있다. '원로단'(*gerousia*: 유딧 4,8; 11,14; 15,8)이라는 용어로 예루살렘에 자리한 원로들의 회의를 가리키거나, 화관을 쓰고 개선 장군을 맞이하는 관습(3,7) 또는 올리브 가지로 머리 관을 만드는 풍습과(15,13) 같은 기사의 많은 요소는 셀레우코스 시대 이전에는 확인되지 않는다. 또한 정복한 민족들의 예배를 파괴하고 네부카드네자르만 섬길 것을 강요하는

홀로페르네스의 태도는 거의 셀레우코스 군주들의 특성이 아니라, 오히려 기원전 167년에 예루살렘 성전을 올림포스의 제우스에게 헌정한 안티오코스 4세 에피파네스의 정책을 상기시킨다. 안티오코스 에피파네스는, 유딧기의 네부카드네자르를 본 따, 자신을 신들의 우두머리 제우스와 동일시했으며, 그의 치하에 제조된 동전에는 그의 이름과 함께 '*Theos Epiphanes*'라는 글자가 새겨 있다. 유딧기에 언급된 여러 성읍은 한편 유다 마카베오가 전투를 벌였던, 특히 얌니아와 아스돗과 벳 호론과 같은 지역들과 일치한다. 더욱 특이하게는, 유딧기의 배툴리아 포위 장면 묘사는 리시아스에 의한 벳 추르 포위와, 기원전 162년에 유다 마카베오가 셀레우코스 군대와 맞서 패한 벳 즈카르야 전투에 관한 다수의 암시와 참고 내용을 담고 있는 것으로 보인다(Baslez 참조). 이 점에서 유딧기는 벳 즈카르야에서의 패전을 '역으로 재독한 작품'으로 이해해야 할 것이다. 마카베오 시대 이후의 유딧기 작성 시기 추정은 한편, 유딧의 승리를 예루살렘 성전에서 석 달 동안 지낸 축제의 끝이, 특히 보게르트(P.-M. Bogaert)가 입증했던 대로, 안티오코스 4세 에피파네스에 의한 성전 침해 사건 이후 기원전 164년에 유다 마카베오가 거행한 성전 재봉헌 기념 축제였던 하누카 일자와 정확하게 일치한다는 사실로 다져질 수 있다.

유딧기의 원전에 관한 더욱 상세한 연구는, 이 책의 저자가 이미 다니엘서 그리어 역본과(특히 칠십인역성경 다니 3장; Delcor, 174-177쪽 참조) 동시에 마카베오기 상하권을(특히 1마카 7장과 2마카 15장, 위 참조) 알고 있었다는 사실을 암시한다. 마카베오기 상권이 요한 히르카노스(기원전 134-104년)의 연대기를 참고하며, 히르카노스가 사망한 다음에 저술되었을 것이라는 사실로 미루어, 유딧기 편집도 요한 히르카노스 치세 이후에 이루어졌을 것이다. 몇몇 저자를 따라 하스몬 왕조 시대 말기 또는 로마제국 시대 초기 일자를 지지할 수도 있다. 이는, 16,23의 약술에 따라 유딧의 생존 기간인 105년이 유다교 예배를 거슬러 안티오코스 4세 에피파네스가 단행한 조치의 시작 연도인 168년과, 폼페이우스가 팔레스티나에 당도한 연도인 63년 사이의 연대적 간격과 일치한다고 보는 인슬린(M.S. Enslin)과 제이틀린(S. Zeitlin)의 경우이다. 이러한 관점에서 보면, 유딧이라는 인물은 알렉산드로스 얀내오스(103-76)의 과부로서 기원전 76-67년에 직접 통치했던 여왕 살로메 알렉산드라에게 경의를 표하는 인물로 인식되었을 것이다(Philonenko도 참조). 그러나 여러 요소가 좀 더 올라가는 연대, 추정컨대 알렉산드로스 얀내오스 치세 초기를 시사한다. 상당한 저자가 밝혀냈듯이, 유딧기는 아직 바리사이들과 사두가이들 사이의 갈등, 얀내오스 치하(103-76년)에서 점진적으로 깊어져갔던 갈등을 아직 보여주지 않는다. 한편, 얌니아와 아스돗 성읍들도 아직 하스몬 왕국에 속하지 않은 것으로 묘사되며(2,28 참조), 얀내오스 시대에 와서야 비로소 병합된다(Delcor). 따라서 유딧기는 성전 재봉헌 연도인 164년과 100년 사이에 구성되었다고 추정해야 할 것 같다. 유딧기의 배툴리아 포위와 기원전 164년의 벳 추르 포위 사이의 병행 현상은 이미 160년경이라는 연대를 암시할 수 있다(최근의 Baslez 참조). 그러나 앞서 언급했듯이, 이러한 병행 현상이 실재한다 하더라도, 이 결론을 필히 수용해야 하는 것은 아니며, 다른 고찰은 좀 더 늦은 연대를 암시할 수 있다.

유딧기는 아마도 예루살렘에서 구성되었던 것 같다. 저자는 한편 책에 묘사된 다른 지역들보다 분명히 팔레스티나의 지리를 잘 알고 있었다. 성경 전승 수용과 하스몬 왕조 역사편찬의 중요성을 감안한다면(마카베오기 상하권과 그 원전들), 유딧기는 성전 서고 접근이 가능했던 학식 깊은 서기관의 작품일 것이다. 이 서기관은 마카베오기에 언급된 경건한 유다인들인 '하시드인들'(*ḥasidîm*)의 후계자로 등장한다. 이들은, 유딧의 찬양가가 16,15-16에서 분명하게 강조하고 있는 것처럼, 무엇보다도 하느님 경외를 우선시하던 사람들이다. 토라에 대한 온전한 존경심과, 특히 음식 규정인 '카스룻'(*kashrut*)에 관한 강조는(참조. 11,13; 12,2.9),

유딧기 저자가 바리사이 운동의 구성원이었음을 가정하도록 여러 주석가를 이끈다(예를 들어 Craven, 118-121쪽 참조). 아무튼 그는, 유딧기 기사에서 몇 가지 양상을 찾아볼 수 있는, 율법 해석에 관한 '할라카'(*halakha*) 기법을 전수한 사람임이 틀림없다. 예를 들어 9장에 게재된 유딧의 기도에서, 유딧은 자신이 과부임을 상기시켜드리면서 하느님께서 기도를 들어주시기를 간청한다(9,4). 이 주제는, 야훼께서 당신께 부르짖는 학대 받는 과부를 위해 몸소 앙갚음하리라 선언하시는 계약법의 한 문구를 참조한다(탈출 22,21-23). 탈출 22,21-23 주해는 따라서, 유딧(나아가 그녀의 뒤에 있는 시온)을 아시리아 군대에 의해 능욕당해 하느님께 회복을 청하는 과부로 소개하면서, 홀로페르네스 살해를 정당화하는 구실을 한다. 책의 몇몇 요소는 그러나 공적인 바리사이파에 대한 일정한 거리를 암시한다. 유딧기에서 아키오르가 전향한다는 주제는 분명 토라를 거스른 주제 안에 포함되나, 암몬족을 공동체에 받아들이는 것을 무조건 금하는 신명 23,4-7의 율법을 개정하려는 시도로 보임이 틀림없다. 이러한 율법 개정 입장이 유딧기 편집 시대의 공적인 바리사이파 교의와 부합했다는 것은 의심스러운 일이다. 또한 남편 사망 후 이내 과부로 머문 유딧의 독신은 신명기법인 수혼제에(신명 25,5-10) 관한 비판을 함축할 수 있다. 나아가 책 전체는, 특히 힘 있는 자들이 거꾸러지고 비천한 이들이 들어 높여진다는 주제 안에 드러나는(특히 9,11; 16,7.11.12.16 참조), 어떻게 보면 과부로서의 유딧이 좋은 본보기로 떠오르는 종말론적인 이상향으로 젖어 있다. 이러한 전반적인 주제는 유딧을 '*anawîm*(가난한 이들)의 종말론, 하느님의 나라는 마음이 가난한 이들과 겸손한 이들에게서 드러난다는 종말론에 접근시킨다(Lacocque). 따라서 바리사이 서기관들의 학교에서 양성되었으면서도, 공적인 바리사이파 주변 곧 에세네파 유형의 종말론적 세계에 속한 저자를 생각해야 할 것이다(Philonenko). 유딧의 독신은 또한 하스몬 왕조와 로마제국 시대 몇몇 유다교 분파, 특히 쿰란 공동체의 금욕주의적 이상을 상기시킨다. 젱어(E. Zenger)는 아키오르 연사가(유딧 5,5-21) 당대의 유다교 선교 연사를 예형으로 구상된 반면에. 아키오르가 개종 직전에(14,10) 홀로페르네스의 머리를 보고 실신하는 장면 묘사는(14,6) 비유다인이 유다교로 개종하는 의식에서 통상적인 현상을 반영한다고 가정한다. 우리가 이러한 가정을 받아들인다면, 유딧기의 저자를 위해서 선교 세계를 고려할 수도 있을 것이다. 그러나 유딧기에서 외국인들의 개종에 관한 언급을 부정할 수 없다 하더라도, 젱어의 가설은 설득력이 떨어지며, 따라서 이 가설을 조심스럽게 들여다보는 것이 바람직해 보인다.

3. 주제와 의도

유딧 이야기의 본질은 무엇인가? 기본적으로 (안티오코스 4세 에피파네스가 제2성전을 침해한) 기원전 167년의 사건을 특유의 종말론적 관점에서 재독한 이야기이다. 안티오코스 에피파네스는 이제 헬레니즘 시대 훨씬 이전부터 이스라엘을 지배해 온 모든 제국, 곧 아시리아, 바빌론(네부카드네자르), 페르시아(홀로페르네스) 제국의 화신으로 등장한다. 에피파네스에 대한 승리는 따라서 외국의 멍에로부터의 궁극적인 이스라엘 해방을 예고한다. 그러나 이 해방은 전혀 이스라엘에 의한 것이 아니라, 오로지 이스라엘의 하느님 덕분이며, 이렇게 하느님은 세상의 전능하신 하느님, "전쟁을 쳐 없애 버리시고"(9,7; 16,2) 가장 약한 이들에게 승리를 가져다주시는 능력을 지니신 분으로 영원히 계시된다. 이 종말론적인 이상향은, 이름이 자의적으로 '유다인 여자'를 의미하고 외국 압제자와 맞서는 모든 유다 백성의 저항의 상징으로서 이제 유다 마카베오를 대신하게 될, 유딧이라는 인물 속에서 구현된다. 이 두 인물 사이의 병행 관계는, 유딧기의 기사가 전사로서의 유다 마카베오의 경력을 개시하고 마감하는 두 군사적 사건을 조율할 만큼 매우 인상적이다. 안티오코스 에피파네스에 대한 항전 사건과(1마카 7), 홀로페르네스라는 인물이 분명하게 영향을 받고 있는 니카노르 장수에 대한 승리 사건을(2마카 15) 말한다(위 참조). 한편 이 마지막 일화를 끝으로 마카베오 하권이 마감되기도 한다(2마카 15,37 참조). 유딧기의 원전 채택 역시 의미가 있다. 마카베오 형제들과 하스몬 왕조의 사람들이 과거의 위대한 인물, 특히 판관들과 다윗 왕조의 임금들 모습으로 비춰지기를 바랐던 그대로, 유딧은 판관시대의 인물들, 특히 야엘과(판관 4) 동시에 다윗 왕조의 시조 다윗과(1사무 17) 비교된다. 그러나 유다 마카베오와는 달리, 유딧은 전사로서의 모습과는 정반대되는 인물이며, 홀로페르네스 장수에 대한 승리는 에피파네스에 의한 성전 침해가 전조 역할을 했던 종말론적인 전복(顚覆) 실현을 예고한다. 이제 미천한 이들과 약한 이들, 곧 하느님께 대한 믿음 외에는 가진 것이 하나도 없으나, 9,11이 분명히 밝히고 있는 대로, 하느님께서 당신의 능력을 드러내 보이시기를 원하시는 사람들이 이스라엘을 다스릴 것이다. 종말론적인 관점에서의 이와 같은 위계 전복은 한편 유딧기에서 공적인 권력자들에 대한 비판을 동반한다. 배툴리아의 수장들은 적군에게 성읍을 넘겨줄 각오가 되어 있는 것으로 보이며(7,31-32), 유딧은 이들의 이러한 믿음 없음에 대하여 분명한 비판의 태도를 취한다(8,11 이하). 예루살렘의 원로단 역시, 유딧이 홀로페르네스에게 전하는 연사를 보면, 종교적 타협으로 말미암아 유딧에게 은연중에 비난 받는다. 이 연사에서 유딧은 원로단이 음식 부족에 대처하기 위하여 하느님께 봉헌된 짐승에 관한 규정을 어기도록 배툴리아 성읍에 허락할 준비가 되어 있다는 사실을 언급하고 있기 때문이다(11,14-15).

이스라엘의 승리를 기념하는 축제의 마지막 일자가 하누카 축제일과 맞아떨어지는(Bogaert 참조), 유딧기 기사에 특이한 연대표기 역시 책 전체의 바탕을 이루는 종말론적 관점과 관련되어 있는 것이 틀림없어 보인다. 우리는, 군주들이 임금과 대사제의 직무를 겸직했던 하스몬 왕조 치하에, 제2성전 예배의 정당성이 날로 커져가는 논쟁의 대상이 되었다는 사실을 잘 알고 있다. 특히 쿰란 공동체와 같은 몇몇 세계에서 안티오코스 에피파네스의 성전 침해는 결정적이었으며, 164년의 유다 마카베오에 의한 성전 재봉헌에도(1마카 4,36-61; 2마카 10,1-8) 불구하고 그러했다. 한편 유딧기 저자에게 있어, 성전 재봉헌은 이스라엘을 위한 새로운 시대의 시작을 알리는 사건이었음에 의심의 여지가 없으며, 이 때, 책의 마지막 문구에 해당하는 유딧 16,18-20이 분명하게 시사하고 있듯이, 온 유다 백성은 성도 예루살렘과 그 성소를 중심으로 모이게 될 것이다(유딧기에서 예루살렘 성전의 가치를 호평하는 내용으로 4,2-3; 8,21; 9,13도 참조). 아무튼 이 점에서 유딧기는 공적인 하스몬 역사편찬과 조화를 이룬다. 그러나 이 종말론적 시대의 상징적인 인물은, 더 이상 하스몬 왕조가 창립 선조로 모시고자 했던 유다 마카베오가 아니라, “미천한 이들”, “연약한 이들”, “계집종들의 자식들”, “도망자들의 아이들”로 이루어진(16,11-12) 군대의 수장이며 새로운 이스라엘의 이상적 신앙인의 모습을 구현한 사마리아의 과부 유딧이다. 당대의 정치적 권력자들과는 달리 하느님 한 분만 경외하던 인물이다. 이러한 의미에서 유딧이라는 인물이 반-왕조적인 인물로 그려졌던 것은 심사숙고의 결과이다. (나머지 온 생애를 과부로 살며 자녀 없이 죽은) 유딧은 시조로서의 모습이 아니라, 하나의 순수 문학적인 본보기, 종교적 계몽화와 상징적 동일화의 인물, 하나의 ‘귀감’이 된다.

4. 참고 문헌

4.1. 주석서

M.S. Enslin/S. Zeitlin, *The Book of Judith* (Jewish Apocryphal Literature Series 7), Leiden, 1972. C.A. Moore, AncB 40, 1985. L. Soubigou, *Le livre de Judith*, Paris, 1949. F. Stummer/H. Gross, Echter Bibel, 1967[4]. E. Zenger, JSHRZ 1, Göttingen, 1981, p. 429–534.

4.2. 연구 현황

T. Graven, «The Book of Judith in the Context of Twentieth-Century Studies of the Apocryphal/Deuterocanonical Books», *CBR* 1(2003), p. 187–229. B. Otzen, *Tobit and Judith* (Guides to Apocrypha and Pseudepigrapha), Sheffield, 2002.

4.3. 주요 저서 및 논문

M.-F. Baslez, «Polémologie et histoire dans le livre de Judith», *RB* 111(2004), p. 362–376. P.-M. Bogaert, «Le calendrier du livre de Judith et la fête de Hanuka», *RTL* 15(1984), p. 67–72. T. Craven, «Artistry and Faith in the Book of Judith», *Semeia* 8(1977), p. 75–101. Id., *Artistry and Faith in the Book of Judit* (SBL.DS 70), Chico(CA), 1983. M. Delcor, «Le livre de Judith et l'époque grecque», *Klio* 49(1967), p. 151–179. A.M. Dubarle, *Judith: Forms et sens des diveres traditions* (AnBib 24), Rome, 1966. R. Hanhart, *Text und Textgeschichte des Buches Judith* (AAWG.PH 109; MUS 14), Göttingen, 1979. J.W. van Henten, «Judith as Alternative Leader: A Rereading of Judith 7–13», in A. Brenner (éd.), *A. Feminist Companion to Esther, Judith and Susanna* (The Feminist Companion to the Bible 7), Sheffield, 1995, p. 224–252. A. Lacocque, *Subversives, ou un Pentateuque de femmes* (LeDiv 148), Paris, 1992, p. 45–62. M. Philonenko, «L'origine essénienne du livre de Judith», *Comptes rendus des séances de l'Académie des Inscriptions et*

Belles Lettres, 1996, p. 1139–1156. A.D. Roitman, «Achior in the Book of Judith: His Role and Significance», in J.C. VanderKam (éd.), *«No One Spoke Ill of Her»: Essays on Judith* (SBL.EJL 2), Atlanta(GA), 1992, p. 31–45. B. Schmitz, *Gedeutete Geschichte. Die Funktion der Reden und Gebete im Buch Judith* (HBS 40), Freiburg i.B. *et al.*, 2004. C.C. Torrey, *The Apocryphal Literature*, New Haven(CT), 1945.

토빗기

크나우프 (Ernst Alex Knauf)

유딧기처럼 토빗기는, 성경은 시종일관 진지해야 한다고 기대한 독자들에게 충격을 줄 수 있는 작품이다. 토빗은 백열두 살(그리스어 긴 판의 14,2) 또는 백쉰여덟 살에(그리스어 짧은 판의 14,11) 죽음을 맞이한다. 젊은 시절 토빗은 예로보암 1세 치하의 이스라엘의 독립 선언을 알고 있었으며(1,4 = 기원전 925년경), 살만에세르 치하에 갈릴래아에서 니네베로 포로로 끌려갔으나(1,2.10 = 727-722년), 사실 그의 고향 갈릴래아는 티글랏 필에세르에 의해 733년에 황폐화된 상태였다. 토빗은, 살만에세르의 아들 산헤립(사르곤 2세?)이 그 뒤를 잇고, 토빗의 조카였던 유명한 아키카르의 간청으로 에사르 하똔 시대에 자유의 몸이 될 때까지(1,13-22), 살만에세르를 위한 물품 구매직을 맡았다. 유딧기처럼 토빗기는 우리가 배운 대로의 역사는 알지 못하나, 우리가 듣고자 하는 대로의 실감 넘치고 교훈적인 역사를 이야기한다.

1. 설계와 내용

머리글을(1,1-2) 벗어나면, 토빗기는 분명 삼등분 구조를 보여 준다. 첫째 단원은(1,3-3,17) 서로 다른 두 장소에서 펼쳐지는 '별도의 두 위기 상황'을 기술한다. 토빗은 시력을 잃으며, 라구엘의 딸 사라는 첫날밤에 자기 신랑들을 죽여 버린 악귀의 희생자가 된다. 둘째 단원은(4,1-14,1) 동일한 인물들과(라구엘과 토비아) 동일한 처방으로(물고기 간) '위기의 두 상황에 관한 이중 해결'을 서술한다. 셋째 단원은(14,2-15) 맺음말이다.

1,1-2	머리말
I. 위기의 두 상황(1,3-3,17)	
ㄱ. 1,3-3,6	니네베: 토빗은 예루살렘 성전에 신실했던 이스라엘인과 토라에 신실했던(제의적 정결과 자선 행위, 1,3-22) 유배자로서의 모범적인 삶을 이야기한다. 그는 동족을 묻어 주고 난 다음 눈이 먼다(2,1-14). 기사는 좌절 속에서도 매우 경건한 탄원기도로 마감된다(3,1-6)
ㄴ. 3,7-15	엑바타나: 라구엘의 딸 사라는 첫날밤에 연이어 모두 죽은 신랑들을 죽였다고 비난 받는다(3,7-9). 독자는 악귀 아스모대우스가 저지른 일임을 알고 있으나(3,8), 이 사실을 알지 못하는 사라는 토빗과 동시에 좌절 속에서 (그러나 경건함을 다소 잃은 채) 기도를 올린다
ㄷ. 3,16-17	라파엘 천사가 이 두 사람의 기도를 하느님께 전해드

리며 (12,12.15 참조), 곧 바로 이 기도에 응답하도록 파견된다(12,14 참조)

II. 해결(4,1-14,1)

가. 4,1-21 토빗은 메디아의 라게스로 가서 맡겨 둔 돈을 찾아오도록 아들 토비아를 보낸다(1,14-15; 4,1-2.20-22). 4,3-19에서 토빗은 아들에게 도덕적 훈계를 진술한다

나. 5,1-23 토비아는 길동무를 만나며(3,16-17 참조), 그는 다름 아닌 대 하난야의 아들 아자르야라는 이름을 지닌(5,13) 천사 라파엘이다. 토빗의 아내는 금전 때문에 아들의 생명을 위험에 빠뜨린다고(5,18-20) 남편을 다시금(2,14 참조) 질타한다. 토빗은, 그가 바로 실은 아자르야라는 사실을 모르면서도, 토비아의 수호천사를 믿는다(5,22)

다. 6,1-19 니네베에서 엑바타나까지의 여행. 토비아는 물고기를 잡게되며, 이 물고기의 간은 효능을 가지고 있다고 라파엘이 토비아에게 일러준다(6,1-9). 라파엘은 또한 토비아에게 그의 친척 사라와(창세 24 참조) 그녀의 문제들과 그 문제들을 극복할 수 있는 방법에 대하여 설명한다. 토비아는 곧 바로 그녀와 사랑에 빠진다(6,10-19)

라. 7,1-10,14 엑바타나: 토비아와 라파엘은 라구엘의 집에서 영접을 받는다(7,1-8). 토비아는 라구엘의 딸에게 혼인 승낙을 요청하며, 그 자리에

서 혼인 계약이 체결된다(7,9-14). 사라는 토비아의 생명을 걱정하나(7,15-17), 물고기 처방이 효능을 발휘한다(8,1-3). 토비아와 사라는 기도하며(8,4-8) 무사히 혼인 관계를 맺는다(8,9). 여덟 번째 사위의 무덤을 이미 파놓았던 사라의 아버지는 무덤을 메우기만 하면 되었다(8,10-18). 라구엘은 열나흘 동안 외동딸의 성공적인 혼례를 치르기로 결심하며, 재산의 절반을 토비아에게 양도한다(8,19-21). 라파엘은 라게스로 가서 돈을 찾는다(9,1-6). 지연된 열나흘은 토빗과 안나를 근심에 빠뜨린다. 어떤 이들의 축제가 다른 이들의 비단이 된다(10,1-7; 참조. 2,6[아모 8,10; 에스 9,22]). 토비아는 마침내 라구엘을 떠난다(10,1-14)

다'. 11,1-9 토비아와 라파엘은 니네베로 돌아간다. 토빗은 동일한 물고기 간으로 시력을 되찾으며(11,10-13), 사라는 시부모에게 받아들여진다(11,16-19)

나'. 12,1-21 아자르야에게 품삯을 지불할 때가 되자, 그는 정체를 밝힘과 동시에 천상의 위계와 시각적인 환시에 관한 다양한 정보를 제공한다. 사라지기에 앞서 그는 이러난 일을 기록해 두도록 명한다(12,20)

가'. 13,1-18 토빗은 기도하면서 야훼의 위업과 천상 예루살렘의 재건을 기리는 시편을 기록하거나(짧은 본문) 말한다(긴 본문)

III. 맺음말(14,2-15)

ㄱ'. 14,1-2 시력을 되찾은 다음의 토빗의 장례와 생애 약술

ㄱ". 14,3-11 토빗의 최후 말씀: 나훔(짧은 본문) 또는 요나가(긴 본문) 예고했기에 니네베는 파괴될 것이며, 예루살렘 역시 파괴될 것이나(13,17-18 참조!) 다시 세워질 것이다

ㄴ'. 14,12-15 토비아는 어머니가 사망한 다음 엑바타나에서 라구엘의 집으로 이주하며, 거기서 크세르크세스에 의한 니네베의 파괴와 니네베 주민들의 압송 소식을 기쁜 마음으로 접한다

2. 출처와 형성

학자들은 토빗기 편집에 외과적 수술을 시도했으나(Deselaers), 이와 같은 접근은 책의 전수 과정과 문학유형 문제 자체로 말미암아 별 소득이 없었다. 이 두 가지 점은 토빗기 구성의 출처와 역사 문제에서 기본적인 내용에 속하기에, 여기서 간략하게나마 정리하기로 한다.

2.1. 책의 전수

우리는 쿰란에서 발견된 아람어 두루마리 단편 네 개와 히브리어 두루마리 단편 하나와 함께, 칠십인역성경의 완전한 본문 세 개, 곧 짧은 역본과(G^{I}) 긴 역본과(G^{II}) 혼합 역본을(G^{III}) 가지고 있다. (책의 설계를 제시하는 위의 글상자가 따르고 있는) 짧은 역본은, 쿰란의 단편들이 긴 역본에 신

빙성을 부여하지 않기에, 비평가들이 선호하던 작품이다. 여섯 번째 역본은 대중 라틴말 성경(Vulgata)에 보존되어 있다. 이 성경은 예로니모가 아람어 수사본을 기초로 간략하게 개정한 고대 라틴말 성경(Vetus Latina)을 말하며, 토빗기의 다른 모든 역본과는 다른 본문을 제공한다. 일반적으로 본문의 이 다양성은 토빗기가 대중적이면서도 언제든 수정이 가능했던 작품임을 시사한다. 이러한 이유 때문에 오늘날 본래의 본문으로 거슬러 올라간다는 것은 어려운 일이거나 불가능한 일로 보인다.

2.2. 토빗기의 문학유형

토빗기는 디아스포라 유다인들의 삶을 이야기하며, 그러기에 창세

'토빗과 길동무 수호천사'. 렘브란트의 데생.

37-50장이나 에스테르기 또는 다니 2-6장과 같은 '디아스포라 기사' 유형에 속한다. 그럼에도 불구하고 이 단편소설은, 앞선 기사들과는 달리, 본디 아람어로 기초되었다 하더라도 헬레니즘으로부터 많은 영향을 받은 작품이다. 우리는 분명, 이국 여행과 기적과 성과 범죄 주제를 주로 다루는, (대상[隊商] 숙박소 문학이라 불리는) 대중 문학 형태를 살펴볼 필요가 있다. 호메로스나 아테네의 극작가들의 작품과 같은 '진지한' 문학과는 달리 대중 소설들은 당시에 어떤 경전적 지위도 차지하지 못했으며, 따라서 지속적인 수정과 각색의 대상이 되었다.

2.3. 토빗기의 출처 문제

앞서 언급한 이유 때문에 토빗기의 본래 본문이 접근 불가능한 것으로 남아 있다 하더라도, 우리는 이 책의 출처에 관한 몇 가지 추측을 내세울 수 있다. 토빗기는 기원전 3세기 중엽과 2세기 중엽 사이에 아람어로 기초되었던 것 같다. 헬레니즘에 대한 정통 유다교의 어떤 대립 관계도 식별되지 않기 때문이다. 쿰란에서 확인된 히브리어 번역은 민족주의적으로 다시 태어난 작품으로서 기원전 2세기 말로 추정된다(아람어로부터 히브리어로 언어가 바뀌는 현상은 다니엘서에서 확인된다). 토빗기는 아람어를 쓰는 헬레니즘화한 유다인의 전형적인 결과물, 특히 현자 아키카르를 유다 공동체에 편입시키고자 하는 시도에서(1,21-22; 11,18; 14,10) 드러나는 그의 조율 노력의 결과물로 여겨질 수 있다. 7세기경에 구성된 아시리아의 관리 아키카르의 소설은 아케메니데스 시대 이집트의 엘레판틴(아수완) 유다교 공동체에 의해 읽혔다(이 소설은 토빗기보다 더욱 다양한 전수 과정을 거쳤다). 이와 유사하게, 그리스어를 사용하는 헬레니즘화한 유다교에서 모세는 알파벳을 창제하고 이를 그리스인들에게 전해줄 페니키아인들에게 전수하는 존재로 등장한다.

세 지역이 토빗기 탄생 중심지에서 제외될 수 있으며, 이는 기사

자체의 자료를 기초로 한다. 우선 기사에서 예루살렘은 도달할 수 없는 지역으로 보이기에 유다이고, 다음은 지리적 묘사가 너무나 혼란스럽기에 메소포타미아와 페르시아이며, 끝으로 아스모대오스 악귀가 도망친 곳이었기에(8,3) 이집트이다. 그 어떤 표지도 확증해 주지 않는다 하더라도, 시리아나 페니키아 세계를 고려해 볼 만하다. 시편 42편과의 상당한 유사성은 토빗을 사마리아의 유다인으로 추정하게 한다. 저자는 갈릴래아와 남부 시리아 또는 요르단 건너편 북부의 디아스포라에서 살던 사람이었는가?

3. 주제와 의도

1) 토빗기는, 정통 신학이 기분을 전환시키는 방법으로 제시될 수 있고, 믿는다는 것이 웃음을 자아낼 수도 있음을 가로막지 않는다는 사실을 보여준다. 토빗기는 순진한 이야기가 아니며, 저자도 그의 독자도 연대착오를 의식하지 못했다. 이와는 달리 그 줄거리는 극적 색채가 풍부한 반어법으로 줄곧 점철되어 있다.

2) 토빗기는 신심이 빈정거림과 비웃음으로 운율을 맞출 수 있음을 드러낸다. 이 흥미로운 소책자에서 토빗과 그의 집안은 정통 유다교를 위한 풍자와 동시에 홍보 역할을 한다. 우리는 여기서 고대부터 이어온 유다 전승의 특징들 가운데 하나를, 다시 말해서, 가장 신성한 전승들에 집착하고 그것들을 자기 정체성의 바탕으로 두기를 포기하지 않으면서도, 이 전승들을 웃음거리로 돌리는 능력을 다시 만난다.

3) 신명기계 저자들이 그렇게 진지하게 제시했던 역사는 여기서 재해석의 과정을 거쳐, 대중에게 열려 있는 조합 가능한 인물과 연대와 장면의 진열대가 된다. 성경 역사와, 좀 더 넓게는 히브리어 성경 전체가 기꺼이 활용된다. 성조들, 욥, 예언자들, 에즈라기와 느헤미야기 등을

말한다(크투빔은 토라와 예언서의 주해를 형성하는 작품이다). 우리는 여기서 '서술 주석'을 말할 수 있을 것이다. 토빗기는 독자들을 시험하기를 멈추지 않는 성경 마당의 놀이이다('내가 암시하는 사람이 누구인지 맞춰 봐라!'). 이것이 하느님은 ('큰 역사'가 아니라) '작은 역사들'을 통해서만 당신의 행위를 보여주신다는 사실을 하나 같이 강조하는 토빗기와 유딧기, 아마도 에스테르기와 요나서가 기본적으로 기여하는 바다. 언제나 흥겹지만은 않은 세상에서, 우리에게는 잘 서술된 선하신 하느님에 관한 역사들, 성경을 읽는다는 것이 우울하지 않은 일임을 보여주는 역사들이 필요하다.

4. 참고 문헌

[본문]

C.J. Wagner, *Polyglotte Tobit-Synopse. Griechisch, Lateinisch, Syrisch, Hebräisch, Aramäisch: mit einem Index zu den Tobit-Fragmenten vom Toten Meer* (MSU 28; AAWG.PH 3.258), Göttingen, 2003. S. Weeks/ S. Gathercole & L. Stuckenbruck, *The Book of Tobit. Texts from the Principal Ancient and Medieval Traditions. With Synopsis, Concordances, and Annotated Texts in Aramaic, Hebrew, Greek, Latin, and Syriac* (Fontes et Subsidia ad Bibliam pertinentes), Berlin/New York, 2004.

4.1. 주석서

B. Ego, JSHRZ 2, 1999, p. 873-1007. J.A. Fitzmyer, *Tobit* (Commentaries on Early Jewish Literature), Berlin/New York, 2003. H. Gross, NEB.AT 19, 1987. C.L. Koelhoffer, *Le livre de Tobit*, Strasbourg, 1976.

C.A. Moore, AncB 40A, 1996.

4.2 연구 현황

D. Doré, *Le livre de Tobit ou le secret du roi* (CEv 101), Paris, 1998. B. Otzen, *Tobit and Judith* (Guides to Apocrypha and Pseudepigrapha), Sheffield, 2002. R.A. Spencer, «The Book of Tobit in Recent Research», *CR:BS* 7(1999), p. 147–180.

4.3. 주요 저서 및 논문

B. Bow/G.W.E. Nickelsburg, «Patriarchy With a Twist: Men and Women in Tobit», in A.-J. Levine (éd.), *«Women Like This»: New Perspectives on Jewish Women in the Greco-Roman World* (Early Judaism and its Literature 1), Atlanta(GA), 1991. P. Deselaers, *Das Buch Tobit. Studien zu seiner Entstehung, Komposition und Theologie* (OBO 43), Freiburg(CH)/Göttingen, 1982. P.-E. Dion, «Raphaël l'exorciste», *Bib.* 57(1976), p. 399–413. A. Dupont-Sommer, «Le livre de Tobie», *Annuaire du Collège de France* 68(1968–1969), p. 1455–1482. R. Hanhart, *Text und Textgeschichte des Buches Tobit* (AAWG.PH 3.139), Göttingen, 1984. M.D. Kiel, «Tobit and Moses Redux», *Journal for the Study of the Pseudepigrapha* 17(2008), p. 83–98. A. Portier-Young, «Alleviation of Suffering in the Book of Tobit: Comedy, Community and Happy Endings», *CBQ* 63(2001), p. 35–54. M. Rabenau, *Studien zum Tobit* (BZAW 220), Berlin/New York, 1994. M. Weigl, «Die rettende Macht Barmherzigkeit. Achikar im Buch Tobit», *Biblische Zeitschrift* 50(2006), p. 212–243. G.G. Xeravits/J. Zsengeller (éd.), *The Book of Tobit. Text,*

Tradition, Theology. Papers of the First International Conference on the Deuterocanonical Books, Pápa, Hungary, 20-21 May, 2004 (Supplements to the Journal for the Study of Judaism), Leiden/Boston, 2005.

마카베오기 상하권

아바디 (Philippe Abadie)

몇몇 교파에는 '제2경전'으로 받아들여지고 다른 교파에서는 '외경'으로 취급되는 이 두 권의 책을 넘어, 후기 유다 문학에는 마카베오 문집이 온전하게 존재한다.

[문집 소개]

마카베오기 상권, 하권 등에 흔히 붙여진 책 이름에도 불구하고, 마카베오 문집을 형성하는 네 권의 책은 연대상으로도, 주제상으로도 이어지지 않는다.

마카베오기 3권은 프톨레마이오스 4세 치하에 알렉산드리아의 유다인들에게 들이닥친 위기에 관한 전설적 기사로서 고대 경기장에 갇혀 사나워진 코끼리들에게 짓밟힐 위기에 처한 유다인들이 기적적으로 목숨을 건진다는 이야기이다. 주제상 에스테르기에 가까운 이 기사는, 이집트의 유다인들이 클레오파트라 2세가 그의 형제 이며 남편인 프톨레마이오스 7세(기원전 145-116년)와 맞서 싸운 전쟁을 지지함으로써 기원전 140-139년에 겪게 된 난관을 프톨레마이오스 4세 시대로 옮겨놓고 있다.

1세기의 유다인 역사가 플라비우스 요세푸스의 작품으로 잘못 알려진 마카베오기 4권은 헤로데 시대 또는 기원후 1세기 중에 소아시아에서 탄생한 저자 불명의 기사이다. 마카베오기 하권의 중심 일화에(2마카 6-7) 관한 장황한 주해는 순교를 예찬하는 데 목적이 있으며, 순교를 (그리스인들이 생각했던 대로) 하나의 광신이 아니라 '자제력 교습'으로 취급한다.

한편 마카베오 문집에서 첫 두 권만이 몇몇 경전에 의해 받아들여졌으나, 이 책들 역시 주제는 동일하다 하더라도 - 박해자 그리스인들과 맞선 신실한 유다인들의 영웅적 투쟁 -, 상호 분명하게 구별되는 작품이다. 상권은 (기원전 330년경) 알렉산드로스의 정복부터 (기원전 134년 초) 요한 히르카노스 도래에 이르기까지 유다인들의 항전 전체를 다루나, 하권은 특히 항전의 발단과 기원전 160년의 니카노르의 죽음에 이르기까지 유다 마카베오의 위업을 기술하는 데 전념한다. 바로 이 점이 마카베오 문집을 둘로 나누어 소개하는 이유이다.

[경전성 문제]

후대 편집으로서의 문집 전체는 - 마카베오기 상권이 본디 히브리어나 아람어로 작성되었을지 모른다 하더라도 - 그리스어로 출간되었다. 유다교의 경전이 1세기 말엽에 야브네에서 확정되었을 때, 이 문집은 '손을 더럽히는 책들' 가운데 포함되어 있지 않았다. 이는 이 책들을 높이 평가했던 코덱스 알렉산드리누스가 보여주는 것처럼 고대 알렉산드리아의 관례가 아니었으며, 마카베오기 상권에 보도된 교훈적 일화들 안에서 그리스도교 순교(증언)의 예시를 보았던 교부들의 독서법도 아니었다.

마카베오기 상하권은, 6세기에 로마 가톨릭 교회에 의해 받아들여진 ('겔라시우스 칙서'라 불리는) 하나의 성경 목록에 게재되어 있다. 그러나 이 책들은 1442년에 가서야 (교황 에우제니오 4세의 회보에 실린) 다른 '제2경전' 책들 가운데 공식적으로 자리하게 되며, 트리덴트 공의회 제4회기 중에(1546년 4월 8일) 재확인되었다. 그러나 히브리어 경전만이 참되다는 루터의 주장에 따라 개혁 교회들은 이를 경전에서 제외시켜 제2경전, 나아가 '외경'으로 취급했다.

모든 교파를 위한 공동 성경에 이 책들이 '제2경전'이라는 이름으로 실리게 된 것은 TOB(Traduction Oecuménique de la Bible[불어판 공동번역], 초판, 1975)이 처음이다. 이와는 달리, 2002년의 새로운 판까지 포함해서 개신교 성경 BS(Bible Segond)에는 이 책들이 등장하지 않는다.

1. 마카베오기 상권의 설계와 내용

이 책은, 알렉산드로스 정복 이후 요한 히르카노스가 유다 독립 왕국, 곧 (이 가문 시조의 이름을 딴) 하스몬 왕국을 건립하기까지의 기나긴 항전의 역사로 제시된다. 이 역사는 성경학자 이상으로 헬레니즘 세계의 역사가를 위해서도 중요한 역사가 된다. 사실 이 책은 연대적인 순서로 구성되어 있으나, 그렇다고 이념적으로 조율된 보다 복잡한 의도를 배제하는 것은 아니다. 하나의 예가 이러한 확언을 뒷받침하는 것으로 족할 것이다. 시작부터 이 기사는, 배반을 거듭함으로써 "이스라엘 위에 크나큰 진노가 내리게 한"(1마카 1,64) 변절자들 세대와(1마카 1,11), 그의 죽음이 온 이스라엘에 "큰 슬픔"을 불러일으킨(1마카 2,70) 마타티아스 사제와 함께 일어선 의인들 세대(1마카 2,1-5) 사이의 기초적인 대립을 앞세운다. 이 기사는 기사를 구성하는 복잡한 급변의 상황을 넘어 단순한 역사 이야기가 아니며, 따라서 이는 주석가의 비평적 경각심을 요구한다.

이 책은 근본적으로 서문으로 열리고, 마타티아스 집안 세 아들의 위업이 뒤따르며, 이는 비교적 간단한 구조화를 제시한다(Saulnier 참조).

서문: 1마카 1,1–2,61

(ㄱ) 항전의 원인은 알렉산드로스의 정복과(1마카 1), 뒤이어 펼쳐진 왕권 계승 갈등과(1,1-9), 이스라엘에서 '율법을 무시하는 사람들' 가운데 움튼 '불경한 싹 안티오코스 에피파네스'의 도래로 거슬러 올라간다(1,10-15). 이어지는 사건은 점점 더 중요성을 띠어나가는, 성전 침해와 그리스 경비대의 예루살렘 주둔과 모든 유다교 종교의식 금지와 같은 세 가지 일화를 통하여 16절부터 64절까지 전개된다.

(ㄴ) 이어서 항전의 초기 단계가 펼쳐진다(1마카 2). 이 항전은 사제 마타티아스의 제물 거부와 왕의 관리 살해로 고무된다(2,1-28). 이어지는 발전 과정에서 두 가지 일화, 곧 '안식일의 순교'와(2,29-41) 항전자들과 하시드인들 사이의 계약이(2,45-48) 단순한 서술체 틀을 벗어나는 신학적 중요성을 띤다. 죽음을 앞둔 마타티아스의 유언은(2,49-61), 이 유언을 야곱과 모세 또는 여호수아의 유언과 같은 다른 위대한 유언 기사들과의 연장선상에 자리하게 하면서, 이 항전운동에 신학적 의미를 부여하는 것으로 마감된다.

이 초기 단계를 바탕으로 항전 기사 자체는, 미래의 한 가문과 한 왕조 곧 하스몬가에 대한 예찬을 넘어, 참된 유다 사회로의 회귀로 읽을 수 있을 것이다. 세부 사항으로 들어갈 필요 없이, 책의 세 주요 부분의 표제는 그 내용과 함께 부분마다 매우 다른 분위기를 제 자리로 돌려놓는다.

제1부: 유다 마카베오의 위대한 행적(1마카 3,1–9,22)

이 부분은 기본적으로 유다 마카베오를 중심으로 펼쳐지며(3,1-2),

(사마리아의 지방관 아폴로니우스와 시리아의 지방관 세론과 맞선) 일련의 첫 전투에서 유다 마카베오가 엠마오에서 거둔 승리와 기원전 164년의 성전 정화로 이끈(4,1-61) 군사적 집결 보도가 주제로 떠오른다.

이때부터 (안티오코스 4세 죽음 이후의 분쟁이라는) 불확실한 시대와, 특히 예루살렘의 그리스 성채 아크라에서 겪은 유다인들의 실패 시대가 시작되나(5장과 6장), 이 실패의 시대에 이어 새로운 성공의 시대, 곧 바키데스와 알키모스와의 화친(7,1-18), 니카노르에 대한 승리(7,25-50), 로마인들과의 우호 동맹이(8,1-31) 뒤따른다. 이처럼 우리는 기사의 흐름 속에서 단순한 성전 탈환과 그리스인들과의 종교적 평화를 뛰어넘는 정치적 색채가 점점 더 짙어지는 현상을 확인할 수 있다.

그러나 이 첫 번째 부분은 비극적으로 마감된다. 니카노르의 죽음을 복수하고자 데메트리오스는 유다 마카베오를 거슬러 바키데스와 알키모스가 이끄는 강력한 군대를 파견하며, 유다 마카베오는 결국 베롓 전투에서 죽음을 맞이한다(9,1-22). 이 기사는 "온 이스라엘은 크게 통곡하고 여러 날을 슬퍼하였다."고 결론지으며(20절), 이는 사제 마타티아스의 죽음을 뒤따랐던 시점으로 우리를 돌려보낸다(2,70 참조).

제2부: 요나탄의 전투(1마카 9,23-12,52)

유다 마카베오의 죽음은 이스라엘에 어둠의 시기를 탄생시키며, 이 시기 동안 무도한 자들이 세력을 떨쳤던 것 같다(9,23-31). 그러나 이제 조금씩 유다 마카베오의 동생 요나탄이 우선 이스라엘의 '판관'으로(9,28-31), 이어서 그리스 임금 알렉산드로스 발라스에 임명된 '대사제'로 모습을 드러낸다(10장). 요나탄의 이와 같은 승진을 넘어, 기사는 군사적 공적은 물론 셀레우코스 조정의 왕위 계승분쟁을 이용하여 몸소 이 조정의 고관이 되기에 이르는 그의 놀라운 수완을 비춰준다.

그러나 우선은 데메트리오스 2세와(11,1-52), 이어서 이 동일한 데메트리오스를 거슬러 트리폰과 맺은 요나탄의 동맹은(11,53-74) 그의 실추를 초래한다. 로마와 스파르타와 맺은 동맹을 강화하고(12,1-23), 아라비아 부족과 맞서 몇몇 전투에서 승리를 이끌기는 하나(12,24-34), 요나탄은 끝내 프톨레마이오스에서 함정에 빠진다(12,39-51). 이와 같은 참사 앞에서 다시 한 번 "온 이스라엘은 크게 애도한다"(12,52).

제3부: 시몬에 의해 되찾은 독립(1마카 13,1-16,24)

책의 세 번째이자 마지막 부분은 계승 기사로 시작된다. 요나탄의 형 시몬은 트리폰을 거스른 전투를 강화하며, 이에 대한 복수로 트리폰은 길앗 지방의 "바스카마 가까이에서" 요나탄을 살해한다. 이때 시몬은 경애심을 발휘한다. 요나탄의 유골을 거두어다가 집안의 땅 모데인에 능을 하나 세운다(13,1-30). 이어지는 기사는 시몬에 대한 긴 예찬을(14,1-47) 둘러싼 두 서술체 단락으로 분명하게 정리되어 있다(13,31-49와 15,1-16,10)

이스라엘의 자립을 향한 첫걸음은 트리폰의 왕위 찬탈을 거슬러 데메트리오스 2세를 지원한 시몬의 충성심 덕분이었다(13,1-35). 이 일로 그리스 임금은 유다인들과 맺은 헌장을 굳건히 하며(13,36-42), 시몬은 가자라에 이어 예루살렘의 성채 아크라를 점령함으로써 명성을 드높인다(13,43-49).

시몬의 정치적 선견지명은 이제 인정을 받아, "유다 땅은 시몬이 다스리는 동안 내내 평온하였다"(14,4-15). 사실 시몬은 더 이상 반란전의 수장이 아니라, 스파르타와 체결한 동맹을 갱신하고(14,16-24) 데메트리오스의 명예로운 칙서가 유다인들의 대사제와 장수와 지방관으로서의 그의 기능을 확인해주는(14,25-47) 자치국의 참 군주로 등장한다.

데메트리오스의 아들 안티오코스 2세 시대에 전쟁은 재개된다. 안티오코스 2세는 처음에는 아버지가 맺은 헌장을 확인해주나(15,1-9), 그는 결국 시몬이 쟁취한 자립을 시기하며(15,25 이하), 이때는 시몬이 로마에 유다 마카베오와 맺은 동맹을 갱신하는 사절단을 파견했을 때였다(15,15-24). 분쟁은 다분히 정치적이며 경제적인 것이었다. 그리스 임금은 사절을 통하여 시몬에게 "당신들이 야포와 가자라와 예루살렘의 성채를 장악하고 있는데, 그곳들은 내 왕국의 성읍이오."(15,28)하는 말을 건네게 한다. 전투가 특별히 해안 지역의 수장 켄데배오스를 거슬러 재개되며, 이 전투에서 시몬의 아들 요한 히르카노스가 이름을 드날린다(15,37-16,10). 요한이 음모의 희생자가 된 아버지를 계승한 것은 당연한 일이었다(16,11-24).

간략하게 요약하기는 했지만, 이것이 일화와 사건으로 풍부한 이 책의 내용으로서, 책의 신학적 대주제 분석이 보여주는 것처럼(아래 참조), 전체가 다 하스몬 왕국의 영광을 기리기 위한 기록이다.

2. 마카베오기 상권의 출처와 형성

마카베오기 상권은 그리스어로 전해져 내려왔으나, 원본은 히브리어나 아람어로 작성되었으며, 예로니모 역시 5세기에 이 사실을 증언한다. 아마도 이 원본 소실은 바리사이 세계가 하스몬 왕조를 과소평가했기 때문이었던 것으로 보인다. 그러나 이 원본은, 플라비우스 요세푸스가 유다 고대사에서 이를 인용하고 있는 것으로 보아, 기원후 1세기 말에는 여전히 존재했다.

그렇다면 그리스어 역본은 언제 탄생했을까? 알렉산드로스 얀내오스가 사두가이들과 이집트에서 피신 중이던 오니아스 4세의 후손들과 화해한 기원전 1세기의 첫 사반세기로 추정되며, 알렉산드리아가 이 번역을 위해 가장 적합한 장소로 보인다.

저자에 대해서 아는 바가 거의 없으나, 성경 기록들과 거기에 등장하는 위대한 인물들에 대해 깊은 지식을 갖춘 유다인인 것만은 분명하며, 여기서 이 책의 매우 선집적인 문체가 비롯되었을 것이다. 저자로서 '바리사이파와 매우 가까운 하시드인'을 보기보다는, 예루살렘의 지도층에 속하는 '하스몬가의 신념 있고 충성스러운 지지자'를 찾는 것이 바람직해 보인다(F.-M. Aberl). (여기서 사제계급과 귀족계급이 안티오코스 4세의 정치와 타협한 사실에 대해 침묵을 지키고 있음을 이해할 수 있을 것이다).

작품 자체는 사건들을 오로지 민족주의적인 시각으로 보고 있다는 점에서 일관성을 띤다. 다만 서문에 크나큰 비극적 관점을 부여하는 1마카 1,25-28; 1,36-40; 2,8-12와 같은 일련의 애가와 같은 이차적인 몇몇 부분이 첨가되었음을 고려해야 할 것이다.

이제 작품의 구성 일자를 규명하는 문제가 남아 있다. 상세한 지표가 없어 몇몇 자료로 이 문제를 추론할 수밖에 없다. 로마인들에 관한 완벽한 찬사는 이 책이, 폼페이우스의 등장과 함께 전개된 성전 침해 사건을 가리키는 기원전 63년 이전의 것임을 밝힌다(플라비우스 요세푸스의 유다 전쟁사 1,152-153 참조). 1마카 16,11 이하에 보도된 시몬의 죽음 기사는 아무리 빨라도 기원전 134년에 작품 구성을 자리하게 하나, 열왕기의 각 임금 치세 말의 약술 문체와(예를 들어 2열왕 10,20) 가까운 요한 히르카노스에 대한 1마카 16,23-24의 최후 약술은 책의 구성이 요한 히르카노스의 죽음 이후일 수 있음을 시사하며, 이 경우 기원전 104년 이후로 그 구성을 어림잡을 수 있다(Abel과 Starcky). 다른 저자들은 그러나 1

마카 16,23-24를 편집 결과로 보고서 좀 더 올라가는 일자, 곧 120년경을 선호한다(Sauliner). 우리에게 이 두 구성 연대 사이를 가름하는 것은 어려운 일이다.

3. 마카베오기 상권의 주제와 의도

책을 대충 읽어보아도 우리는 이 작품이 성경의 주요 원형들, 특히 여호수아와 사울의 업적들을 본보기로 하고 있다는 사실을 인지할 수 있다. 이렇듯이 유다 마카베오가 이끈 전쟁은 첫 정복과 근접해 있고, 하스몬 왕국 건립은 이스라엘 왕국의 개시와 가깝다. 역사적 서술은 여기서 이스라엘의 규범이 되는 성경을 바탕으로 체계적으로 참고하는 미드라시 서술로 중첩되어 있다. 그 한 예로 유다 마카베오가 아폴로니우스와 세론에 대한 승리를 눈앞에 두고 건넨 연사 1마카 3,18-22를 들 수 있다. 18-19절에서 기드온에 관한 암시는(판관 7,1-8) 너무나 분명하다. 승리는 수에 달려 있는 것이 아니라 하늘에서 온다는 내용이다. 또한 유다 마카베오가 "방사하고 무노하게 우리에게 덤벼들지만, 우리는 우리의 목숨과 관습을 지키려고 싸우는"(20-21절) 원수들과 대립하는 과정에서, 이 기사 속에는 다윗이 필리스티아 거인을 향해 던진 도전이 울려 퍼진다(1사무 17,45). "그분께서 친히 우리 앞에서 저들을 무너뜨리실 것이니, 너희는 저들을 두려워하지 마라"(22절)는 최후 권고는 모세가 골풀 바다 앞에서 행한 탈출 14,13-14의 권고와 상응한다.

이처럼 우리는 이 책의 의도가 한 왕조에 관한 옹호 차원을 넘어서고 있음을 보여주는 예들을 여럿 나열할 수 있다. 아론의 가문과(사제직) 다윗의 가문과(왕직) 실질적인 관계가 없는 한 혈통의 정당성을 입증하는 일이 문제였기 때문이다. 하스몬가는 이스라엘의 창립 선조들과의 이상적 관계를 엮어내는 기사를 통하여 '성경적' 정당성을 찾는다.

한편, 책은 획일적인 구석이 전혀 없다. "유다 마카베오의 위업을 둘러싸고 있는 경이로운 특징들이 요나탄의 계략과 시몬의 승리 중심주의와 대조를 이룬다. 모든 것은 이 작품이 각 시대에 상이한 색조를 드리우면서 마치 세 시대를 다루는 것처럼 펼쳐진다"(C. Sauliner). 따라서 하스몬 왕국의 기원을(유다 마카베오) 찬양하면서 동시에, 계략을 통해 외부로부터 받아들인 권력을(요나탄과 낮은 단계에서의 시몬) 경계시키는 교훈적인 문서가 떠오른다. 사무엘기와 열왕기에서처럼 역사는 하나의 교훈, (요한 히르카노스가 대표하는) 현재를 읽기 위한 과목이 된다.

경고는 특히 '율법을 무시하는 사람들'과, 불경한 이들을 거스른 열정이 엘아자르의 아들인 피느하스의 열정을 상기시키는(민수 25,1-18) 사제 마타티아스가 상징적으로 대표하는 '율법에 열광적인 사람들' 사이에 관한 서문의 기초적인 대립을 통하여 유다인들에게도 전달된다. 이때부터 율법에 대한 이스라엘의 관계는, 절대적인 규범이면서(여기서 1마카 2,26-27.50.58; 4,42 등의 '율법에 열정적이다'라는 표현 유래) 동시에 판단의 원칙으로서('이교도들'을 넘어 *anomoi*[율법을 무시하는 사람들] 또는 *paranomoi*[율법에 적대적인 사람들]로 규정된 '배신자 유다인들'을 판가름하는 원칙), 책의 중심이 된다. 매우 예리한 분석을 맺음하면서 르노(B. Renaud)는 "계약의 법적인 측면이 원초적 역할을 하며, 이것이 계약을 율법과 묶는 계기가 된다. 여기서 우리는 가치의 전도 앞에 선다. 율법이 조건이었을 뿐인 계약 위에 기초한 백성으로부터 계약이 귀착되는 율법을 중심으로 한 공동체 형성을 확인한다."하고 결론짓는다. 이렇게 우리는 몇 세기 전 에즈라와 느헤미야의 개혁 시대에 절대화한 율법과 함께 시작된 기나긴 발전 과정의 종점에 이른다.

4. 마카베오기 하권의 설계와 내용

입문에서 밝혔듯이 이 '두 번째' 책은 전혀 '첫 번째' 책의 연속이 아니라, 키레네의 야손이 다섯 권으로 기록한 기념비적인 작품을 요약한 것이다(2마카 2,19-32의 요약자 '서문' 참조). 요컨대 연대적 기사는 마카베오기 상권에 비해 훨씬 축소되어, 반란의 직접적인 이유로부터 니카노르에 대한 유다 마카베오의 승리까지, 또는 기원전 180년부터 160년까지로 국한되어 있다.

다른 시도들 가운데(예를 들어 이 역시 Abel 참조), 우리는 솔니에르(C. Saulnier)가 내세우는 다음의 구조를 제안할 수 있다.

이집트의 유다인들에게 발송된 두 통의 편지, 곧 하나는 기원전 124년에(2마카 1,10ㄱ), 다른 하나는 164년에 작성된 것으로 추정되는(2마카 1,10ㄴ-2,18) 편지로 구성된 일종의 서문과 요약자의 머리말에(2마카 2,19-23) 이어, 책 자체는 간결한 결어가 뒤따르는 세 주요 부분을 포괄한다.

제1부: 반역의 원인(2마카 3,1-5,10)

마카베오기 하권은, 반역의 원인들 가운데, 성전의 대사제들이 셀레우코스 세력과 결탁한 사건만큼 마카베오기 상권처럼 '율법을 경시하는 사람들'을 강조하지 않는다. 상징적인 유형으로서의 세 인물이 기사에서 두드러진다. 우선 그의 성성이 성전 금고지기 시몬의 배신과 대조를 이루는 중개자 오니아스가 있으며(3,1-6), 가장 인상적인 일화는 성소의 금고를 탈취하러 온 헬리오도로스의 징벌에 관한 것이다

(3,7-40). 두 번째 사제계 인물은 불경한 사람 야손이다. 야손은 시몬에 의해 고발된 사건에 응답하기 위해서 형 오니아스가 시리아로 떠난 틈을 이용하여(4,1-6) 대사제 직위를 찬탈하고 예루살렘에 그리스 문화를 끌어들여 그 직위를 타락시킨다(4,7-22). 그러나 이는 경쟁 과정의 시작에 불과했다. 대사제직 찬탈자 메넬라오스가 야손을 밀어냄으로써 야손은 이 과정에서 첫 희생자가 된다(4,23-38). 이때부터 예루살렘에는, 이집트로 원정을 떠난 안티오코스 4세 에피파네스가 사망했다는 헛소문이 떠돌면서, 야손 일파와 메넬라오스 일파 사이에 내전이 발발한다(4,39-5,10).

제2부: 박해(2마카 5,1-7,42)

이 혼란한 상황 속에서, 원정에서 귀환한 그리스 군주 안티오코스 4세는 유다 주민들을 학살하게 하고(5,11-14) 성전을 약탈하며(5,15-23ㄱ) 예루살렘에 경비대를 주둔시킨다(5,23ㄴ-27). "그때에 마카베오라고 하는 유다가 아홉 명가량의 사람들과 함께 광야로 물러갔다"(27절)하고 본문은 끝난다. "유다인들이 조상들의 법을 버리고 하느님의 법대로 살지 못하도록 강요하기 위해"(6,1-11) 예루살렘에는 이교 예식이 자리를 잡는다. 화면은 매우 어두워지나, 책 저자의 눈에(6,12-17 참조) 이 화면은 순교자들, 우선 돼지고기를 먹도록 강요받은 엘아자르와(6,18-31), 이어서 영벌보다는 죽음을 택한 어머니와 일곱 아들의 모범적인 행위로(7,1-42) 환해진다.

제3부: 유다 마카베오의 위업(2마카 8,1-15,36)

유다 마카베오와 그의 동료들이 이끈 항전의 내밀한 현실은 이러하다. 우선은 니카노르와 고르기아스, 이어서 티모테오스와 바키데스와 맞서 승리한 첫 번째 성과와(8,1-36) 안티오코스 4세의 불명예스러운 죽음은(9,1-29) 성전 정화로 이끈다(10,1-8).

그러나 특별 사면에 관한 편지 형태로 일시적인 평화 시대가 오기까지(11,13-33), 선임 군주의 아들 안티오코스 5세 에우파토르 치세에도 항전은 계속된다(10,9-11,12). 한편 로마인들은 유다인들과 협정을 체결한다(11,34-37). 셀레우코스 왕조의 술책과 결부된 새로운 전투들이 다시 전개되며(12,1-45), 이 전투가 끝날 때 안티오코스 5세는 유다인들을 진정시킬 목적으로 메넬라오스를 처형시키며(13,1-8) 그들과 협정을 맺는다(13,18-26).

책의 끝은 니카노르를 거슬러 전개된 전쟁, 대사제 알키모스와 유다 마카베오 역시 서로 맞서는 장면을 보여주는 전쟁을 보도한다(14,1-15,36). 책은 니카노르의 죽음으로 마감되며, 이 죽음은 "열두 번째 달, 아람 말로는 아다르 달 열사흘 날이며 모르도카이의 날 하루 전날"(15,36) 이스라엘의 축제일 개막으로 기념된다.

결문: 2마카 15,37-39

독자에게 일말의 관용을 호소하면서, 요약자의 간결한 결문이 서문에 응답한다.

5. 마카베오기 하권의 출처와 형성

다시금 기억을 떠올리자. 그리스어로 기록된 마카베오기 하권은 키레네의 야손이 쓴 다섯 권으로 된 작품을 "요약"(2,23.26) 또는, 2,31에 따르면, 각색한 것이다. 우리는, 야손이 키네레 디아스포라의 유다 지식인임이 틀림없으며, 예루살렘과 일정한 관계를 맺고 있었고 셀레우코스 왕조의 행정을 잘 알고 있던 사람으로 보인다는 사실 이외에, 이 인물에 대해 자세한 내용을 알지 못한다. 그의 최초 작품이 어떤 것이었는지에 대해 추론하는 것도 쉬운 일이 아니다. 학자들은 마카베오기 하권이 요약자에 의한 요약이라기보다는 서로 묶인, 때로는 (13,21 이하에서처럼) 서툴게 묶인 본문들의 선집으로 보기 때문이다.

이와는 달리 요약자의 구상은 책의 서문에서(2,19-32) 결문에(15,37-39) 이르기까지 내내 수평을 유지하나, 성전이나(5,17-20) 박해 자체에 관한(6,12-17) 몇몇 신학적 판단에서 더욱 그러하다. 이는 "연민과 두려움을 고무하려는 감동적인 역사편찬"의 전형적인 서술 기법으로서(Abel), 특히 키오스의 테오폼포스('필립피케 역사', 기원전 330년경), 클리타르코스(기원전 305년경) 또는 나우크라티스의 휠라르코스(기원전 220년경)가 사용하던 기법이다. 우리는 여기서 경이와 경탄의 묘를 바탕으로 극적인 효과를 도출하려는 동일한 현상을 확인할 수 있다.

사실 이러한 예들은 마카베오기 하권에 풍부하다. 라지스가 스스로 목숨을 끊는 과정에서의 기괴한 색채(14,37-46), 헬리오도로스의 일화 속에 담긴 경이로운 개입(3,24-34), 결정적인 전투 앞에서의 천상적 존재 출현(11,8-10; 15,12-16) 등이다. 또한 폭군, 2마카 9장에서는 안티오코스 4세라는 폭군에 대한 징벌 주제가 떠오른다. 이와는 달리 동일한 일화가 1마카 6,8-9.16에서는 몹시 더 간결하게 등장한다! 이 죽음을 - 그 역시 비참하게 묘사된 - 순교자들의 죽음과 대조해 본다면, 우리는 마카베오기 하권이 정치적인 관점보다는 하느님의 보상 심판 관점에서 역사를 고찰하고 있다는 사실을 확인할 수 있다.

작품은 언제 저술되었는가? 마카베오기 하권에 보도된 최후 사건은 (기원전 160년 2월) 니카노르의 죽음이나, 이 작품은 이집트의 유다인들에게 전달된 두 통의 편지로 열린다. 하나는 기원전 164년으로 일자 표기되어 있고(성전 봉헌 축일에 관한 교훈적인 전개: 1,10ㄴ-2,18 참조), 다른 하나는 기원전 124년의 작품으로서 이집트의 유다인들이 봉헌을 기념하는 성전에 대한 신실성을 드러내도록 권유하고 있다(1,1-10ㄱ). 그렇다면 비교적 긴 시간이 마카베오기 하권의 편집을 (기원전 160년 5월) 유다 마카베오의 죽음 이전에 완성되었을 키레네의 야손의 작품으로부터 갈라놓고 있다고 결론지어야 하는가?

이와 같은 결론은 여러 이의 제기 앞에 선다. 한편으로는, 기사의 양식 자체가 지나치게 전설적이어서 보도된 사건들과 가장 가까운 편집을 옹호해야 할 것이다. 마카베오기 하권의 편집은 그러나 역사에 경이로운 색채를 드리운 오랜 구상의 결과물이다. 다른 한편으로는, 두 통의 편지는 책과는 독립적으로 이집트에서 회람되었을 수 있다(2마카 1,11-17과 2마카 9장의 폭군의 죽음에 관한 이중 기사 참조). 우리는 아마도, 하스몬가의 임금-사제들이 이집트의 오니아스가와 화해를 이룬 시점인 알렉산드로스 얀내오스(기원전 103-76년) 치세에 마카베오기 하권이 작성되었다고 보는 솔니에르의 견해를 따라야 할 것 같다. 이 견해를 통해서 비로소 유다 마카베오를 위한 오니아스 3세의 천상 기도가(15,12-14) 의미를 갖게 된다.

그러나 이 일자를 너무 낮게 내려잡아서는 안 된다. 알렉산드리아의 필론은 마카베오기 하권을 알고 있었던 것 같으며, 마카베오기 4권은, 앞서 살펴보았던 대로, 이 작품에 직접 의존하고 있기 때문이다.

6. 마카베오기 하권의 주제와 의도

전체적인 관점이 보여주듯, '하권'의 의도는 '상권'과 너무 다르며, 특히 세 가지 점에서 독자적인 신학을 제시한다.

1) 특히 정과 부정과 금지 식품에 관한 율법과 유다교 관습에 대한 신실성. 돼지고기를 먹도록 강요된 엘아자르의 일화는 이 점에서 하나의 범례에 속한다. 그러나 이 동일한 신실성은 역경과(3,15.31; 8,2-4 등) 전쟁(10,25-26.38; 11,6-9 등) 속에서의 기도와 단식, 거룩한 책과(8,23; 15,9-10) 조상들의 언어(12,37; 15,29) 앞에서 가져야 하는 존경심, 그리고 안식일 준수에서도(8,25-26) 발견된다. 이 점에서 히즈키야 임금 시대의 예루살렘 해방을(2열왕 19,35-36) 반향하는, 전쟁에 앞선 유다 마카베오의 탄원을 보도하는 15,21-24가 전형적이다. 이렇게 이 책은 디아스포라의 땅(이집트)에서, 비록 자기 목숨을 내걸어야 하더라도, 조상들의 율법에 주의를 기울여야 하는 유다인들의 자세를 그려준다.

2) 성전과 사제직에 관한 판단. 성전은 유다 실존의 장소 자체이며(5,19-20), 여기서, 헬리오도로스의 비극적 일화와 3,39의 "하늘에 거처가 있는 그분께서 친히 그곳을 지켜보고 도와주시며, 악한 짓을 하러 그곳에 다가가는 자들은 없애 버리십니다." 하는 최후 판단이 보여주듯이, 신성불가침 특성이 비롯된다. 이에 비추어 성전 약탈과(5,15-16; 17-20절의 신학적 주해 부분 참조) 이교 예식 도입으로 인한 성전 모독과(6,4-7) 성전 정화 기사를(10,1-8) 읽는 것이 바람직하다.

개념상의 동일한 논리에 따르면, '선량한 사람'이며(3,1.10; 4,2.37) 하느님과(3,31-34; 15,12) 임금(4,5-6) 앞에서의 '탄원자' 오니아스라는 모범적 인물이 야손과(4,13-17) 특히 메넬라오스(4,23-29), 나아가 알키모스라는(14,3-13) 정반대의 인물들과 대조를 이룬다. 이 대조적 모습은, 데메트리오스 1세가 161년 봄에 헬레니즘화한 온건한 알키모스를 대사제로 임명한 다음 오니아스 3세의 아들 오니아스 4세가 피신처를 찾은 이집트에서 이 책이 구성되었다고 가정할 때, 쉽게 이해된다. 프톨레마이오스 4세의 지원 아래 오니아스 4세는 결국 예루살렘 성전과 견줄만한 성소를 레온토폴리스에 세울 수 있었다(플라비우스 요세푸스의 유다 고대사 13,64 이하; 유다 전쟁사 427-430).

우리가 보기에 – 제사장으로서보다는 유다 민족의 영적 영도자로 묘사된(이는 집회 45,15–17의 이상적인 지혜 개념과 일치한다) – 대사제의 이러한 정신적 역할은 이 책이 권장하는 신정 체제의 쐐기돌에 해당한다. 성전의 완전성과 율법에 대한 백성의 신실성과 대사제의 중개는 신정 체제의 분리될 수 없는 지주들이기 때문이다.

3) 보상 신학. 여기서 다시금 책의 큰 축이 입증된다. 박해의 섭리적 의미에 관한 저자의 성찰만큼이나(6,12–17) 엘아자르와(6,23–31) 어머니와 일곱 아들의 모범적인 모습에서(7,1–41) 그러하며, 이에 육체의 점진적인 부패와(9,7–10) 고통스러운 죽음에(9,28과, 전설적인 자료들이 안티오코스 3세가 엘리미아데스의 신전을 약탈하려다가 맞이한 처참한 죽음을 상기시키는 것 같은 1,11–17도 참조) 부쳐진 박해자 안티오코스 4세의 모습이 대립된다.

이 순교 신학은 죽은 이들, 특히 '육체들'의 부활 확언과 밀접하게 연계되어 있다(14,37–46의 라지스의 죽음 참조). 이 신학의 최후 구성요소는 산 이들과, '죄에서 벗어나게 하려고 죽은 이들을 위하여 바친 속죄 제물'과(12,38–45) 오니아스와 예레미야 같은 성인들의 중개(15,12–16) 안에 표현된 죽은 이들 사이의 '통교'이다.

이를 통해 마카베오기 하권은 육체적인 죽음을 넘어서는 보상 주제를 발전시켜 나가며, 죽은 이들의 부활에 관한 묵시적 사고, 곧 의인들에게는 영생, 불경한 이들에게는 영벌이라는 사고에 다다른다(다니 12,1–4).

7. 참고 문헌

7.1. 주석서

F.M. Abel, EtB, 1949. Id./J. Starcky, SB(J), 1961[3]. J.R. Bartelett, «1–2 Maccabbes», in J.D.G. Dunn/J.W. Rogerson (éd.), *Eerdmans*

Commentary on the Bible, Grand Rapids/Cambridge, 2003, p. 831-850. J.A. Goldstein, AncB 41, 1976A; AncB 41A, 1983. C. Habicht, JSHRZ 1/3, 1976. D.R. Schwartz, CEJL, 2008. S. von Dobbeler, NSK.AT, 1997.

7.2. 연구 현황

P. Abadie, *Lecture des livres des Maccabées. Etude historique et littéraire sur la crise maccabéenne*, Lyon, 1996. D.S. Williams, «Recent Research in 1 Maccabees», *CR:BS* 9(2001), p. 169-184. Id., «Recent Research in 2 Maccabees», *CBR* 2/1(2003), p. 69-84.

7.3. 주요 저서 및 논문

E. Bickermann, *Der Gott der Makkabäer. Untersuchung über Sinn und Ursprung der makkabäischen Erhebung*, Berlin, 1937 = *The God of the Maccabees: Studies on the Meaning and Origin of the Maccabean Revolt* (SJLA 32), Leiden, 1979. Id., *Studies in Jewish and Christian History* (AGJU 9), 3 vol., Leiden, 1976-1986. W.D. Davies/L. Finkelstein (éd.), *The Cambridge History of Judaism 2: The Hellenistic Age*, Cambridge, 1989. R. Doran, *Temple Propaganda: The Purpose and Character of 2 Maccabees* (CBQ.MS 12), Washington, 1981. H. Lichtenberger, «History-writing and History-telling in First and Second Maccabees», in S.C. Barton/L.T. Stuckenbruck & B.G. Wold (éd.), *Memory in the Bible and Antiquity* (Wissenschaftliche Untersuchungen zum Neuen Testament. 1 Reihe 212), Tübingen, 2007, p. 95-110. A. Momigliano, «Le deuxième livre des Maccabées», in B. Silvia (éd.), *Contributions à l'histoire du judaïsme*, Nîmes, 2002, p. 73-84. E. Nodet, *La crise maccabéenne. Historiographie juive et traditions bibliques* (Josèphe et son temps 6), Paris, 2005. V. Parker, «The Letters in II Maccabees: Reflexions on the Books' Composition», *ZAW* 119(2007), p. 386-402. B. Renaud, «La loi dans les livres des Maccabées», *RB* 68(1961), p. 39-67. M. Sartre, *D'Alexandre à Zénobie. Histoire du Levant antique: IVe siècle avant J.-C. - IIIe siècle après J.-C.*, Paris, 2001. C. Saulnier, *Histoire d'Israël 3. De la conquête d'Alexandre à la destruction du Temple*, Paris, 1985. Id., *La crise maccabéenne* (CEv 42), Paris, 1982. P. Schäfer, *Histoire des Juifs dans l'Antiquité*, Paris, 1989. E. Schürer, *The History of the Jewish People in the Age of Jesus Christ*, 4 vol., revus et édités par G. Vermes/F. Millar, Edinburgh, 1973-1987. V. Tchericover, *Hellenistic Civilization and the Jews*, Philadelphia(PA)/Jerusalem, 1966[3]. P. Vidal-Naquet, «Les Juifs entre l'Etat et l'apocalyptique», in C. Nicolet (éd.), *Rome et la conquête du monde méditerranéen: 264-27 avant J.-C. T.2, Genèse d'un Empire* (Nouvelle Clio 8bis), Paris, 1989[2], p. 850-854. E. Will/C. Orrieux, *Ioudaïsmos – Hellènismos: essai sur le judaïsme judéen à l'époque hellénistique*, Nancy, 1986. G.G. Xeravits/J. Zsengellér (éd.), *The Book of the Maccabees: History, Theology, Ideology, Papers of the Second International Conference on the Deuterocanonical Books, Pápa, Hungary, 9-11 June 2005* (Supplements to the Journal for the Study of Judaism 118), Leiden/Boston, 2007.

지혜서

르그랑 (Thierry Legrand)

이어서 이 책을 읽어나가든, 아니면 거기서 (정의, 불경한 이들의 운명, 신학, 구원사 등과 같은) 분명한 몇몇 주제를 찾아나가든, 갖게 되는 인상은 언제나 동일하다. 지혜서는 시적이며 영적인 충분한 질을 갖춘 작품으로서, 독자를 무심케 내버려두지 않으며 질문 앞에 서는 능력을 아끼지 않는다.

지혜서는 일반 대중이 가장 쉽게 접근할 수 있는 제2경전 (또는 외경) 가운데 하나를 이룬다. 이 책은 (열아홉 개의 장이라는) 적당한 분량으로 짜여 있으며, 특히 그리스도교 청중이나 유다교 청중을 위해 이해 가능하면서도 동시에 적절한 일련의 주제를 다루고 있어 읽기에 괜찮은 작품이다. 철학적 사고는 빠져 있으며, 저자가 우리에게 힘주어 심어주고자 하는 윤리적이며 신학적인 내용으로 채워져 있다. 한 구절 한 구절을 넘기면서 작품은 하느님의 정의 앞에 선 인간 행동의 중요성을 끊임없이 상기시키는 논증을 펼친다. 그렇다면 이것이 전부인가? 지혜는 인간과 하느님 사이의 필요불가결한 접속 장치로, 불사불멸로 이끄는 구원의 길로 계시된다.

1. 설계와 내용

이 책에 주어진 책이름 '솔로몬의 지혜'(*Sophia Salômônos*)에 따라, 그리스어 수사본 전승은 이 작품을 솔로몬 임금 개인과 그의 전설적인 지혜와 결부시킨다(참조. 1열왕 3; 5,9–14; 10; 2역대 1; 2마카 2,9). 7장부터 9장까지가 솔로몬을 무대에 등장시키고 그에게 말씀을 부여한다 하더라도(참조. 7,7–8; 8,13–14), 솔로몬은 분명 저자가 아니다. (잠언, 아가, 코헬렛과 같은) 다른 지혜 작품들이나 (솔로몬의 시편, 시가, 유훈 등과 같은) 신구약 중간 문학과 마찬가지로, 지혜서는 그야말로 탁월한 현자를 대표하는 중요한 성경 인물, 왕실 인물의 권위 아래 놓인 작품이다. 한편, 라틴어 전승은 간단하면서도 영향력 있는 책이름 곧 '지혜서'(*liber sapientiae*)라는 이름을 간직해왔다.

지혜서는 칠십인역성경 수사본들을 통해 우리에게 전수되었으며, 대문자 수사본들은 견고한 본문을 제공한다. 그리스어 원문을 번역한 고대 라틴말 성경(*Vetus Latina*)은 우리에게 지혜서의 가장 오래된 본문을 전해준다. 이 책은 사해 사본들 가운데서는 발견되지 않았으며, 오늘날 히브리어 또는 아람어로 된 어떤 수사본이나 단편도 존재하지 않는다.

책의 전부 또는 일부에 관한 셈어(히브리어나 아람어) 원문의 존재를 밝히기 위한 여러 연구가 있었으나(Margoliouth과 Zimmermann 참조), 이 연구 결과는 설득력을 갖추지 못한 상태이다(Lacher 참조). 분명한 점은 이 작품이 그리스어로 기초되었으며 셈어 원문의 번역 흔적이 전혀 보이지 않는다는 사실이다. 합성어와 함께 유사음 중첩 현상과(14,11ㄴㄷㄹ) 두음법 또는 반해음(6,10ㄱ) 현상이 자주 발견된다는 사실은 이러한 결론을 다져준다.

지혜서를 읽어가면서 우리는 의인들과 불경한 이들, 지혜의 중요성, 성경 역사의 전개, 하느님의 섭리와 같은 여러 주제 단위가 존재한다는 사실을 쉽게 확인할 수 있다.

주해가 대부분은 지혜서에서, 불경한 이들과 의인들의 대조적 운명(지혜 1-5), 지혜 예찬과 솔로몬의 지혜 탐사(지혜 6-9), 성경 역사의 열쇠인 지혜(지혜 10-19), 이렇게 세 주요 단원을 구별한다. (Winston, Gilbert 등) 다른 비평가들은 다소 다른 구분법을 제안한다. 첫 번째 단원은 지혜를 듣기를 호소하고 찾기를 권하는 6장까지를 포함하고, 지혜의 본성에 할애된 두 번째 단원은(지혜 6,22-10,21) (아담으로부터 모세와 이집트 탈출에 이르는) 역사 안에서의 지혜의 역할까지 펼쳐지며, 이어서 이집트 탈출시의 이집트인들과 이스라엘인들의 운명에 관한 마지막 단원이(지혜 11-19) 자리한다.

그러나 우리는 보다 분명하게 보이는 첫 번째 설계를 따르기로 한다.

I. 불경한 이들과 의인들: 하느님의 정의가 승리할 것이다(지혜 1-5)

1,1-15	정의 권고 - 불경한 이들 경계; 지혜와 하느님의 정의는 지켜본다
1,16-2,24	죽음과 망각은 불경한 삶의 결말이다. 불신자들에 의해 의인과 하느님의 정의가 겪는 시련
3,1-12	의인들과 불경한 이들의 대조적 운명: 의인들은 하느님의 보호 아래 영광의 길이 예정되어 있으나("그들은 빛을 낼 것이다", 3,7), 불경한 이들은 메마른 삶이라는 징벌을 겪을 것이다
3,13-4,6	덕행 예찬: 자식 없는 여인의 덕행과 내시의 신실성이 불의한 이들 자손들의 무용성과 대비된다
4,7-20	장수 또는 충만한 삶? 의인의 요절은 하나의 축복이다; 하느님 곁에서 살기 때문이다(에녹이라는 인물 참조).

	불의한 이들의 몰이해와 완고함은 고뇌와 망각으로 그들을 단죄한다
5,1-14	개선한 의인 앞에서 그를 억압하던 자들의 연사는 유일한 구원의 길, 곧 하느님의 길을 계시한다. 남은 생애는 모두 좌절과 막다른 길일 뿐이다
5,15-23	의인들의 승리와 어리석은 이들에 대한 하느님의 투쟁

Ⅱ. 지혜 예찬과 솔로몬의 지혜 탐사(지혜 6-9)

6,1-11	세력가들에 대한 권고와 경계심 촉구: 그들은 하느님의 뜻과 지혜의 말씀들을 따라야 할 것이다
6,12-21	지혜 예찬: 지혜의 길과 그 혜택
6,22-25	솔로몬 연사의 서언: 지혜에 관한 계시 예고
7,1-14	솔로몬 임금의 자서전적 여정: 지혜 탐사와 선호
7,15-21	하느님께 기원. 모든 지식의 원천은 하느님께 있으며, 지혜는 그분의 도구이다
7,22-8,1	지혜의 본성과 속성
8,2-16	모든 지식과 모든 권위의 원칙인 이상적 동반자 지혜 추구하기
8,17-21	전제 조건: 지혜 추구는 기도를 거친다
9,1-18	중심 기도: 솔로몬은 신심과 정성을 다해 하느님 곁에 머무는 지혜, 진정한 인류의 구원 도구인 지혜를 간청한다.

III. 성경 역사의 열쇠인 지혜(지혜 10-19)

10,1-21	지혜는 역사를 이끈다: 첫 사람으로부터 이집트 탈출에 이르기까지 지혜 작품 진술
11,1-14	피로 변한 나일강의 물 일화와 병행을 이루는 광야에서의 물 기적은 하느님 행위의 첫 번째 주요 원칙을 진술하게 한다: 동일한 요소가 구원 또는 파괴 요소가 될 수 있다
11,15-16	짐승 숭배 주제는 두 번째 원칙을 밝힌다: 인간은 죄를 지은 그것으로 벌을 받는다.
11,17-12,22	억제된 전능, 절제와 교육적 목적, 회개에 대한 열린 모습 등 하느님 행위의 본성에 관한 보충 설명. 가나안 사람들에 대한 점진적 징벌이라는 하나의 예가 이스라엘 백성에게 교육 역할을 할 것이다
12,23-27	이집트인들에 관한 반복과 결론: 짐승들을 숭배했기에 그들은 바로 그 짐승들로 벌을 받았다. 하느님의 정의가 드러났다!
13,1-15,19	이방 종교의 허무와 우상숭배의 위험성과 하느님의 위대하심. 우 우상숭배의 몇몇 형태로 점술과 항해와 관련된 믿음과 점토나 나무로 만든 우상들이 있다
16,1-4	두 번째 병행법: 하느님 백성을 위해서는 이로운 음식으로 메추라기들이, 짐승 숭배자들을 위한 징벌로는 벌레들과 개구리들
16,5-14	세 번째 병행법: 구리 뱀과 하느님에 의해 주어진 구원에 관한 일화 회상. 이와는 대조적으로 이집트인들

	에게는 보호 장치가 없고, 그들을 물어 쓰러뜨리는 해충 앞에 약이 없다
16,15-29	네 번째 병행법: 하늘에서 오는 것이 이집트인들을 교정하는 역할을 하는 반면(우박, 불), 이스라엘인들에게는 은혜가 된다(만나). 하느님은 자연 요소들을 다스리시며, 피조물은 그분의 정의에 봉사한다
17,1-18,4	다섯 번째 병행법: 이집트인들을 둘러싸 두려움 속에 빠뜨린 암흑은 거룩한 이들의 참된 인도자인 구름 기둥의 빛남과 대조를 이룬다.
18,5-25	여섯 번째 병행법: 이집트인들에게는 파괴와 죽음이며, 하느님의 자녀들에게는 영광과 보호. 아론이라는 인물 안에서의 사제직의 중요성
19,1-9	일곱 번째 병행법: 이집트인들의 냉혹함과 완고함은 소멸의 원인이 되며, 하느님의 백성에게 홍해 건넘은 새로운 출발 신호, 새로운 창조가 된다
19,10-21	최후 종합과 몇몇 특징적인 일하 회상. 소돔 주민들의 징벌
19,22	희망 메시지: 하느님은 보호하시고 영광스럽게 하신다

2. 출처와 형성

2.1. 문학 단일성, 유형, 저자와 저술 연대

작품의 문학 단일성 문제는 19세기와 20세기에 걸쳐 여러 차례 논쟁의 대상이 되었다. 여러 비평가는 이러저러한 문학과 문체 또는 어휘에 관한 표지 안에서 여러 사람의 손을 거친 편집 흔적들, 나아가 그리스어 문학 총체 속에 히브리어 단편들이 병합되었다는 흔적들을 식별할 수 있다고 확신했다. 지혜 1-5장은 히브리어로 쓰였을 것이며, 또는 11-19장은 1-10장의 적대자들과 또 다른 적대자들을 겨냥하면서 어떤 한 저자에 의해 편집되었을 것이다.

그러나 작품의 문체와 문학적 특징 연구에 집중한 최근의 학자들은(Reese, Gilbert) 이 책의 광범위한 단일성을 입증해냈다. 분명 지혜서는 매우 다양한 문체와 주제를 담고 있으나, 우리는 단 하나의 동일한 문학적 '개성' 앞에 서 있다는 것이다. 한편, 몇몇 전문가는 이 작품이 단 한 번의 단계로 편집된 것이 아니라, 여러 해에 걸쳐 이루어졌을 것임을 내세우면서 이러한 주장을 넘어선다(Skehan).

지혜서의 문학적이며 주제적인 단일성은 이 작품의 특성에 관심을 가질 경우 명백하게 드러난다.

– 지혜서는, 한편으로는 매우 절제된 그리스어와, 다른 한편으로는 헬레니즘 문화와 문학에 대한 조해를 드러내는, 문체와 언어로 특징된다.

– 우리는 이 작품에서 자주 사용하지 않는 어휘와 새로운 용어들과 복합어를 만난다.

– 저자는 히브리 시를 알고 있었으며 폭넓게 영향을 받고 있다(간결한 금언, 병행법 등). 한편 그의 문학적 역량은 매우 넓었으며, 솜씨 좋게 그리스 수사법을 구사한다.

– 편집자는 대조와 비교 기법을 즐긴다(불경한 이들의 운명과 의인들의 운명, 다산성과 생식 불능성). 인유, 반해음, 두운법, 주제 예고도 자주 등장한다.

– 교차대구법, 연쇄 추리법(지혜 6,17-20), 혹평(지혜 2,1 이하와 5,3 이하), 반대 명제와 같은 문학적이며 문체적인 다른 기법들도 확인된다.

이 작품은 지혜문학유형에 속하나, (잠언, 집회서와 같은) 다른 오래된 구성들과는 달리 지혜 진술을 병치해 놓는 것으로 만족하지 않는다. 오히려, 특히 그리스 문학 예형들로부터 영향을 받은 문학적이며 구성적인 진정한 작업을 보여준다. 이 점에서 여러 비평가는 지혜서의 이러저러한 문구를 혹평(지혜 2,5.11), 논리적 궁지(지혜 6-10), 대조법(특히 지혜 11-19)과 같은 문학유형 또는 요소와 묶어 본다. 이처럼 리즈(J.M. Reese)는 지혜서를 *protreptikos*('훈계': 젊은 학생을 교육시킬 목적으로 독려하고 권고하는 일종의 철학 입문) 연사 유형과 동일시한다. 질베르(M. Gilbert)가 개진한 논제는 우리에게 더욱 설득력 있고 포괄적으로 보인다. 질베르에게 지혜서는 *epideiktikos*('서사') 연사 유형, 좀 더 정확하게 말해서 *enconium*('찬사') 유형에 가깝다.

이렇게 문학적 단일성이 분명하고 문체상의 풍요로움이 존재하나, 작품의 저자에 대해서는 무엇을 알고 있는가? 이 작품은, 이 작품이 발전을 거듭해 온 (학문, 철학, 주변 종교와 같은) 문화적이며 종교적인 세계에서 빌려온 것이다. 헬레니즘 세계에 살고 있는 유다인들을 대상으로 하는 것 같으며, 특히 탈출기와 이집트 종교를 적지 않게 암시한다는 사실에서 이집트 디아스포라, 아마도 알렉산드리아 공동체를 출처로 보아야 할 것이다.

편집 연대는 확실하지 않으나, (문체, 어휘, 철학적 표상 등) 상당한 문학적 지표들은 그 연대를 기원전 1세기 하반기로 기울어지게 한다.

2.2. 영향

책의 단일성과 부정할 수 없는 문학적 특성은 매우 독자적인 지혜 작품을 일구어냈다. 그러나 이 작품은 적시할 필요가 있는 다양한 영향으로 특징된다. 우리는 이 작품에서 구약성경 경전을 분명하게 인용하는 경우는 찾아볼 수 없으나, 수많은 구절의 문체와 문장 구조와 내용은 (창세기, 이사야서, 다니엘서, 잠언, 시편, 넓은 의미에서의 지혜문학과 같은) 구약 성경 문서를 끊임없이 참조한다. 이 책의 세 번째 단원에 나오는 탈출과 이집트 재앙 주제는 탈출기와 민수기의 해당 기사들로부터 영향을 받았으며, 저자는 또한 시편 78편과 105–107편을 분명히 알고 있다. 책의 바탕에 흐르고 있는 종말론적 개념은 에세네 문학과 몇몇 외경의 그것을 상기시키기도 한다. 쿰란의 진정한 '베스트 셀러'였던 에녹서 상권은 지혜서와의 흥미로운 병행현상을 보여주며(특히 1에녹 1–5장과 교훈적 결문에 해당하는 1에녹 91–105장과 108장 참조), (예를 들어 4Q415–420; 4Q424와 4Q525만이 아니라 11QPs[a]와 같은) 쿰란의 지서들 역시 지혜서와 묶어 볼 수 있다.

지혜서에 대한 그리스 문학의 영향력은 더 이상 입증되지 않는다. 우선 학자들은 스토아학파의 영향력만이 아니라 에피쿠로스학파와(예를 들어 *aphtharsia*[불사불멸성] 주제 참조) 피타고라스학파, 나아가 플라톤학파의 영향력을 강조했으나, 검토한 이 모든 연관 관계의 정확성과 범위를 분명히 해야 할 문제가 남아 있기 때문이다(이 점에 대해서는 Gilbert 참조).

지혜서가 알렉산드리아의 필론의 (예를 들어 '모세의 생애'와 같은) 문학 작품들과 관련하여 보여주는 유사성으로 말미암아, 오랫동안 이 저자의 작품으로 여겨졌다는 사실을 부연하기로 하자.

3. 주제와 의도

지혜문학에서 자주 그러하듯이, 독자는 수많은 종교적이며 신학적인 주제에 직면한다. 지혜서에서 세 단원은 윤리와 철학과 신학 차원의 세 중요한 의도를 진술하도록 한다.

윤리적 의도는 작품 내내 다양한 방법으로 표현되나, 하느님의 정의와 불경한 이들과 의인들에게 유보된 운명을 다루는 첫 번째 단원에서

(지혜 1-5) 잘 드러난다. 인생은 짧으며, 인간은 이 인생을 향락과(2,6-9) 다른 사람들 착취로(2,10.19-20) 향하게 할 수 있으나, 이러한 자세는 허무와 죽음 외에 다른 어떤 곳으로도 이끌지 못한다(3,11-12). 작품은 여기서, 뚜렷하면서도 거의 풍자적인 방법으로, (불경한 이들, 불의한 이들, 믿음이 없는 이들과 같은) 악인들의 거동과 의인들의 거동을 구별한다. 하느님께서 데려가신 완벽한 의인 에녹이라는 인물은(창세 5,24 참조) 분명 지혜 4,7-20이 의인을 근사하게 묘사하는 과정에서 배후가 되었을 것이다.

지혜서는 탁월한 하나의 훈계 문학이다. 삶의 유일한 길(1,12-15), 구원과(14,4; 16,6-7) 희망의(3,4; 12,19) 유일한 길은 지혜를 따르고 하느님의 뜻을 실천하는 일이다(9,17). 하느님의 지혜에 밀착되어 있는 사람에게 이 모든 것의 결과는 불사와(3,4; 4,1; 8,17; 15,3) 불멸이다(2,23; 6,18-19)(Delcor 참조). 윤리적 의도는 여기서 종말론적 방향을 취한다(선택된 이들과 불경한 이들에 대한 하느님의 방문[*episkopê*] 주제 참조: 지혜 2,20; 3,7.13; 4,15; 14,11; 19,15).

작품의 철학적 의도는 지혜와 그 특이한 본성을 소개하는 진술 전체를 통해 드러난다. '지혜'라는 개념이 주로 책의 전반부에 등장한다 하더라도(특히 지혜 6-8장과 지혜 9장의 기도 참조), 지혜라는 주제는 작품 전체를 지배한다. 지혜 묘사는 잠언과(잠언 4; 8) 집회서의(집회 24) 묘사를 상기시킨다. 한편 작품은 독창적이면서도 철학적 문체로(지혜 7,22-23 참조) 상당한 점들을 강조한다.

– 대다수의 경우, 의인화하고(7,22) 하느님과 친밀하게 결합된 존재로서의(7,15.25; 8,3-4; 9,2) 하느님의 지혜를 말한다. 지혜는 또한 하느님의 영과 별반 다르지 않은 존재로 등장하며(1,4-7; 7,22-23; 9,17), 하느님 능력의 일종의 발산이며(7,25) 그분의 어좌에 함께 한다(9,4).

– 창조시에 함께 있었고 활동했던 지혜는(9,2.9) 세상을 유지하고(7,27; 8,1.4) 인간을 구원하는 데 있어 계속해서 능동적인 역할을 한다(9,11.18; 10,4). 하느님처럼(13,1) 지혜는 세상의 '장인'(technitês) 자격을 갖

춘 존재로 묘사된다(7,21; 8,6; 14,2).

– 지혜는 또한 지혜의 품위를 지니고(1,4–5; 6,15–16) 그것을 찾는(7,12–14) 이들을 위해 온전한 열림 상태에 있다. 기도는 지혜를 얻기 위한 필수적인 방법이다(7,7–8; 8,21과 9장).

– 지혜는 삶과 연관된다. 삶을 인도하고(3,11) 불사불멸을 얻게 해준다(6,18–19; 8,13.17). 인간은 따라서 모든 지식과(7,15–21) 예지와(8,8) 지상의 행복이(7,11–12; 8,18) 지혜 덕분임을 알아야 한다.

– 지혜는 빛이라는 주제와 연관된다(6,12; 7,10). 영원한 빛의 광채로 등장하며(7,26) 모든 빛을 뛰어넘는다(7,29–30). 지혜는 백성을 비쳐주는 빛이다(10,17).

지혜서의 근본적인 신학적 의도는 하느님 자신, 세상에서 그리고 역사를 통한 그분의 모습과 역할이다(지혜 9장과 10장의 기도 참조). 모든 것의 뒤에는 하느님이 계시며, 지혜 주제가 앞세워질 때도 인류 역사에 대한 하느님의 전권을 증언하기 위해서이다. 이 의도는 매우 중요하다. 모세의 계약의 하느님이 어떻게 영원한 지혜의 하느님, 당신 백성을 구원하시고(지혜 19,22의 찬영가 참조) 언제 그리고 어디서나 의인들에게 구원을 베푸시는(3,7) 하느님이신지를 드러내기 때문이다.

하느님의 자격과 능력을 표현하기 위해 모든 방법, 모든 예가 활용되고 있다. 그분은 두말할 것 없이 유일하신 분, '존재하시는 분'(지혜 13,1), 조물주이시며(11,17), 세상의 참 주인이시고(11,25–26), 그분의 섭리(*pronoia*)는 모든 것을 대상으로 펼쳐진다(6,7). 그분은 정의와 심판의 하느님이시다(1,8). 이 작품의 신학적 독자성은, 하느님을 생명을 보존하시는 분(1,13–15), 회개를 향해 언제든 문을 열어 놓으시면서(11,23; 12,10.19) 절도 있게 그리고 교육적 목적으로 판관의 역할을 수행하시는 분으로(3,5; 12,2) 소개하고 있다는 사실에 머문다.

작품의 후반부는(지혜 10–19) 모두 하느님의 정의 기능 작용에 쏠려 있다. 하느님은 당신 백성을 위해서 또는 그 적대자들을 거슬러 움직이

시고자 (물, 짐승, 빛, 어둠이라는) 창조 요소들을 솜씨 좋게 활용하시는 분이다. 저자는 또한 사이사이에 우상숭배에 관한 매우 날카로운 비평을 제공한다(지혜 13-15). 무엇보다도 다신교의 종교 의식이 헛된 것임을 밝혀(13,10) 하느님의 위대하심과 자비를 드높인다(11,21-26). 나아가 이집트 재앙 기사에 관한 신학적 반복은(11-19장) 당신 백성을 위하고 그 적대자들을 거슬러 작용하는 하느님 행위의 특징들을 열거하기 위한 탁월한 틀 역할을 한다.

4. 참고 문헌

4.1. 주석서

H. Engel, NSK.AT 16, 1998. H. Hübner, ATD Apokryphen 4, 1999. C. Larcher, EtB, 1983-1985. J.-M. Reese, «Wisdom of Solomon», in J.-L. Mays (éd.), *Harper's Bible Commentary*, San Francisco(CA) *et al.*, 1988. J. Weber, SB(PC), 1946. D. Winston, AncB 43, 1979. A.G. Wright, «Wisdom», in R.E. Brown/J.A. Fitzmyer & R.E. Murphy (éd.), *The Jerome Biblical Commentary*, Englewood Cliffs, 1968.

4.2 연구 현황

G. Bellia/G. Passaro (éd.), *Il libro della Sapienza. Tradizione, redazione, teologia* (Studia Biblica 1), Roma, 2004. N. Calduch-Benages/J. Vermeylen (éd.), *Treasure of Wisdom: Studies in Ben Sira and the Book of Wisdom. Festschrift M. Gilbert* (BEThL 143), Leuven/Paris, 1999. D. Doré, *Le livre de la Sagesse de Solomon* (CEv 113), Paris, 2001.

4.3. 주요 저서 및 논문

M.V. Blischke, *Die Eschatologie in der Sapientia Salomonis* (Forschungen zum Alten Testament 2 Reihe - FAT 2/26), Tübingen, 2007. M. Delcor, «L'immortalité de l'âme dans le livre de la Sagesse et dans les documents de Qumrân», *NRTh* 77(1955), p. 614-630. H. Engel, «Gerechtigkeit lieben oder den Tod. Die Alternativen der Lebensentscheidung nach dem Buch der Weisheit», *Jahrbuch für biblische Theologie* 19(2004), p. 173-193. M. Gilbert, «Sagesse de Salomon», *DBS* 11(1986), col. 58-119. M. Gilbert, «Wisdom Literature», in M.E. Stone (éd.), *Jewish Writings of the Second Temple Period: Apocrypha, Pseudepigrapha, Qumran Sectarian Wrighting, Philo, Josephus* (CRI 2.2), Philadelphia(PA), 1984. Id., «L'enseignement des sages», in J. Auneau (éd.), *Les Psaumes et les autres Ecrits* (Petite Bibliothèque des Sciences Bibliques. Ancien Testament 5), Paris, 1990. D.S. Margoliouth, «Was the Book of Wisdom Written in Hebrew?», *JRAS* 6(1890), p. 263-297. M. Neher, *Wesen und Wirken der Weisheit in der Sapientia Salomonis*, Berlin/New York, 2004. J.-M. Reese, *Hellenistic Influence on the Book of Wisdom and its Consequences* (AnBib 41), Rome, 1970. E.D. Reymond, «The poetry of the Wisdom of Salomon reconsidered», *Vetus Testamentum* 52(2002), p. 395-399. P.W. Skehan, *Studies in Israelite Poetry and Wisdom* (CBQ.MS 1), Washington(DC), 1971. D. Winston, «Solomon», in D.N. Freedman (éd.), *The Anchor Bible Dictionary. Vol. 6*, New York *et al.*, 1992, p. 120-127. A.G. Wright, «The Structure of the Book of Wisdom», *Bib.* 48(1967), p. 165-184. J. Ziegler, *Septuaginta: Vetus Testamentum Graecum. Vol. 12/1. Sapientia Salomonis*, Göttingen, 1962. F. Zimmermann, «The Book of Wisdom: Its Language and Character», *JQR* 57(1966), p. 1-27 and p. 101-135.

집회서

르그랑 (Thierry Legrand)

51개의 장에 금언들과 윤리적 성찰을 담고 있는 집회서는 종종 지혜의 '슈퍼마켓'과 같은 모습을 보여준다. 물론 거기서 무엇인가를 살 수는 없지만, 모든 것을 찾을 수는 있다! 독자는 이 책에서, 금언들과 격언들과 찬가들과 윤리적이며 전례적이며 역사적인 참고 사항들과 함께, 지혜를 따르고 하느님께 대한 경외심으로 살아가는 데 필요한 많은 권고 말씀들이 뒤섞여 있음을 확인할 수 있다.

그렇다고 해서 이 성경책의 문학적인 질을 경시해서는 안 된다. 한 번 읽어보는 것으로는 잘 알아볼 수 없을 만큼 소재는 잘 정리되어 있어, 우리는 여기서 성경의 위대한 인물들의 역사를 다루는 조상들에 대한 칭송과(44-50장), 지혜(집회 1; 24), 자유(15,11-20), 애도(38,16-23), 노동(38,24-34), 하느님의 위대하심(42,15-43,33), 사제 기능에(50) 관한 진정한 작은 문학적 보배들을 식별할 수 있다.

이 책은 여러 면에서 놀라움을 준다. 우선 이 분야에서는 유일한 서문 곧 '머리글'로 열린다. 이 작품은 두 현인 세대를 통해서 그리고 (그리스어, 라틴어, 히브리어, 시리아어와 같은) 여러 언어 형태로 우리에게 전수되었다. 히브리어 원문은 완전하지 못하고, 몇 개의 장은 자리 이동을 보이며, 끝으로 결문은(51장) 본문상 심각한 문제를 제기한다. 이 모든 다양성과 복잡성은 집회서를 제2경전 총서 가운데 독립적이며 어려운 작품으로 만들었다. 그러나 저자가 몸소 우리에게 제안하는 바를, 곧 마음으로부터 나온 지혜 물결을(집회 50,27) 활용하지 못한다는 것은 유감스러운 일이다.

1. 설계와 내용

(대중 라틴말 성경[Vulgata]에서는) '집회서', (그리스어 수사본에서는) '시라의 아들 예수의 지혜'는 일독으로는 파악하기 힘든 하나의 거대한 지혜문학 종합이다. 따라서 거의 주석가의 수만큼이나 다양하게 제안된 설계가 존재한다(Spicq 참조).

그러나 적지 않은 주해가들은 이 작품을 두 개의 대단원, 곧 서문과(그리스어본) 결문으로(집회 50,27-29 + 집회 51장의 부록) 둘러싸인 1-23장과 24-50장으로 구분한다. 이 주요 두 단원의 내부에서, 주제상의 여러 하위 단위들을 쉽게 식별할 수 있는 반면, 그 일반적인 배열을 파악한다는 것은 늘 쉬운 일은 아니다(그리스어와 히브리어 몇몇 수사본은 표제들을 달고 있다: 집회 20,27; 23,7; 24,1; 30,1; 30,14[16]; 44,1; 51,1).

여러 차례에 걸쳐, 그리고 첫 번째 단원에서 주로 우리는 지혜와 그 탐구와 역할과 관련된 진술들과 단락들이 존재한다는 사실에 주목하며, 이것들은 보다 넓은 지혜문학 하위 단위들을 한정하고 조율하는 역할을 한다.

1,1-20	지혜와 하느님 경외 찬미가
1,22-4,10	교훈과 금언: 경외와 신앙, 자녀의 본분, 겸손과 자만, 가장 약한 사람들을 향해 쏟는 관심
4,11-19	동반자 지혜: 지혜는 가르치고 인도하고 기쁨을 얻게 해준다.
4,20-6,17	(재산, 대화, 타인 존중, 친구 등) 처신하는 방법과 (솔직함, 용기, 이중인격의 위험성 등) 생각하는 방법에 대한 다양한 가르침
6,18-37	지혜 탐구와 따름과 착용
7,1-14,19	다양한 조언 총체, 가정에 관련된 권고, 일반적인 인간관계(겸곤과 자만, 부자와 빈자)
14,20-15,10	지혜에 전념함은 그 곁에 살면서 혜택을 받는 일이다. 지각없는자는 늘 지혜와 거리를 둔다
15,11-23,27	지혜에 대한 전반적인 숙고: 선택의 자유, 질책과 하느님 보상, 창조에 담긴 하느님의 지혜와 인간의 동반, 자아 절제(언어 억제), 슬기로운 이와 어리석은 이, 하나의 기도가 이 지혜 금언들을 동반한다(23,1-6)
24,1-34	지혜 예찬(책의 두 번째 단원에[집회 25-50] 대한 지혜 스승의 도입 부분: 집회 44-49/50장의 '조상들에 대한 칭송'은 위대한 사람들의 지혜 예찬이다: 아래 '보충 설명' 참조)

이렇게 한정된 구조는 매력적이기는 하나, 많은 난제를 불러일으킨다. 지혜에 관한 진술과 지혜 교훈 사이의 연결점이 분명하지 않으며, 두 번째 단원이(24-50장) 전혀 고려되어 있지 않다. 집회 44-50장과 이

부분이 제시하는 '조상들에 대한 칭송'으로는 무엇을 해야 하는가?

우리가 택할 수 있는 또 다른 구조는 집회서를, 전체가 다 지혜 교훈이 뒤따르는 신학적 도입 부분으로 구성된, 다섯 개의 큰 단위로 세분하는 것이다(Spicq, Michaud, TOB, la Pléiade).

I. 집회 1,1–16,23

1,1–30	하느님 경외와 동일시되는 지혜
2,1–16,23	가르침, 금언, 격언

II. 집회 16,24–23,27

16,24–18,14	하느님의 위대하심은 창조와 피조물인 인간을 통해서 드러난다. 그분의 인내와 용서는 무한하다
18,15–23,27	가르침, 금언, 격언

III. 집회 24,1–32,13

24,1–34	지혜 예찬; 율법과의 관련성
25,1–32,13	가르침, 금언, 격언

IV. 집회 32,14–42,14

32,14–33,18	현인은 율법에 의지하며 하느님 경외심 안에 산다. 하느님은 당신의 창조적 작품 안에서 존재와 사물에 명령하시고 구별하신다. 삶과 죽음, 경건한 이와 불경한 이가 있다
33,19–42,14	가르침, 금언, 격언
39,12–35	창조주이며 종말론적 심판관이신 하느님에 대한

찬미가

V. **집회 42,15-50,26**

42,15-43,33　　하느님과 그분의 창조물 칭송. 천체와 자연 현상은 그분의 위대하심을 증언한다

44-50,26　　**조상들에 대한 칭송**

우리는 신학적 도입 부분이 집회서 저자에게 소중한 주제들을 개진하고 있음을 지적할 수 있다. 첫째는 지혜와, 하느님 경외심과(1,14) 율법과의(24,23) 관련성 주제이며, 둘째는 자연 요소들과 인간들에게(33,11) 명하시고 나누시고 구별하시는(16,26 이하) 하느님의 창조 기능 주제이다.

우리가 지혜 교훈이라는 제하에 규합해 놓은 단원들 내부에서(2,1 16,23; 18,15-23,27; 25,1-32,13; 33,19-42,14), 전체의 일관성을 정확하게 끌어내지는 못할지라도, 주제의 연속을 들추어내는 일은 가능하다. (부요, 가난, 우정, 여인, 겸손, 자만, 자기 절제, 말씀 등의) 주제 대부분이 여러 차례 되풀이되고 있다는 점에서 전체의 일관성 파악은 어려운 문제로 남는다.

작품은 저자의 이름과 가계와 지리적 위치를 우리에게 제공하는 서명 형태의 결론을 동반한다(집회 50,27-29). 두 개의 부록이 작품 전체에 덧붙여진 것 같다. 하나는 집회 51,1-12의 찬미 노래이며, 다른 하나는 집회 51,13-30의 지혜 탐구를 주제로 하는 알파벳 시편이다. 이 두 시편 사이에 삽입되어 있는 세 번째 시편은 카이로 게니자의 수사본 B에 등장한다. 이 시편은 성경적이며 전례적인 다른 구성으로부터(시편 136편과 '열여덟 축복') 영감을 받은 본문으로서 에세네파에서 유래한 것 같다(특히 차독의 아들들 언급 참조).

2. 출처와 형성

2.1. 본문과 역본

외경 또는 제2경전 책들은 종종, 전수 과정은 물론 다양한 유다교와 그리스도교의 수용 과정에서, 활력 넘치는 생존을 체험했다. 집회서는 본문 발전에 관한 좋은 예로서, 하나의 역사 또는 하나의 지혜 문집이 그것들을 읽고 '실천한' 공동체와 접촉하면서 생존과 변화를 지속하도록 한 대표적 작품이다.

19세기 말에 이르기까지 우리는 그리스어와 라틴어와 시리아어 역본을 통해서만 집회서를 알고 있었다. 탈무드에 산재해 있는 몇몇 인용과 라삐 문학을 제외하고, 유다인들 자신들도 히브리어 원문의 자취를 잊고 있었다.

– 카이로의 게니자 발견과 함께(1896년) 비로소 집회서의 **히브리어** 첫 수사본들이 빛을 보았고 이후 수십 년간 발간되었으며, 최후 단편은 2008년 슐라밋(Elizur Shulamit)에 의해 발행된 수사본 C이다(J.-S. Rey 참조). 1960년대에 마사다에서 발견된 집회서 두루마리와 쿰란의 단편들은(2Q18; 11QPs[a] 21-22) 집회서 히브리어본의 단편 목록을 보완해주었다. 오늘날 히브리어본의 거의 삼분의 이 정도가 복구되기는 했으나(이 주제에 대해서는 Nelson 참조), 본문상의 중요한 난제들이 남아 있다. 학자들은 일반적으로 적어도 두 개의 히브리어 교정본이(이하 Hb I과 Hb II) 존재했다는 사실을 알고 있다.

– 흔히 수세기를 통해 활용되고 번역되어온 집회서의 **그리스어**본은 (알렉산드리누스, 바티카누스, 시나이티쿠스, 에프래미우스 수사본 등) 대문자 수사본으로 우리에게 전수되었다. 이 수사본들은 일반적으로 집회서의 짧은 형태로 취급되며(이하 Gr I), 본문상 별 문제를 일으키지 않는다. 이 짧은 형태는 하나의 '머리글'을 포함하는데, 이 머리글에서 역자는 그리스

어 번역의 동기와 함께 번역의 질과 어려움을 진술한다.

그리스어 역본의 또 다른 형태 하나가 존재하며, 이는 교부들의 인용, 소문자 수사본, 특히 수사본 248과 같은 상당수의 본문으로 증언된다. 긴 또는 넓은 형태라 불리는 이 역본은(= Gr II) 대문자 수사본에 견주어 150개의 보충 구절을 더 담고 있다(Gr II의 첨가 부분은 J. Ziegler 판에는 소문자로, 우리말 '성경'에는 기울어진 글씨체로 표기되어 있다[역자 주]).

히브리어와 그리스어본과 함께, **라틴어**와 **시리아어** 역본 또한 몇 가지 눈여겨볼만한 특징으로 말미암아 관심이 쏠린다. 라틴어 역본은 지나치게 무겁게 보이며, 대문자 그리스어본과 매우 다르다는 사실이 밝혀졌다(이중 어록, 구절 이동, 52장 첨부). 시리아어 역본은 여러 면에서 복잡하다. 부가 구절을 포함하는가 하면(집회 1,20c-z) 중대한 누락도 발견된다(집회 41,12-42,6과 43,11-33). 간단하게 말해서 대문자 그리스어본의 1600개 구절에서 시리아어 역본은 75개 구절을 덧붙이면서 동시에 200여개의 구절을 빠뜨리고 있다.

짧은 형태와 긴 형태가 혼합되어 있는 모든 그리스어 수사본은 세 장의 자리 이동을 보여준다. 30장의 24절과 25절 사이에서 33,13ㄴㄷ에서 36,16ㄱ까지를 읽을 수 있다. 학자들은 대체로 이 자리 이동이 우연히 빚어진 것임을 인정한다. 하나 또는 여러 코덱스 낱장이 실수로 자리 이동했을 것이다. 벤 시라 책의 지혜 특징이, 독자가 책을 그냥 읽어가면서 이 '본문 사고'를 알아채지 못한 채 지나치게 했을 것이다. 그러나 주위를 기울여 분석해보면 이 실수를 쉽게 식별할 수 있다. 현대 역본들은 오래전부터 장과 구절의 올바른 순서를 복원했으며, 이는 바로 히브리어 판과 시리아어 역본과 라틴어 역본의 순서이다.

2.2. 편집과 전수

집회서의 역사와 출처와 전수에 관련된 문제 전체에 대한 학자들의 진정한 공감대는 존재하지 않으나, 의견의 일치를 보이는 상당수의 내용들은 연구가들 사이에서 점점 분명해지는 것 같다(Rüger, Nelson, 그리고 Gilbert의 최근 종합 참조).

1) **히브리어**본

– 기원전 190년경, 추정컨대 예루살렘에서, 예수 벤 시라는 셀레우코스 시대 유다교의 일상적이며 종교적이며 영적인 생활에 관한 정보를 제공하는 거대한 지혜 교훈을 히브리어로 집필했다(집회 50,1–21의 대사제 시몬 찬사 참조). 이 첫 번째 히브리어본(Hb I)은 저자가 특별하게 존중을 받던 팔레스티나의 유다인 세계에 회람되었다. 상당한 문학 지표들은 이 집회서 초판이 단 하나의 단계로 이루어지지 않았음을 추정하게 한다. 1–23(또는 24)장은 첫 번째 문집을 형성했을 것이며, 이어서 다른 단원들과 여러 부록이(아마도 집회 51,1–12와 51,13–30) 덧붙여졌을 것이다.

기원전 1세기와 기원후 1세기 사이에 히브리어본(Hb I)은 여러 차례의 교정을 겪었다. 몇몇 교정은 우연한 것들이었으며, 다른 교정은 의도적인 것들이었다(예를 들어 에세네파 재독으로 보이는 집회 3,20; 11,15–16; 15,20ㄷㄹ; 16,15–16, Kearns 참조). 히브리어본의 이 새로운 교정은 긴 히브리어판(Hb II)으로 취급된다. 카이로 게니자의 'A'수사본과 함께 비교적 덜하기는 하지만 수사본 B와 수사본 C는 이 두 번째 교정본 Hb II와 가깝다.

2) **시리아어** 역본

– 페시타(Peshitta)를 통해 전수된 것과 같은 시리아어 집회서는 분명 여러 세기에 걸쳐 펼쳐진 교정과 수정의 복합적인 과정의 결과물이다. 시리아어 번역은 히브리어본(Hb II)을 기초로 어떤 그리스도교 신자에 의해 이루어졌을 것이다. 한편 복잡성을 더하기 위해 이 번역은 분명 짧은 그리스어본(Gr I)과 아마도 긴 그리스어본(Gr II)에 견주어 교정되었음이 틀림없다.

3) **그리스어** 역본

– 기원전 132년에 벤 시라의 손자는 히브리어본(Hb I)을 바탕으로

이집트에서 집회서를 그리스어로 번역했다. 이 번역은 분명 대문자로 전수된 본문에 해당한다. 이는 단순한 히브리어 원문 번역을 넘어 유다교에 가장 널리 알려져 있던 교훈을 헬레니즘에 적용시킨 번역이다.

– 기원후 1세기와 2세기 사이에 두 번째 그리스어 번역(Gr II)이 히브리어본 Hb II를 기초로 이루어졌다. 이 번역은 수사본 248과 몇몇 다른 증언을 통하여 부분적으로만 우리에게 전수되었다. 우리는 또한 3세기 초에 알렉산드리아의 클레멘스와 (치프리아노, A. 멜리사, J. 다마세노, J. 크리소스토모 등) 다른 교부들의 작품 속에서 그 인용을 만난다.

4) **라틴어** 역본

– 고대 라틴말 성경(Vetus Latina)을 전해주는 대중 라틴말 성경(Vulgata)은 긴 그리스어 형태(Gr II)의 가장 좋은 증언으로 보인다. 이 성경은 그러나, 한편으로는 그리스도교의 영향을 드러내고, 다른 한편으로는 짧은 그리스어본(Gr I)에 견주어 조화를 시도한(de Bruyne 참조) 상당수의 수정 흔적을 담고 있다.

쉽게 확인할 수 있듯이, 집회서의 전수 역사에 관련된 문제들은 꽤 복잡하며 많은 질문들이 제기되고 있다. 그렇다고 하더라도 이 복잡성은 이집트의 디아스포라, 에세네 공동체, 북 아프리카나 시리아의 그리스도교 공동체 등과 같은 다양한 종교 공동체에서 이 책이 자주 활용되었음을 입증해준다.

3. 주제와 의도

기원전 2세기 초와 마카베오 항전(167년) 이전 몇 년 사이에, 당대의 증인 시라의 아들 예수는 지혜 유산을 모두 체계화하고 전수하고자 했다. 그의 주요 목적은 헬레니즘의 점진에 직면한 사회 안에서 이스라엘의 영적이며 종교적인 유산의 힘과 관심을 다지는 일이었다. 작품은 이렇듯 (잠언, 욥기, 코헬렛 등의) 성경 지혜 전승에 뿌리내리게 하려는 시도와 헬레니즘 문화 앞에 선 미묘한 입장으로 특징된다. 작품에서 다루어진 수많은 질문에서 우리는, 이를테면 이 교훈서의 신학적 골격을 형성하는 기본적인 세 영역, 곧 지혜와 경외와 하느님의 창조 역할을 식별할 수 있다.

지혜 주제는 이 작품의 틀을 이루고(1,1-20과 51,13-30) 책과 줄곧 함께하며(예를 들어 4,11-19; 6,18-37; 14,20-15,10; 44,1-15) 책의 점점을 이룬다(집회 24장은 책의 중심에 자리한다). 이 주제는 작품에 변화를 주며, 집회서를 단순한 지혜 사전과 동일시하는 것을 가로막는다. 지혜와 (이중인격 반대, 환희, 교훈, 창조 등) 여러 다른 주제 사이에 시도되는 접근은 매우 고전적인 것으로 머문다(잠언 참조). 아마도 저자의 독창적인 사고와 그 신학적 목적을 가장 잘 드러내는 요소는 작품의 중심에 자리한 지혜-율법 쌍개념인 것 같다(19,20과 24,23 이하). 지혜에 관한 최상의 표현과 그 가르침은 모세에 의해 주어진 율법이다. 지혜 예찬은(집회 24) 하느님 지혜의 완벽한 표현인 율법이 어떤 점에서 이스라엘 백성의 근본적인 유산이며 중대한 성공 조건이 되는지를 밝힌다.

경외심이라는 주제는 집회서의 몇몇 열쇠 문구에 개진되어 있으나(1,11-20; 2,1-18; 10,19-25; 19,20-24; 25,7-11; 40,26-27), 따로 떨어져 있는 다른 많은 구절에서도 발견된다(6,16-17; 7,31; 25,6; 50,29). 이 주제는 지혜를 종교적 자세와 하느님께 대한 존경과 사랑과 묶어주는 밀접한 관련성을 상기시킨다. 하느님께 대한 경외심 없는 지혜는 없으며, 지혜로 인도하지 않는 경외심도 없다. 이는 지혜를 찾고자 노력하는 사람들은 물론, 유다교에 입교하고자 하는 사람들을 위해 분명한 메시지로 머문다.

지혜 격언들로 짜인 집회서는 하느님의 창조와 동반 역할이라는 주제를 중심으로 하는 줄거리를 보여준다(*ktizein*과 그 파생어들이 책에 자주 등장한다). 우리는 창조와 창조주 하느님에 관한 많은 암시와(예를 들어 7,15; 15,14; 16,17; 36,20; 38,14) 함께 이 주제에 할애된 온전한 문구들을 적시할 수 있다.

– 지혜는 하느님의 창조적 첫 관심 대상이다(집회 1,4.9; 24,3-9; 참조. 잠언 8,22-31). 지혜는 모든 것에 앞서 거기에 있었고, 하느님의 창조 의지와 함께 했으며, 하느님이 지으시고 명하실 때 그분 앞에 있었다.

– 집회 16,26-18,14는 하느님의 창조 작품들을 통하여 그분의 위대하심을 증언한다. 모든 종류의 혜택을 입은 피조물 인간은 완전하게 정돈되고(16,26-27) 완전하게 감독된(17,15) 이 현실 한 가운데에 있다. 인간의 신실성은 마지막 때에 되갚아질 것이다(17,23-24).

– 집회 33,7-15에서 창조 주제는 사물과 존재에 대한 어느 정도의 예정조화 개념과 결부되어 있는 것 같다. 하느님은 당신 창조의 요소들을 구별해 놓으셨고, 인간의 행동은 선 또는 악을 향해 방향지어 있기 때문이다(33,11.14).

– 집회 39,12-35의 찬가는 창조의 정리 정돈을 줄곧 되풀이한다. 하느님은 모든 것의 기원에 계시나, 특히 그분은 시간의 주인이시다. 이 분구의 종말론적 향방은 신구약 중간 문학의 다른 문서들을 상기시킨다('레위의 유훈' 3장 참조).

– 이스라엘의 위대한 인물들의 지혜에(조상들에 대한 칭송, 집회 44-50) 관한 도입 문구 대신에, 집회 42,15-43,33의 찬미가는 체계적인 방법으로 (해, 달, 별, 자연 현상 등) 자연 작품들의 위대함을 언급한다. 독자는 여기서 하느님의 창조 작품과 그 섭리적 역할에 대해 그분을 찬미하도록 초대된다.

보충 설명: '조상들에 대한 칭송'

집회 44-50장은 '조상들에 대한 칭송'(그리스어로 *umnôs paterôn*, 히브리어로 *šabaḥ 'abôt 'ôlām*)이라는 제하로 게재된 별도의 단원을 형성한다. 여기서 우리는 문학유형상 유일한 (성조, 임금, 예언자, 판관, 사제 등) 이스라엘 위인들의 역사적 여정을 확인할 수 있다. 이 위인들은 사람들이 그들의 위대한 지혜를 기리는(44,15) '훌륭한[히브리어로 *ḥesed*, 44,1.10] 사람들'로 칭송된다. 노아 홍수 이전의 성조 에녹이 이 위대한 인물들 목록의 틀을 이룬다(44,16과 49,14).

인용된 삼십여 명의 인물들 가운데, 열 명은(모세, 여호수아, 사무엘, 나탄, 엘리야, 엘리사, 이사야, 예레미야, 에제키엘, 열두 소예언자) 예언자로 지칭된다. 또한 나탄(47,1), 이사야(48,22), 예레미야(49,7) 등 몇몇 예언자에 관한 표기는 한 시대 또는 왕국에 연계되어 있다. 각 인물은 각자의 개별성을 통하여 묘사되며, 저자는 해당 인물의 생애에서 장관을 이루는 행적을 강조하는 데 몰두한다. 예를 들어, 엘리야와 하늘의 불, 불 마차에 태워 들어 올림(집회 48,3.9), 해와 시간의 흐름을 멈추게 한 여호수아(46,4) 등이다. 여호수아와 사무엘과 엘리야와 엘리사에게 할애된 내용들은 특별하게 확대되어 있으며, 이사야와 예레미야와 에제키엘과 열두 소예언자들은 그들의 활약 또는 특성을 매우 간결하게 요약한 몇 구절만의 대상이 될 뿐이다.

이 거룩한 소역사에서 사제 기능에 부여된 중요한 자리에 주목해야 할 것이다. 아론과 대사제 시몬이 가장 길면서 극찬에 가까운 소개의 대상이 되고 있다(참조. 45,6-22와 50,1-21).

4. 참고 문헌

4.1. 주석서

G. Bellia/G. Passaro (éd.), *Il libro del Siracide. Tradizione, redezione, teologia*, Roma, 2007. A.A. Di Lella/P.W. Skehan, AB 39, 1987. H. Duesberg/P. Auvray, SB(J), 1953. H.-W. Jüngling, Das Buch Sirach (Neuer Stuttgarter Kommentar, Altes Testament. Bd. 17), Stuttgart, 2006. J.G. Snaith, CNEB, 1974. C. Spicq, SB(PC) 6, 1946.

4.2. 연구 현황

N. Calduch-Benages/J. Vermeylen (éd.), *Treasure of Wisdom: Studies in Ben Sira and the Book of Wisdom. Festschrift M. Gilbert* (BEThL 143), Leuven/Paris, 1999. J. Corley/V. Kemp (éd.), *Intertextual Studies in Ben Sira and Tobit. Essays in Honor of Alexander A. Di Lella,* O.F.M. (CBQ Monograph Series 38), Washington, 2005. R. Egger-Wenzel (éd.), *Ben Sira's God. Proceedings of the International Ben Sira Conference, Durham-Ushaw College 2001* (BZAW 321), Berlin/New York, 2002, p. 136-179. J. Joosten/J.-S. Rey (éd.), *Conservatism and Innovation in the Hebrew Language of the Hellenistic Period. Proceedings of a Fourth International Symposium on the Hebrew of The Dead Sea Scrolls & Ben Sira* (Studies on the Texts of the Desert of Judah 73), Leiden, 2008.

4.3. 주요 저서 및 논문

P. Auvray, «Notes sur le Prologue de l'Ecclésiastique», in *Mélanges bibliques rédigés en l'honneur de André Robert* (Travaux de l'Institut Catholique de Paris 4), Paris, 1957, p. 281–287. J. Corley, *Ben Sira's Teaching on Friendship* (Brown Judaic Studies 315), Providence, 2002. D. de Bruyne, «Etudes sur le texte latin de l'Ecclésiastique», *TRBen* 40(1928), p. 5–48. M. Gilbert, «Siracide», *DSB* 7(1996), col. 1389–1436. T. Gundlach/ C. Markschies (éd.), *Von der Anmut des Anstandes. Das Buch Jesus Sirach. Hermann Barth zum 60. Geburstag*, Leipzig, 2005. E. Jacob, «L'histoire d'Israël vue par Ben Sira», in *Mélanges bibliques rédigés en l'honneur de André Robert*, p. 288–294. O. Kaiser, *Weisheit für das Leben: Das Buch Jesus Sirach übersetzt und eingeleitet*, Stuttgart, 2005. C. Kearns, «Ecclesiasticus, or the Wisdom of Jesus the Son of Sirach», in R.C. Fuller *et al.*, (éd.), *A New Catholic Commentary on Holy Scripture*, London, 1969, p. 541–562. R. Michaud, *Ben Sira et le judaïsme. La littérature de sagesse. Histoire et Théologie, III* (Lire la Bible 82), Paris, 1988. M.D. Nelson, *The Syriac Version of the Wisdom of Ben Sira Compared to the Greek and Hebrew Materials* (SBL.DS 107), Atlanta(GA), 1988. E.D. Reymond, «Prelude to the Ancestors, Sirach 44: 1–5», *Huca* 72(2001), p. 1–14. G. von Rad, *Israël et la sagesse*, Genève, 1971, p. 280–306. J.-S. Rey, «Un nouveau bifeuillet du manuscrit C de la Genizah du Caire», in H. Ausloos/B. Lemmelijn et M. Vervenne, *Florilegium Lovaniense. Studies in Septuaginta and Textual Criticism in Honour of Florentino Garcia Martínes*, Leuven, 2008, p. 387–416. W. Roth, «On the Gnomic-Discursive Wisdom of Jesus Ben Sirach», *Semeia* 17(1980), p. 59–79. H.P. Rüger, *Text und Textform im hebräischen Sirach* (BZAW 112), Berlin, 1970.

바룩서

힘바자 (Innocent Himbaza)

네리야의 아들 바룩('축복 받은 사람')은 그저 예레미야의 비서에 불과했던 사람이 아닌가? 아니면 몸소 책을 구성한 사람인가? 대답이 긍정에 있다 하더라도, 바룩은 자기 이름으로 되어 있는 책 전체 또는 일부만을 집필한 사람인가? 일부라면 어디를 말하는가? 그가 아니라면, 그의 이름을 지니고 있는 이 책을 저술한 사람은 누구인가? 이러한 질문들이 바룩서 연구에 착수하는 사람에게 곧 바로 제기되는 질문들 가운데 몇 가지이다. 이 책은 바빌론 지배 아래에 있던 백성의 운명에 몰두하고 있는 작품이다. 비서는, 백성이 이 지배를 받아들이고 해방과 영광을 고대하면서 참회의 행위를 보일 것을 독려하면서, 스승 예레미야를 모방한다.

1. 설계와 내용

바룩서(또는 바룩서 1권)는 다섯 개의 장으로 되어 있는 작은 문집이다. 칠십인역성경에 바룩서는 예레미야서와 애가 사이에 배치되어 있는 반면, 대중 라틴말 성경에는 '예레미야의 편지'가 바룩서의 여섯 번째 장을 구성하면서 이 책들 다음에 자리한다. 그러나 대중 라틴말 성경과는 달리, 바룩서를 예레미야의 편지와 떼어 놓는 것이 바람직하다. 사실 바룩서는 백성의 참회 여정을 향해 열려 있는 창구와 같다. 이 여정은 죄에 대한 의식 고취로부터, 하느님의 징벌로 유배를 수용하면서, 위로와 가까이 다가온 해방에 대한 희망으로 향한다. 예레미야의 편지는 다른 주제에 기초한다(해당 입문 참조).

바룩서를 조심스럽게 살펴보면서 우리는 장의 구분이, 다루고 있는 주제들과 일치하지 않는다는 사실을 인식한다. 게다가 서로 다른 주제를 다루는 산문체 본문 하나와 시적인 본문 하나가 이 문집 한 가운데서 서로 구별되는 두 부분을 이루고 있다. 이 점에서 세부적 소재에만 관련된 것들 사이의 차이점을 바탕으로, 학자들은 바룩서의 내용을 네 부분(또는 몇몇 학자는 세 부분)으로 나누는 데 의견의 일치를 보인다.

'역사적' 서문은(1,1-14) 우리에게 어떤 상황 속에서 이 책이 기초되었다고 여겨지는지를 알려준다. 저자(바룩)와 편집 일자와 장소, 그리고 바빌론에서 이 책을 읽고 예루살렘에 발송하게 된 동기를 일러준다. 서문은 이미 백성의 죄 인식과 유배 수용에 관한 소재 안으로 들어간다. 또한 바빌론 임금과 그의 아들을 위해서 기도해야 한다고 밝힌다.

이어서 참회 기도가(1,15-3,8) 나오며, 보기에 두 부분 곧 고백과(1,15-2,10) 탄원 기도로(2,11-3,8) 나뉜다. 백성이 모세와 예언자들을 통해 전달된 하느님의 지시 말씀을 듣지 않았으므로 강제 이주는 그분의 징벌이다. 집단적인 고백 속에서 하느님은 3인칭으로 언급되며, "주 우리 하느님" 또는 "주님"으로 지칭된다. 탄원 기도에서 백성은 2인칭으로 직접 주님의 자비를 간청한다.

시적인 단원에서(3,9-5,9) 우리는 우선 지혜에 관한 명상을 접한다(3,9-4,4). 인간이 아무튼 자신의 노력으로는 이를 수 없는 이 지혜는 하느님께서 당신 백성에게 알게 해주신 계명들을 말한다. 이 부분에서 하느님은 '하느님'(*theos*)으로 호칭된다.

마지막 부분은(4,5-5,9) 미래의 구원이 가져다주는 위로를 기초로 한다. 예루살렘과 그 주민들은 곧 구원의 기쁨을 되찾을 것이다. 주민들은 이제 정의 속에 살 것이나, 이들을 억압했던 자들은 불행하다. 이 마지막 부분에서 하느님은 특이하게 '하느님'과 '영원하신 분'(*o aiônos*)으로 불리신다.

바룩서의 상세한 설계는 다음과 같이 제시된다.

가. 산문체 부분

I. 역사적 서문(1,11-14)

1,1-2	역사적 틀: 저자와 일자
1,3-5	바빌론에서 전례적 틀 속에서 책 봉독
1,6-7	예루살렘으로 송금
1,8-9	예루살렘에 기물 복구 상기
1,10-14	예루살렘에서의 전례 행위를 위한 제물, 기도, 책 봉독

II. 참회(1,15-3,8)

1,15-2,10	백성의 죄 고백
1,15-20	백성은 하느님의 말씀 듣기를 거부했다
2,1-5	하느님은 당신의 위협을 실행에 옮기셨다
2,6-10	하느님은 의로우시다
2,11-3,8	탄원 기도
2,11-18	하느님의 진노가 돌려지기를!
2,19-26	백성은 하느님의 말씀을 듣고 바빌론 임금을 섬겼어야 했다

2,27-35	모세는 행복을 예고했었으나, 백성은 들을 줄 몰랐다
3,1-8	하느님께 간청: 하느님께서 조상들의 죄로 빚어진 유배로부터 백성을 구해주시기를!

나. 시적 부분

III. 지혜에 관한 명상(3,9-4,4)

3,9-14	도입: 이스라엘은 듣고 배우기를!
3,15-31	아무도 지혜를 찾지 않았다
3,32-4,1	하느님은 지혜(당신의 율법)를 아시며, 야곱-이스라엘에게 알게 하신다
4,2-4	결어: 야곱은 지혜와 함께 하기를! 이스라엘은 행복하다

IV. 예루살렘과 그 자녀들을 위한 위로(4,5-5,9)

4,5-8	하느님이 바로 그들을 벌하셨다
4,9-29	예루살렘은 곧 해방될 자녀들에게 용기를 북돋는다
4,30-5,9	백성은 기쁨과 영광 속에 돌아올 것이다.

2. 출처와 형성

2.1. 저술 연대, 저자들과 수신인들

구약성경의 다른 많은 책처럼 바룩서는 저자와 저술 연대 문제에서 학자들을 갈라놓는다(이 주제에 대해서는 Burke의 저술에서 자세한 연구 현황을 살펴볼 수 있다). 19세기 말에 가톨릭 주석가 대부분은 바룩서가 유일한 한 사람, 곧 바룩 자신의 작품이라고 단언했다. 예를 들어 필립은 1895년에 "바룩이 저자라는 사실에 의심의 여지가 없다" 하고 주장했으며, 20세기에 와서도 덴느펠(L. Dennefeld)은 동일한 방향을 지향했다. 그러나 이제 이러한 견해는 포기된 것 같다. 오늘날 대다수의 저자는 바룩서에서 바룩이 몸소 손을 대지 않은 하나의 혼합적인 작품을 본다(Touzard, Fitzgerald, Whitehouse, Moore, Gelin, Burke, Kabasele Mukenge).

비록 바룩서가 그리스어로만 보존된 작품이라 하더라도, 적어도 산문체 부분은(1,1–3,8) 히브리어로 구성되었고, 시적 부분은(3,9–5,9) 그리스어로 저술되었을 것이라고 가정하는 저자들이 많다(Tov, Whitehouse, Vambacq). 토브(E. Tov)는 시적 부분의 그리스어 본문이 히브리어에서 번역된 것이라고 여길만한 충분한 표지가 보이지 않는다고 단언하면서, 책의 언어적인 단일성을 거부한다. 한편 무어(C.A. Moore)는 시적 부분 역시 히브리어로 구성되었다가, 산문체 부분의 역자와 다른 누군가에 의해서 그리스어로 번역되었을 수 있다고 생각한다. 같은 맥락에서 벌크(D.J. Burke)는 이 두 번째 부분 역시 히브리어로 구성되었음을 입증하기 위해서 (Tov가 이미 1,1–3,8을 위해 그렇게 했던 것처럼) 3,9–5,9의 히브리어 본문 재구성을 시도했으며, 다른 여러 저자는 그와 의견을 같이 한다(Schreiner, Steck). 테오도씨온(Theodotion)의 작품으로 여겨지는 이본들 또한 하나의 히브리어 본문, 이를 기초로 수정작업을 했을 본문의 존재를 증언하는 것 같다.

바룩서 전체 또는 부분들의 편집 연대를 제안하는 의견들 역시 다양하다. 바룩서가 유배시대 이후에 편집되었다고 추정하는 학자들이 적지 않다. 그 근거로 학자들은 특히 다니엘서에서 확인할 수 있는 것들과 유사한 역사적 혼동과, 로마제국 시대와 잘 부합하는 정복자에 대한 좋은 감정을 내세운다. 학자들은 또한 바룩 4,5–5,9가 (기원전 1세기의 외경) 솔로몬의 시편 11편과 같은 후기의 다른 책들과 가깝다는 사실과(Moore,

Schreiner), 서로 다른 부분들이 서로 다른 저자들에 의해 구성되었을 수 있다는 사실을 상기시킨다.

이렇듯, 피츠게랄트(A. Fitzgerald)에게, 다양한 부분들은 기원전 300년과 기원후 70년 사이에 작성되었을 것이나, 저자들이 누구인지는 알 수 없다. 즐렝(A. Gelin)의 주장에 따르면, 바룩 3,9–4,4와 집회 24장 사이, 그리고 바룩 4,5–5,9와 집회 36장 사이의 유사성은 바룩서의 저술 연대를 벤 시라 시대로 추정하게 한다. 슈라이너(J. Schreiner)는 바룩 3,9–4,4를 위해 같은 연대를 언급하며, 바룩 4,5–5,9는 기원전 63년경으로 둔다. 무어(C.A. Moore)는 산문체 단원의 저술 연대로 기원전 177년경을 고려하며, 시적 단원을 위해서는 기원후 1세기를 검토한다. 왐박(B.N. Wambacq)에 따르면, 시적 부분이 산문체 부분에 앞서 그리스어로 먼저 구성되었을 것이며, 이어서 어떤 저자가 기원전 63년 이후에 두 부분을 편집하고 번안했을 것이다. 이 점에서 벌크(D.J. Burke)는 기원전 2세기를 말한다. 벌크에게 도입 부분인 서문은 후기의 작품이며, 시적 부분이 가장 오래된 작품인 것은 사실이나 히브리어로 구성되었다. 카바젤 뮈켄즈(A. Kabasele Mukenge) 역시 기원전 2세기를 고려한다. 이러한 역사적 상황 속에서 바빌론 임금과 그의 아들은 안티오코스 4세 에피파네스와 안티오코스 5세일 것이다. 슈텍(O.H. Steck)으로서는 마카베오 시대를 우선시한다. 한편 화이트하우스(O.C. Whitehouse)는 기원후 66–70년까지 내다보기를 서슴지 않으며, 이 경우 임금과 그의 아들은 베스파시아누스와 그의 아들 티투스가 되며, 시적 부분은 더욱 후기의 작품이 될 것이다.

전문가들의 다양한 견해에도 불구하고, 우리는 바룩서를 또는 최소한 그 초판을 기원전 2세기의 사건들과 묶어 보려는 하나의 추세를 주시한다. 바룩서의 모든 부분이 동일한 저자에 의해 저술된 것이 아니기에, 몇몇 학자는 이 부분들이 후대의 어떤 편집자에 의해 수집되었을 것이라 생각한다(Moore는 이 편집자를 서문의 저자로 본다). 다른 학자들은 한편 이 편집자가 몸소 예레미야서를 '보완할' 목적으로 자료들을 재편했으리라 생각한다. 바룩서 부분들의 저자들도, 최후 편집자나 편찬자도 우리에게 알려져 있지 않다.

수신인들에 관한 질문은 문제를 제기하지 않는다. 바룩 1,14가 알려주는 것처럼, 책의 수신인들은 참회하도록 그리고 하느님의 율법에 성실하도록 초대된 예루살렘 주민들이다. 그러나 그 구성 장소 문제는 연구가들을 갈라놓아, 다수의 어떤 이들에게는 팔레스티나가 고려되는가 하면(Moore, Kabasele Mukenge), 다른 이들에게는 디아스포라, 예를 들어 안티오키아가 추정된다.

2.2. 책의 수용

예레미야의 편지와는 달리, 바룩서는 쿰란에서 발견되지 않았으나, 시나이티쿠스 사본을 제외하고 알렉산드리누스 사본과 바티카누스 사본에서 확인된다.

일반적으로 우리는 유다인들 사이에서 바룩서의 수용 문제가 어떠했는지 별로 아는 것이 없다. 아무튼 이 책은 히브리어 경전에 속하지 않는다. 화이트하우스는 기원후 4세기에 바룩서와 예레미야의 편지가 유다인들의 종교 문학에 속하지 않았다고 여긴다. 그러나 (TOB과 같은) 몇몇 의견은, '사도 헌장'(V,20,3)은 유다인들이 예루살렘 파괴 기념일에 바룩서를 읽었다는 사실을 증언한다고 여긴다.

여러 교부는 바룩서가 경전인 것처럼 인용하며, 몇몇 인용은 예레미야의 말처럼 취급된다. 예를 들어 이레네오는('이단 반론' V,35,1) 바룩 4,36-5,9를 인용하면서 이 문구가 예레미야의 말이라고 언급한다. 에우세비오의 증언에 따르면('교회사' VI,25,2), 오리게네스는 별도의 문집으로 바룩서를 인용하지 않는다. 이어서 '예레미야의 편지'를 인용하고 있다는 점에서, 우리는 오리게네스가 바룩서를 예레미야서에 포함시키고 있다고 생각할 수 있다. 한편 예로니모는 히브리인들이 바룩서를 소유하고 있지 않았다고 단언하면서 이 책을 번역하는 것은 옳지 않다고 판단했다. 우리가 대중 라틴말 성경(Vulgata)에서 읽는 바룩서 번역은 따라서 고대 라틴말 성경(Vetus Latina)의 그것이다. 바룩서의 경전성을 거부하는 부류 대부분은 예로니모의 판단에 기초한다(*PL* 24, col. 680). 구약성경 목록에서 예로니모는 바룩서를 언급하지 않는다(*PL* 28, col. 547-558).

바룩서의 수용 차원에서 제기되는 문제들 가운데 하나는 바룩서의 존재 자체이다. 사실, 키뤼스의 테오도레토스(*PG* 81, col. 760) 이후 오랜 세월이 지나, 보가에르(P.-M. Bogaert)는 바룩이 읽은 책이(바룩 1,1-3) 실로 예레미야서일 것이라는 주장을 펼쳤으며, 베넹(A. Wénin)이 그 뒤를 이었다. 그렇다면 바룩서는 그저 예레미야서에 덧붙여진 그리스어 부록에 불과할 것이다. 이 부록의 분리와 분리된 '바룩서' 형성은 따라서 훨씬 후대에 이루어졌을 것이라고 가정해야 한다(보가에르에 따르면, 이를 주도한 사람은 오리게네스이다). 그러나 (Wambacq, Moore, Steck, Kabasele Mukenge와 같은) 대다수의 주석가는 바빌론에서 쓰이고 읽힌 책이, 최소한 부분적으로라도, 바룩서라는 생각을 거두지 않는다.

3. 주제와 의도

바룩서의 모든 부분에서 신학은, 하느님은 이스라엘 운명의 절대적 주인이라는 사실을 축으로 펼쳐진다. 하느님은 의로우시고 전능하신 분이며(1,15.19; 2,6; 3,1.32), 죄를 벌하시고(1,13; 1,18-2,10.22; 3,10-13; 4,6-8) 연민이 충만하신 분이다(4,5-5,9).

그러나 바룩서를 읽어가면서 우리는 이 책이 단 하나의 유일한 신학적 자세만을 고집하지 않는다는 인상을 지울 수 없다. 몇몇 학자는 여러 신학에 대해 말하기도 한다(Whitehouse, Moore). 사실 바룩 1,11과 12, 2,20-22와 24에서 백성은, 예레미야와 에제키엘의 가르침에 따라(예레 26,6-8; 29,4-7; 에제 26,7-12; 29,17-20), 임금과 협조하고 그를 위해 기도하도록 초대된다. 이와는 달리, 4,30-5,9는 곧 패망할 백성의 정복자들을 거슬러 반역을 표명하는 것 같다. (토빗기, 유딧기, 마카베오기 등과 같은) 후대의 유다교 다른 문서들처럼, 바룩서는 율법 존중에 큰 의미를 부여한다. 바룩서의 다양한 부분 사이의 공통점은 원칙적으로 유배라는 주제이다(Moore, Fitzgerald, Burke, Kabasele Mukenge).

몇몇 교부는 바룩 3,38의 "그러고 나서야 땅 위에 지혜가 나타나 사람들과 어울리게 되었다" 하는 지혜 주제를 메시아적인 관점에서 해석했다. 이 경우 지혜는 율법이 아니라 메시아와 동일시되며, 바룩서는 따라서 강생을 예고한 작품으로 취급된다.

바룩서는 예루살렘 주민들이 여콘야를 중심으로 모인 유배 공동체와 같은 자세를 취하도록 그들에게 권고한다. 책의 논쟁 추는 집회서와 동일한 정치적이며 역사적인 맥락에서 이해되어야 할 것이다. 군사적인 투쟁을 고무하는 마카베오기와는 달리, 편집자는 권력 행사를 질제하고 (바룩 1,11-12; 2,21-24) 참회를 권고하며(바룩 1,5.15 이하), 율법과(바룩 3,9 이하) 성전에(바룩 1,8.10.14) 충실할 것을 독려하는 가운데, 하느님으로부터 오는 구원을 예고하기 위해서 예레미야서에서 영감을 받는다(예레 27-33장 참조). 예레미야서가 영감의 기본적인 원전을 이룬다 하더라도, 바룩서는 역사를 보는 관점에서는 유딧기와 다니엘서와 같은 개념을 공유한다. 현재의 비탄은, 참회의 자세를 통하여 그리고 오직 하느님에게서만 올 수 있는 승리를 기대하면서, 율법에 대한 신실성으로 초대한다.

바룩서는 서로 어울리지 않는 책들 안에 기록으로 전수된 전승들을 집약한 작품인 것 같다. 슈텍(O.H. Steck)에 따르면, 바룩서는 구약성경 경전 자체를 통합하려는 의도를 보인다. 카바젤 뮈켄즈(A. Kabasele Mukenge)에게 바룩서는, 토라와 예언서와 성문서 통합을 실현한 유다교 회당의 말씀 전례의 주해가들이 보여준 작업과 비견할 수 있는 "성경 주해"라는 인상을 심어준다.

4. 참고 문헌

[비평서]

L. Dennefeld, *Isaïe, Jérémie, Lamentations, Baruch, Ezéchiel, Daniel* (SB[PC] 7), Paris, 1946. J. Ziegler (éd.), *Septuaginta: Vetus Testamentum graecum autoritate Academiae scientiarum Gottingensis editum. Vol. 15: Jeremias. Baruch. Threni. Epistulae Jeremiae*, Göttingen, 1957.

4.1. 주석서

I. Assan-Dhote/J. Moatti-Fine, BA 25,2, 2005. A. Gelin, SB(J), 1951. C.A. Moore, AncB 44, 1977, p. 255-316. J. Schreiner, NEB. AT 14, 1986.

4.2 연구 현황

H.H. Mallan, «Baruch/Baruchschriften», *TRE* 5(1980), p. 269-276. C.A. Moore, «Jeremiah, Additions to», in D.N. Freedman (éd.), *The Anchor Bible Dictionary. Vol. 3*, New York *et al.*, 1992, p. 698-706.

4.3. 주요 저서 및 논문

P.-M. Bogaert, «Le personnage de Baruch et l'histoire de Jérémie. Aux origines du livre deutérocanonique de Baruch», in E.A. Livingstone (éd.), *Papers Presented to the Fifth International Congress on Biblical Studies Held at Oxford 1973* (Texte und Untersuchungen zur Geschichte der altchristlichen

Literatur 126; Studia Evangelica 7), Berlin, 1982, p. 73–81. Id., «Les trois formes de Jérémie 52 (TM, LXX et VL)», in G.J. Norton/S. Pisano (éd.), *Tradition of the Text. FS D. Barthélemy* (OBO 109), Fribourg(CH)/Göttingen, 1991, p. 1–17. D.J. Burke, *The Poetry of Baruch: A Reconstruction and Analyse of the Original Hebrew Text of Baruch 3:9-5:9* (SBL Septuagint and Cognate Studies 11), Chico(CA), 1982. A. Fitzgerald, «Baruch», in R.E. Brown/J. Fitzmyer and R.E. Murphy (éd.), *The New Jerome Biblical Commentary*, Englewood Cliffs(NJ), 1990, p. 563–567. A. Kabasel Mukenge, *L'unité littéraire du livre de Baruch* (EtB.NS 38), Paris, 1998. O.H. Steck, *Das apokryphe Baruchbuch: Studien zur Rezeption und Konzentration «kanonischer» Überlieferung* (FRLANT 160), Göttingen, 1963. A. Touzard, «L'âme juive au temps des Perses», *RB* 13(1916), p. 299–341. E. Tov. *The Book of Baruch also Called I Baruch (Greek and Hebrew), Edited, Reconstruced and Translated*, Missoula(MO), 1975. Id., *The Septuagint Translation of Jeremiah and Baruch: A Discussion of an Early Revision of the LXX of Jeremiah 29-52 and Baruch 1:1-3:8* (HSM 8), Missoula(MO), 1976. B.N. Wambacq, «L'unité du livre de Baruch», *Bib.* 47(1966), p. 574–576. A. Wénin, «Y a-t-il un "livre de Baruch"? A propos du livre d'André Kabasele Mulenge», in J.-M. Auwers/A. Wénin (éd.), *Lectures et relectures de la Bible. Festschrift P.-M. Bogaert* (BEThL 144), Leuven, 1999, p. 231–243. O.C. Whitehouse, «The Book of Baruch or I Baruch», in R.H. Charles (éd.), *The Apocrypha and Pseudepigrapha of the Old Testament in English with Introductions and Critical and Explanatory Notes to the Several Books. Vol. 1: Apocrypha*, Oxford, 1913, p. 569–595.

예레미야의 편지

힘바자 (Innocent Himbaza)

예레미야 이상으로 어느 누가 바빌론의 유다 유배자들의 운명에 대해 큰 관심을 가졌을까? 이 야훼주의 투사 이상으로 어느 누가 바빌론의 우상들을 통렬히 질타할 줄 알았을까? 영예로운 시간과 죽음 이후 더욱 커져갔던 명성을 누렸던 인물 예레미야는 바빌론 유배자들에게 써 보낸 편지의 저자로 불리는 영광을 안게 되었다. 이미 그는 유배자들에게 바빌론에 편안하게 정착하고 거짓 예언자들을 조심하도록 권하는 글을 써 보낸 바 있기에(예레 29), 바빌론의 우상숭배에 빠질 위험을 경계하도록 권하는 편지도 작성할 수 있었을 것이다. 바로 이 점이 우상숭배와 맞선 후대의 이 논쟁을 예언자 예레미야의 작품으로 돌릴 수 있는 근거가 된다.

1. 설계와 내용

예레미야의 편지는 (집회서처럼) 머리글로 시작되는 72개의 구절, 또는 머리글을 하나의 구절로 계산하는 사람들에게는 73개의 구절로 이루어진 문서이다.

이 편지는 유다교 경전 구약성경에 속하지 않아 제2경전으로 취급된다. 칠십인역성경(LXX)에서 이 편지는 순서상 별도의 문서로 제시되며(예레미야서, 바룩서, 애가, 예레미야의 편지), TOB(불어판 공동번역)은 이를 따른다. 대중 라틴말 성경(Vulgata)에는 바룩서의 끄트머리에 자리하여 여섯 번째 장을 형성한다. 순서는 따라서 예레미야서, 애가, 바룩서가 되며, BJ(불어판 예루살렘 성경)는 이를 따른다. 그러나 학자들은 이 편지가 바룩서에 이차적으로 덧붙여진 것으로 본다(Fitzgerald).

그리스도교 시대는 이 편지를 서로 다르게 판단했다. 그리스도교가 이 편지를 받아들인 시점은 교부시대의 두 인물, 오리게네스와 예로니모로 거슬러 올라간다. 전자가 22권의 경전 가운데 이 편지를 애가와 함께 예레미야서에 편입시켜 수용한 반면(에우세비오에 의해 '교회사' VI,25,2에 인용), 후자는 이를 외경으로 취급하여 고대 라틴말 성경(Vetus Latina)의 번역을 취하는 것으로 만족했다(*PL*, t. 24, col. 680의 예레미야서 주해 서문 참고).

하나의 서신보다는 설교로 보이는 예레미야의 편지는 바빌론의 신들을 경멸하는 문형들, 참된 신들이 아니기에 두려워할 필요가 없음을 확언하는 후렴으로 분단되는 문형들을 축적해 놓은 작품으로 제시된다(Moore).

편지의 내용은 이사 44,9-20; 예레 10,1-16; 시편 115,4-8; 또는 시편 135,15-18 선상에 있다. 이 모든 문구에서 핵심은 외국 민족신들의 실재성을 거부하는 데 있다. 이 신들은 인간이 생명이 없는 재료로 만든 작품에 불과하다.

도입 부분과 나머지 본문 사이의 차이점들을 제외하면, 이 편지의 설계를 파악하는 일은 쉽지 않다. 본문이 바빌론 우상들의 실재성을 전적으로 거부하는 후렴들로 분단되어 있기는 하나, 후렴 사이에 반복되는 개념들은 순서 없이 뒤섞여 있다. 따라서 이 편지를 위한 설계를 말해야 한다면, 균형이 잡히지 않은 세 부분으로 나누어 보아야 할 것이다.

머리글	머리글은 저자(예레미야)와 수신자들(바빌론에 포로로 끌려간 사람들)과 편지의 대상(포로들을 위한 하느님의 메시지)을 밝힌다.
1-6절	포로 출발과 그 이유, 체류 기간, 무사귀환 전망, 바빌론의 우상숭배와 저항 호소, 끝으로 유배 동안의 하느님의 돌보심 약속을 담고 있는 도입 부분이다.
7-72절	바빌론의 신들을 서술하고, 이 신들은 참된 신들이 아니기에 두려워 할 필요가 없음을 매번 결론짓는 본문이다. 이 후렴은 본문을 열 개의 소절로 나눈다(7-14절, 15-22절, 23-28절, 29-39절, 40-44절, 45-51절, 52-56ㄱ절, 56ㄴ-64절, 65-68절, 69-72절). 한편 바빌론 신들의 특징적인 모습과 그 서술 방법에 주목한다면, 본문을 두 부분으로 나눌 수 있다. 사실 7-14절에 담긴 각 요소는 나머지 본문의 다른 곳에서 반복되고 확대되고 전개된다. 그러나 여기서 본문의 다른 어떤 단락도 다루어진 주제들을 모두 집약하지 못한다는 사실을 부연해야 한다. 따라서 7-14절을 나머지 본문의(15-72절) 개요를 이루는 단락으로 취급하는 것은 충분히 가능한 일이다. 한편 이 개요의 요소들은 이어지는 본문에서 무질서하게 반복되며, 전개 과정에서도 경우에 따라 세세한 점에서는 너무 멀리 나가기도 한다. 장례식으로 묘사된 예배와(29-31절, 40절) 매춘 관습(42-43절, 헤로도토스의 '역사', I.199에도 언급되어 있다) 주제가 그러하며, 자연의 요소들이 하느님의 명에 순응한다는 지적도 그러하다(59-62절).

개요와 주제: 7-14절	전개 과정: 15-72절
7절: 바빌론의 신들은 장인에 의해 만들어졌다	45-47절, 50절
7-10절: 신들은 금과 은으로 도금되었다	23절, 38절, 50절, 54절, 56절, 69절, 70절
7절: 신들은 혀가 있으나 말하지 못한다(따라서 살아 있는 존재가 아니다)	24-26절, 38절, 69-70절
7절: 신들은 거짓된 것들이다(전개 과정은 이 신들을 물건이나 자연의 요소와 비교한다)	44절, 50절, 58절, 59-62절
8-9절과 11-12절: 신들에게 몸단장을 해주어야 한다(청소, 옷차림)	23절, 32절
9절: 사제들은 금, 은, 의상, 제물 등 신들의 귀중품을 훔친다(전개 과정은 예배 의식의 세부 사항들을 덧붙인다)	27절, 28절, 29-31절, 32절, 57절
10절: 사람들은 매춘을 위해 신들의 금과 은을 소비한다(전개 과정은 매춘 관습을 자세히 설명한다)	42-43절
11절: 신들은 녹슬고 좀 먹는 것을 막아내지 못한다	19절, 54ㄴ절, 71절
12절: 먼지가 신들 위에 쌓인다	15-16절, 20-21절
13절: 신들은 자기들을 해치는 자를 죽이지 못한다(전개 과정은 환위 역할도 강조한다. 신들은 누군가를 구하거나 선을 베풀 수 없다는 것이다. 40절은 벨이라는 이름도 확인해준다)	33-38절, 40절, 63절
13-14절: 신들은 판관처럼 홀과 칼과 도끼를 쥐고 있다(어떤 권위도 지니고 있지 못함을 암시한다)	52-54ㄱ절, 63절
14절: 신들은 전쟁과 강도들에게서 자신들을 보호하지 못한다	17절, 48-49절, 55절
14절: 그것들은 신들이 아니다	22절, 28절, 39절, 44절, 47절, 49절, 50절, 51절, 63절, 64절, 68절
14절: 그들을 두려워하지 마라	22절, 28절, 64절, 68절

2. 출처와 형성

예레미야의 편지는 그리스어로 보존되어 왔다. 그렇다면 이 편지는 과연 그리스어로 구성되었던 것인가? 긍정으로 답하는 학자들은(Marshall, Touzard) 예레미야의 편지가 헬레니즘화한 유다 세계에서 비롯되었다고 여긴다. 편지에 서술된 종교 의식이 특히 이집트의 예배를 암시한다는 점에서, 그리스어로 작성된 이 편지는 이집트에 살고 있던 유다인들을 대상으로 했을 것이다.

그러나 - 1913년에 각각 별도로 논문을 발표한 - 볼(C.J. Ball)과 나우만(W. Naumann)이 이 편지는 본디 셈어로 작성되었을 것임을 매우 설득력 있게 입증한 이래, 오늘날 학자들은 우리에게 전수된 그리스어 본문은 하나의 번역임을 인정하는 데 의견의 일치를 보인다. 따라서 우리는 히브리어 원문이 보존되지 못한 편지 앞에 서 있다. 이를 논증하기 위해서 예레미야의 편지 69절이 동일한 내용을 보여주지 않는 그리스어 역본이 아니라, 예레 10,5에 종속된다는 사실을 내세울 수 있다(Naumann). 역자가 히브리어 단어들을 혼동함으로써 빚어진 실수들이 존재하는 것은 분명하다. 예를 들어 71절은 우상들이 "자주 색 옷이나 아마포" 대신에 "자주 색 옷이나 대리석"이 입혀졌다고 말하는데, 이 표현은 탈출 26,1; 루카 16,19 등에 잘 알려져 있다(Ball, Moore).

예레미야의 편지 구성 일자 문제는 저자 확인 문제와 함께 가며, 여기서 상반된 두 입장이 충돌한다. 한편으로 덴느펠(L. Dennefeld)에 따르면, 이 편지를 예레미야의 작품으로 보는 데 이의를 제기할 어떤 이유도 없다. 어느 누구도 바빌론 제국의 멸망 이후 그렇게 상세한 논쟁을 전개할 필요성을 느끼지 못했을 것이기 때문이다. 그러나 예레미야서와의 비교 분석은 이 두 문학 작품 사이에 거리가 있음을 드러낸다. 편지의 본문은(7-72절) 지혜문학적인 경향을 보인다. 이스라엘도 유다도 언급하지 않으며, 율법에 대해 말하지 않는다. 예레미야서와 바룩서에는 이 주제들이 자주 반복되고 있음에도 말이다(이 책의 이 두 예언서 입문 참조). 다른 한편으로 즐렝(A. Gelin)과 대다수의 현대 저자들에 따르면, 이 편지는 바빌론 통치로부터 일곱 세대를 언급하는 2절의 표기를 감안하면 알렉산드로스 시대의 작품으로 보인다. 볼(C.J. Ball)은 해당하는 햇수를 예레 25,12와 27,7이 말하는 597년의 유배로부터 280년이라고 분명히 밝힌다. 한편 로베르(A. Robert)는 "세대에 관한 매우 중요한 수"라고 말하나, 이 두 저자는 모두 이 편지가 그리스 시대 초에 작성된 것으로 추정하기에 이른다. 예레미야의 편지의 저자는 이 시대의 사람일 것이며, 그가 본 것을 기록한 사람일 것이다(Moore).

예레미야의 편지는 우상숭배를 경계하는 작품이다. 우상숭배 서술은 ('역사적' 예레미야 시대인) 기원전 6세기의 상황이 아니라, 4세기 말의 바빌론 우상숭배와 관련된다. 사실 우리는 이 시대부터 고대의 예배가 다시 나타나는 현상을 목격한다. 이러한 점에서 예레미야라는 이름은 동시대의 사람들에게 이 글을 쓴 알려지지 않은 저자의 가명일 뿐이다. 서술된 예배 의식은 따라서 이 시대 바빌론에 알려져 있던 종교 행렬을 시사할 것이다.

사람들이 '예레미야의 편지'를 예레미야의 집필로 확정하게 된 것은 분명 예레미야의 사후 날로 커져간 그의 명성 때문이었을 것이다. 좀 더 후대, 마카베오 시대에 가서도, 예레미야는 예배직과 야훼주의 투사로 여겨졌다. 마카베오기 하권에 따르면, 바빌론 유배 직전 천막과 계약 궤와 분향 제단을 숨겼던 사람이 예레미야이며(2마카 2,4-8), 하느님을 대신하여 유다 마카베오에게 전투용 칼을 건네주기 위해서 그에게 모습을 드러냈던 인물도 예레미야이다(2마카 15,14-16).

예레미야의 편지는, 우상숭배를 비판하는 성경의 다양한 전통적 주제들로부터 영감을 받고 그것들을 나름대로 재생한, 단 한 사람의 작품으로 보인다. 편지의 모든 부분은, 바빌론의 신들을 거스른 논쟁적 요소들을 뒤섞고 되풀이하는 동일한 문체로, 이 유일한 주제를 다룬다.

2카마 2,1-2는 예레미야가 금과 은으로 만든 신상들로 현혹되지 않도록 유배자들에게 권고하는 문서에 대하여 언급한다. 몇몇 학자들이 가정하는 것처럼(Lefévre, Delcor) 이 해당 문서가 예레미야의 편지라면, 이는 이 편지가 (기원전 2세기) 마카베오 시대에 존재했다는 사실에 대한 가장 오래된 증언이 된다. 이 편지는 공적인 유다 사회에서 높은 평가를 받았을 것이며, 볼(C.J. Ball)은 이 동일한 시대에 편지가 그리스어로 번역되었을 것이라고 주장한다.

예레미야 편지에 관한 가장 오래된 문서 증언은 43-44절의 요소들을 담고 있는 파피루스 단편이다. 그리스어로 쓰인 이 단편은(7Q2) 쿰란의 일곱 번째 동굴에서 발견되었으며, 기원전 100년경의 것으로 추정된다(Baillet). 예레미야의 편지는 또한 지워진 수사본(palimpseste), 다시 말해서 기존의 예레미야의 편지를 지우고 거기에 브레쉿 라빠(Bereshit Rabbah)의 히브리어 본문을 기록한 작품으로서 카이로의 게니자에서 발견된 수사본에서도 확인된다(Baars).

3. 주제와 의도

이 편지의 저자는 하나의 논쟁을 전개한다. 바빌론 신들은 헛것들이며, 하느님이 59-64절에서만 이 헛된 신들과 비교되고 있다 하더라도, 모든 점에서 참된 하느님(이스라엘의 하느님)과 대립되는 것들이다. 이 신들은 인간의 피조물들이며 수가 많다. 움직이지도, 인간의 삶에 개입하지도 못하며, 인간에게 종속되어 있고, 시간의 흐름과 함께 변질되는 존재 등이다. 이는 편지의 저자가 이스라엘의 하느님, 유일하고 초월적이시며 전능하고 영원하신 등등의 창조주 하느님에 대해 은연중에 품고 있는 개념과 정반대되는 것이다.

몇몇 학자가 비논리적이고 질서가 없고 반복적인 것 등등으로 규정하는 문체를 넘어(Tedesche, Lefévre, Delcor, Ball), 예레미야의 편지 저자는 우상 자체로부터 그 숭배자들과 사제들과 숭배 형태를 겨냥해 나가면서 믿음과 의식에 관한 모든 체계를 고발한다. 우상들은 살아 있는 존재가 아니며, 어떤 방법으로든 개입할 수 없는 것들이다. 사제들은 제 마음대로 소비하기 위해 우상들의 재물을 훔치며, (매춘을 위해서) 추잡한 데에 쓰기로 한다. 여인들은 사제들처럼 우상들을 모시며, 달거리하는 때에도 그렇게 한다. 그들의 예배는 마치 장례 식사와 같다. 이 우상들의 신봉자들은 지성이 없고 수치로 덮여 있으며, 이 수치를 후대에게 물려준다.

바빌론의 신들을 거슬러 논쟁을 벌이면서 예레미야의 편지는 하느님의 배타성을 설파한다. 그분이 바로 참된 하느님이시다. 그러나 이 편지의 신학은 종속관계에 있는 예레 10,1-16의 신학에 아무것도 보태지 못한다(Moore). 이 편지가 유배 기간에 대해 예레미야서와 동일한 정보를 제공하지 못하는 현실은(예레 27,7의 "세 세대" 또는 예레 25,11-12; 29,10의 "칠십 년" 대신에 편지 2절의 "일곱 세대"), 이 편지를 예레미야의 작품으로 돌리려는 시도에 불리하게 작용하기도 한다. 페르시아 시대가 시작되면서부터 유배시대가 마감된다는 예고는 에즈라-느헤미야기와 함께 역대기의 중심 주제라는 사실을 강조할 필요가 있다(Picard)

우상숭배와 외국 신들 거부 주제는, 이집트 신들에 이어 가나안과 바빌론의 신들 거부로부터 다니엘서가 말하는 황폐에 대한 혐오에 이르기까지, 성경 전체를 가로지른다. 백성의 뒤섞임과 우상숭배 위험에 처한 이 모든 상황 속에서, 바빌론 유배 상황이 우상숭배 상징 자체가 될 정도로 사람들 가슴에 깊게 새겨졌던 것 같다. 이민족들의 우상숭배를 고발할 때마다 사람들은 흔히 바빌론의 우상숭배를 지적하곤 했다. 이것이 바로 바빌론의 우상숭배를 단죄하면서 전반적인 우상숭배를 고발하는 예레미야의 편지가 보여주는 현실이며, 훗날 요한 묵시록도 그렇게 할 것이다(묵시 18).

4. 참고 문헌

[비평서]

J. Ziegler (éd.), *Septuaginta: Vestus Testamentum graecum autoritate Academiae scientiarum Gottingensis editum. Vol. 15: Jeremias. Baruch. Threni. Epistolae Jeremiae*, Göttingen, 1957.

4.1. 주석서

I. Assan-Dhote/J. Moatti-Fine, BA 25.2, 2005. L. Dennefeld, SB(PC) 7, Paris, 1946. A. Gelin, SB(J), 1951. C.A. Moore, AncB 44, 1977, p. 317-358. O.H. Steck/R.G. Kratz & I. Kottsiepert, ATD Apokryphen 5, 1998.

4.2. 연구 현황

C.A. Moore, «Jeremiah, Additions to», in D.N. Freedman (éd.), *The Anchor Bible Dictionary. Vol. 3*, New York *et al.*, 1992, p. 698-706. A. Robert, «Jérémie (lettre de)», *DBS* 4(1949), col. 849-857.

4.3. 주요 저서 및 논문

W. Baars, «Two Palestinian Syriac Texts Identified as Parts of the Epistle of Jeremy», *VT* 11(1961), p. 77-81. M. Baillet/J.T. Milik et R. de Vaux, *Les petites grottes de Qumrân. Exploration de la falaise. Les grottes 2Q, 3Q, 5Q, 6Q, 7Q à 10Q. Le rouleau de cuivre* (DJD III), Oxford

1962, p. 143. C.J. Ball, «Epistle of Jeremy», in R.H. Charles (éd.), *The Apocrypha and Pseudepigrapha of the Old Testament in English, with Introductions and Critical and Explanatory Notes to the Several Books. Vol. 1: Apocrypha*, Oxford, 1913, p. 596–611. A. Fitzgerald, «Baruch», in R.E. Brown/J.A. Fitzmyer & R.E. Murphy (éd.), *The New Jerome Biblical Commentary*, London, 1990, p. 597. A. Lefévre/M. Delcor, «Les livres deutérocanoniques», in H. Cazelles (éd.), *Introduction à la Bible, Tome II: Introduction critique à l'Ancien Testament*, Paris 1973, p. 690–691. W. Naumann, *Untersuchungen über den apocryphen jeremiasbrief* (BZAW 25), Giessen, 1913. J.C. Picard, *Le continent apocryphe: Essai sur les littératures apocryphes juive et chrétienne* (Instrumenta Patristica XXXVI), 1999. S. Tedesche, «Jeremiah, Letter of», in *The Interpreter's Dictionary of the Bible*, Nashville(TN)/New York, 1962, col. 822–823. J. Touzard, «L'âme juive au temps des perses», *RB* 13(1916), p. 299–341.

제5부 | 동방교회의 구약성경

입문

“저들을 두고 아담의 칠 대손 에녹이 이렇게 예언하였습니다. ‘보라, 주님께서 수만 명이나 되는 당신의 거룩한 이들과 함께 오시어 모든 사람을 심판하시고, 저마다 불경스럽게 지지른 모든 행실에 따라, 불경한 죄인들이 당신을 거슬러 지껄인 모든 무엄한 말에 따라 각자에게 벌을 내리신다.’” 이처럼 유다서는(14-15절), 이사야서나 예레미야서 같은 다른 예언서와 동일한 권위를 부여하는 것 같은, ‘에녹서’를(1에녹 1,9) 인용한다. ‘에녹서’는 경전이었을까?

동방교회에 관심을 가진다면, 우리는 그들의 경전이 서방교회의 그것보다 훨씬 풍요롭다는 사실을 확인할 수 있다. 예를 들어 시편 첨가 부분들, 에즈라기와 마카베오기의 다른 책들, 나아가 ‘에녹서’를 만날 수 있다. 서방의 그리스도교 신자들에게 다소 생소한 이 책들은 고대 유다교와 막 탄생한 그리스도교를 잘 이해하기 위하여 더 없이 중요한 작품들이며, 그 덕분에 지금 존재한다고 말할 수 있다.

1. 경전 없는 성경책?

로마 가톨릭교회의 신자들에게 구약성경의 경전 문제는 이미 오래 전에 해결되었다. 제2경전 책들의 목록과 권위는 16세기 트리덴트 공의회의 결정으로 공인되었기 때문이다. 이와는 달리 다른 교회들은 대부분 이 점에 대하여 결정을 내린 적이 없어, '목차'는 이 성경 저 성경 다를 수밖에 없다. 이와 같은 상황 속에서 어떻게 경전 문제를 검토할 수 있겠는가?

쿰란의 예는 여러 가지 점에서 눈여겨 볼만하다. 대부분 기원전 1세기와 기원후 1세기 사이에 작성된 거의 900여개에 달하는 수사본이 사해 부근에서 발견되었으며, 그 가운데는 히브리 성경책들의 가장 오래된 수사본들, 곧 창세기 20개, 탈출기 17개, 레위기 13개, 민수기 7개, 신명기 30개, 여호수아기 2개, 판관기 3개, 사무엘기 4개, 열왕기 3개, 이사야서 21개, 예레미야서 6개, 에제키엘서 6개, 소예언서 9개, 시편 36개, 욥기 4개, 잠언 2개, 룻기 4개, 아가 4개, 코헬렛 2개, 애가 4개, 다니엘서 8개, 에즈라기 1개, 역사서 1개가 있다. (DJD XXXIV의) 이 공식적인 숫자는, 이 목록에 색인되지 않았으나 의미 있는 다른 모음에 속하는 수사본들을 더하면, 더욱 올라간다.

우선 에스테르기를 제외한 히브리어 성경의 모든 책은 쿰란에서 확인되었다. 에스테르기의 부재는 그야말로 우연인 것 같다. 그 한 예로 2008년에야 비로소 '느헤미야기' 단편 하나가 출간되었는데, 이 수사본은 에스테르기처럼 그때까지 없었던 것으로 여겨진 것이다(에즈라기를 실은 수사본 역시 느헤미야기를 담고 있지 않았다). 따라서 판독하기 어려운 무수한 단편 가운데 몇몇이 에스테르기에 해당한다거나, 개인 수집가가 그것이 에스테르기 수사본인지 알지도 못하면서 소장하고 있는지도 모른다는 사실은 충분히 가능한 일이다. 다시 말해서, 증거의 부재가 꼭 부재의 증거는 아니라는 것이다.

이 숫자들이 이처럼 대략적인 것이라 하더라도, 몇몇 경향을 식별해 낼 수 있도록 이끌어준다. 수사본이 거의 40개에 달한다는 점에서, 시편은 대개 분류에 있어 앞자리에 놓인다. 아마도 전례에 사용되었다는 점이 이러한 성과의 바탕일 것이다. 시편은 다른 책들보다 더욱 자주 읽혔기에, 수사본 제작이 더욱 중요했다. 다음 자리는 (사실상 성경에 해당하는 '수정된 오경'이라 불리는 몇몇 수사본을 더한다면) 30여개의 수사본이 발견된 신명기가 차지한다. 모세의 율법을 전하는 작품으로 제시되고, 오경의 다른 책에서 다루어진 주제들을 반복하며, 하느님과 이스라엘 사이에 체결된 계약을 강조하는 신명기는 토라의 진정한 집약 작품이라 말할 수 있다. 세 번째 자리는 20여개의 수사본에 몇몇 미공개 수사본을 더해야 하는 이사야서 차지이다. 이렇게 우리는 단상(壇上)에서, 루카 24,44가 언급한 (신명기를 포함한) 모세의 율법과 (이사야서와 함께) 예언서와 시편과 같은, 성경의 세 가지 구성 요소를 만난다. 이 세 부류의 책은 한편 신약성경에 가장 자주 인용되며, 이는 우연이 아닐 것이다.

또 다른 수적 통계도 의미가 있다. 오경의 책들은 히브리어 성경 수사본 가운데 거의 절반을 차지하며, 사해의 다른 발견 장소에서도 이 책들은 삼분의 이에 이른다. 이는 유다 공동체 사이의 오경의 대중성을 대변해준다. 한편 여러 수사본은 오경의 책들이 하나에 이어 다음 하나가 필사되었음을 입증한다. 탈출기는 창세기를 따르며, 레위기는 탈출기를 따르고, 민수기는 레위기를 따른다. 민수기와 신명기를 동시에 담고 있는 수사본이 발견되지 않았다는 것은 우연한 일일 것이나, 신명기의 지위 자체가 별도의 필사를 설명해 줄 수 있다. 아무튼 이 수사본들은 성경집의 형성을, 생성 중에 있는 성경을 증언한다.

이어서 우리는 이 책들의 내용에 관심을 갖고 그 내용을 잘 알려진 개정본, 곧 칠십인역성경과 마소라본과 사마리아 오경과 비교해볼 수 있다(Tov). 이 개정본 또는 저 개정본 안에 하나의 수사본을 분류한다는 것은 쉬운 일이 아니다. 자료가 부족해서(하나의 수사본에 담겨 있는 구절들이 순차적으로 또는 동시에 여러 개정본과 일치하는 경우), 또는 해당 수사본의 본문이 알려진 개정본들과 상이한 경우가 있기 때문이다. 수사본들이 다른 전승에 비해 하나의 전승에 분명하게 묶여 있는 경우, 이 수사본들은 거의 마소라본과 가까운 것들이며(약 75%), 칠십인역성경과 사마리아 오경도 제시될 수 있다(25%). '예레미야서'는 동일한 시대에(기원전 2세기) 동일한 동굴에서(쿰란 제4 동굴) 몇몇은 마소라본 개정본으로, 다른 몇몇은 칠십인역성경 개정본으로 확인되었다.

위에 언급된 자료들은 번역본들을 감안하지 않은 것임을 알아두자. 그런데 여러 수사본이 히브리어 성경책들의 그리스어 또는 아람어 번역이 존재했음을 증언한다. 탈출기는 1개(그리스어), 레위기는 3개(그리스어 2개와 아람어 1개), 민수기 1개(그리스어), 신명기 1개(그리스어), 욥기 2개가(아람어) 있다. 다른 그리스어 또는 아람어 수사본들이 히브리어 성경책들을 담고 있으나, 단편이라는 상태가 어떤 확인 작업도 보증해주지 못한다는 한계가 있다. 이 숫자들은 따라서 상대적이나 하나의 경향을 뚜렷하게 드러낸다. 모든 번역 수사본은 '욥기'를 제외하고 오경에 해당된다는 것이다(욥기는 그러나 오경에 결합될 수 있는 작품이다. 또 다른 표지는 고대 히브리어로 된 수사본의 존재이며, 이는 쿰란의 히브리어 성경에 있어 오경의 다섯 권의 특징이기도 하다).

수사본의 수, 수사본 사이의 대조, 번역본의 존재 등과 같은 대중성에 기초한 여러 기준이 이처럼 쿰란 사본 분석에서 드러난다. 여기에 필사된 책들의 권위를 입증하는 인용이나 주해(*psharim*), 또는 (계시나 예언을 통하여) 하느님의 영감을 확증하는 기타 표지와 같은 권위에 관한 다른 기준들이 덧붙여질 수 있다(Flint). 이러한 기준들을 통하여 우리는 쿰란 서고의 책 전체를 주시할 수 있고, 그에 비추어 성경으로서의 지위에 관하여 질문을 던질 수 있다. 오경이 문제를 제기하지 않는 반면, 히브리어 성경 다른 책들은 그 지위가 불안하다. 역대기, 에즈라-느헤미야기, 코헬렛과 다른 책들은 수사본의 수나 인용과 암시에 있어 쿰란에서 거의 나타나지 않는다.

반면에, 히브리어 성경에서 빠진 책들, 곧 외경은 앞서 언급한 기준 전체에 잘 순응한다. 예를 들어 12개의 수사본이 담고 있고 여러 곳에서 자주 암시하는 '에녹서'의 경우이다. 게다가 (그리스어 수사본들만 발견된) 제7 동굴에서 그리스어 역본이 확인되었다. 10여개의 수사본이 발견되고 다른 수사본에서 자주 언급된 '희년서' 역시 매우 대중적이었다. 쿰란에서 이 책이 누렸던 권위는 이론의 여지가 없다. 다섯 개(아람어 4개와 히브리어 1개!)의 수사본에 실린 토빗기는 히브리어 성경책들의 수보다 더 확인되었으나, 그 권위는 에녹서나 희년서에 비해 떨어진다. 끝으로 '예레미야의 편지', 시편 151(과 154-155)편, '열두 성조의 유훈', 집회서와 같이 구약성경의 이러저러한 경전에 통합된 다른 책들이 있음을 지적하자.

쿰란의 서고는 이처럼 경전화 단계 이전의 탁월한 예로 등장한다. 히브리어 성경과 그리스도교의 구약성경을 이루는 작품들이 이곳에서 서로 다르게, 때로는 본문의 여러 전승에 따라 또는 그리스어와 아람어 역본에 따라 확인되었으며, 특히 다양한 권위를 부여받았다. 초대 그리스도교 공동체는 바로 이와 같은 유형의 환경을 체험했을 것이다. 세기가 흐르는 동안 본문 전승들은 발전을 거듭하고 안정을 찾아나갔다. 어떤 책들은 권위를 갖추게 되나, 다른 책들은 성경으로서의 지위에 이의가 제기되는 것을 목격했을 것이다. 권위가 문제시된 책들은, 그리스도교 신자들에게 불러일으킨 관심에 따라, 성경으로 자리를 굳히거나, 다른 책들의 부록으로 밀려나거나, 온통 잊히는 상태에 놓이게 되었다. 그러나 로마 가톨릭교회나 영국교회와 같은 소수의 교회만이 구약성경을 이루는 책들의 완전한 목록을 수립하기에 이르며, 이는 이제부터 살펴볼 문제이다.

2. 동방교회의 구약성경

2.1. 정교회 구약성경

정교회 경전은 칠십인역성경이라는 (에스테르기와 다니엘서를 포함한) 그리스어 역본의 히브리어 경전 책 전체를 포함하며, 여기에 그리스어로 *anagignōskomena*('인정받은 책', 이 의미에서 유래한 '읽힌 책')로 규정되고 권위가 문제시되지 않는 열 권의 책이 덧붙여진다(Vassiliadis). 우리는 여기서 로마 가톨릭교회의 모든 제2경전, 정교회 경전 구분에 따르면 (유딧기, 토빗기, 마카베오기 상하권, 지혜서, 집회서, 바룩서, 예레미야의 편지 등) 여덟 권의 책을 만나며, 서방교회 경전에 없는 마카베오기 3권과 (그리스어 에즈라기 상권과 고대 슬라브어 에즈라기 하권이라 불리는) 에즈라기 3권 등 두 권이 포함된다.

다른 책들의 경전성은, 이 문제에 대하여 결정을 내린 적이 없는 정교회 안에서 논쟁의 대상이 되고 있다. 이 책들 가운데는 흔히 (이미 다른 곳에서 확인된 다른 오데스[Odes, 송가들]와 함께) 므나쎄의 기도와 시편 151편이 거론된다. 마카베오기 3권과 에즈라기 3권은 각각 (그리스 정교회에서) 마카베오기 4권과 (에즈라기 3권이라 부르는 러시아 정교회에서) 에즈라기 4권으로 자주 보충된다.

2.2. 시리아 구약성경

시리아 성경들은 (에스테르기, 욥기, 아가, 에즈라-느헤미야기, 또는 역대기에 있어 몇 가지 난제와 함께) 히브리어 경전 책 대부분을 취한다(Haelewyck 2008). 로마 가톨릭교회의 제2경전도 모두 수용되었으며, 가끔 에즈라기 3-4권, 마카베오기 3-4권, 므나쎄의 기도, 시편 151편도 발견된다. 바룩의 서간 또한 여러 차례 등장하며, 마소라 수사본에서도 마찬가지이다.

반면에 (바룩의 서간을 포함하는) 바룩의 시리아어 묵시록은 가끔 확인되었다가 결국 시리아어 성경에서 사라져 버렸다. 그러나 이 책은 성경으로서의 권위를 인정했던 시리아 저자들에 의해 수차례 인용되었다. 오데스 역시 전례 수사본 밖으로 밀려났으며, 시리아어 외경 시편들과 지혜서는 시리아 성경에 들어선 적이 없다.

2.3. 아르메니아 구약성경

아르메니아 경전 목록은 여러 개가 있으나, 이 목록들은 그리스어로 번역되었(거나 그리스어로부터 영향을 받았)고 아르메니아 교회에서 실질적인 권위를 인정받지 못한 상태이다(Stone). 아르메니아 성경과 전례 독서에 관심을 가진다면, 우리는 쉽게 – 칠십인역성경의 통상적인 제2경전 이외에 – 요셉과 아세넷, 요셉의 생애, 열두 성조의 유훈, 예언자들의 생애, (아르메니아어로 에즈라기 3권이라 불리는) 에즈라기 4권, 므나쎄의 기도와 같은 그리스어 또는 시리아어 번역 작품을 만날 수 있다.

다른 책들은 아르메니아 구약성경에서 쉽게 확인되지 않는다. 특히 에녹의 환시와 모세의 죽음과 예언자들의 기타 다수의 '생애' 또는 '죽음'의 경우이다. 이 작품들이 성경으로서의 권위를 누렸다는 것은 거의 불가능해 보인다.

2.4. 에티오피아 구약성경

에티오피아의 다양한 경전 목록 연구는 두 개의 경전을 밝혀냈다(Cowley). 두 경전 모두 (구 · 신약) 성경 전체를 합쳐 81권에 이르나, 그 차이와 구성은 다양하다.

현대 에티오피아 성경에 의해 받아들여진 '협의의 경전'은 그리스어역본으로 – 에스테르기와 다니엘서의 첨가 부분과 시편 151편을 포함하여 – 히브리어 성경책 전체를 담고 있다. 여기에 에녹서, 희년서, 에즈라기 3-4권, 토빗기, 유딧기, (마카베오기 1-4권과 아무런 관련이 없이 경전에 빠져 있는) 에티오피아어 마카베오기 1-3권, 지혜서, 집회서, 바룩서, '예레미야의 나머지'라 불리는 책을 애가와 함께 엮은 예레미야의 역대기 또는 '바룩의 나머지 말씀들'이 덧붙어 있다. 나아가 므나쎄의 기도가 있으나 (2역대 33,12에 이어) 역대기에 통합된 채 별도의 온전한 책을 이루지 못한다는 사실을 지적하자.

'광의의 경전'은 성경책들의 다른 셈법을 제안한다. 에즈라-느헤미야기를 제외하는 대신에(Beckwith), 요셉 벤 고리온 유다인들의 이야기를 덧붙인다. 이 책은 그러나 지금은 에티오피아의 통합 정교회에 의해 사용되지 않는다. 이사야의 승천과 같은 다른 작품들은 협의의 경전에도, 광의의 경전에도 속하지 않는다.

3. 결어

공의회의 결정이 없는 탓에 동방교회 '경전'('갈대'를 뜻하는 그리스어 *kanōn*)은 로마 가톨릭교회의 경전만큼 엄격하지 않다. 쿰란에서와 마찬가지로, 경전을 받아들이고 전수한 공동체들이 이러저러한 작품의 권위를 규정하기 위하여 질과 양에 관한 여러 기준을 창안했음이 틀림없다. 성경과 독서의 내용을 검토하고, 그리스도교 문학에서 사용과 인용을 허용하면서, 그리고 필사되고 번역된 경전 목록들을 검증하면서 사람들은 점차 풍요롭고 역동적인 구약성경을, 고대 유다교와 그리스도교 인식에 본질적인 다수의 전승들을 지니고 있는 구약성경을 발견하게 되었다.

로마 가톨릭교회의 경전에 없는 동방교회의 '제2경전' 가운데 우선, 동방교회 모든 성경에 거의 등장하는 시편 151편, 므나쎄의 기도, 마카베오기 3-4권, 에즈라기 3-4권을 앞세우도록 하자. 시편 151편은 한편 (시편

154-155편과 함께) 쿰란에서 발견되었으며, (에티오피아어로 보존된) 희년서와 에녹서, 그리고 아르메니아 구약성경에 들어 있는 열두 성조의 유훈도 마찬가지이다. 다음 장에서 우리는 바로 (별도의 온전한 책을 이루지 못하는 시편 151편과 므나쎄의 기도를 제외한) 이 작품들을 소개해 나갈 것이다.

4. 참고 문헌

W. Adler, «The Pseudepigrapha in the Early Church», L.M. Mcdonald/ J.A. Sanders (éd.), *The Canon Debate*, Peabody, 2002, p. 211-228. J.-M. Auwers/H.J. De Jonge (éd.), *The Biblical Canons*, Leuven, 2003. R. Beckwith, *The Old Testament Canon of the New Testament Church*, London, 1985 [spéc. «Appendix 5. The Canon of the Early Ethiopian Church», p. 478-505]. R. Beylot, «L'irruption des Maccabées dans la Bible éthiopienne», in M. Tardieu (éd.), *La formation des canons scriptuaires*, Paris, 1993, p. 169-176. R.W. Cowley, «The Biblical Canon of the Ethiopian Orthodox Church Today», *Ostkirchilche Studien* 27(1974), p. 318-323. A.-M. Denis *et al.*, *Introduction à la littérature religieuse judéo-hellénistique*, Turnhout, 2000. P.W. Flint (éd.), *The Bible at Qumran: Text, Shape, and Interpretation*, Grand Rapids, 2001. J.-C. Haelewyck, *Clauis apocryphum Veteris Testamenti*, Turnhout, 1998. Id., «Le canon de l'Ancien Testament dans la tradition syriaque (manuscrits bibliques, listes canoniques, auteurs)», in F. Briquel Chatonnet/ Ph. Le Moigne (éd.), *L'Ancien Testament en syriaque* (Etudes Syriaques 5), Paris, 2008, p. 141-171. L.M. Mcdonald, *The Biblical Canon: Its Origin, Transmission, and Authority*, Hendrickson, 2007^{3}. M.E. Stone, «L'étude du canon arménien», in G.A. Aragione/E. Junod et E. Norelli (éd.), *Le canon du Nouveau Testament*, Genèse, 2005, p. 283–295. Id., *Apocrypha, Pseudepigrapha and Armenian Studies. Collected Papers* (OLA 144), 2006. E. Tov. *Textual Criticism of the Hebrew Bible*, Minneapolis, 2001[2]. E. Ulrich, *The Dead Sea Scrolls and the Origin of the Bible*, Grand Rapids, 1999. Id., «Qumran and the Canon of the Old Testament», in J.-M. Auwers/H.J. de Jonge (éd.), *The Biblical Canons*, Leuven, 2003, p. 57–80. P. Vassiliadis, «The Canon of the Bible, or the Authority of Scripture from an Orthodox Perspective», in J.-M. Poffet (éd.), *L'autorité de l'Ecriture*, Paris, 2002, p. 113–135.

마카베오기 3-4권

랑글루아 (Michael Langlois)

마카베오기 3권

1. 설계와 내용

'마카베오기 3권'은 역사 소설로서 사건은 기원전 3세기에 알렉산드리아에서 펼쳐진다.

(유다의) 라피아에서 승리한 다음 프톨레마이오스 4세 필로파토르는 주변의 성읍들을 순방하기 시작한다. 예루살렘에서 그는 유다인들의 항의에도 불구하고 성전 안으로 들어가고자 하나(1장), 대사제의 간청으로 하느님은 필로파토르를 치시며, 그는 포기하고 알렉산드리아로 돌아간다(2장).

진노한 필로파토르는 이집트의 유다인들을 거슬러 일련의 대책을 마련하며(3장), 결국 그들을 체포하여 알렉산드리아로 강제 이주시키도록 명한다(4장). 이어서 그는 술을 먹인 오백 마리의 코끼리가 그들을 짓밟아 처형하도록 결정한다(5장). 하느님은 처음으로 학살을 가로막기 위하여 개입하시나, 필로파토르는 되풀이한다. 한 사제의 간청에 이어(6장) 하느님은 천사 둘을 보내 코끼리들을 혼란에 빠뜨림으로써 유다인들을 구하신다. 필로파토르는 참회하고 대연회를 마련하며 유다인들을 위한 편지 하나를 작성한다(7장). 유다인들은 하느님의 율법을 어겼던 동족들을 처형할 권리를 요구한 다음, 그들의 해방자를 찬양하고 찬미하면서 집으로 돌아간다.

I. 예루살렘의 프톨레마이오스 4세 필로파토르(3마카 1,1–2,24)

1,1–5	라피아에서의 프톨레마이오스 4세의 승리
1,6–15	필로파토르의 예루살렘 방문; 그는 성전에 들어가고자 한다.
1,16–29	사제들과 주민 전체가 개입한다.
2,1–20	대사제 시몬의 기도
2,21–24	하느님이 필로파토르를 치시자 포기하고 떠난다.

II. 이집트 유다인들의 박해와 강제 이주(3마카 2,25–4,21)

2,25–33	필로파토르가 유다인들을 박해하자 저항한다.
3,1–10	박해는 거세지나, 유다인들은 주민의 지지를 받는다.
3,11–30	필로파토르는 왕국의 모든 유다인을 체포하도록 공포한다.
4,1–21	유다인들 알렉산드리아로 강제 이주

III. 취소된 유다인 학살(3마카 5,1–6,40)

5,1–9	필로파토르는 코끼리 오백 마리로 유다인들을 학살하도록 명한다.
5,10–35	하느님은 필로파토르를 깊은 잠에 빠지게 하여 자기 계

	획을 잊게 하신다.
5,36–51	필로파토르는 자기 명령을 되풀이하며, 코끼리들은 학살을 위한 준비를 마친다.
6,1–15	사제 엘아자르의 기도
6,16–37	하느님은 천사들을 보내 유다인들을 구하신다; 필로파토르는 참회하며 대연회를 마련한다.
6,38–40	연대적 요약

IV. 유다인들을 위한 임금의 편지(3마카 6,41–7,23)

6,41–7,9	유다인들을 위한 필로파토르의 편지
7,10–23	유다인들은 동족들 가운데 하느님의 율법을 어긴 자들을 처형하고 나서 집으로 돌아간다.

2. 출처와 형성

'마카베오기 3권'은, 이 책의 구성 장소로 추정되며 줄거리의 중심으로 등장하는 알렉산드리아에서 확인할 수 있는, 복합 그리스어로 기초되었다. 사용된 어휘는 희귀한 여러 용어와 함께 풍요롭다(M. Modrzejewski). 이 용어들 가운데 몇몇 용법은 작품의 편집 시기를 기원전 1세기 전반기로 잡을 경우 보다 쉽게 이해될 수 있다. 조금 더 늦은 1세기 말경도 고려할 만하나, 최근 주해가들의 관심 밖이다.

이 작품을 구성하는 두 단원은 쉽게 식별된다. 한편으로 우리는 예루살렘과 그 성전에 집중된 기사를 보며(1–2장), 다른 한편으로는 알렉산드리아에서 벌어진 줄거리를 본다(3–7장). 첫 단원이 연대적으로 (기원전 217년의 라피아 전투 언급으로) 잘 알려진 틀 속에 들어가 있다면, 둘째 단원은 반세기 후에 통치한 프톨레마이오스 8세 에우에르게테스 2세와 관련된 요소들을 병합하고 있다(플라비우스 요세푸스와 그의 저서 아피온에 대한 반론 참조). 따라서 마카베오기 3권의 저자가 프톨레마이오스 4세와 결부시키기 위하여 - 역순의 경우가 아니라면 - 이 사건들을 옮겨놓았을 수 있다.

나아가 우리는 첫 단원이 완전한 작품이 아니라는 사실을 직시할 수 있다. 그리스어 전치사 '-로부터'와(3마카 1,1), '모의'와(1,2) '이미 언급된 개인들'이라는 표현은(2,25) 책에 빠져 있는 앞선 기사를 전제할 수 있기 때문이다(Denis). 편집자가 보다 긴 본문에서 이 단원을 발췌한 것인가? 아니면 앞부분이 소실된 것인가? 이 책은 본디 마카베오기 하권의 속편으로 제시된 것인가? 여러 가설이 검토될 수 있으나, 마카베오기 3권이 마카베오기 상하권의 속편으로 취급되었다는 사실은 가능성이 거의 없어 보인다. 마카베오 시대의 위기나 하스몬 왕조 시대에 대해 전혀 다루지 않기 때문이다. 3권이 다루는 사건들은 마카베오 시대보다 반세기 앞선 것들이다. '마카베오기 3권'이라는 칭호는 따라서 전수 과정에서 빚어진 것으로서, 본디 *Ptolemaika* 곧 '프톨레마이오스 시대의 역사'이었을 것이다(M. Modrzejewski)

3. 주제와 의도

'마카베오기 3권'의 핵심에서 우리는 이민족의 지배 아래서 유다교가 자주 던졌던 질문을 만난다. 유다교 신앙과 그리스 법을 어떻게 양립시킬 수 있을까? 저자는 이 질문에 이중 해답을 제시한다. 정치적 차원에서, 무기를 들고 폭력 집단을 창설하거나 쿠데타를 기획한다는 것은 상상도 할 수 없는 일이다. 마카베오기 3권은 평화롭고 완전하게 알렉산드리아 사회에 통합되는 유다교를 그린다. 유다인들은 그리스 시민들과 탁월한 관계를 유지하는 모범적인 시민들로 묘사된다(3마카 3,21). 사실 유다 시민들이 임금의 적의를 감수할 때, 그리스 시민들은 그들의 든든한 후원자가 되어 주었다(8-10절).

그렇다고 해서 이러한 현실이 이교 의식을 수용해야 함을 의미하는 것은 아니었다. 라고스(프톨레마이오스) 왕조 시대에 대중적이던 디오니소스 숭배는 유다인들에게 실질적인 위협으로 다가왔다(3마카 2,28-30). 유다인들은 어떤 경우에도 그들의 신앙을 양보하는 유혹에 빠져서는 안 되었으며(31-33절), 같은 신앙인들에게 이와 같은 신앙 자세는 용납될 수 없는 것이었다(3마카 7,10-11). 그들 가운데서 하느님의 율법을 어기는 자들은 엄벌에, 나아가 죽음에 처해져야 했다(14-15절). 저자는 이처럼 매우 보수적인 입장을 옹호하며, 따라서 책의 시작 부분에 예루살렘에서 벌어진 일화가 삽입된 것은 우연한 일이 아니다. 신심과 완전성은 예루살렘 유다인들의 점유물이 아니라는 것이다. 이집트에서도 - 알렉산드리아에서든 아니면 나라 안에서든(3마카 3,1) - 유다인들은 신앙을 위해 죽을 준비가 되어 있어야 한다.

타협 거부는 하느님의 섭리에 대한 흔들림 없는 신뢰를 동반한다(3마카 4,21). 하느님은 당신 백성을 보호하고 살피시며, 기적적인 방법으로 개입하여 적대자들을 혼란에 빠뜨리시기를 서슴지 않으신다. 필로파토르가 바로 그 체험을 한다. 그는 벼락을 맞고(3마카 2,22), 잠에 빠져(3마카 5,12) 기억을 상실하며(28절), 갑자기 멈춰 선다(3마카 6,19-20). 유다인들의 하느님은 지극히 영광스러우며 전능하신 분이다(18절). 바로 그 분이 이 세상 왕국에 안전성을 선사하신다(28절).

천사들의 역할이 이차적으로 보이는 반면, 사제들의 역할을 그렇지 않다. 예루살렘에서 대사제 시몬의 기도가 하느님의 개입을 이끌어내며(3마카 2,1-20), 알렉산드리아에서도 - 어떤 엘아자르에 의해 발설된(3마카 6,1-15) - 사제의 기도가 기적의 토대가 된다. 병행 현상은 뚜렷하며 비교는 의도적이다. 저자는 사제 체제를 옹호할 뿐만 아니라, 디아스포라 상황 속에서의 그 중요성을 강조한다. 여기에 저자의 출신과 의도에 관한 표지가 있지 않을까?

4. 참고 문헌

H. Anderson, «3 Maccabees», in J.H. Charlesworth (éd.), *The Old Testament Pseudepigrapha*, vol. 2, London, 1985, p. 509–529. N.C. Croy, 3 Maccabees (Septuaginta Commentary Series), Leiden, 2006. A.-M. Denis *et al.*, «Le livre 3 des Machabées», in *Introduction à la littérature religieuse judéo-hellénistique*, Turnhout, 2000, p. 547–559. M. Hadas, *The Third and Fourth Books of Maccabees*, New York, 1953. H. Hanhart, *Maccabaeorum libri I-IV, fasc. III: Maccabseorum liber III* (Septuaginta: Vetus Testamentum Graecum IX/3), Göttingen, 1980^2. J. Mélèze Modrzejewski, *Troisième Livre des Maccabées* (Bible d'Alexandrie 15.3), Paris, 2008.

마카베오기 4권

1. 설계와 내용

'마카베오기 4권'은 이성을 통한 정념 억제를 논증하려는 목적을 지닌 철학적 연사이다. 저자는 고전적인 수사학적 구조, 곧 머리글(4마카 1,1–12), 일반적 진술에(4마카 1,13–3,18) 뒤이은 전문적 진술(4마카 3,19–

17,6), 그리고 끝으로 결론(4마카 17,7–18,24) 순의 구조를 따른다.

연사 시작부터 저자는 "이성은 정념의 지배자"(1,1)라는 자기 논제를 발표하며, 또한 '이성'과 (정념의 범주와 함께) '정념' 개념 설명에 할애된 첫째 부분과(3절), 엘아자르의 순교와 일곱 형제와 그 어머니의 순교를 가장 강력한 증거로 제시하는 둘째 부분을(7절) 포함하는 자기 설계를 예고한다.

이 둘째 부분이(4마카 3,19–17,6) 논증의 본질을 이룬다. 처형으로 이끈 (특히 아폴로니우스의 불경과 안티오코스 에피파네스의 박해) 사건들을 상기시킨 다음, 저자는 늙은 엘아자르의 순교에 이어(4마카 5,1–7,23) 일곱 형제와(4마카 8,1–14,10) 그 어머니의 순교를(4마카 14,11–17,6) 이야기하며, 매번 그들의 덕을 기리는 찬가와 그들이 정념에 대한 이성의 우월성을 예증한 방법을 언급함으로써 끝맺음한다.

I. 머리말(4마카 1,1–12)

II. 일반적 이론(4마카 1,13–3,18)

1,1–30ㄱ	정념을 지배하는 이성
2,1–23	이성과 율법
2,24–3,18	이성과 무지

III. 예증: 마카베오 시대의 순교(4마카 3,19–17,6)

상황(4마카 3,19-4,26)

3,19–4,14	예루살렘 성전에서의 아폴로니우스
4,15–26	안티오코스 에피파네스가 유다인들을 박해한다

엘아자르의 순교(4마카 5,1-7,23)

5,1-38	안티오코스 앞에 선 엘아자르
6,1-31	엘아자르의 순교
6,32-7,23	결어와 찬가

일곱 형제의 순교(4마카 8,1-14,10)

8,1-9,9	안티오코스 앞에 선 일곱 형제
9,10-25	장남의 순교
9,26-32	둘째의 순교
10,1-11	셋째의 순교
10,12-21	넷째의 순교
11,1-12	다섯째의 순교
11,13-27	여섯째의 순교
12,1-20	일곱째의 순교
13,1-14,10	결어와 찬가

어머니의 순교(4마카 14,11-17,6)

14,11-15,12	모성애
15,13-32	자녀들 순교의 증인으로서의 어머니
16,1-17,6	결어와 찬가

IV. **맺음말**(4마카 17,7-18,24)

2. 출처와 형성

'마카베오기 4권'은 마카베오 항전과 관련된 사건들을 언급하고 있다는 점에서 이러한 책이름을 지닌다. 시리아에 의한 박해처럼(4마카 3,19-4,26) 엘아자르의 순교와(4마카 5,1-7,23) 일곱 형제와(4마카 8,1-14,10) 그 어머니의 순교는(4마카 14,11-17) 마카베오기 하권에 알려진 내용들이다(참조. 2마카 3,1-6,17; 6,18-31; 7,1-41). 그러나 유다 마카베오와 그 가문이, '마카베오기 3권'에서 그러하듯이(위 참조), 온전히 빠져 있다는 사실을 지적해야 할 것이다.

(기원후 4세기와 5세기의 카이사르의 에우세비오와 예로니모를 포함한) 고대 증언들은 이 철학적 개설을 플라비우스 요세푸스의 작품으로 돌리나(Dupont- Sommer), 문학유형과 문체가 플라비우스 요세푸스의 알려진 작품들과 상당한 거리가 있다. 몇몇 전문가들은 '가(假)-요세푸스'를 말하나, 이러한 칭호는 이 개설이 익명의 작품이라는 점에서 필요한 것은 아니다. 이와는 달리, (어휘, 구문론과 같은) 언어 구사의 특징과 (수사학, 철학 등) 연사의 구성은 헬레니즘화한 유다교 사회의 지도층에 속한 저자와 관련이 있다. 우리는 물론 (알렉산드리아의 필론과 같은) 다른 유명한 유다인 사상가들이 살았던 알렉산드리아와 같은 하나의 도시를 떠올릴 수 있으나, 다른 장소들도 가능하다. 그 가운데 전승에 따라 마카베오 시대의 순교자들의 무덤이 있었다고 추정되는 안티오키아를 들 수 있으며, 이는 이 작품에 담긴 순교 찬가를 설명해줄 수 있다. (Klauck에 의해 수정된) 다른 가설들과 비교해 볼 때, 4마카에서 셀레우코스 왕조가 차지하고 있던 장소(2마카와 비교) 또는, 소아시아에서 병행현상을 찾을 수 있는 4마카 17,8-10의 비문을 감안한다면, 안티오키아가 가장 그럼직해 보인다(van Henten).

2마카에 대한 4마카의 종속관계는(위 참조) 기원전 1세기 이전의 저술 일자를 허용하지 않는다. 사실 언어는 이 작품의 편집 시기로 볼 수 있는 기원후 1세기의 문학과 더욱 가까우며, 이는 한편 플라비우스 요세푸스의 작품으로 볼 수 있는 가능성을 높여준다. 우리는 그러나 (Dupont-Sommer와 같은) 몇몇 전문가들이 조금 더 늦춰 기원후 2세기를 선호한다는 사실을 지적해야 하며, 이는 충분히 가능한 일이다.

4마카의 원전은, 아래 도식이 보여주듯이, 2마카인 것 같다(Klauck).

2마카	4마카	사건
2,32	3,19	서술체 단원 시작
3,1-3	3,20-21	셀레우코스의 호의
3,4-7	4,1-4	시몬의 적의
3,8-40	4,5-14	성전 금고 위기
4,7-17	4,15-20	안티오코스 임금과 야손 대사제
5,1-26	4,21-23	예루살렘 점유
6,1-11	4,24-26	안티오코스의 박해
6,18-31	5,1-7,23	엘아자르의 순교
7,1-41	8,1-17,6	일곱 형제와 그 어머니의 순교

4마카가 몇몇 역사적 사건 언급만을 2마카와 공유할 뿐이라면, 우리는 이 두 작품에 공통적이 원전 하나를 가정할 수 있다. 그러나 위의 도식은 이 두 작품 사이의 유사관계가 좀 더 깊었음을 밝혀준다. 이야기의 줄거리와 사건들 선택과 순서가 동일하기 때문이다. 따라서 4마카와 2마카 사이에는 문학적인 진정한 종속관계가 존재한다고 볼 수 있다. 이 두 작품에 의해 재생된 문서상의 원전을(예를 들어 키레네의 야손의 작품) 연상하지 않는다면, 그리고 4마카의 저자가 역사가처럼 보이지 않는다는 사실을 감안하면, 가장 간단한 가설은 4마카의 저자가 역사적 원전으로 2마카를 활용했다고 가정하는 것이다. 추론을 좀 더 개진해 본다면, 4마카는 2마카에 없는 어떤 역사적 정보도 보도하지 않는다는 사실을 지적할 수 있다. 또한 4마카가 원전인 2마카로부터 멀어질 때는, 원전보다

더욱 신빙성이 떨어진다는 사실도 고려해야 할 것이다. 다시 말해서 4마카의 저자는 다른 참고자료를 수집하려는 노력을 보이지 않았던 것 같다. 따라서 2마카는 4마카의 유일한 역사적 원전이었을 것이다.

3. 주제와 의도

이 개설의 큰 주제는 이미 첫 구절에서 진술되었다. 정념에 대한 이성의 우월성이다(4마카 1,1). 저자에 따르면, 이성은 사려와 정의와 용기와 절제와 같은(18절) 네 부류를 포함하는 지혜에 대한 지적인 선택으로 이루어진다(15절). 하느님이 사람을 창조하실 때 넣어주신 정념은 (4마카 2,21) 쾌락과 고통이라는(4마카 1,20) 두 질서로 되어 있다. 정념은 지혜의 부류 하나 하나와 대립한다. 절제에는 탐욕과 욕망이(3절), 정의에는 악의가, 용기에는 분노와 고통과 공포가 대립된다(4절).

일반적인 그리스 철학의 영향력, 특히 스토아학파의 영감을 넘어, 저자는 절제에 관한 추론적 훈련을 바탕으로(4마카 1,34) 하느님의 율법을 실천에 옮기는, 율법에 성실한(17절) 경건한 유다인이다. 따라서 그는 보편적인 윤리 원칙에 만족하지 않고, 유다교의 음식 규정을 실례로 든다(33-35절). 음욕이나(4마카 2,1-6) 탐욕과 같은(8절) 악덕 등도 잊지 않는다. 이처럼 하느님의 율법을 실천에 옮기는 사람은 절제와 정의와 선과 용기에서 탁월한 존재가 된다(23절).

율법에 성실함은 또한 저자가 성심껏 인용하는 여러 성경의 예들을 통하여 드러난다. 요셉은 절제를 통하여 음욕을 억제했고(4마카 2,2), 모세는 이성으로 자기 분노를 달랬으며(17절), "우리들의 지혜로운 조상" 야곱은 시메온과 레위의 분노를 단죄했고(19절), 다윗 임금은 갈증을 억제하여 그 물을 하느님께 바쳤다(4마카 3,6-16).

그러나 이러한 예비적인 예들은 곧 안티오코스에 의해 집행된 순교의 예에 자리를 넘긴다. 순교에 관한 저자의 관심은 연사 초기부터 분명하게 진술된다. 그에 따르면, 순교는 이성을 통한 정념 억제에 관한 가장 위대한 증거이다. 여기서 '마카베오기 4권'은 순교에 할애된 유다교의 가장 오래된 작품이라는 결론에 이른다(van Henten). 영혼의 불사불멸성에 대한 확신으로(4마카 9,22; 14,5-6; 16,13; 17,12; 18,23) 저자는 순교가 나머지 백성을 위한 속죄의 가치를 지닌다고 평가한다(4마카 6,28-29; 17,21-22). 순교자들의 피는 잘못을 속죄하고, 그들의 희생적 삶은 대속 역할을 한다. 대리 희생이라는 이 개념은, 많은 사람을 위하여 피를 흘리시고(마르 14,24) "몸값"으로 자기 목숨을 내어주신(마태 20,28), 예수 그리스도의 속죄 제물에 관한 복음서의 신학과 최상의 병행관계를 형성한다. 이제 우리는 몇몇 교회가 그리스도교의 탄생과 동시대의 작품인 '마카베오기 4권' 대하여 특별한 관심을 가졌던 이유를 납득할 수 있다.

4. 참고 문헌

H. Anderson, «4 Maccabees», in J.H. Charlesworth (éd.), *The Old Testament Pseudepigrapha*, vol. 2, London, 1985, p. 531-564. A.-M. Denis *et al.*, «Le livre 4 des Machabées», in *Introduction à la littérature religieuse judéo-hellénistique*, Turnhout, 2000, p. 561-573. A. Dupont-Sommer, *Le Quatrième Livre des Machabées. Introduction, traduction et notes* (Bibliothèque de l'Ecole des Hautes Etudes 274), Paris, 1939. M. Hadas, *The Third and Fourth Books of Maccabees*, New York, 1953. H.-J. Klauck, *4. Makkabäerbuch* (JSHRZ III/6), Gütersloh, 1989. J.W. van Henten, *The Maccabean Martyrs as Saviours of the Jewish People: A Study of 2 and 4 Maccabees* (JSOT.S 57), Leiden, 1997.

에즈라기 3-4권

랑글루아 (Michael Langlois)

좀 더 나아가기 전에 '에즈라기'를 가리키는 서로 다른 여러 용어 체계가 존재한다는 사실을 알아두도록 하자. 가장 자주 사용되는 칭호 일람표는 다음과 같다.

<table>
<tr><th></th><th>라틴어</th><th>라틴어
(이본)</th><th>그리스어</th><th>그리스어
(이본)</th><th>아르메니아어
고대 슬라브어</th><th>영어</th><th>영어
(이본)</th></tr>
<tr><td>에즈라기</td><td>1에즈</td><td rowspan="2">1에즈</td><td rowspan="2">2에즈
(에즈 B')</td><td>2에즈
(에즈 B')</td><td>1에즈</td><td>에즈</td><td>에즈</td></tr>
<tr><td>느헤미아기</td><td>2에즈</td><td>3에즈
(에즈 C')</td><td>느헤</td><td>느헤</td><td>느헤</td></tr>
<tr><td>에즈라기
3권</td><td>3에즈</td><td>3에즈</td><td>1에즈
(에즈 A')</td><td>1에즈
(에즈 A')</td><td>2에즈</td><td>1에즈</td><td>1에즈</td></tr>
<tr><td rowspan="2">에즈라기
4권</td><td rowspan="2">4에즈</td><td>2에즈
(=4에즈
1-2)</td><td rowspan="2"></td><td rowspan="2"></td><td rowspan="2">3에즈</td><td rowspan="2">2에즈</td><td>5에즈</td></tr>
<tr><td>4에즈
(=4에즈
3-14)</td><td>4에즈</td></tr>
</table>

	라틴어	라틴어 (이본)	그리스어	그리스어 (이본)	아르메니아어 고대 슬라브어	영어	영어 (이본)
에즈라기 4권	4에즈	5에즈 (=4에즈 15–16)			3에즈	2에즈	6에즈

에즈라기 서명 체계는 자주 논란의 대상이 된다. '3에즈'는 서로 다른 책 세 권을(참조. 라틴어, 그리스어 이본, 아르메니아어), '2에즈'는 네 권까지(참조. 라틴어, 그리스어 이본, 아르메니아어, 영어) 가리킬 수 있기 때문이다! 우리는 따라서 이 문제에 관한 이러저러한 저자의 저서를 참조할 때 조심하기를 권한다. 우선 저자가 동일한 작품을 말하는 것인지 등을 확인할 필요가 있다. 불어권 전문가 대부분은 에즈라기 – 느헤미야기 – 에즈라기 3권 – 에즈라기 4권이라는 용어 체계를 따른다. 이 체계는 영어권 문학에서 사용되는 것보다 덜 모호하며, 통상적인 라틴어와 그리스어 서명과 충돌하지 않는다. 따라서 우리는 이 관례를 따르기로 한다.

에즈라기 3권

1. 설계와 내용

(그리스어로 '에즈라기 A'로 불리는) '에즈라기 3권'은 바빌론으로 유배를 떠난 유다인들의 예루살렘 귀환을 기술한다. 유다 왕국의 종말을 역사적으로 상기시킨 다음(1장), 책은 유다인들의 귀환을 윤허하는 키루스의 칙령과, 예루살렘 재건에 대한 인근 주민들의 반대를 보도한다(2장). 이

어서 세상에서 가장 강력한 현실을 찾는 데 내기를 건(3에즈 3,5) 다리우스 임금의 세 시동(侍童) 이야기, 다리우스와 그 대신들 앞에서 번갈아 자신들의 입장을 옹호하는 시동 이야기가 소개된다(15-16ㄱ절). 첫 번째 시동은 포도주가 가장 강력하다고 생각하고(16ㄴ-23절), 두 번째 시동은 자기로서는 임금이라고 믿는다 하며(3에즈 4,1-12), - 즈루빠벨과 다른 사람이 아닌 - 세 번째 시동은 우선 여인들이라고 말한 다음(13-32절) 진리가 불멸의 이치이며 다른 어떤 현실보다도 강력한 현실이라고 결론짓는다(33-40절). 바로 이 대답이 청중을 사로잡으며, 임금은 그에게 그가 바라는 대로 해주기로 다짐한다. 시동은 임금에게 예루살렘 재건에 관한 약속을 지켜주기만을 청하며(41-46절), 다리우스는 즉시 바라는 그대로 서신을 작성한다. 이 서신은 바빌론 유배 중인 유다인들에게 열정을 불러일으킨다(47-63절).

예루살렘으로 귀환한 유다인들은(3에즈 5,1-45) 제단을 쌓고 예배를 복원하며 초막절을 거행한다(46-53절). 그러나 그들이 성전의 기초를 놓았을 때(54-62절), 인근 주민들이 끼어들어 공사 완료를 방해한다(63-70절). 귀환민들이 공사를 재개하자(3에즈 6,1-2), 지방관은 이 공사 재개의 합법성을 조회하기 위하여 다리우스 임금에게 편지를 써 보내며(3-21절), 임금은 우호적으로 회답한다(22-33절). 공사가 완료되자 유다인들은 성전을 축성하고(3에즈 7,1-9) 파스카 축제를 지낸다(10-15절).

이 작품의 마지막 부분에서(3에즈 8-9) 율법학자 에즈라가 무대에 등장한다. 이 인물과(3에즈 8,1-7) 아르타크세르크세스의 서신 사본에 대한 간략한 소개에(8-24절) 이어, 기사는 1인칭으로 전환한다(25절). 에즈라는 예루살렘까지 자신을 동반하기 위하여 사람들을 어떻게 모으고(27-48절) 단식을 선포하고(49-53절) 귀환을 조직했는지(54-64) 이야기한다.

예루살렘에 도착해서 에즈라는 유다인들이 외국 여인들과 혼인했다는 사실을 접한다. 옷을 찢고 단식하고 기도한 다음(65-87절), 그는 외국인 아내들을 내보내게 하기로 결심한다(88-92절). 이 명령은 포고되며

(3에즈 9,3-13), 사람들은 해당 사제들의 명단을 작성한다(18-36절). 이 책은 장엄한 율법 봉독 기사로 마감된다(37-55절).

I. 요시야와 유다의 마지막 임금들(3에즈 1)

1,1-31	요시야: 파스카 축제와(1-20절) 통치의 종말(21-31절).
1,32-55	유다의 마지막 임금들: 여콘야(32-34절), 여호야킴(35-40절), 여호야킨(41-43절), 치드키야(44-55절).

II. 키루스의 칙령과 사마리아인들의 반대(3에즈 2)

2,1-14	키루스의 칙령.
2,15-25	도성 재건 반대.

III. 세 시동(3에즈 3-4)

3,1-16ㄱ	다리우스와 세 시동.
3,16ㄴ-4,46	세 시동의 연사: 포도주에 대한 첫 번째 시동의 연사(3,16ㄴ-23), 임금에 대한 두 번째 시동의 연사(4,1-12), 여인과(4,13-32)과 진리에(4,33-46) 대한 세 번째 시동의 연사.
4,47-63	성전 재건을 위한 다리우스의 서신

IV. 유배에서 귀환(3에즈 5)

5,1-45	유다로 귀환한 유배자 명단
5,46-53	예배 복원
5,54-70	성전 기초 놓기와 재건 반대

V. **성전 재건**(3에즈 6-7)

6,1-21	성전 건축 재개와 지방관의 개입
6,22-33	다리우스의 회신
7,1-15	성전 봉헌과 파스카 축제 거행

VI. **에즈라의 보고서**(3에즈 8-9)

8,1-7	에즈라의 예루살렘 당도
8,8-27	에즈라에게 보낸 아르타크세르크세스의 서신
8,28-48	에즈라를 동반한 유배자 명단
8,49-64	예루살렘으로 귀환
8,65-87	불신실한 백성을 위한 에즈라의 기도
8,88-9,36	외국인 아내들 내보냄
9,37-55	장엄한 율법 봉독

2. 출처와 형성

책을 한 번만 읽어보아도 우리는 에즈라기와 느헤미야기와 역대기와의 병행 관계를 즉시 확인해 볼 수 있다. 아래 도표를 통해 이 책들 각각의 내용을 비교해 보도록 하자.

히브리어 성경	에즈라기 3권	사건
2역대 35-36	1	요시야의 파스카 축제부터 성전 파괴까지
에즈 1	2,1-14	키루스의 칙령

히브리어 성경	에즈라기 3권	사건
(에즈 4,6-24)	2,15-25	재건 반대
Ø	3,1-5,6	세 시동
에즈 2,1-4,5	5,7-70	유다인들 귀환과 성전 재건 착공
에즈 4,6-24	(2,15-25)	재건 반대
에즈 5,1-6,22	6,1-7,15	성전 재건 완공
에즈 7,1-10,44	8,1-9,36	에즈라의 보고서
느헤 1,1-7,71	Ø	느헤미야의 보고서(시작)
느헤 7,72; 8,1-12	9,37-55	장엄한 율법 봉독
느헤 8,13-13,31	Ø	느헤미야의 보고서(속편)

위의 도표는 두 부류 모두 동일한 서술체 줄거리를 따르고 있음을 보여주나, 단 하나의 단락만이 자리를 옮기고 있다. 에즈라기 3권에서 키루스의 칙령이 뒤따르는, 재건을 반대하는 인근 주민들의 편지가 그것이다. 이와는 달리 느헤미야라는 인물은, 장엄한 율법 봉독에 관한 일화만을 '느헤미야기'와 공유하는 '에즈라기 3권'에 빠져 있다. 마지막 한 가지 점도 관심을 쏟을 만한 가치가 있다. 히브리어 성경에는 온전히 결여되어 있으나, 3에즈에 의해 보도되는 유일한 사건이 세 시동 이야기라는 점이다(3에즈 3-4).

이러한 비교 분석은, 전문가들이 '에즈라기 3권'의 출처에 관한 여러 가설을 제안하도록 이끌었다(Pohlmann). 몇몇 학자는 이 책이 역대기와 에즈라-느헤미야기가 알고 있는 구성보다 오래된 구성을 보존하고 있었다고 추정하며, 이는 느헤미야에게 집중된 기사들의 부재를 설명해 준다. 3에즈의 간결한 시작 부분과 갑작스러운 마감 부분은 따라서 작품의 일부가 소실되었다는 사실을 밝혀줄 수 있다.

이와는 달리, 다른 학자들은 히브리어 성경책들이 더 오래 되었음을 주장하면서 3에즈의 저자가 거기에 담긴 문구들을 발췌했으리라 본다. 저자는 아마도 '에즈라기'의 기사 전체를 취했을 것이며, 거기에 '역대기'에서 비롯된 서문과, 작품이 갑작스럽게 마감되는 현실이 입증해 주듯이, 장엄한 율법 봉독을 기술하는 '느헤미야기'의 일화를 덧붙였을 것이다(3에즈 9,55는 책의 끝부분을 이루나, 느헤 8,13ㄱ은 아직 한가운데에 있다). 세 시동 이야기는 다른 원전에서 유래했을 것이며, 의도적으로 이 자리에 배치되었을 것이다. 이 이야기는 어떤 작품의 시작일 수도 있다(Thackeray, Talshir).

'에즈라기 3권'을 위해 제안된 저술 연대는 물론 어떤 편집 가설을 따르느냐에 달려 있으나, 사용된 어휘는 집회서, 유딧기, 에스테르기, 마카베오기 상권 또는 다니엘서와 같은 하스몬 왕조 시대 그리스어 본문의 그것과 가깝다. 전문가 대부분은 따라서 저술 시기를 기원전 2세기(또는 1세기 초)로 잡는다. 그러나 이 일자는 이 셈어 구성의 그리스어 역본에 해당될 뿐이다. 세 시동 이야기의 아람어 원문에 관한 가설이 오랫동안 제기되었으며(Zimmermann), 최근의 연구로 확실시되었다(Talshir). 이 일화가 주변의 서술체 줄거리와 통합된 현실 역시 그리스어 역자의 작업으로 보이지 않기에, 우리가 알고 있는 대로의 '에즈라기 3권'은, 지금은 소실된 상태이나, 셈어 원본 속에 분명히 실려 있었을 것이다.

3. 주제와 의도

앞서 지적했듯이, '에즈라기 3권'은 기본적으로 '에즈라기'에 알려진 기사들과, '역대기'와 '느헤미야기'의 몇몇 문구를 담고 있다. 우리는 따라서 해당 작품에 할애된 장으로 독자들을 보낸다.

다만 차이를 보이는 두 요소, 곧 에즈라라는 인물과 세 시동 이야기는 특기해 두어야 한다. (3에즈 9,49에서의 부재를 포함한[느헤 8,9 참조]) 느헤미야의 부재로 에즈라는 더욱 중요한 자리를 차지한다. 에즈라는, 느헤미야기의 병행 문구가 단지 '율법학자' 또는 '사제'로 규정하고 있는 부분에서도(느헤 8,1.9), '대사제'라는 직함까지 받는다(3에즈 9,40.49). 우리는 그 반대 현상, 다시 말해서 에즈라가 느헤미야 앞에서 사라지는 현상이 마카베오기 하권과 집회서에서 펼쳐지고 있음을 강조한다(예를 들어 2마카 1,18; 집회 49,13). 세 시동 이야기는(3에즈 3-4), 예루살렘으로 귀환할 때 으뜸 역할을 하는(3에즈 5-6) 즈루빠벨이라는 인물을 예찬한다(3에즈 4,13).

4. 참고 문헌

D. Böhler, *Die heilige Stadt in Esdras α und Esra-Nehemia: Zwei Konzeptionen der Wiederherstellung Israels* (OBO 158), Fribourg, 1997. R.J. Coggins/M.A. Knibb, *The First and Second Books of Esdras* (Cambridge Bible Commentary 22), Cambridge, 1979. A.-M. Denis *et al.*, «Le livre 3 d'Esdras (latin), ou Esdras A (grec) ou Esdras apocryphe», in *Introduction à la littérature religieuse judéo-hellénistique*, Turnhout, 2000, p. 803-813. R. Hanhart, *Esdrae liber 1* (Septuaginta: Vetus Testamentun Graecum VIII,1), Göttingen, , 1974. Id., *Text und Textgeschichte des 1. Esrabuches*, Göttingen, 1974. T. Muraoka, *A Greek-Hebrew/Aramaic Index to I Esdras* (Septuaginta and Cognate Studies 16), Chico, 1984. J.M. Myers, *I & II Esdras: A New Translation with Introduction and Commentary* (AB 42), Garden City, 1974. K.-F. Pohlmann, *Studien zum dritten Esra* (Forschungen zur Religion und Literatur des Alten und Neuen Testaments 104), Göttingen, 1970. Id., *3 Esra-Buch* (JSHRZ I/5), Gütersloh, 1980. H. Schneider/W. Baars & J.C.H. Lebram, *Canticles or Odes – Prayer of Manasseh – Apocryphal Psalms – Psalms of Solomon – Tobit – 1(3) Esdras* (The Old Testament in Syriac IV,6), Leiden, 1972. Z. Talshir, *I Esdras: From

Origin to Translation (Septuaginta and Cognate Studies 47), Atlanta, 1999. Id., *I Esdras: A Text Critical Commentary* (Septuaginta and Cognate Studies 50), Atlanta, 2001.

에즈라기 4권

1. 설계와 내용

'에즈라기 4권'은, 서문과(1-2장) 일곱 개의 환시와(3-14장) 부록(15-16장), 이렇게 세 단원으로 구성되어 있다. 세 단원은 몇몇 라틴어 수사본에서 순서를 달리 하며, (시리아어, 아르메니아어, 에티오피아어 등) 동방교회의 역본은 중심 단원만 알고 있다. 따라서 우리는 실상 세 권의 책, 흔히 에즈라기 5권(1-2장), 에즈라기 4권(3-14장), 에즈라기 6권(15-16장)이라 불리는 책 앞에 서게 된다.

첫 번째 단원은(1-2장) 에즈라라는 인물과, 그가 하느님으로부터 받은 소명과, 백성에게 건네야할 메시지, 곧 악인의 징벌과 의인의 구원에 관한 메시지를 소개하는 서문이다. 이스라엘에게 버림을 받은 에즈라는 이방인들을 향한다. 그는 환시 중에, 주님을 찬미하고 하느님의 아들로부터 화관과 종려나무 가지를 받는 많은 사람을 관조한다.

두 번째 단원인 '에즈라의 묵시록'은(3-14장) 일곱 개의 '환시'로 짜여 있다. 그러나 엄격한 의미에서의 '환시'로 규정할 수 있는 단락은 네 번째와 다섯 번째와 여섯 번째이다. 첫 번째 세 단락에서 에즈라는 천사의 방문을 받으며, 천사에게 여러 주제에 대하여 문의한다. 천사는 그에게 죄와 마지막 때와 선택 받은 이들의 운명에 관한 계시를 넘겨준다.

우리는 이 세 환시가 따르고 있는 유사한 구조, 곧 에즈라의 기도, 천사와의 대화, 계시, 설교, 결어 순의 구조를 확인할 수 있다(Stone).

네 번째 환시(4에즈 9,26-10,59) 중에 에즈라는 상을 당한 여인을 본다. 이 여인은 에즈라에게, 아들 하나를 갖기 위해 삼십 년 동안 아기를 낳지 못하는 여인으로 머물러 있었으며, 이 아들이 성인이 되어 혼인을 했으나 신방에서 갑작스러운 죽음을 맞이했다고 이야기한다. 이 여인은 실은, 성전이 하나 세워지기에 앞서 삼천 년을 기다렸으나 성전의 파괴를 애도하는, 시온이다(4에즈 10,44).

다섯 번째 환시는(4에즈 11-12) 열두 개의 날개와 세 개의 머리를 지닌 독수리 한 마리를 묘사하며, 다른 환시들보다 거대한 장면을 보여준다. 우선 날개들의 움직임이 뒤따른다. 어떤 것은 새로 생겨나고 다른 것은 떨어져 나가며, 여러 날개가 번갈아가며 땅을 지배한다. 이어서 포효하는 사자 한 마리가 독수리에게 말을 걸어 곧 사라질 것임을 예고한다. 독수리는 실은 다니엘서 현시의 네 번째 왕국을 가리킨다(4에즈 12,11; 참조. 다니 7,7-8). 날개와 머리는 그 뒤를 이은 여러 임금을 상징하며, 사자는 다윗 왕조의 메시아를 나타낸다(32절).

여섯 번째 환시(4에즈 13) 중에 에즈라는 바다에서 솟아나와 하늘로 나는 한 사람을 본다. 수많은 사람이 그를 쓰러뜨리기 위해 온 땅에서 모여왔으나, 싸움을 벌이기도 전에 불타버린다. 그 사람은 이어서 기쁨과 슬픔에 젖은 사람들로 구성된 또 다른 평화로운 무리를 자기에게 불러들인다. 이 사람은 실은 불경한 민족을 쳐부수고 아시리아인들에 의해 포로로 끌려간 이스라엘의 열 지파를 불러 모을 하느님의 아들이다(32절).

일곱 번째 '환시'에서(4에즈 14) 에즈라는 세상에서 곧 물러나 아들 곁으로 올라가게 될 것임을 깨닫는다. 따라서 그는 백성에게 말을 건네며, 다섯 사람을 뽑아 자기가 하느님에게서 받은 말씀들을 기술하게 한다. 쉼 없이 말함으로써(41-43절) 그의 동료들이 94권의 책을 기록하기에 이르도록 한다. 첫 24권은 모든 이가 읽을 수 있는 책이나, 나머지 70권은 현자들에게 유보된 작품이다.

일곱 번째 단락은(15-16장) 분명하면서도 임박한 최후 심판의 도래를 예고한다. 이집트, 아라비아, 아시아, 바빌론, 시리아와 같은 나라가 언급되며, 기아와 전쟁과 가뭄과 그 밖의 불행이 불경한 이들을 덮쳐, 모든 불의로부터 땅이 정화될 것이다. 선택 받은 이들은 박해를 겪을 것이나, 죄의 지배를 받도록 포기해서는 안 된다.

I. 서문(4에즈 1-2)

1,1-12	에즈라의 부르심
1,13-2,32	당신 백성을 위한 하느님의 메시지
2,33-48	에즈라의 사명과 환시

II. 에즈라의 묵시록(4에즈 3-14)

3,1-5,20	첫 번째 '환시': 죄, 죄의 기원, 이스라엘 죄의 결과, 다가올 죄의 종말
5,21-6,34	두 번째 '환시': 이어지는 세대의 운명, 종말에 관한 표징
6,35-9,25	세 번째 '환시': 불경한 민족들에 의해 지배 받는 이스라엘, 소수의 구원
9,26-10,59	네 번째 환시: 상중의 여인
11-12	다섯 번째 환시: 독수리
13	여섯 번째 환시: 바다에서 솟아오른 남자
14	일곱 번째 '환시': 성경을 글로 남김

Ⅲ. **부록**(4에즈 15-16)	
15,1-4	선포와 예언 말씀 기록
15,5-16,73	하느님 심판의 임박한 도래
16,74-78	선택 받은 이들의 구원 약속

2. 출처와 형성

'에즈라기 4권'은 라틴어 수사본에만 전체의 내용이 보존되어 있으며, 여기서 책이름이 유래한다. 라틴어 역본은, 시리아어, 아르메니아어, 에티오피아어, 그루지아어, 아랍어, 콥트어 역본과 마찬가지로, 그리스어본을 기초로 한 것이며, (아르메니아어 두 번째 역본과 그루지아어 두 번째 역본과 같은) 다른 역본은 라틴어 역본을 대본으로 한 것이다.

1-2장과 15-16장은, '에즈라의 묵시록'만(3-14장) 알고 있는 동방교회의 역본에는 빠져 있다. 라틴어 역본만이 이 두 단원을 갖추고 있다. 한편 몇몇 라틴어 수사본은 이 두 단원을 각각 에즈라기 2권과 에즈라기 5권이라 불리는 다른 책으로 간주한다(Metzger). 하느님의 아들을 언급하고 신약성경 이해에 필요한 앎을 드러내는 첫 번째 단원은(1-2장) 아마도 기원후 2세기 중에 그리스도교 신자에 의해 작성되었을 것이다(Myers). 마지막 단원은(15-16장) 기원후 3세기에 발생한 사건들을 암시하는 것 같기에, 3세기 말에 편찬되었을 것이다.

일곱 개의 환시를 갖춘 '에즈라의 묵시록'을 살펴보자. 예루살렘 파괴를 자주 암시하는 현상은 그 편집을 아무리 빨라도 기원후 1세기 말로 잡게 한다. 한편 이 묵시록은 알렉산드리아의 클레멘스에 의해 기원전 2세기 말에 이미 그리스어본에 인용되어 있다. 따라서 그 편집을 기원후 1세기 말과 2세기 초 사이로 두어야 할 것이다. 주해가들은 '독수리 환시'에서(다섯 번째 환시, 3에즈 11-12) 더욱 자세한 편집 표지 하나를 들추어내고서, 정치적 사건들에 관한 여러 암시를 기초로 도미씨아누스(81-96년) 치하를 고려해야 한다고 주장한다. 따라서 '에즈라의 묵시록' 최후 편집은 기원후 2세기 중에 자리하게 해야 한다. 그렇다면, 작품의 모두에 언급된 (4에즈 3,1: 바빌론인들에 의한 예루살렘 멸망 후 삼십 년이라는) 일자는 티투스에 의한 예루살렘 파괴 후 삼십 년, 곧 기원후 100년을 시사하는 문구로 이해할 수 있다.

구문론과 어휘를 분석하면서 전문가들이 일찌감치 간파했던 대로, '에즈라의 묵시록' 구성에 사용된 본래의 언어는 셈어이다. 다만 이 언어가 히브리어인지 아람어인지 알아보는 문제가 남아 있다. 편집 일자와 여러 아람어화 현상은 아람어 원본을 지지하도록 몇몇 학자를 이끌었으나, 사해 사본 발견은, 한편으로 히브리어가 로마 시대 문학작품의 언어로 여전히 사용되었다는 사실과 함께, 다른 한편으로 이 언어는 적지 않은 아람어 영향을 받고 있음을 밝혀주었다. 히브리어에 대한 아람어의 영향은 한편 히브리어화에 비해 아람어화가 상대적으로 적다는 사실을 설명해줄 수 있다. 따라서 우리는 '에즈라의 묵시록'이 분명 유다인들 세계에서 히브리어로 편집되었다고 결론짓는다.

3. 주제와 의도

예루살렘 멸망은 작품의 중심을 이룬다(4에즈 3,2). 이 비극은 근본적인 문제를 불러일으켰다. 하느님은 어찌하여 이와 같은 사건을 용인하셨을까? 좀 더 정확하게는, 그분의 정의, 이스라엘에 대한 그분의 약속, 선택 받은 이들의 운명은 어떻게 되는 것인가(4에즈 5,27)? 이방인들이 당신 성전을 파괴하도록 어떻게 내버려둘 수 있으셨을까(30절)? 이스라엘에게 어떤 미래가 남아 있는가?

'에즈라의 묵시록'에 담긴 계시는 따라서 두 단계를 거친다. 첫 단계에서는 과거의 사건들을 설명하는 과제가 우선시된다. 백성의 죄가 파멸로 이끌었다(4에즈 9,32). 저자는 악의 기원과 인류의 죄의 범위에 관한 문제로 돌아간다(4에즈 4,30; 7,1-18). 그러나 하느님은 당신의 계약과 이스라엘을 위한 당신의 약속을 잊지 않으셨으며(4에즈 3,16), 소수를 보호하심으로써 이를 드러내신다. 바빌론인들에 의한 예루살렘의 멸망 상황 속에서 개진된 이 주제들은 실은 기원후 70년의 성전 파괴로 실의에 빠진 유다인들을 대상으로 한다. 그들은 선택된 백성으로 남아 있으며, 하느님의 약속은 여전히 그들을 위해 있다.

이제 선택된 이들과 불경한 이들의 미래 문제에 대해 독자들을 안심시킬 목적으로 종말론적인 계시가 선사된다. 현 시대가 불행으로 특징된다면(4에즈 4,27), 미래의 시대는 의인들의 지복을 알게 될 것이다(30절). 하느님은 종말을 알고 계시며, 종말은 변할 수 없다(37절). '독수리 환시'에 따르면, 다니 7장의 네 왕국 가운데 마지막 왕국은 로마 제국이며, 이 제국은 곧 유다의 사자, 선택 받은 이들을 구할 다윗 왕조의 종말론적 메시아에 의해 절멸될 것이다(4에즈 12,31). 이 메시아는 여섯 번째 환시에서 더욱 자세히 묘사되며, 강력한 투사이면서 동시에 이스라엘의 남은 자의 판관과 구원자로 소개된다(4에즈 13,32-50). 우리는 이 점에서 하느님의 '아들'이라는 직함에 관심을 갖는다. 이 직함은 라틴어 역본과 시리아어 역본에 여러 차례 등장하나(4에즈 7,28-29; 13,32.37.52; 14,9) 이차적일 뿐이다(Stone). 따라서 '에즈라의 묵시록'은 기원후 1세기 말의 메시아사상을 발전시켜나간 가장 훌륭한 증언들 가운데 하나라는 사실로 만족하기로 하자.

4. 참고 문헌

K. Berger/G. Fassbeck & H. Reinhard, *Synopse des Vierten Buches Esra und der Syrischen Baruch-Apokalypse*, Tübingen, 1992. R.J. Coggins/M.A. Knibb, *The First and Second Books of Esdras* (Cambridge Bible Commentary 22), Cambridge, 1979. S. Dedering/R.J. Bidawid, *Apocalypse of Baruch – 4 Esdras* (The Old Testament in Syriac IV,3), Leiden, 1973. A.-M. Denis *et al.*, «L'Apocalypse 4 Esdras ou Quatrième Livre d'Esdras», in *Introduction à la littérature religieuse judéo-hellénistique*, Turnhout, 2000, p. 815-853. P. Geoltrain, «Quatrième Livre d"Esdras», in A. Dupont-Sommer/M. Philonenko (éd.), *La Bible. Ecrits intertestamentaires*, Gaillimard, 1987, p. 1393-1470. L. Gry, *Les dires prophétiques d'Esdras (IV. Esdras)*, Paris, 1938. J. Kerner, *Die Ethik der Johannes-Apokalypse im Vergleich mit dem 4 Esra: Ein Beitrag zum Verhältnis von Apokalyptik und Ethik* (BZNW 94), Berlin, 1998. A.F.J. Klijn, *Die Esra-Apokalypse (IV. Esra)*, Berlin, 1992. B.W. Longenecker, *2 Esdras* (Guides to Apocrypha and Pseudepigrapha), Sheffield, 1995. K. Martin Hogan, *Theologies in Conflict in 4 Ezra: Wisdom Debate and Apocalyptic Solution* (JSJ.S 130), Leiden, 2008. B.M. Metzger, «The Fourth Book of Ezra», in J.H. Charlesworth (éd.), *The Old Testament Pseudepigrapha*, vol. 1, London, 1983, p. 517-559. J.M. Myers, *I & II Esdras: A New Traslation with Introduction and Commentary* (AB 42), Garden City, 1974. J. Schreiner, *Das 4. Buch Esra* (JSHRZ V/4), Gütersloh, 1981. M.E. Stone, *Features of the Eschatology of IV Ezra* (HSS 35), Atlanta, [1965] 1989. Id., *A Textual Commentary on the Armenian Version of IV Ezra* (Septuagint and Cognate Studies 34), Atlanta, 1990. Id., *Fourth*

Ezra (Hermeneia), Minneapolis, 1990. T.W. Willet, *Eschatology in the Theodicies of 2 Baruch and 4 Ezra* (JSP.S 4), Sheffield, 1989.

희년서

하미도비치 (David Hamidović)

희년은 모든 고대 근동지방에 공통된 개념이나, 그리스와 로마 세계에는 알져져 있지 않다. 구약성경에서 희년법은 레위 25장에 자리하며, 성결법에(레위 17-26장) 속하는 율법이다. 이 법은 안식년법의 불완전한 효력을 바로잡기 위함이라는 취지를 담고 있다. 레위 25,1-7에 따르면, 안식년은 일곱 해마다 한 번씩 땅을 쉬게 하는 해를 말한다. 이 농경 관습은 인간을 위한 안식일, 곧 주간의 일곱째 날의 휴식과 비교되어야 한다. 여기서 레위기는 탈출 23,10-11의 가장 오래된 법규 조항을 되풀이한다. 레위 25장의 새 율법은 휴경의 의무를 모든 사람에게, 특히 종들과 외국인들에게 확대하는 독자성을 보여준다.

나아가 레위 25,8-55에 보도된 희년법은 채무 탕감에 대한 신명기 법을(신명 15,2.9; 31,10) 재생하고 확대한다. 아무튼 이 법은 탕감의 시기에 대한 중요한 변화를 도입한다. 그 탕감 시기의 주기성이 더는 일곱 해가 아니라, "일곱 주간 해", 일곱 해를 일곱 번, 다시 말해서 마흔아홉 번째 해 또는 희년이다. 나팔(*shofar*) 소리와 함께 "일곱째 달 초열흘날" 양도된 소유권을 돌려주고 빚 때문에 종이 된 사람들을 본래의 상태로 돌려보내기 위한 희년이 선포된다. 따라서 본래의 소유주가 자기 재산을 돌려받으며, 종은 해방된다. 칠십인역성경이 *aphesis*로 번역하는 '해방'(*d*^{e}*rôr*) 문제이다. 이처럼 채무 탕감 주기는 일곱 해에서 마흔아홉 해로 넘어간다. 율법으로부터는 이사 61,1–2; 루카 4,18–19 또는 알렉산드리아의 필론의 작품에(*De virtutibus*[덕행론] 99) 묘사된 사회적 목적만이 존속했을 뿐이다.

책 하나가 연대적인 틀처럼 희년의 주기를 다시 취하면서, 창세 1장에서 탈출 24,18까지의 일화들을 다시 쓴다. 희년서는 유다교와 가톨릭과 프로테스탄트의 경전에는 수록되어 있지 않으나, 아비시니아의 단성론 그리스도교의 경전에 실려 있으며, 에티오피아 유다인들에 의해 보존된 문서의 일부를 이룬다.

1. 설계와 내용

1.1. 책이름

제목은 작품의 동기들을 동시에 설명해 준다. 이 책의 첫 단어들은 "희년들과 주간 해들을 따라 시기를 구분한 책"이라는 본래의 제목을 간직하고 있다. 이처럼 이 책은 주간 해들 곧 일곱 해(=안식년) 주기와, 희년 곧 마흔아홉 해 주기에 관한 명확하고 표준화한 연대적 틀에 집착하고 있음을 드러낸다. 희년은 이제 하나의 기간을 규정한다. 기원전 2세기 중엽에 '다마스쿠스 문서'라는 에세네파 선언문이(CD XVI 3–4) 이 책이름으로 책을 인용한다. 쿰란 사본 하나는(4Q216 I 11–12) "토(라와 증언에) 따른 (시)기 (배)분"이라는 또 다른 제목을 간직하며, 작품의 성격을 일러준다. 주간 해와 희년의 연대적 틀은 토라의 문구들과 아마도 예언서의 말씀들을 체계화하는 역할을 하는 것 같다. 좀 더 후기에 와서, 에티오피아 역본은 이 제목을 발전시킨다: "이는 세상의 모든 해들을 위한 시기, 곧 주간 해들과 희년 해들 사건들의 합법적이며 인증된 분할 기사이다(...)". 종교적인 연대 틀은 사건들을 체계화하고 있어, 후대의 다른 에티오피아 수사본들은 이 프로그램 방식의 책이름을 '분할의 책' 또는 단순히 '분할'이라는 이름으로 축약한다.

그리스어와 시리아어와 미스나 히브리어 참고 문헌들은 '희년서'라는 또 다른 실용적인 간략한 이름을 증언하며, 오늘날까지 지속되어 왔다. 작품의 연대적 틀이 이처럼 이 책의 독자성으로 확정되었다.

끝으로, 비잔틴 연대기자들과 초기 그리스도교 저술가들은 이 책을 '작은 창세기'로 명명하기를 선호했다. 희년은 더 이상 언급되지 않았다. 이 새로운 이름은 작품에서 뽑아낸 것이 아니기에, 그리스도교 시대 초기 이 책의 관심에 대한 서로 다른 이해관계를 살펴야 한다. 그리스-라틴어 용법에 이어 작품의 첫 단어들은 더는 제목을 가리키지 않는다. 사람들은 오히려 작품을 요약하거나 작품의 주요 특징을 담은 제목을 택하기 시작했다. '작은 창세기'라는 책이름은 창세기와의 관계만을 강조할 뿐이며, '작다'라는 수식어의 의미가 모호하다. 이 수식어는, 창세기와 비교되고 있다는 점에서, 희년서의 크기를 말하는 것일 수는 없다. 희년서는, 몇몇 일화의 경우 토라의 첫 번째 권보다 더욱 상세하게 보도하고 있기에, 창세기의 축소로 볼 수 없기 때문이다. 이와는 달리 까꼬(A. Caquot)는 이 제목을 '상세한 창세기'로 이해하나, 성경의 많은 일화가 축소되거나 교묘하게 누락되어 있다는 것이 문제이다. 우리는 한편 이 책이 창세기의 일화들을 대충 묘사한다고 이해할 수도 있으며, '작다'라는 형용사 역시 희년서를 창세기를 정성을 들이지 않고 필사한 사본, 경전에 수록되어 있지 않기에, 하미도비치에 따르면, 비종교적인 문서라는 관점에서 하나의 '부적절한 표절'로 규정할 수 있다.

1.2. 본문 상태

쿰란 사본 발견 이전에 희년서는 고전적인 에티오피아어(*ge'ez*), 그리스어, 라틴어로 된 후기 역본으로만 알려져 있었다. 그러나 히브리어로 기록된 본래의 판이 본문의 몇몇 표지, 예를 들어 히브리어에서 만들어진 에티오피아어 고유명사들, 히브리어의 특징적인 구문법, 또는 히브리어에서 번역할 때만 납득이 되는 에티오피아어와의 유사성을 통해 이미 추정되었었다(A. Jellinet, R.H. Charles). 게다가 몇몇 문구는 미드라시 와이사우(*Midrash Wayyisa'u*)와 같은 미드라시 속에 이미 게재되어 있었다. 에티오피아어로 번역되기 이전, 히브리어 원본은 우선 그리스어로 번역되었으나, 이 작품에 대한 어떤 그리스어 역본도 원전의 상태로 존속하지 못했다. 희년서 그리스어 번역은 몇몇 그리스어 낱말과, 비잔틴 연대기에 담긴 암시들을 통해 확인된다. 이 암시들 가운데 몇몇은 매우 분명하기에, 우리는 그리스어 문구들을 히브리어와 에티오피아어 판과 비교해볼 수 있다. 4세기의 작품으로 추정되는 에피파니우스의 문서들(*De mensuris et ponderibus*[중량과 계량 연구]; *Pararion*[바구니: 이단에 대한 반론]) 역시 그리스어 역본을 제시한다. 또한 10세기경 칠십인역성경을 수사한 바젤 사본(소문자 사본 135) 여백의 각주에는, 희년서에서 발췌한 것 같은 성조 아내의 이름들이 실려 있다. 그리스어로 된 다수의 문서처럼, 희년서는 라틴어로 번역되었다. 5세기 또는 6세기의 (씌어 있던 글자를 지우고 그 위에 다시 쓴) 사본 하나가(Ambrosiana C 73 Inf.) 희년서의 사분의 일에 해당하는 분량을 담고 있는데, 13장과 15-42장과 45-49장 가운데 몇몇 구절만을 보여준다. 시리아어 역본 하나는, 책 전체가 번역된 것인지 아니면 몇몇 구절만 번역된 것인지 알 수는 없지만, 히브리어 판에서 유래한 것 같다. 1234로 알려진 익명의 시리아 역대기자와(*Chronicon ad annum Christi 1234*) 희년서에 제시된 성조 아내들의 명단 하나가('히브리인들 가운데 희년서라 불리는 책에 따른 성조 아내들의 이름') 확인되었다. 이 두 문헌은 희년서에서 137개의 행을 반복하며 8개의 다른 행을 암시한다. 에티오피아어 번역은 6세기경의 희년서 그리스어 역본을 기초로 한다. 희년서 50개의 장 보존은 이 책이 (에티오피아의 옛 이름) 아비시니아 그리스도교회의 경전과 에티오피아의 유다인들인 팔라사(Palasha)들의 경전에 통합되었음으로 설명될 수 있다. 오늘날 14세기부터 20세기 사이의 것으로 추정되는 27개의 에티오피아 수사본이 대조를 마친 상태이다.

1947년과 1967년 사이에 발견된 쿰란 서고에서 적어도 15개에 이르는 희년서가 확인되었다(1Q17; 1Q18; 2Q19; 2Q20; 3Q5 1-3; 4Q176a 19-21; 4Q216; 4Q218; 4Q219; 4Q220; 4Q221; 4Q222; 4Q223-224; 4Q484; 11Q12). 희년서가 창세기의 구절들을 다시 쓴 작품이라는 점에서, 단편 수사본이 창세기의 사본인지 아니면 희년서의 사본인지 살피는 작업은 가끔 어려움을 준다. 또한 우리는 4Q482, 4Q483, 4Q516과, 마사다 성채에서 발견된 다른 수사본 하나를(Mas1j) 확인하는 작업에서도 주저할 수 있으며, 4Q217 수사본은 희년서를 그대로 수사한 것 같지 않다. 쿰란에서 발견된 희년서 수사본의 수가 쿰란 공동체 구성원들이 이 책을 얼마나 알고 있었는지 확인해줄 수 있다면, 에티오피아어 역본과 비교할 때 15% 정도만 보존되어 있었다는 사실을 주목해야 한다. 에티오피아어 역본을 기초로 한 복원 부분을 따로 떼어놓는다면(이를 에티오피아 역본을 바탕으로 한 히브리어 본문 역추적 작업이라 한다), 에티오피아 역본에 담긴 기존의 30000여개 용어 가운데 750개의 히브리어 낱말만이, 다시 말해서 책 전체의 2.5%만이 보존되어 있다는 계산이 나온다. 그러함에도 불구하고 거기에 보존되어 있는 몇 안 되는 단어들과 숙어들은 에티오피아 역본이 히브리어 판을 꼼꼼히 따르고 있다는 주장을 가능하게 한다. 사실 원본에 대한 존경심은 뚜렷하다. 쿰란에서 희년서 수사본들이 발견되기 이전엔 몇몇 히브리어 역추적 작업이 에티오피아어 수사본들을 기초로 단행되었다. 쿰란 단편들과 함께 이 역추적 작업 비교는 거의 완전한 일치를 보여준다. 다만 접미사에 대한 몇몇 이본과 중복오사 현상이 확인되었을 뿐이다. 가장 오래된 에티오피아어 수사본들은 그리스도교 시대 14세기 또는 15세기의 것들이나, 기원전 2세기 말부터 기원후 1세기 전반기 사이에 필사된 쿰란 사본에 담긴 히브리어 본문과 매우 가깝다. 거의 2000년 동안 펼쳐진 연쇄 번역 작업은 이처럼 원본을 성실하게 따르고 있다.

1.3. 희년서의 내용과 설계

마흔아홉 해의 희년은 책의 50개 장의 일화들을 체계화한다. 사건들은 해당 희년과 주간 해들과 년과 가끔은 월에 따라 일자 표기된다. 연대 단위가 레위 25장의 그것과 동일한 반면, 법적인 맥락은, 희년 50,2-4를 제외하면, 포기된다. 희년법은 레위 25,2에 따라 가나안 입성 이후에 알려진 것으로 제시된다. 시간 측정으로서의 희년 활용은 가나안 땅의 소유로 좌우되기 때문이다. 우리는 추후 이 선택의 동기에 대해 설명할 것이다.

희년서는 예를 들어 '성전 두루마리'를 본 따 토라를 다시 쓴 문헌들에 속한다. 세상의 창조와 함께 시작하는 창세 1장과 달리, 희년서는 작품의 서술체 틀을 제시하는 서문으로 열린다. 탈출 24,12-18에 따르면, 하느님은 시나이에서 모세에게 책을 계시하셨다. 책의 마지막 장은 (희년 50) 안식일 제도에 관한 탈출 31,12-18과 거의 상응하는 것으로 보인다. 이 문학적인 테두리 방식과, 소위 저자라는 사람에 의해 희년서는 권위를 갖춘다.

이 책은 하느님이 모세에게 직접 일러주신 작품이 아니다. 희년 1,27.29; 2,1에 따르면, 시립(侍立) 천사가 중개 역을 맡는다. 이 천사는 희년 2,2.18; 15,27; 31,14에서 복수로 언급되며, 이는 천사 칭호가 천사 계급에 해당하는 것임을 의미한다. 에티오피아어 역본은 희년서에서 유추하는 저자에 대해 망설인다. 문구에 따라 때로는 시립 천사를, 때로는 모세를 저자로 보기 때문이다. 쿰란에서 발견된 희년서 단편 하나가 (4Q216 IV 6-8//희년 1,27) 이 논쟁을 마감한다. "그리고 그분은 시립 천사에게 '창조 시작부터 내 성전이 영원히 그들 가운데 세워질 때까지 (다가올 일을) 모세에게 적어주어라' 하고 말씀하셨다." 이어서 시립 천사는 시기 분할 판을 잡고서(희년 1,29) 기록하라고 명하신 하느님의 말씀에 따라 모세에게 말한다(희년 2,1). 그 다음에 비로소 창조 이야기가 보도된다.

50개의 장은 창세기와 탈출기에 서술된 성경 역사를 비교적 충실하게 따르는 주기 또는 단위로 세분될 수 있다.

서술체 틀(서문: 1장)

서문	제목과, 시나이산에 올라오도록 모세에게 명하심
1,1-26	과거와 미래 시기 분할 계시
1,27-29	시립 친사는 모세에게 하느님의 말씀을 적어준다

창조와 아담 관련 기사(2-4장)

2,1 16	창조
2,17-33	안식일
3,1-14	아담과 산부(産婦)의 부정
3,15-35	에덴동산에서의 죄
4,1-33	노아의 아들들에 이르기까지의 아담의 후손

노아에 관한 기사(5-10장)

5,1-11	천사들과 거인들의 과오
5,12-19	하느님의 정의
5,20-32	홍수

6,1-10	노아와의 계약과 피 흘림 금지
6,11-14	모세와의 계약
6,15-22	주간절
6,23-29	기념일
6,29-38	364일의 태양력
7,1-12	연시(年始) 축제와 노아의 만취
7,13-19	노아의 후손과 성읍 세움
7,20-39	후손에게 내린 노아의 계명
8,1-9,15	노아의 아들들 사이의 영토 분할
10,1-14	악령들과 맞서는 노아
10,15-17	노아의 죽음
10,18-27	바벨탑
10,28-36	가나안 땅

아브라함에 관한 기사(11,1-23,8)

11,1-13	아브라함의 타락한 조상
11,14-17	아브라함의 유년기
11,18-24	발명가 아브라함
12,1-15	우상 단죄와 우르에서 하란으로의 여정
12,16-13,21	아브라함의 고백과 하란에서 가나안과 헤브론으로의 여정
13,22-29	네 임금의 전쟁과 십일조
14,1-20	아브라함과의 계약
14,21-24	이스마엘의 탄생
15,1-10	아브라함과의 계약 갱신

15,11-34	할례
16,1-4	이사악 탄생 예고
16,5-9	소돔 파괴
16,10-19	이사악 탄생
16,20-31	초막절
17,1-14	이스마엘 추방
17,15-18,19	이사악 제물
19,1-9	사라의 죽음
19,10-12	이사악의 혼인과 아브라함의 재혼
19,13-31	에사우와 야곱
20,1-21,26	아브라함의 유언
22,1-23,8	아브라함의 마지막 날들, 야곱 축복, 아브라함의 죽음

아브라함의 죽음에 관한 종말론적 부록(23,9-32)

23,9-15	인간의 노쇠
23,16-25	머리가 흰 아이들에 관한 과장법
23,26-32	율법을 향한 복귀로 인간 수명 복원

야곱과 그 후손에 관한 기사(24-45장)

24,1-7	에사우의 장자권 박탈과 야곱에게 양도
24,8-33	이사악과 필리스티아인들
25,1-23	야곱과, 이민족과의 혼인 배척
26,1-35	야곱이 에사우의 축복을 가로채다
27,1-27	베텔을 향한 야곱의 여정
28,1-29,13	라반과의 만남, 누이들의 혼인과 후손

29,14-20	야곱의 신앙과 에사우의 불경
30,1-17	디나 유괴와 이방인과의 혼인 금지
30,18-26	레위의 사제직
31,1-2	우상 배척
31,3-32	이사악의 레위와 유다 축복
32,1-3	레위의 임직식
32,4-15	초막절과 두 번째 십일조
32,16-26	베텔에서의 야곱-이스라엘 환시
32,27-29	초막절의 '첨언'
32,30-33,9	드보라와 라헬의 죽음, 르우벤과 빌하
33,9-20	근친상간에 관한 법
33,21-23	야곱의 후손
34,1-9	아모리인들과 맞선 야곱의 승리
34,10-17	형제들에 의해 팔린 요셉
34,18-19	속죄일
34,20-21	야곱의 며느리들
35,1-27	레베카의 유언
36,1-20	이사악의 유언
36,21-24	레아의 죽음
37,1-38,23	야곱과 에사우의 대립, 에돔의 굴종
39,1-40,13	이집트에서의 요셉
41,1-7	에르와 오난
41,8-28	유다와 타마르
42,1-43,24	요셉과 형제들
44,1-45,12	이스라엘이 이집트로 내려감

45,13-16	야곱의 죽음
모세에 관한 기사(46-49장)	
46,1-11	요셉의 죽음
46,12-16	이집트에서 억압당하는 이스라엘
47,1-12	모세의 유년기
48,1-8	이집트의 재앙과 탈출
48,9-19	마스테마의 패배
49,1-23	파스카와 무교절에 관한 율법
결문(50장, 종장)	
50,1-5	안식년과 희년
50,6-13	안식일에 관한 율법
종장	시기 분할 종결

2. 출처와 형성

2.1. 원전

서술체 틀과 아브라함의 죽음에 관한 종말론적 부록과 결문을 제외하면, 희년서는 창세 1장에서 탈출 24,18에 이르는, 토라에 서술된 일화들을 기초로 한 작품이다. 희년서 본문은 오경의 (선-)사마리아 판과 가깝다. 일반적으로 일화들은 성경 순서에 따라 이어지나, 몇몇 구절은 재편될 수 있다. 예를 들어, 이사악은 창세 35,29에서 죽으며 요셉은 창세 37장에서 팔려가게 되나, 희년서에서 요셉의 팔림 이야기는 34장에 제시되며 아브라함의 아들들의 죽음은 36,18에 보도된다. 한편 본문은 변경과 누락 또는 첨가로 채워져 있다. 성경 기사들은 여러 차례에 걸쳐 하나의 법 또는 축제 설정으로 끝맺음한다. 일화들은 할라카(Halakha) 요소들 첨가를 정당화하거나 나아가 설명한다. 학가다(Haggadah) 일화들 역시 여러 유언과 축복처럼 성경 본문에 덧붙여 있다.

편집 세계는 또한, 예언서와 열왕기의 표현들을 희년서에서 되풀이하고 있다는 점에서, 이 책들을 알고 있었다. 시편과 역대기와 에즈라-느헤미야기와의 근접성 역시 유추될 수 있다. 희년 17장의 아브라함의 시련은 욥기에 담긴 동일한 주제를 반영한다.

찰스(R.S. Charles)와 밀릭(J.T. Milik)에 따르면, 에녹서 상권의 세 단원, 곧 천문학 개론과(1에녹 72-82) 감시자들의 책과(1에녹 1-36) 꿈들의 책이(1에녹 83-90) 희년서 저술에 영향을 주었을 것이다. 훌트가르트(A. Hultgård)는 희년서와, 레위의 유언이 자리하고 있는 레위기 아람어 외경 본문이 동일한 원전에 의거한다는 주장을 펼친다. 스케한(P.W. Skehan)은 큰 규모의 시편 두루마리(11Q5 XXVI)에서 발견된 창조주 찬미가를 희년서의 원전으로 인용하며, 아비가드(N. Avigad)와 야딘(Y. Yadin)은 창세기 외경을(1QapGen) 희년서의 또 다른 원전으로 제기한다. 마지막 두 작품, 곧 창조주 찬미가와 창세기 외경에 있어 희년서와의 관계는 순서가 바뀌는 것으로 보인다. 희년서가 이 두 작품보다 먼저 기록되었기 때문이다. 따라서 희년서가 이 두 작품의 원전으로 제시된다.

몇몇 세세한 부분은 헬레니즘 주제와 개념들로부터 영향을 받은 것 같다. 예를 들어, 희년 23,16에 교육받은 인물로 등장하는 아이의 모습은 지혜 10,21 또는 마태 11,25를 상기시킨다. 백발의 아이라는 과장법은 그리스어 저술가 헤시오도스로 거슬러 올라간다('일들과 날들' 181). 지리학에 관한 지식은 그리스 과학에서 빌려온 것 같다. 이와 같은 영향은 희년서의 편집 세계가 헬레니즘 문화를 수용한 정도를 증언해준다.

2.2. 책의 단일성

희년서에 관한 전반적인 연구는 종종 50개 장이 동일하며 일관성 있는 구성이라는 결론을 이끌어냈다(R.H. Charles, J. VanderKam, D. Hamidović). 50개 장의 연대적 구조와 본문에 관한 세세한 연구는 작품 한가운데 의미 있는 첨삭이 존재한다는 사실을 용인하지 않는다.

그러나 다른 학자들은 혼합적인 구성을 주장한다. 떼스뛰즈(M. Testuz)는 희년 1,7-25.28; 23,11-32; 24,28ㄴ-30이 종말론적인 어조를 지니고 있어 기원전 63년과 38년 사이에 덧붙여졌다고 추정한다.

대븐포트(G. Davenport)는 세 번째 손을 통해 개정된 희년서의 두 편집 과정을 식별할 수 있다고 가정한다. 마카베오 시대 이전에 '천사의 연사'(A)를 기초한 어떤 서기관이 종말론을 가르치고자 했으며, 마카베오 항전 초기에 다른 편집자(R^1)가 희망의 말씀들과 함께 시험적으로, 그리고 심판 주제를 도입하면서 종말론적인 성격을 보강한다. 그는 희년 1,4ㄴ-26; 23,14-20.21-31; 50,5를 덧붙인다. 끝으로 하스몬 임금 시대의 어떤 편집자(R^2)가 문학적인 최후 단계를 주도한다. 성전과 예루살렘과 시온에 관한 고정관념에 젖어 있던 편집이 이 작품에 법적이며 민족적이며 개별적인 관점을 불어넣는다.

비젠베르크(E. Wisenberg)는 희년서의 연대적 틀에서 부조리와 부조화를 확인한다. 그는 이 작품에서 서로 다른 문학 층을 추론해낸다. 예를 들어 희년 22,1에서 '마흔네 번째 희년'이 언급되나, 희년 서술에서 우리는 마흔세 번째 희년을 기대하게 되며, 쿰란 단편은 바로 이 일자를 확인해준다(4Q219 II 35). 따라서 희년 22,1의 에티오피아어 역본은 필사 과정의 오류를 담고 있다고 볼 수 있다. 비젠베르크가 지적한 다른 연대적 문제들은 창세기와 탈출기 사건들의 시대를 추정하는 어려움에서 비롯된다. 따라서 여러 저자의 신원을 확인하는 작업은 어려운 일이다.

시걸(M. Segal)은 책의 원전들에 관한 기존의 연구에 기초해서 희년서의 복합 구성을 제안한다. 다이맨트(D. Dimant)는 희년의 통상적인 기간이 49년이나, 에녹이 천사들과 지낸 이야기를 전하는 희년 4,21에서 그 기간은 50년에 해당한다고 밝힌다. 창세 5,22에서 에녹이 지상에서 보낸 시간은 300년이며, 이를 여섯 희년으로 계산할 때 그런 햇수가 나오기 때문이다. 다이맨트는 여기서, 창세 5장을 해석하기는 하나 두 본문이 동일한 어휘와 문체를 공유하지 않아, 에녹서 상권에 직접 종속되지 않는 하나의 전승을 이끌어낸다. 키스터(M. Kister)는 다시 작성한 역사와 법적인 문구를 병치한 두 문구를 연구한다. 희년 7,35-37에 묘사된 첫 네 해의 과일 만물은 레위 19,23-25와는 달리 사제들의 몫으로 취급된다. 똑같은 해석이 성전 두루마리와(11Q19 LX 3-4) 4QMMT(B62-64)로 명명된 문헌에서 다시 발견된다. 그러나 희년 7,1-6에서 노아가 포도나무를 심었을 때, 다섯 번째 해가 되기까지 포도주를 제단에 올리지도 않았고 마시지도 않았다. 키스터는 희년서 두 문구의 이러한 차이에서 많은 전승이 존재했다는 사실을 추정한다. 희년 32,8에서 야곱이 재산의 십분의 일을 갈라 정결한 짐승을 제물로 바치며, 부정한 짐승과 인간의 영혼은 레위에게 준다. 에티오피아어 본문에 없는, 부정한 짐승 봉헌을 부정하는 부분을 복원하는 문제는 논쟁거리이다. 15절에서 소와 양의 십일조는 하느님 앞에서 그것들을 섭취할 사제의 몫으로 되어 있으나, 9절에서는 하느님 앞에서의 십일조 섭취가 요구되지 않는다. 하느님께 올리는 야곱의 봉헌이 문제시될 뿐이다. 키스터는 따라서 9절이 두 번째 십일조를 말하는 것이 아니라, 초막절 기념에 앞선 문구의 마지막 부분에 관련되어 있다는 결론을 내린다. 이어서 어떤 편집자가 이 문구에 따라 두 번째 십일조에 관한 법을 삽입시키고자 했을 것이며, 따라서 9절에 '다시금'이라는 단어를 덧붙였을 것이다. 한편, 첫 번째 십일조에 관한 법은 이미 희년 13,25-27에 보도되어 있다. 앤더슨(G. Anderson)은 다시 쓴 역사와, 희년서의 두 문구, 곧 희년 30장의 디나 유괴와 41장의 유다와 타마르 이야기에서 훈계 형식을 취하고 있는 법적 문구 사이의 차이점을 지적한다. 그는 또한 희년 30,12는 본문에 삽입된 것이라고 추정한다. 그럼에도 불구하고 앤더슨은 여기서 희년서의 문학적인 발전에 대한 이론을 펼치는 것은 거부한다. 라비드(L. Ravid)는 희년 50,6-13의 안식일 규정이 쿰란의 율법학자에 의해 희년서에 첨가된 것이라고 가정한다. 그녀는, 결론이 이미 희년 50,5에 적시되어 있으므로, 이 문구가 결론으로는 적절하지 않다고 판단한다. 게다가 희년서의 법들은 하나의 기사를 따르고 있으나, 안식일 규정의 경우는 그렇지 않다. 라비드는 또한 안식일 규정이 이미 희년 2,24-33에 기술되어 있으며, 안식일에 관한 이 두 문구는 신학적인 차이를 제기한다고 설명한다. 희년 2장에서 안식일은 이스라엘에 적용되나, 50장에서는 이스라엘인들과 함께 사는 종들과 짐승들과 외국인들을 대상으로 하기 때문이다. 도링(L. Doering)은 반대로 희년 50,6-13의 안식일 규정이 작품의 끝부분으로 적절하다고 응수한다. 사실 희년 50,13은 안식일 준수를 미래에 두고 있다. 안식일 규정은 파스카 축제 규정 다음에, 그리고 시나이산에서의 토라 하사 이전에 자리하며, 이는 탈출 16,5.20-22의 안식일 규정 자리와 일치한다. 종들과 짐승들과 거류 외국인들 거명은 희년 2장에서 안식일 규정을 이스라엘에 적용하는 데 문제를 야기하지 않는다. 도링은, 희년 50,8.12의 안식일 규정들과 쿰란에서 발견된 규정들 사이에 차이점이 드러나는 까닭에, 희년 50,6-13이 쿰란에서 작성되지 않았을 것이라고 부연한다. 키스터는 희년 50,13에 명기된 안식일의 서로 다른 두 가지 의미를 통해 희년서에 이 단락이 참가되었음을 설명한다. 이 구절의 첫 번째 부분에서는 안식일이 문제시되나, 두 번째 부분에서는 "땅의 안식일들" 곧 희년이 다루어지고 있기 때문이다. 이러한 사실에서 그는 희년 50,6-13ㄱ이 희년서에 도입되었다고 결론짓는다.

시걸(M. Segal)은 몇몇 문구에 한정되어 있는 이 규정 준수를 희년서 전체로 일반화시켜, 희년서의 본문과 토라의 본문을 단순히 비교하는 차원을 넘어서고자 한다. 그는 법적인 문구들과 다시 쓰인 이야기들 사이의 모순과(희년 3,8–14.17; 41,2.5.23–26.27; 20,4//41,23–26.28; 7,1–6.35–37; 17,15–18,17; 48–49; 33,1–20), 전반적인 연대 틀과 다시 쓰인 기사들의 연대적 자료 사이의 모순을 직시한다(희년, 4.21; 28,14–15.17.18; 5,1.22–23; 7,20–39). 그는 또한 해석 문제를 야기하는 전승들 사이의 긴장 관계를 지적하면서, 어떤 문구가 연대적인 모순 해결을 위해 좀 더 후기에 다른 문구에 덧붙여진 것으로 보이는 국부적인 가필로서의 과일 맏물처럼(희년 7,1–6.35–37) 다른 문구와의 조화를 위해 어떤 문구를 재해석하는 현상과('각개 조화 해결안'), 유다에 의해 선고된 불로 타마르를 죽음에 부치는 판결에 관한 두 원전처럼 성경 본문 해석의 난제에 응답하기 위해서(희년 20,4; 41,23–26) 작품의 기존 주석 전승 모음을 통합하는 작업과(J. Kugel에 따르면 '과잉 살상'), 드러난 모순과 긴장이 새로운 틀 속에 통합되었음을 밝혀내는 문학비평 접근을 구별한다. 이 문학비평 접근은 책에 제시된 여러 예들 수집, 다양한 문학유형 구분, 희년 28장의 야곱의 자녀들 탄생 순서와 같은 모순에서 빚어진 일관성 없는 기사들, '천상 서판'이나 주간 해들과 희년들과 같은 유일한 전문용어, 그리고 책 내부의 다양한 신앙 문제를 설명해준다. 그러나 세상에 대한 저자의 관점과 사용된 원전에 고유한 개념들 사이의 구별은, 시걸이 제시하는 것처럼, 그리 쉬운 문제가 아니다. 게다가 언급된 문구들에 관한 세밀한 분석은 문학 층을 뚜렷하게 갈라놓을 수 있도록 허용하지 않는다. 다양한 전승 사용은 종종 몇몇 긴장 관계와 본문의 어색함을 낳으나, 이러한 문제들은 사용된 원전에 이미 들어 있던 것들이다.

2.3. 구성 일자

19세기 말까지 석학들은 희년서를 기원후 1세기의 작품으로 보았으나, 본(F. Bohn)과 찰스(R.H. Charles)의 연구는 구성 일자를 기원전 2세기로 끌어 올리도록 했다. 본은 2세기 중엽으로 추정했던 반면, 찰스는 2세기 말을 택했다. 기원전 4세기로 가정했던 자이틀린(S. Zeitlin)의 주장은 거의 설득력이 없어 보인다. 핀켈스타인(L. Finkelstein)은, 기원전 175년에 도입된 체육관에서(참조. 1마카 1,14-15; 2마카 4,9.12-15) 옷을 벗는 관습을 암시하는 신체 노출에 대한 거부와, 167년에 발생한 안티오코스 4세 에피파네스의 박해에 대한 침묵을 이유로, 이 작품이 기원전 175년과 167년 사이에 저술된 것으로 가정한다. 일차적인 연대 추정은 정당성이 있어 보인다. 175년은 희년서 저술을 위해 높게 잡을 수 있는 연대가 될 것이며, 안티오코스 4세의 박해는 희년 30,4-6의 배경으로 볼 수 있다. 희년서 수사본이 쿰란에서 발견되었다는 사실은 작성 일자를 좀 더 다듬어준다. 4Q216 사본은 기원전 125년과 100년 사이에 필사된 것이기에, 작품의 편집 일자는 기원전 2세기 말일 수는 없다. 희년 4,16-25는 저자가 1에녹 83-90장을('꿈들의 책') 알고 있었음을 일러주기 때문이다. 그런데 학자들은 일반적으로 에녹서의 이 단원이 기원전 164년에 집필된 것으로 본다. 이 자료들을 종합해보면, 희년서 편집은 기원전 2세기 하반기에 이루어진 것으로 추정된다.

본과 리트만(E. Littmann)에게 희년서 저자는 그리스인들을 거스른 마카베오 항전 일화들 가운데 몇몇을, 그러나 바뀐 단어들로, 참고하는 것 같다. 핀켈스타인과 골드스타인(J. Goldstein)과 니켈스버그(G.W.E. Nickelsburg)는 안티오코스 4세(175-164년)의 칙령보다 다소 앞선 연대에 이 책이 구성된 것으로 인지한다. 그러나 키스터는 이 칙령에 대한 침묵을 편집의 순간 이 칙령이 실시 중이었다는 사실로 설명한다. 본문에 담긴 몇몇 암시들은 마카베오 항전 시대, 좀 더 정확하게는 밴더캄(J. VanderKam)의 주장에 따라, 기원전 166년과 160년 사이의 마카베오 항전 중의 작성 일자 가설을 다듬어준다. 예를 들어 희년 34,2-9의 일곱 아모리 임금들과 맞선 야곱의 승리 일화는, 161년 유다 마카베오가 셀레우코스 장군 니카노르를 거슬러 북부에서 거둔 승리에 대한 암시일 수 있다(참조. 1마카 7,26-50; 2마카 14,12-15,36; AJ XII 402-412). 또한 희년 37,1-38,14에 기술된 야곱을 거스른 에사우의 아들들의 전투 기사는 마카베오 항전 사건들, 특히 163년 유다 마카베오의 승리를 번안한 것 같다(참조. 1마카 5; AJ XII 327-353; 2마카 10,14-23; 12,10-46). 밴더캄과 하미도비치(D. Hamidović)에 따르면, 희년서는 안티오코스 4세의 인종차별 정책에 관한 암시들을 담고 있으며, 이는 희년서에 서술된 사건들을 기원전 175년과 160년 사이의 연대로 국한시킨다. 이 작품은 이보다 조금 후에, 그리스인들이 여전히 위협 세력으로 남아 있었으나 유다인들의 항전이 서서히 잃었던 영토를 되찾아가던 상황 속에서, 편집되었음이 틀림없다.

찰스(R.H. Charles)와 프레이(J.B. Frey)와 떼스뛰즈(M. Testuz)와 죠베르(A. Jaubert)와 데이븐포트(G. Davenport)는 오히려 하스몬 왕조 시대를 내다본다. 희년 31,15의 레위에 대한 이사악의 축복은 하스몬 시대 말로 저술 시기를 잡는 데 유리한 논거가 된다. 다시 말해서 1마카 10,20에 따라 알렉산드로스 발라스 임금이 요나탄에게 대사제직을 수여한 기원전 152년이거나, 시몬이 1마카 14,25-49에서 동일한 직무를 부여받은 시점인 기원전 140년 이후이다. 베르거(K. Berger)는 145년과 140년 사이로 일자를 택한다. 공통으로 인정된 일자는 134년과 104년 사이 요한 히르카노스 시대이다(R.H. Charles. A. Caquot). 희년 32,1에서 레위에게 부여된 '지극히 높으신 하느님의 사제'라는 직함은 창세 14,18의 전문용어와, 요한 히르카노스를 대사제와 임금으로 규정한 '로스 하 사나(Rosh ha-shanah) 18b' 협약을 반영한다. 한편 희년 24,28-32의 필리스티아인들과 희년 38,11의 에돔인들에 관한 묘사는 이 군주의 정복을 암시하는 것일 수 있다.

2.4. 편집 세계

대다수의 연구가는 희년서의 편집 세계로서 사제들의 세계를 바라본다(E. Littmann, K. Berger, J.C. Enders, J. VanderKam, A. Caquot). 레위라는 인물과 역할은 작품 내내 발전을 거듭하는 것이 사실이다. 구약성경은 여러 차례에 걸쳐 레위의 후손에게 사제 기능을 부여하는 반면, 희년서는 32,3에서 성조 자신에게 사제 임무를 위임한다. 사제직이 강조되는 가운데 아담과 노아와 아브라함은 제물을 바치고, 에녹은 희년 4,25의 에덴이라 불리는 성소에서 향을 피운다. 나아가 사제 규정의 전수는, 마음에 드는 자기 후손을 몸소 중개자로 택한 성조들에게 맡겨진다. 이렇게 희년 31,13-32에서 이사악은, 축복 문형상 레위가 유다보다 더 높은 자리에 있는 인물로 여겨지고 있음에도 불구하고, 레위와 유다에게 그 규정을 전수한다. 하나의 자료 묶음이 사제계 저자를 향하여 집중되는 것 같다.

슈바르츠(E. Schwarz)는 이 인물의 신원을 분명히 하고자 했다. 그는 레위인들의 재고를 인식한다. 레위인들의 기능과 상관관계가 있다면, 우리는 넓은 의미에서의 사제 신원을 선호할 수 있다. 사제직의 역사 속에서 앞서 묘사된 기능들이 번갈아가며, 따로 따로 아니면 공동으로, 사제들과 레위인들에 의해 수행되고 있기 때문이다. 이 점에서 디나의 유괴에 대한 복수 사건에서 레위가 도움을 준 일화는, 희년 30,17-20에 따르면, 사제들과 동시에 레위인들에게 주어진 보상을 증언한다.

희년서의 적지 않은 문구는 또한 토라의 연구에 정통한 세계로 이끈다. 찰스는 하스몬 왕조의 정책을 지지했던 바리사이 세계를 간파하나, 그의 논거는 설득력이 없어 보인다. 희년서는 우리가 아는 것이 별로 없는 '하시딤'(*ḥasidim*, 경건한 자들)의 세계에서 저술되었을 수 있다. 서문과 50장의 결문에 제시된 희년서 소개는 이 문서가 탈출 25,1-31,11을 대신하려는 의도를 보여준다. 탈출기의 장들은 예루살렘 성전에 대한 예배적 관심을 발전시켜 나간다. 희년서는 바로 예배와 관련된 이 장들을 대신한다. 분명 문학적 기법은 토라의 틀 속에서 계승된 메시지를 제시하면서 그 가치를 보강하나, 희년서의 편집 세계는 예배에 대해 논하지 않거나 대충 언급하는 문구를 선택할 수 있었을 것이다. 편집 세계가 사제들에게 속한다면, 그 세계는 결국 예루살렘 성전에서 실행해야 할 예배 조항들을 발전시킬 기회를 가졌을 것이다. 그러나 예배에 관한 탈출기의 장들 안에 희년서를 배치함으로써 의도적으로 이 조항들을 회피했던 것으로 보이며, 나아가 예배 규정들을 상기시키기 위한 토론의 장을 포기하기에 이른다. 하나의 결함 문제를 논한다는 것은 늘 까다로운 일이기는 하나, 사제들의 시조인 아론이라는 인물 역시 희년서에 빠져 있다. 따라서 희년서의 편집 세계는, 예루살렘 성전의 예배에 관해 독자적인 개념을 소유하고 있던 '하시딤' 운동의 한가운데에 자리한 사제들의 세계일 것이다.

3. 주제와 의도

3.1. '반-포교' 정책 시도

희년서의 편집 세계는 개혁적인 유다 분파로부터 지지를 받던 헬레니즘 종교예식에 반기를 들었던 부류에 포함된다. 신체 노출 행위가 희년 3,30-31; 7,20에 엄금되며, 할례와 계약의 중요성에 대한 환기는 할례 예식을 은연중에 포기하고 그리스 문화 속에서 계약을 파기하려는 행위에 대응한다. 이 개혁 분파는 유다교의 계율에 충실하게 머물러 있던 공동체이다. 이 엘리트 분파의 계획은 헬레니즘 문화와의 단순한 융합이 아니었다. 이 유다인들은 헬레니즘 세계의 한가운데서 유다 종교의 기원으로 회귀하여, 선택된 백성이 주변 백성과는 달리 차별적인 관습을 소유하지 않은 이상화한 순간을 되찾고자 했다. 따라서 그들은 점령자 그리스인들과 우호적 관계를 유지하면서도 유다 문화의 원천으로 회귀하려는 이중적 정치 프로그램을 펼쳤다. 희년서의 세계는 이러한 사조에 강렬하게 저항한다. 본래의 율법으로의 회귀가 정당한 것이라 하더라도, 점령자와의 제휴를 위해서가 아니라, 이 혼란한 시기에 성조 시대에 하사된 계율을 엄격하게 준수해야 하는 필요성을 상기시키기 위한 목적에서라는 것이다. 따라서 희년서는 수차례에 걸쳐 이스라엘 백성의 계약과, 야훼에 의해 받아쓴 토라와 온전히 일치하여 살았던 성조들에 대한 과장된 추억을 상기시킨다. 편집 세계는 선택된 백성의 특수성은 주창되고 수호되어야 한다고 확언한다. 이렇게 해서 토라가 아담과 하와부터 적용되고 천상의 서판에 영원히 새겨지며, 유다교 신앙의 특징은 태고부터 존재하고, 축제와 안식일과 제물은 천지창조 이래 존속한다. 할례는 이 방법에 따라 환기되며, 선택된 백성과 다른 민족들 사이의 외교적인 명백한 분리를 표시하는 목적을 지닌다. 이처럼 하느님의 선택을 가리키는 표징은 외국인과의 어떤 타협이라도 근원적으로 거부할 것을 종용한다. 희년서의 편집 세계는 이와 같은 방법을 통해 개혁적 유다 분파가 소유한 정치-종교 프로그램의 이중 개념과 양립할 수 없음을 논증한다. 유다 종교의 원천으로의 회귀는 헬레니즘 지배자와의 제휴를 정당화할 수 없다는 것이다. 점령의 상황 속에서 탄생한 희년서는 셀레우코스 점령자와 타협하려는 유다 개혁 분파의 포교전략에 정면으로 대치하는 작품이다(J. VanderKam, D. Hamidović). 동족들을 설득하기 위하여 희년서 편집 세계는 1000년에 이르는 성조들의 생존 기간을(희년 23,11-31) 80세가 최대한의 나이로 보이는 동시대 사람들의 그것과 비교한다. 백발의 아이들 모습은 생존 기간의 단축을 의미하는 과장법으로서 하느님의 계명 망각에 대한 표징이다. 토라를 엄격하게 실천하기 위한 회귀만이 이러한 노쇠를 교정할 수 있다.

3.2. 가나안 땅 소유

가나안 땅은 선택된 백성의 조상 전래의 영원한 소유지로 인식된다. 희년 8,10-30에 따르면, 셈이 팔레스티나 지역을 제비로 뽑았으나, 이후 가나안이 이 지역을 빼앗았으며(희년 10,28-29), 이는 셈의 후손인 이스라엘에 의한 가나안 땅 재정복의 동기를 부여하고 정당화한다. 희년서에 자리한 하나의 늘임표처럼, 이스라엘 백성은 세상 역사의 한가운데서 가나안 땅으로 들어간다(희년 50,4-5). 이처럼 가나안 땅 입성이라는 주제는 최초 상태로, '세상의 상황으로'(*situatio mundi*) 돌아가고자 했던 회귀의 실현, 책에서 공들여 다듬어진 현실을 의미한다. 이 순간은 토라와 계약 중시에 관한 이스라엘 백성의 방황이 끝나는 시점이다. 이 중심 주제는 작품의 편집을 위한 희년 주기 선택의 정당성을 반향한다(D. Hamidović). 49년마다 첫 상태로의 회귀로 이끄는 희년법은 오로지 가나안 땅 입성 이후 적용되었던 것으로 간주된다.

3.3. 정결 수호

희년서는 사물과 사람의 정결 보존을 강력하게 요구하기 위해 다듬어진 작품이다. 이러한 요구가 오경 한가운데에 이미 제시되어 있기는 하나, 희년서에서는 정한 이들과 부정한 이들 사이의 온전한 분리를 확립하기까지 확대되어 있다. 부정한 이들은 야훼에 의해 선택된 자손 한가운데서 떨어져 있어야 한다. 희년 17장에서 추방된 아브라함의 아들 이스마엘, 또는 희년 19,13-25에서 쫓겨난 이사악의 아들 에사우를 예로 들 수 있다. 희년 30,7-17에 따르면, 정한 혈통과 부정한 혈통 사이의 혼인은 엄금된다. 나아가 희년 30,7에 따르면, 외국인과의 혼인은 부부를 죽음에 처하도록 되어 있어 외국인들은 보다 분명하게 거부된다. 정에 대한 관심 차원에서 희년서는 4,11.13-16.20에서 부정이 전혀 없는 혈통의 구성원들과 혼인한 아내들의 이름까지 언급한다. 이처럼 희년서에는 남자 편만이 아니라 여자 편의 혈통에 관한 실질적인 정결성이 표기되어 있다.

3.4. 토라와 계약

토라와, 야훼와 이스라엘 사이에 체결된 계약 규정 준수에 관한 호소 또한 많은 문구에서 상기된다. 토라는 모든 이스라엘 사람이 토라에 대해 가져야하는 기본적인 애착을 강조하기 위해 창조를 앞서며, 성조들이 토라의 계시의 수혜자로 등장하기에 시나이산에서 모세에게 주어진 십계명을 능가한다. 토라는 하늘의 서판에 새겨 있어 시간을 초월하는 개념이다. 희년서는 성경 일화에서 발췌한 과목들이기라도 하듯 율법을 덧붙여 이 개념을 발전시킨다. 예를 들어, 레위 12장으로부터 영향을 받은 희년 3,8-14에서 해산한 여인의 정결례는, 남자인 아담에 견주어 여자인 하와가 뒤늦게 창조되었다는 사실로 설명된다. 한편 계약은 아담의 창조로부터 모세에 이르기까지 자주 갱신된다.

3.5. 종교 축제와 제의

토라 존중 차원에서 발생한 축제와 제의들이 희년서 내내 상세하게 언급된다. 저자는 이 축제들과 그 다양한 종교적 의식들의 기원을 찾고자 부단한 관심을 갖는다. 예를 들어, 주간절은 창조의 일자를 내포한다. 이 축제는, 희년 6,18에 따르면, 노아에 의해 땅에서 처음으로 거행되었다는 점에서, 창조 때부터 하늘에서 행하여지던 것이다. 희년 34,10-19에서 속죄일의 제의는 요셉이 형제들에 의해 팔린 일자를 잡아 제정되었다. 한편 할례는 거의 회화적인 방법으로 확인된다. 창세 17장에서 아브라함과 그 자손이 이 의식을 따른 첫 인물들로 등장하나, 희년 15,25-27에서는 천사들 역시 창조될 때부터 할례를 받는다! 제의의 기원을 태고로 돌리는 이 현상은 예배의 고대적 성격, 곧 하느님과의 가까움이 여전히 존재하는 것 같은 고대 시점의 성격을 강조하는 데 목적이 있다.

4. 참고 문헌

4.1. 주석서

K. Berger, JSHRZ 2/3, Güterloh, 1981. A. Caquot, «Jubilés», in A. Dupont-Sommer/M. Philonenko (éd.), *La Bible. Ecrits intertestamentaires* (La Pléiade), Paris, 1987, p. LXX-LXXV et 629-810. R.H. Charles. *Mašhafa kufa le or the Ethiopic Version of the Hebrew Book of Jubilees* (Anecdota Oxoniensia), Oxford, 1985. Id., *The Book of Jubilees or the Little Genesis from the Editor's Ethiopic Text and Edited with Introduction, Notes, and Indices*, London, 1902. Id., *The Book of Jubilees or the Little Genesis* (Translation of Early Ducuments 1), London/New York, 1917. A. Dillmann, *Liber Jubilaeorum*, London, 1858. E. Littmann, «Das Buch der Jubiläen», in E. Kautzsch (éd.), *Die Apokryphen und Pseudepigraphen des Alten Testaments*, 2, Tübingen, 1900, p. 31-119. H. Rönsch, *Das Buch der Jubiläen oder die kleine Genesis*, Leipzig, 1874. M. Segal, *The Book of Jubilees* (JSJS 117), Leiden, 2007. J.C. VanderKam, *A Critical Text and English Translation of the Ethiopic Book of Jubilees* (CSCO 510-511 Scriptores Aethiopici 88-89), Leuven, 1989.

4.2. 연구 현황

A.-M. Denis, *Introduction aux pseudépigraphes grecs d'Ancient Testament*, Leiden, 1970, p. 150-162. Id., *Introduction à la littérature religieuse judéo-hellénistique*, I, Turnhout, 2000, p. 349-403. M. Segal, *The Book of Jubilees* (JSJS 117), Leiden, 2007, p. 1-41.

4.3. 주요 저서 및 논문

시걸(M. Segal)이 인용한 논문들을 살펴보기 위해서는 위에 언급한 그의 저서를 참조하시오. N. Avigad/Y. Yadin, *A Genesis Apocryphon: A Scroll from the Wilderness of Judaea*, Jerusalem, 1956. F. Bohn, «Die Bedeutung des Buches der Jubiläen», *Theologische Studien und Kritiken* 73(1900), p. 167-184. G.L. Davenport, *The Eschatology of the Book of Jubilees* (Studia Postbiblica 20), Leiden, 1971. A. Dillmann, «Das Buch der Jubiläen oder die kleine Genesis», *Jahrbücher der Biblischen Wissenschaft* 3(1851), p. 1-96. J.C. Enders, *Biblical Interpretation in the Book of Jubilees* (CBQ Monograph Series 18), Washington, 1987. L. Finkelstein, «Pre-Maccabean Documents in the Passover Haggadah. Appendix: The Date of the Book of Jubilees», *HTR* 35(1943), p. 19-24. J. Goldstein, «The Date of the Book of Jubilees», Proceedings of the American Academy for Jewish Research 50(1983), p. 63-86. D. Hamidović, «Le Livre des Jubilées et "Pseudo-Jubilés" à Qumrân», in L.-J. Bord et D. Hamidović (éd.), *Jubilés-Jubilés*, Paris, 2001, p. 55-91. D. Hamidović, *Les Traditions du jubilé à Qumrân* (Orients sémitiques), Paris, 2007. A. Hultgård, A., *L'eschatologie des Testaments des Douze Patriarches*, I er II, Uppsala, 1977 et 1982. A. Jaubert, «Le calendrier des Jubilés et la secte de Qumrân. Ses origines bibliques» *VT* 3(1953), p. 250–264. Id., «Le calendrier des Jubilés et les jours liturgiques de la semaine», *VT* 7(1957), p. 35–61. A. Jellinek, *Bet ha-Midrash: Sammlung kleiner Midrashim und vermischter Abhandlungen aus der ältern jüdischen Litratur*, 3, Leipzig, 1853–5, p. ix. J.T. Milik, *The Book of Enoch. Aramaic Fragments of Qumrân Cave 4*, Oxford, 1976. H. Najman, *Seconding Sinai: The Development of Mosaic Discourse in Second Temple Judaism* (JSJ Supplements 77), Leiden, 2003. G.W.E. Nickelsburg, «The Book of Jubilees», in *Jewish Literature Between the Bible and the Mishnah*, Philadelphia, 1981, p. 73–80. C. Rabin, «Qumran Studies», in *Scripta Judaica*, 2, London, 1957. P.W. Skehan, «Jubilees and the Qumran Psalter», *CBQ* 37(1975), p. 343–347. M. Testuz, *Les idées religieuses du Livre des Jubilés*, Genève/Paris, 1960. J. VanderKam, *Textual and Historical Studies in the Book of Jubilees* (HSM 14), Missoula, 1977. Id., et J.T. Milik, in *Qumran Cave 4, VIII, Parabiblical Texts, Part 1* (DJD XIII), Oxford, 1994, p. 1–140. E. Wiesenberg, «The Jubilee of Jubilees», *RevQ* 3(1961–1962), p. 3–40. S. Zeilten, «The Book of Jubilees, Its Character and Its Significance», *JQR* 30(1939–1940), p. 1–31. Id., «The Book of "Jubilees" and the Pentateuch», *JQR* 48(1957), p. 218–235.

에녹서

랑글루아 (Michael Langlois)

“에녹은 하느님과 함께 살다가 사라졌다. 하느님께서 그를 데려가신 것이다”(창세 5,24). 이 간결한 문형은 ‘에녹은 누구인가?’ 하는 질문을 불러일으키고 관심을 촉발시킨다. 노아 홍수 이전의 성조들 가운데 왜 에녹만이 ‘하느님과 함께 산 인물’로 소개되고 있는가? 하느님은 왜 그를 데려가셨을까? 죽었는가, 아니면 하늘로 올라갔는가?

이 질문들은 히브리어 성경에서는 답변 없이 남아 있다. 라삐 문학에서 에녹은 불경한 인물, 또는 잘해 봐야 변덕스러운 인물로 단죄된다. 그러나 전반적인 유다 문학과 초대 그리스도교 문학에서는 그렇지 않다. 이 문학에서 에녹은 종종, 죽음을 모른 채 하늘로 올라갈 자격을 부여하는 특전 관계를 하느님과 함께 누리는 신심의 본보기로 등장한다.

이때부터 에녹은 천상 세계와 – 특히 천사들과 – 종말에 관한 하느님의 계시를 받고 전수하기 위한 이상적 후보자가 된다. 문학 전체가, 여러 책이 그의 작품으로까지 되어 있는, 에녹이라는 인물을 중심으로 펼쳐진다.

‘에녹의 에티오피아 책’ 또는 ‘에녹서 상권’이라고도 불리는 첫 ‘에녹서’는 이 작품들 가운데 가장 잘 알려진 책이다. 신약성경에 인용되고(유다 14-15) 에티오피아 교회에 의해 경전화한 이 책은 천사들의 실추 기사와, 최후 심판을 주재하는 사람의 아들, 메시아에 관한 언급으로 유명하다.

1. 설계와 내용

첫 '에녹서'는 '감시자들 또는 깨어 지키는 자들의 책'(1-36장), '비유들 또는 직유들의 책'(37-71장), '빛물체들 또는 천문학 책'(72-82장), '꿈들의 책'(83-90장), '에녹 서간'(91-105장) 등 다섯 권을 규합한 혼합 작품이다. 다섯 단원으로 나누는, 모든 주석가가 수용하는 이러한 구분법은 이미 가장 오래된 에티오피아 사본들 가운데 하나인 K-9에 의해 확인된다. 이 사본에서 우리는 1에녹 37,1에서 '2', 1에녹 72,1에서 '3', 1에녹 83,1에서 '4', 1에녹 92,1에서 '5'라는 숫자를 만난다(Isaac).

'감시자들의 책'은 하느님의 심판 도래라는 작품의 중심 주제를 제시하는 도입 부분으로 열린다(1-5장). 이어서 감시자들이라고도 불리는(참조. 다니 4,10.14.20) 천사들의 실추에 관심을 쏟는다(6-16장). 창세기가 몇몇 구절만을 할애할 뿐인 곳에서(창세 6,1-4), 에녹서 상권은 천사들의 죄와 여인들과의 결합으로 빚어진 참담한 결과를 상세하게 서술한다. 이 서술체 단원에 이어 '감시자들의 책'은 에녹이 천사의 안내로 동에서 서로(17-19장), 그리고 서에서 동으로(20-36장) 단행한 일련의 환시 여행을 보도한다(17-36장).

'비유들의 책'은 하느님의 심판을 중심으로 한 세 가지 비유를 예고한다(1에녹 37,5). 이 비유들은 이어서 '첫째 비유'(1에녹 38,1), '둘째 비유'(1에녹 45,1), '셋째 비유'로(1에녹 58,1) 분명하게 미리 적시되면서 기술된다. '비유'라는 개념은 예를 들어 민수 23,7 또는 잠언 1,1에 사용된 개념과 부합한다. 여기서는 문자 그대로의 비유를 말한다기보다는, 잘 다듬어진 또는 시적인 연사를 가리킨다. 따라서 우리는 하나의 환시 또는 서술체 문구가 가끔씩 점재해 있는 세 '연사' 앞에 선다. 이 점에서 60장에서 발언을 하고(8절 참조) 65장에서 에녹을 방문하는 노아의 현존을 눈여겨볼 수 있다.

'빛물체들의 책', 또는 '하늘 빛물체 계시의 책'은(1에녹 72,1) 천체의 운행을 지배하는 법칙을 제시하는 천문학 개론이다. 이 책은 특히 한 해의 시기에 따라 떠오름과 사라짐이 되풀이되는 '하늘의 문'에 – 다시 말해서 지평선에 – 관심을 쏟는다. 첫째 법칙은(1에녹 72,2) 해를 대상으로 하며, 뒤따르는 법칙들은(1에녹 73,1; 74,1) 달, 그리고 달의 변천 과정과 해와 달의 동시성에 관한 것들이다. 이 책은 인간의 죄로 말미암아 우주와 기후가 전복될 것임을 예고하는 말씀으로 마감되며(80장), 이어서 땅으로 돌아온 에녹의 사명을 이야기하는 서술체 단원이 뒤따른다(81-82장).

'꿈들의 책'은 에녹이 꿈에 받은 '두 환시'를 보도한다(1에녹 83,2). 첫째 환시는 홍수에 관한 것이며(83-84장), 둘째 환시는 책의 핵심을 이루는 요소로서 무엇보다도 짐승에 비유하여 세상의 역사를 회상시킨다(85-90장). 이 '짐승 묵시록'에서 아담은 흰 황소이고(85,3) 그의 아들 카인과 아벨은 각각 검은 색과 붉은 색을 지닌 송아지이며, 천사들은 별들이고(1에녹 86,1) 그들의 후손들은 코끼리와 낙타와 당나귀이다(4절). 노아는 흰 황소이고(1에녹 89,1) 에사우와 야곱은 각각 검은 멧돼지와 흰 양이며(12절), 이집트인들은 늑대이다(13절) 등등. 꿈은 최후 심판과 새 성전에 관한 환시로 마무리된다.

'에녹 서간'은 에녹이 자녀들에게 건네는 하나의 편지처럼 제시된다. 이 편지는 형식상으로는 92장에서 시작되며, 91장은 하나의 서언으로 간주되는가 하면 별도의 개론으로 취급되기도 한다(Nickelsburg). 여기서 우리는 '주간 묵시록'을 만나며(1에녹 93,1-10 + 91,11-17), 이 묵시록은 '짐승 묵시록'처럼 인류의 역사를, 이번에는 열 '주간'을 주기로 하여(다니 9,24 참조) 기술한다. '에녹 서간'의 핵심은 실상 일련의 여섯 연사로 구성되어 있으며(94–104장), 여기서 저자는 순서에 따라 불경한 이들과 의인들에게, 따라서 저주의 말씀과 교훈의 말씀을 번갈아가며 전한다.

'에녹서'는 노아의 경이적인 탄생으로 마감되며(106–107장), 그 뒤를 에녹의 '다른 책'이 따른다(1에녹 108,1). 이 장은 에녹서의 중심 주제, 곧 하느님 심판의 날에 불경한 이들은 벌을 받고 의인들은 구원에 이른다는 주제를 다시 확언하면서 작품 전체를 닫는다.

I. **감시자들의 책**(1–36장)

1–5장	도입: 하느님 심판의 도래
6–16장	감시자들의 실추: 감시자들의 죄, 거인들의 탄생, 대천사들에 이은 에녹의 개입.
17–36장	에녹의 환시 여행: 하느님 심판의 장소, 거룩한 산, 생명 나무, 지상낙원, 땅의 극변.

II. **비유들의 책**(37–71장)

37장	도입: 세 비유.
38–44장	첫째 비유" 불경한 이들 심판, 의인들의 처소, 네 명의 대천사, 하늘의 비밀.
45–57장	둘째 비유: 사람의 아들 '선택받은 이'가 주재하는 심판, 죽은 이들의 부활, 금속으로 된 일곱 개의 산, 최후 전투.
58–69장	셋째 비유: 의인들의 지복, 노아와 레비아탄과 베헤못에 관한 환시, '선택받은 이'에 의한 의인들 심판, 힘있는 자들 심판, 노아를 향한 에녹의 계시, 실추한 천사들, 사람의 아들.
70–71장	결어: 에녹의 승천.

III. 빛물체들의 책(72-82장)

72장	해 법칙.
73-75장	달 법칙들: 변천 과정, 음력과 양력.
76-77장	땅: 열두 개 바람의 문, 사방, 일곱 개의 산, 강들과 섬들.
78-79장	해와 달.
80장	죄로 인한 우주적 전복.
81-82장	에녹의 귀환: 하늘 서판, 에녹의 사명, 마투살렘을 향한 에녹의 계시.

IV. 꿈들의 책(83-90장)

83-84장	첫째 꿈: 홍수.
85-90장	둘째 꿈: 짐승 묵시록.

V. 에녹 서간(91-105장)

91장	머리말: 자녀들을 향한 에녹의 권고(11-17절 제외).
92장	도입: 자녀들을 향한 에녹의 편지
93장	주간 묵시록(91,11-17절 포함)
94,1-5	에녹 연사 도입: 정의와 불의의 길
94,6-104,8	에녹의 여섯 연사: 억압과 부정행위, 부, 광기, 불경, 죄, 의인들과 죄인들의 죽음과 삶.
104,9-105	맺음말

VI. 노아의 탄생(106-107)

VII. 종장(108)

2. 기원과 형성

2.1. 전승 과정

'에녹서'는 에티오피아 교회의 경전을 이루며, 이로써 작품 전체가 고대 에티오피아어로 보존되기에 이르렀다. 첫 사본들은 18세기에 서양에 알려졌으며, 이때부터 교부 문헌들에 담긴 몇몇 인용만을 통해 에녹서를 알고 있던 전문가들의 관심을 불러일으켰다. 오늘날 접근이 가능한 에티오피아어 고대 사본 50여개는 15세기와 19세기 사이에 필사된 것들이며, 본디 그리스어에서 번역된 것으로 보이는 두 부류의 본문군에 속한 것들이다(이에 대한 반론으로는 예를 들어 Ullendorf 참조).

두 개의 그리스어 사본이 마침 20세기 전환기에서 발견되었다. 상(上)이집트에 위치한 아크밈(Akhmim)에서 발견된 코덱스 파노폴리타누스(Panopolitanus)는 6세기에 필사된 것으로서 책의 앞부분을 담고 있으며(1에녹 1,1-32,6ㄱ), 파피루스 체스터 비티(Chester Beatty)는 이집트에서 발견되었고 4세기에 작성된 것으로서 책의 마지막 장들을 간직하고 있다(1에녹 97,6-107,3). (Volkmar나 Philippi와 같은) 몇몇 전문가는 에녹서가 그리스어로 기초되었다고 결론짓는 반면, 대다수의 학자는 히브리어 또는 아람어 원문 가설을 내세운다.

20세기 중엽에 사해 사본들 가운데 에녹서 아람어 단편들이 발견됨으로써 이 질문은 답을 찾게 되었다. 열두 개의 에녹서 사본과 (에녹서와 유사한) 십여 개의 '거인들의 책' 사본이 빛을 보았다. 아람어로 기초되고(그리스어로 된 열세 번째 사본은 확인 작업이 불분명하다: 최근의 Puech 참조) 기원전 2세기와 1세기 사이에 작성된 이 모든 사본은 이 시대 에녹 문학의 대중성이 대단했음을 증언한다.

2.2. 기원

에녹서의 몇몇 자료는 근동 문학에서 훨씬 오래된 병행 현상을 찾을 수 있다. 특히 천문학 개론과 실추한 천사들의 활동에 관한 경우이다. '빛물체들의 책'과 '감시자들의 책'은 고대 전승들을 통합한 것일 수 있고, 페르시아 시대부터 그러했으며, 이는 이 문구들의 언어학적 분석과 일치한다.

이 전승들을 에녹이라는 인물과 결부시킴으로써 에녹서에서 확인할 수 있는 것과 같은 개인적이며 전기적인 요소들이 발전을 거듭했을 것이며, '감시자들의 책'과 나란히 자리하게 된 것은 기원전 2세기 중엽의 일로 (불확실하기는 하나) 추정할 수 있다.

이와는 달리 다른 요소들은 보다 후대의 것들로 보인다. '꿈들의 책'에 등장하는 '짐승 묵시록'은 아마도 마카베오 항전을 암시하는 것 같으며, 그렇다면 그 최후 편집은 하스몬 시대일 것이다. 물론 그 첫 편집이 마카베오 시대 이전일 수도 있다(Assefa). 한편 '비유들의 책'이 쿰란에서 발견되지 않았다는 사실에서 몇몇 전문가들은 이 작품의 편집 일자를 후대로 취급하고자 했다. 밀리(J.T. Milik)은 여기서 팔미라 사람들과 사포르의 시리아 군사 전투에 대한 암시를 보며, 이 경우 편집 일자는 기원후 3세기로 볼 수 있다. 다른 학자들은 오히려 기원전 1세기를 가정하며, 대표적인 학자가 기원전 40년의 파코르의 침입을 고려하는 까꼬(A. Caquot)이다. (기원후 70년의) 예루살렘 성전의 파괴에 대한 암시로도 볼 수 있으며, 이 경우 그 편집 시기는 기원후 1세기말로 늦춰진다.

이처럼 에녹서는 최후 형태에 있어 기원전후 전환기 이전에 빛을 볼 수 없었다. 아람어로는 훨씬 분량이 많으며 쿰란에서 다른 두루마리에 필사된 '빛물체들의 책'은 에녹서를 통합하기 위하여 축소되었음이 틀림없다. 이와는 달리 '감시자들의 책'에 게재된 천사들의 실추 기사와 거인들의 탄생 기사는, 쿰란에서 자주 '감시자들의 책'과 함께 등장하는

'거인들의 책'에서 재생되고 확대되어 있는 상태이다. 밀릭은 따라서 '거인들의 책'이, 이미 다섯 권으로 구성되어 있던 에녹서 한가운데서 오늘날 '비유들의 책'이 자리 잡고 있는 자리를 차지했었다고 가정한다.

오경과 시편과 므길롯(*Megillo*) 등이 보여주듯이, 이와 같은 오등분 구조는 성경과 유다교 문학에서 일반적이다. 이 구조는 분명 우연한 것이 아니다. 몇몇 전문가는(Dix, Milik) 모세 오경을 모방한 에녹 '오경'에 대해 말하기도 한다. 에녹서에서 우리는 사실 기원과 악의 기사, 정화 요소로서의 홍수의 도래, 탈출 기사, 율법 등을 만난다. 책의 마지막 부분은 에녹의 최후 연사를 제시하며, 신명기 끝에서 여호수아가 모세의 뒤를 잇는 것과 마찬가지로 자기 후임자 노아를 향한 전이 과정을 보여준다.

에녹 오경은 따라서 에녹의 계시와 교육을 합법화하면서 에녹과 모세를 동일한 지위에 올려놓는다. 에녹이라는 인물의 중추성과 중요성은 몇몇 학자가 (특히 Boccaccini가), 이러한 문학의 기원과 쿰란 공동체가 유래한 에쎄네 운동의 기원으로서의 '에녹 유다교'를 주창하도록 이끌기도 했다. 그러나 이와 같은 가설은 역사적이며 문학적인 자료 부족에 부딪치며, 이와는 달리 에녹의 '전기'(Dimant) 또는 '유훈'을(Nickelsburg) 말하고자 하는 대부분의 전문가가 반론을 제기하는 에녹 오경 가설도 마찬가지이다. 오등분 구조가 의도적이라 하더라도(시편, 므길롯 등 참조), 이 구조가 모세의 토라를 특정하여 겨냥하는 것은 아니기 때문이다.

3. 주제와 의도

3.1. 하느님의 심판

에녹서의 주요 주제는, 불경한 이들을 어둠 속에 집어던지고 의인들을 천상 영광으로 인도할 하느님 심판의 도래이다. 이 주제는 첫 구절부터(1에녹 1,1) 마지막 구절에(1에녹 108,15) 이르기까지 함축적으로 작품에 배여 있으며, 모든 단원에 규칙적으로 등장한다. '감시자들의 책'에서 하느님은 실추한 천사들의 죄를 단죄하시면서도(1에녹 10,4-15) 의인들은 재앙을 면하게 하신다(17절). 환시 여행을 틈타 에녹은 실추한 천사들이 결박되어 있는 무시무시한 심연을 묘사한다(1에녹 21,1-10).

'비유들의 책'에서 에녹의 첫째 비유는 죄인들의 단죄를 분명히 하며(1에녹 38,1), 둘째 비유는 악인들의 심판을 주재하고(1에녹 45,3) 복되고 평화로운 땅 위에서 '선택받은 이들' 사이에 머물(4-6절) '선택받은 이'의 도래를 예고한다. 의인들의 영원한 지복은 셋째 비유 연사를 열며(1에녹 58,1-6), 이어서 영들의 주님이 실행하실 징벌, 의인들을 향한 그분의 너그러우심과(1에녹 61,13) 대조를 이루는 징벌로 되돌아간다(1에녹 60,25).

'빛물체들의 책'은 언뜻 보기에 이 주제를 피하는 것으로 보이나, 에녹시 한가운데에 자리한 천문학 개론은 징벌을 맞이할 인간의 죄로(1에녹 80,8) 말미암은 우주의 전복 묘사로 정당화된다(2-7절). 자연 법칙에 관한 이러한 진술은 1에녹 5,4-6이 설명하는 인간의 불경과 대조를 이루는 1에녹 2,1-5,3을 반향한다.

'꿈들의 책'은 온 세상을 파괴시키는 재앙을 처절하게 묘사하는 것으로 시작된다(1에녹 83,2-5). 이어서 우리는 이 파괴가 천사와 인간의 죄에(1에녹 84,4) 대한 하느님의 마땅한 징벌이나(1에녹 83,7), 의인들에게는 구원이 가능함을 터득한다(6절). 둘째 꿈 곧 '짐승 묵시록' 역시 천사들과(1에녹 90,20-25) 이 천사들을 뒤따른 사람들을(26-27절) 거슬러 단행된 최후 심판을 언급한다. 의인들은 한편 하느님과 그분 말씀 앞에 있는 새 성소에 받아들여질 것이다(33-38절).

하느님의 심판 주제는 '에녹 서간'에도 편재되어 있으며, 머리말부터 가혹한 징벌을 예고하고(1에녹 91,7), 서로 다른 두 길을 대비시킨다. '주간 묵시록'에서 의인들은 여덟 번째 주간 중에 악인들을 징벌하도록 칼이 맡겨짐을 보며(1에녹 91,12), 불경은 아홉 번째 주간에 파괴될 것이다.(14절). 한편 최후 심판은 열 번째 주간 말미에 펼쳐질 것이다(15절). 에녹의 여섯 연사는 하느님 심판 날에 전개될 불행과 축복을 동반하는 저주와 교훈을 교차시킨다. 이 심판 예고는 에녹 서간 다음에 자리한 마지막 장에서 되풀이되며, 이로써 에녹서 마지막 구절까지에 이르도록 이 주제가 중추 역할을 하고 있음을 확고히 한다(1에녹 108,2-15).

3.2. 천사들

에녹서의 또 다른 주요 주제는 많은 독자의 관심을 불러일으킨다. 천사들에 관한 것이다. '감시자들의 책'은 우리에게 천사들 가운데 일부가 하느님을 거역하여 여인들과 결합하기 위하여 땅에 내려가기로 결심했으며(1에녹 6-7), 이로써 창세 6,1-4에서 문제시되는 거인들이 태어나게 되었음을 알려준다. 이 거인들은 이름이 분명히 밝혀진 우두머리들에 의해 통솔된다(1에녹 6,7; 참조. 69,2). 이 이름들 가운데 여럿은 우주 현상을 암시하며, 나아가 셈족 세계에 잘 알려진 신들을 상기시킨다. 실추한 천사들은 또한 야금술, 식물학, 또는 미용법과 같은 다양한 기술을 사람들에게 가르쳐주었다는 사실로 비난 받는다(1에녹 7,1; 8,1-3).

실추한 천사들에 맞서 신실한 천사들이 자리하며, 몇몇 천사의 이름이 언급된다(1에녹 9,1; 참조. 40,9; 54,6; 71,8 등). 천사들의 고유한 이름에 관한 이러한 관심은, 플라비우스 요세푸스에 따르면, 에세네파의 특성이며(유다 전쟁사 II,42), 이를 근거로 몇몇 전문가는 에녹서를 에세네파의 작품으로 돌리기도 한다. 천사들의 이름들 가운데 (각각) 성경의 다니 10,13.21; 12,1과 다니 8,16; 9,21에 등장하는 미카엘과 가브리엘이 있다. 이 신실한 천사들은 그 수효가 많아 수천 수만에 이른다(1에녹 71,8). 그들은 잠을 자지 않고 하느님의 옥좌를 지키며(7절) 그분을 찬미한다(1에녹 39,12). 이들은 또한 인간과 하느님 사이의 중개자들로서 하느님께

(거인들에 의해 억압 받는 영혼들의 상처와 같은) 인간의 메시지를 전해드리며(1에녹 9,3-4), 역으로 (예를 들어 노아에게) 하느님의 대변인 역할을 한다(1에녹 10,1).

천사들이 수행하는 지고의 역할은 창세기와 에녹서의 병행 문구들을 비교해 볼 때 분명히 드러난다. 땅을 유심히 살피는 이들은 네 명의 대천사들이지(1에녹 9,1) 하느님이 아니다(창세 6,11-12). 또한 부정행위는 실추한 천사들과 거인들에 의해 전파되었으며, 인간은 그 희생자들일 뿐이다(1에녹 8,4; 9,3). 이와 마찬가지로 홍수는 천사들의 오염으로부터 땅을 정화하기 위하여 개입된 것이지(1에녹 10,7-8), 창세기에서처럼 하느님께서 창조하심을 후회하신 인간에 의해 저질러진 악의 결과가 아니다(창세 6,5-7). 노아는 직접 하느님으로부터가 아니라(창세 6,13), 대천사에 의해 예고를 받는(1에녹 10,1-3) 등이다. 이러한 예는 에녹서에서 확인되는 천사론에 관한 다양한 발전과, 범죄론 못지않게 구원론에 관한 함축성을 보여준다.

3.3. 메시아

'비유들의 책'에서 네 명의 대천사가 중대한 역할을 하기는 하나(1에녹 40,9; 54,6; 71,8-9.13), 이름을 알 수 없는 또 다른 인물이 무대에 등장한다. 인간의 모습을 띠었으면서도 천사와 비교되는(1에녹 46,1) 이 인물은 '사람의 아들'이라는 수식어를 동반한다(1에녹 46,2-4; 48,2; 62,5-14; 63,11; 69,26-29). 이 칭호는 다니 7,13과, 예수 그리스도께서 자신에 대하여 말할 때 언급하는 복음서 대목에서 수차례 다시 발견된다(예를 들어 마태 8,20; 마르 2,10; 루카 9,22; 요한 1,51 등).

이 '사람의 아들'은 하느님에 의해 '선택'되어(1에녹 46,3) 하느님의 심판을 단행하며(4-6절), 이는 세상 창조 이전부터이다(1에녹 48,3.6). 그는 따라서 자주, 영광스러운 하느님의 옥좌에 앉아(1에녹 51,3; 55,4) 천사들과 세상의 힘 있는 자들 심판을 주재하는 '선택받은 이'로 지칭된다(1에녹 39,6; 40,5; 45,3-4; 49,2.4; 51,3; 52,6.9; 53,6; 55,4; 61,5.8.10; 62,1). 이 선택은 물론 도유로 상징되기에, '선택받은 이'는 '기름부음받은이' 또는 '메시아'로 불린다(1에녹 48,10; 52,4).

구약성경에서 많은 병행 문구들이 인용될 수 있다 하더라도(예를 들어 이사 45,1; 61,1; 시편 2,2; 다니 7,14; 9,25-26 등), '비유들의 책'에 제시된 메시아적 또는 그리스도론적 발전 과정은, 영광스러운 옥좌에 앉아(마태 25,31) 하느님의 심판을 주재하시는(32절) 나자렛 예수님이 기다려진 메시아로 소개되는(요한 1,41; 4,25-26) 복음서의 그것들과 비교될 수 있다. 우리는 '비유들의 책'이 그리스도교 이전에 작성된 의미를 잘 이해할 수 있다. 이 책은 그리스도교 탄생 시대 유다교의 메시아사상에 대한 유일한 증언을 형성한다. 이와 달리 이 책의 저술 시기를 기원후 2세기, 나아가 3세기로 잡는다면 이러한 의미를 잃게 되며, 그리스도교에 의해 구성된 작품으로 취급될 위험을 안을 수도 있다(Milik). 그리스도교와 상관이 없는 유다교 편집을 옹호하는 다른 학자들은 종종 '비유들의 책' 끝부분을 반-그리스도교적인 덧붙임으로 간주한다. '사람의 아들'을 에녹 자신으로 소개하면서(1에녹 71,14), 예수 그리스도와의 어떤 동일시 경향도 거부한다.

4. 참고 문헌

4.1. 발간물과 주석서

K. Beyer, «Henoch», in *Die aramäischen Texte vom Toten Meer*, Göttingen, 1984, p. 225-258. M. Black, *Apocalypsis Henochi Graece*

(PVTG 3), Leiden, 1970. Id., *The Book of Enoch or 1 Enoch: A New English with Commentary and Textual Notes in Consultation with James C. VanderKam* (SVTP 7), Leiden, 1985. A. Caquot, «I Hénoch», in A. Dupont-Sommer/M. Philonenko (éd.), *La Bible. Ecrits intertestamentaires*, Gallimard, 1987, p. 463-625. E. Isaac, «1 (Ethiopic Apocalypse of) Enoch», in J.H. Charlesworth, *The Old Testament: A New Edition on the Light of the Aramaic Dead Sea Fragments*, Oxford, 1978. M. Langlois, «Le livre d'Hénoch»; «Livre astronomique d'Hénoch», in K. Berthelot/Th. Legrand et A. Paul, *The Books of Enoch Aramaic Fragments from Qumrân Cave 4*, Oxford, 1976. G.W.E. Nickelsburg, *1 Enoch 1: A Commentary on the Book of 1 Enoch, Chapters 1-36; 81-108* (Hermeneia), Mineapolis, 2001. L.T. Stuckenbruck, *1 Enoch 91-108* (CEJL), De Gruyter, 2007. S. Uhlig, *Das äthiopische Henochbuch* (JSHRZ 5/6), Gütersloh, 1984.

4.2. 연구 현황

G. Boccaccini/J.J. Collins, (éd.), *The Early Enoch Literature* (JSJ.S 121), Leiden, 2007.

4.3. 주요 저서 및 논문

4.3.1. 본문 연구

D. Assefa, *L'Apocalypse des animaux (1 Hen 85-90) une propagande militaire?* (JSJ.S 120), Leiden, 2007. S. Bhayro, *The Shemihazah and Asael narrative of 1 Enoch 6-11* (AOAT 235), Münster, 2005. S.P. Brock, «A Fragment of Enoch in Syriac», *JTS* 19(1968), p. 626-631.

K. Koblentz Bautsch, *A Study of the Geography of 1 Enoch 17-19* (JSJ.S 81), Leiden, 2003. E. Eshel/H. Eshel, «New fragments from Qumran: 4QGen[f], 4QIs[b], 4Q226, 8QGen, and XQpapEnoch», *DSD* 12/2(2005), p. 134-157. M. Langlois, *Le premier manuscrit du Livre d'Hénoch. Etude épigraphique et philologique des fragments araméens de 4Q201 à Qumrân* (LeDiv), Paris 2008. E. Puech, «Sept fragments grecs de la Lettre d'Hénoch (1Hén 100, 103 et 105) dans la grotte 7 de Qumrân(= *7QHéngr*)», *RevQ* 70(1997), p. 313-323. P.A. Tiller, *A Commentary on the Animal Apocalypse of I Enoch* (SBL.EJL 4), Atlanta, 1993.

4.3.2. 주제 연구

G. Boccaccini, *Beyond the Essene Hypothesis. The Parting of the Ways between Qumran and Enochic Judaism*, Grand Rapids, 1988. Id. (éd.), *The Origins of Enochic Judaism. Proceedings of the First Enoch Seminar*, Torinio, 2002. Id. (éd.), *Enoch and Qumran Origins. New Light on a Forgotten Connection*. Grand Rapids, 2005. Id. (éd.), *Enoch and the Messiah Son of Man. Revisiting the Book of Parables*, Grand Rapids, 2007. Id./G. Ibba (éd.), *Enoch and the Mosaic Torah. The Evidence of Jubilees*, Grand Rapids, 2009. D. Dimant, «The Biography of Enoch and the Books of Enoch», *VT* 33(1983), p. 16-19. T. Dix, «The Enochic Pentateuch», *JTS* 27(1926), p. 29-42. D.R. Jackson, *Enochic Judaism: Three Defining Paradigm Exemplars* (LSTS 49), London, 2004. H.S. Kvanvig, *Roots of Apocalyptic: The Mesopotamian Background of the Enoch Figure and of the Son of Man* (WMANT 61), Neukirchen-Vluyn, 1988. A. Orlov, *The Enoch-Metatron Tradition* (TSAJ 107), Tübingen, 2005. J.C. VanderKam, *Enoch and the Growth of an Apocalyptic*

Tradition (CBQ.MS 16), Washington, 1984. Id., *Enoch: A Man for All Generations*, Columbia, 1995. A. Yoshico Reed, *Fallen Angels and the History of Judaism and Christianity: The Reception of Enochic Literature*, Cambridge, 2005.

열두 성조의 유훈

하미도비치 (David Hamidović)

고대에 '열두 성조의 유훈'은 초기 그리스도교 신자들에게 큰 영향력을 행사했다. 이 작품은 탄생에 따라 분류된 야곱의 아들들, 곧 르우벤, 시메온, 레위, 유다, 이사카르, 즈불룬, 단, 납탈리, 가드, 아세르, 요셉, 벤야민의 유훈 모음을 형성하며, 유훈 모음집의 최종판은 그리스도교의 가필과 함께 우리에게 다다랐다. 열두 성조의 유훈에 서술된 인물들을 그리스도와 동일시하는 경향을 넘어, 윤리적인 훈계와 종말론적 기다림 차원은 복음 전승에 보도된 예수님의 가르침을 상기시킨다. 쿰란 사본에서의 유훈 발견은 그리스도교에 의한 개정 이전의 문헌에 관한 문학사를 밝혀주었다.

1. 설계와 내용

1.1. 모음집의 문학유형

여러 성조의 유훈 문제이기에 문학유형의 확인 작업은 어렵지 않다. 성조는 인생의 황혼기에 접어들어 천상 세계와 미래에 관한 지식에 접근하게 되었다는 하나의 믿음이 생겨났다(TgPs-J 창세 49,1 참조). 후계자들을 위한 (또는 위한 것이 아닌) 물질적인 고려는 배제된 채, 다만 따라야 할 덕행을 기리는 윤리적 훈계만이 발설된다. 따라서 승계 결정의 문제가 아니다. 본문은 영적인 유훈과 결부되어 있다. 열두 유훈은 이스라엘의 열두 지파를 위한 12라는 숫자의 상징에 따라 규합된 것으로 보인다.

영적 유훈이라는 문학유형은 열두 성조의 유훈에 고유한 것이 아니다. 유훈이 완전히 독립적인 문학유형을 형성하는가 하는 문제로 유형 비평(*Gattungsgeschichte*)에서 토론이 있었다. 발처(K. Baltzer)는 열두 성조의 유훈을 계약 유형과 접근시켰으며, 꼬르테스(E. Cortès)에게 유훈은 '작별사' 문맥을 아우른다. 다른 학자들은 문학 유훈의 다양한 유형을 구별한다. 이들 가운데 콜렌코우(A.B. Kolenkow)는 축복-계시 유훈과 도덕직 유훈을 시별하며, 열두 성조의 유훈은 여기서 마지막 범주에 속할 것이다. 폰 노르트하임(E. von Nordheim)은 하나의 유훈을 확인하기 위하여 세 가지 기준, 곧 '과거 회상', '윤리 교육', '미래 전망'이라는 기준을 활용하나, 그 결과는 거의 설득력이 없다. 보이하레우 이 빌라플라나(R.M. Boixareu i Vilaplana)는 이 유형을 '사회 설계 유형'으로 보면서, 문학유형이 '진리를 파악하는 것이 아니라 그것을 드러내는' 교육 기능을 지닌다고 덧붙인다.

우리는 영적인 내용의 유훈 문학유형이 이미 존재한다는 사실을 알고 있다. 창세 49,29-32의 야곱의 작별 연사와 신명 33장의 모세의 축복 또는 희년 35장과 36장의 레베카와 이사악의 작별 연사 등 본문은 이러한 문학유형을 예시하고 있기 때문이다. 나아가 본문의 기초가 되는 문형은 유훈의 법적인 양식으로부터 영향을 받고 있다. 열두 성조의 각 유훈은 하나의 사본으로 제시되며, 죽음을 눈앞에 둔 사람의 정신적인 건강 상태에 관한 확인이 앞선다. 그러나 고인의 말씀 기록이라는 의미에서의 구술성은 다른 무엇보다도 우선시된다. 이러한 문서 양식은 기원 전후의 전환기에 대중적이었던 것 같다. 다른 유훈들이 쿰란에서 발견되었기 때문이다. 이스라엘 고대사의 다른 인물들의 유훈을 담고 있으며, 케핫(4Q542), 암람((4Q543-4Q549), 납탈리의 경우(4Q215)이다.

1.2. 본문 상태

열두 성조의 유훈은 그리스어로 된 15개의 사본으로 전해졌다. 온전한 작품으로 알려진 가장 오래된 사본은 기원후 10세기에 작성된 것이다. 이 문서는 그리스도교 문학에서 거의 인용되지 않으며, 다만 오리게네스와('여호 15,6 강론'에서 르우벤의 유훈 2-3장 인용) 예로니모가('시편 15편 강해'에서 납탈리의 유훈 2,8 인용) 이를 분명하게 언급할 뿐이다. 그러나 이 모음집의 제목은 그리스어와 아르메니아어와 슬라브어로 된 작품 속에 인용된다는 점에서, 이 모음집을 위한 편찬은 늦어도 기원후 3세기 초에 이루어진 것 같다.

아르메니아어로 된 판은 거의 50여개에 이르는 사본으로 확인된다. 이 사본들 가운데 온전한 것으로는 어떤 것도 이 시기에 이루어지지 않았다. 이 판은 그리스어 판에 비해 그리스도교 가필을 적게 담고 있다는 흥미로운 점을 보여준다. 하나의 '새로운' 그리스어 판이 사본 하나를 통해 알려졌으며, 이 판은 문헌의 끝부분을 발간한 전승의 본문 증언을 형성한다. 슬라브어 판에 이어 세르비아어 판은 이 그리스어 판과 가깝다. 끝으로 그리스어 판을 기초로 이루어진 라틴어 판이 유럽 언어 번역의 토대 역할을 한다.

20세기는 작품의 이해를 위해, 특히 레위의 유훈을 위해 전환점을 이루는 시기였다. 레위에 관한 아람어 본문 단편들이 고대 카이로의 카라이테 유다교 회당의 게니자에서 확인되었으며, 시리아어로 기록된 작은 단편이 다른 곳에서 발견되었다. 이어서 아람어로 된 레위에 관한 하나 또는 여러 문헌 단편들이 쿰란 동굴에서 빛을 보았다(4Q213, 4Q213a,

4Q213b, 4Q214, 4Q214a, 4Q214b, 1Q21). 이 단편들은 우리가 그리스어 판을 통해 알고 있는 레위의 유훈과 어느 정도의 연관성을 지니고 있다(H. Drawnel, J.C. Greenfield, M.E. Stone, E. Eshel). 끝으로 다마스쿠스 문서는(CD IV 15-19) 레위의 말을 전하면서도 소실된 작품을 참조하는 것 같다. 발견된 아람어 문헌들과 그리스어로 된 레위의 유훈은 다마스쿠스 문서에 인용된 주제를 담고 있지 않은 것으로 보이기 때문이다. 홀랜더(H.W. Hollander)와 드 존지(M. de Jonge)는 이 판들이 '공통의 시조'를 전제로 한다고 추론한다. 한편 샤를르(R.H. Charles)와 필로넨코(M. Philonenko)는, 그리스어로는 이해하기 힘든 표현들과 어법들이 히브리어로 된 원문을 배경으로 한다는 점에서, 그리스어 판 뒤에서 히브리어 원문을 찾고자한다. 쿰란에서 발견된 사본들은 이와 같은 가정을 보강해준다. 그러나 베커(J. Becker)와 키(H.C. Kee)는 히브리어나 아람어 원문에서 그리스어 번역이 이루어졌나는 사실을 입증해주는 확실한 근거를 인정하지 않는다. 홀랜더는 헬레니즘과 유다교와 그리스도교 문서 사이의 연관성을 내세우며, 이어서 이 저자는 드 존지와 함께 알렉산드리아의 전승을 알고 있던 유다교 또는 그리스도교 대중을 위해 칠십인역성경에 가까운 그리스어로 기초된 원본일 것이라는 가능성을 주장하면서 자기의 기존 입장을 다소 수정한다. 따라서 아마도 어떤 저자가 '지방색'을 드리우기 위해서 셈어화를 시도했을 것이다. 그러나 이 가설들을 뒷받침하는 근거가 빈약하다는 사실과, 종종 해석에 속하는 문제라는 사실을 인정하자. 그러함에도 불구하고 카이로 게니자의 아람어 문헌들과 쿰란의 문헌들 사이에 밝혀진 유사성은 기원전 수세기경의 레위라는 인물에 관한 전승을 확인해주는 것 같다. 그리스어 판 레위의 유훈과의 관련성은 가능한 일이나, 레위가 직접 명기되지는 않는다. 사실 그리스어 판은, 쿰란에서 발견된 히브리어 본문과 매우 가까운 희년서 에티오피아어 판과는 달리, 아람어 판을 자의적으로 번역한 것은 아니다. 따라서 학자들은 아람어 문헌들을 레위의 유훈을 완성하기 위하여 사용되었던 원전들 가운데

몇 개 정도로 받아들일 것을 제안한다. 한편, 지금은 사라지고 없는 레위에 관한 다른 전승들과, 오로지 레위라는 인물에게만 집중되어 있지 않던 다른 원전들이 동시에 혼합되었던 것 같다.

우리는 '열두 성조의 유훈'의 문학적 단일성에 의구심을 가질 수 있다. '성조'라는 이름으로 되어 있는 고대 목록에서 니체포르(Nicéphore)는 5100개의 소절을 집어내나, 본문은 2600개만 포함하고 있을 뿐이기에, 보다 긴 작품의 축소라는 가설이 제안되었다. 그러나 이와 같은 제목 아래 독립적인 또는 오늘날 다른 제목으로 알려진 다른 문서들이 계산에 넣어질 수도 있다. 분명 쿰란 동굴에서 발견된 단편들은 유훈이라는 문학유형이 유다인들 사이에 대중적이었으며, 따라서 이 유형은 초기의 연구가 고려했던 바를 뛰어 넘어 더 오래된 유형이었음을 밝혀준다. 그러나 이 단편들은 열두 성조의 유훈을 필사한 것은 아니다. 중세기의 히브리어로 된 두 개의 개정본과, 납탈리의 그리스어 유훈과 함께 히브리어로 된 쿰란 사본(4Q215)으로 알려진 납탈리의 유훈 비교는 하나의 문서가 다른 문서에 끼친 영향력에 관한 문제를 제기하며, '열두 성조의 유훈'의 문학적 생성에 관한 정보를 제공한다. 세 개의 문헌과 비교해 볼 때, 그리스어로 된 '납탈리의 유훈'은 4Q215를 원전으로 사용한 것 같으나, 이 쿰란 사본은 지나치게 분량이 적어 그리스어 판의 다른 원전들 병합을 부정할 수가 없다. 스톤(M. Stone)은 여기서 세 개의 문헌이 오늘날 사라진 동일한 원전을 기초로 작성되었을 것이라 가정한다. 쿰란에서 발견된 케핫과 암람의 유훈은 열두 성조의 유훈에 실려 있지 않다. 따라서 그리스어 작품의 축소는 가능하기는 해도 입증되지는 않는다. 쿰란 서고의 어떤 단편도, 중세기의 어떤 사본도, 하나의 유훈을 다른 유훈과 묶지 않기 때문이다.

열두 성조의 유훈은 악행 앞에서 도덕적 덕행을 권고하기 위하여 '열둘'이라는 숫자의 상징성에 따라 선택된 유훈 편찬인 것으로 보인다. 이 작품의 발행 세계는 수집한 작품에 문학적 단일성을 제공하기 위하여 각 유훈의 머리말과 맺음말을 덧붙이거나 바꾼 것으로 보인다. 상호 독립적이던 유훈의 본래 구조는, 사용된 원전을 기초로 한다면, 히브리어 또는 아람어 기법을 따른 것으로 보인다. 이어서 유훈은 그리스도교 시대 초기까지 이어진 편찬 때마다 개정을 거듭했다. 1884년에 슈나프(F. Schnapp)는 이미 본래의 문헌을 히브리어 첨가 부분과 구별했으며, 그리스도교 가필자들이 히브리어 이 첨가 부분을 수정해나갔을 것으로 보았다. 이러한 관점은 그리스도교의 가필 부분을 축소하고 유다교의 첨가 부분들을 구별하지 않고 오로지 유다교 원문으로 보았던 샤를르(R.H. Charles)에 의해 다소 변화를 보인다. 샤를르는 열두 유훈을 포괄한 하나의 '으뜸' 문헌에 관한 논지를 유지하며, '하시딤적' 요소와 이 작품이 보여주는 마카베오 왕조에 대한 충성심을 논거로 내세운다.

1.3. 내용과 실게

열두 성조의 유훈은 개별적인 영적 유훈 모음이다. 각 유훈은 하나의 문학 난위를 이루나, 전수된 메시지의 갑작스러운 전이나 부조화는 본문의 수정 작업과 덧붙임 현상을 일견케 해준다. 각 유훈은 또한 편찬 작업에서의 기능과 위치를 제시한다. 따라서 하나 또는 여러 주제가 각 유훈에 할당되는 현상을 보여준다.

르우벤의 유훈: 사고

1,1-5	머리말
1,6-10	르우벤의 사치에 대한 훈계, 처벌과 참회
2,1-3,8	일곱 (또는 여덟) 미혹
3,9-6,4	여인들과의 접촉에 대한 경고

6,5-12	레위의 중심 역할에 관한 예언(유다의 이차적인 역할)
7,1-2	맺음말

시메온의 유훈: 욕망

1,1-2,1	머리말
2,2-14	시메온의 청년기, 요셉에 대한 질투와 참회
3,1-5,3	욕망과 질투(심)에 대한 경고
5,4-7,3	레위에 대한 예언, 종말론적 약속과 시메온의 부활, 레위와 유다에 대한 예언
8,1-9,2	맺음말

레위의 유훈: 사제직과 오만

1,1-2	머리말
2,1-7,4	레위의 첫 번째 환시: 하늘 여행, 일곱 하늘 묘사, 당신 성전에 계시는 하느님, 스켐에 대한 복수
8,1-19	레위의 두 번째 환시: 첫 번째 임직과 두 번째 임직
9,1-14	사제직을 주제로 레위를 가르치는 이삭의 교육
10,1-5	훈계와 예언(죄-유배)
11,1-12,7	레위의 생애 약술과 그의 자손
13,1-9	율법과 지혜 순종에 관한 훈계
14,1-15,4	훈계와 예언(죄-유배)
16,1-5	훈계와 예언(죄-유배-귀환)
17,1-11	사제의 일곱 희년
18,1-14	사제들 징벌과 새로운 사제의 도래
19,1-5	맺음말

유다의 유훈: 용기와 탐욕과 사치

1,1-2	머리말
1,3-2,7	생애 약술
3,1-7,11	가나안 사람들과 맞선 전투 중에 유다가 보여준 용맹한 행위
8,1-3	바트수아와의 혼인과 자손
9,1-8	에사우와 그의 아들들을 거스른 유다의 용맹한 행위
10,1-11,5	바트수아의 불경과 그의 아들들
12,1-12	유다와 타마르
13,1-8	훈계
14,1-8	과도한 포도주 소비에 대한 경고
15,1-6	부정에 대한 경고
16,1-5	포도주 소비에 대한 새로운 경고
17,1-18,6	탐욕과 사치에 대한 경고. 유다의 아들들의 죄 예언
19,1-4	우상숭배로 이끄는 탐욕에 대한 경고
20,1-5	두 정신: 진실과 미혹
21,1-6ㄱ	레위 사랑 권고(레위-유다 문구)
21,6ㄴ-22,3	영원한 왕국에 이르기까지 임금들의 죄 예언
23,1-5	훈계와 예언(죄-유배-귀환)
24,1-6	유다의 새로운 임금, 야곱의 별
25,1-5	성조들과 하느님께 신실한 이들의 부활
26,1-4	맺음말

이사카르의 유훈: 단순함

1,1	머리말

1,2-3,8	생애 약술
4,1-5,3	단순함에 관한 훈계
5,4-8	이사카르와 레위와 유다와 가드 축복
6,1-4	훈계와 예언(죄-유배-귀환)
7,1-7	이사카르의 무고
7,8-9	맺음말

즈불룬의 유훈: 긍휼과 자비

1,1-2	머리말
1,3-7,4	생애 약술과 요셉 이야기
8,1-6	연민과 자비 훈계
9,1-4	일치 훈계
9,5-9	훈계와 예언(죄-유배-두 번에 걸친 귀환)
10,1-5	즈불룬과 그의 형제들의 부활
10,6-7	맺음말

단의 유훈: 분노와 거짓

1,1-2	머리말
1,3-9	요셉을 거스른 단의 고백
2,1-3,6	분노의 폐해에 대한 훈계
4,1-5,3	분노와 거짓에 대한 경고
5,4-13	단과 구원자 사탄에 대한 예언(레위-유다 문구와 함께 죄-유배-귀환)
6,1-11	구원에 관한 훈계와 평화의 천사와 사탄 사이의 투쟁
7,1-3	맺음말

납탈리의 유훈: 천부적 선

1,1–5	머리말
1,6–12	생애 약술
2,1–3,5	창조시 도공으로서의 하느님
4,1–5	훈계와 예언(죄–유배–두 번에 걸친 귀환)
5,1–7,4	납탈리의 두 환시
8,1–3	유다를 통한 구원 도래(레위–유다 문구)
8,4–10	하느님의 계명 준수에 관한 권고
9,1–3	맺음말

가드의 유훈: 증오

1,1	머리말
1,2–2,5	생애 약술
3,1–5,11	증오를 거스른 훈계
6,1–7,7	사랑
8,1–2	이스라엘의 구원(레위–유다 문구)
8,3–5	맺음말

아세르의 유훈: 악행과 덕행의 두 얼굴

1,1–2	머리말
1,3–5	창조시의 두 성향
1,6–4,5	인간을 위한 두 성향의 결의론
5,1–6,3	이중성을 벗어나 단 하나의 성향으로 하느님 섬김 권고
6,4–6	두 천사, 두 목적지
7,1–7	훈계와 예언(죄–유배– 두 번에 걸친 귀환)

8,1-2	맺음말

요셉의 유훈: 정결

1,1-2	머리말
1,3-2,7	생애 약술
3,1-9,5	요셉과 이집트 여자
10,1-4	정결과 순수와 인내와 겸손한 마음 권고
10,5-16,6	종과 수인으로서의 요셉
17,1-18,4	상호 사랑에 관한 훈계
19,1-7	예언: 요셉의 환시와 레위-유다 문구
20,1-6	맺음말

벤야민의 유훈: 사고의 순수성

1,1-2ㄱ	머리말
1,2ㄴ-2,5	생애 약술
3,1-8	올바른 사고로 하느님의 계명 준수 권고
4,1-6,7	올바른 사고를 지닌 선한 사람을 따를 것을 권고
7,1-8,1	벨리아르의 악행을 피할 것을 권고
8,2-3	올바른 사고를 지닌 인물 묘사
9,1-5	예언: 죄-유배-귀환, 벤야민의 몫으로서의 성전, 성전 오염
10,1-5	유훈의 목적
10,6-11	성조들과 신실한 이들의 부활
11,1-5	벤야민의 자손 출신으로 주님께 사랑받는 이의 도래 예고
12,1-4	맺음말

각 유훈의 머리말과 맺음말은 전문용어와 문장구조에서 매우 유사하며, 유훈 문학유형에 가까운 틀 속에 중심 본문을 자리하게 한다. 이끌어 들이고 끝맺음하는 이 문구들은 또한 창세 49,1-2.29-33; 50,24-26으로부터 영향을 받았다. 유훈 문집에서 우리는 일반적으로 성조에 관한 전기적 정보를 접하며, 요셉의 생애에 관한 여러 일화 언급이 이 정보 내용 속에 삽입된 것으로 보인다. 성조들의 생애 약술은 뒤따르는 훈계의 가치를 높이기 위한 역할을 한다. 덕행 또는 죄는 유독한 성조에게만 전가되어 있어, 열두 성조의 유훈은 율법과 성조들의 가르침에 순종하도록 하는 명령 안에서 악행과 덕행에 관한 신중한 검토의 총체를 형성한다. 훈계들은 성조의 후손들에 대한 예언들과 연계되어 있다. 양식과 내용의 다양성 안에서 레위와 유다를 거스른 반역(레위-유다 문구)과/이나 하느님의 계명을 망각함에서 비롯되는 배신(죄-유배-귀환)이 개진된다. 그러함에도 불구하고 최후의 언급은 언제나, 종종 구원자의 이상적 모습을 통해 구현되는, 평화와 구원의 복원을 명시한다. 여러 학자는 이 문구가 그리스도교의 가필에 속하며(J. Becker), 종말론적 개념의 발전을 보여준다고 주장한다(A. Hultgård).

2. 기원과 형성

2.1. 원전

작품의 원전은 여러 가지이다. (이미 일견했던 대로) 아람어와 히브리어 표현 양식의 보다 오래된 작품들과 그리스도교의 가필들과의 관련성 이외에, 칠십인역성경 번역의 지혜문학에서 빌려온 개념들이 많은 문구에 분명히 담겨 있으며, 에녹에 관한 전승들과 희년서에 공통적인 참고 자료들이 뚜렷하게 명시되어 있다. 헬레니즘 개념들, 특히 스토아

학파 개념들이 일곱 영이 언급된 르우벤의 유훈 2,3-3,1의 배경에, 또는 신체 부분이 열거되는 납탈리의 유훈 2,8에 등장한다. 홀랜더(H.W. Hollander)는 이 원전들을 기초로 칠십인역성경 연구와, 아세르의 유훈 1,3-5,2에서 확인되는 것처럼, 철학 토론에 정통한 헬레니즘 학파에서 기록된 하나의 작품을 인지한다. 열두 성조의 유훈에 수록된 개념들은 편집자들과 교정자들 세계의 폭넓게 열린 정신을 증언하며, 이는 다른 사조와 타협하고 세상에 대해 열려 있던 세계에 의해 여러 차례 읽히고 또 읽힌 작품의 특성을 보강해준다.

그리스도교의 가필 흔적은 뚜렷하나(예를 들어 단의 유훈 7,3), 그 수는 주석가들에 따라 다르다. 열두 성조의 유훈을 사해 사본과 비교하면 가필의 높은 숫자는 문제시될 수 있다. 사실 그리스도교에 의한 것으로 추정되는 첨가 부분들과 누락 부분들 또는 '수정 부분들'은 온전히 기원 전후 전환기의 혼합 유다교에 의한 것으로 취급될 수 있다. 그럼에도 불구하고 사해 사본 조회는 별도의 그리스도교 첨가 부분들을 밝혀주기도 한다. 따라서 첨가 부분 또는 개정 부분 확인 작업은 신중하게 이루어져야 한다.

2.2. 작품의 형성

금세기 초에 샤를르(R.H. Charles)는 세 단계의 편집 과정을 찾아냈다. 본래의 문헌은, 납탈리의 유훈 5,8이 로마인들을 빠뜨리고 있기에, 기원전 109년과 107년 사이에 작성되었을 것이다. 따라서 로마의 개입 이전의 편집이 추정된다. 레위를 예찬하는 문구들은 마카베오 시대를 전제로 할 수 있다. 요한 히르카노스 암시는 레위의 유훈 5-7장의 스켐 파괴 기사에서 인지될 수 있으며, 이는 사마리아 파괴에 대한 암시일 수 있다. 또한 레위의 유훈 8,14-15에서 요한 히르카노스(134-104)가 직접 암시될 수 있다. 이어서 마카베오 시대의 대사제들에 대해 비호의적인 반면 하스몬가의 사람들에게 호의적이었던 독자들이 기원전 1세기 후반기에 레위와 유다를 거스른 문구들을 덧붙였을 것이다. 끝으로 다른 부분들은 불명확한 시기에 본문에, 특히 레위의 유훈 17,1-9에 첨가되었을 것이다.

1970년에 베커(J. Becker)는 열두 성조의 유훈 구성에 또 다른 설명에 유리한 입장을 취한다. 그는 마카베오 항전 직전인 기원전 200-175년경에 헬레니즘화한 유다교의 지혜문학 세계에서 탄생한 '바탕 문서'(*Grundschrift*)라 불리는 최초의 문서를 찾는다. 두 번째 문학 단계는 '수집소'(收集所, *Sammelbecken*) 단계로서 기원전 1세기와 기원후 2세기 사이의 적지 않은 사람에 의해 덧붙여진 다양한 여러 부분으로 이루어졌을 것이다. 그런 다음 그리스도교의 가필 부분이 접목되었을 것이다. 요셉 이야기는 이 문서가 이집트에 그 기원을 두고 있음을 밝혀줄 수 있다.

베커로부터 몇 년이 지나 홀트가르트(A. Hultgård)는 두 편집 단계를 식별한다. 첫 번째 단계는 아람어 레위 문헌들과 레위에 관한 다른 전승들을 이용하여 유다와 레위의 이상형에 따라 미래를 묘사한 반-하스몬 집단의 작품 단계이다. 레위와 유다의 유훈에서 죄는, 솔로몬의 시편과 쿰란에서 발견된 몇몇 묵시록과 1에녹 91-104장에서처럼, 기원전 100년경의 하스몬가의 죄를 묘사하는 것 같기 때문이다. 1세기 초는 하느님의 개입 곧 종말론적인 주제 한가운데에 묘사된 다윗가의 메시아에 대한 희망과 부활에 대한 믿음으로 특징된다. 두 번째 편집단계는 세상에 대해 열려 있었을 뿐만 아니라, '사제-구원자'라는 메시아의 중심 모습이 돋보이는 보편적 메시지를 전파하기까지 한 집단에서 비롯된다.

드니(A.-M. Denis)는 요셉이라는 인물을 '최초의 핵심', '유다가 대표하는 나라와 레위가 대표하는 성전과 관계된 이스라엘인의 본보기'로 보며, 여기에 보다 제한된 다른 유훈들, 곧 르우벤과 레위와 즈불룬과 요셉과 벤야민의 유훈이 합류한다.

홀랜더(H.W. Hollander)와 드 존지(M. de Jonge)는 현 형태대로의 문서

를 그리스도교 단체의 작품으로 취급하나, 문서의 이전 역사를 기술한다는 것은, 다시 말해서 유훈의 본래 형태를 재구성한다는 것은 불가능하다는 사실을 지적한다.

2.3. 편집 세계, 교정 세계, 편찬 세계와 일자

그레이브(J.E. Grabe)는 1698년에, 유다교 문서에 그리스도교가 가필을 한 문서가 열두 성조의 유훈이라는 논제를 발표한 최초의 인물이다. 사실 기원후 2세기 말과 3세기 초에 그리스도교에서 편찬된 문서 회람이 이 시대의 작품 구성임을 입증해주는 것은 아니다. 확인된 원전들과 본문 비판은 여러 차례 손질된 유다교 문서로 우리를 이끌기 때문이다. 열두 성조의 유훈 원문 탐색은 이렇듯 어려운 작업이다. 각 유훈의 편집 세계, 또는 이보다는 각 유훈의 편찬 세계는, 작품에 수집된 자료들이 엄청난 다양성을 제시하기에, 다다르기 쉽지 않다. 유다교에 견주어 그리스도교 세계의 확인 작업과 분류 작업에 관한 현재의 토론은 편찬 세계의 탐사를 위해 고려되어야 하는 것으로 보인다.

열두 성조의 유훈 저자 문제는 현재 형태대로의 문서 작성 시기와, 추정되는 이전 문학 단계에서의 작성 시기 문제와 짝을 이루며, 재독 과정이 분명하다는 점에서 복잡한 문제로 머문다. 샤를르는 이전의 바리사이파 곧 하시딤(*h'asidim*) 세계에서 유래한 원문을 생각한다. 쿰란에서 발견된 사본들 가운데 레위에 관한 아람어 전승들을 담고 있는 문서는 에세네파의 기원 가설을 불러일으켰다. 그러나 베커는, 쿰란 제4동굴에서 발견된 수많은 단편이 확인되고 출간되면서 앞서 제안된 논거들이 미묘한 변화를 일으키거나 의미를 상실한 이래, 열한 개의 논거를 통하여 이 가설을 거부하기에 이른다. 그러함에도 불구하고 베커는 마카베오 항전 직전에 기초된 본래의 문서가 하나 또는 여러 헬레니즘화한 유다교 세계와 조심스럽게 일치한다는 사실을 인정했다. 한편 홀트가르트는 둘 다 이상적 인물이 된 대사제와 임금을 저자로 품으려는 의지를 앞세웠다. 레위에 관한 원전들은 레위를 예언자와 토라를 가르치는 사람으로 이상화한 레위 집단에 의해 재해석되었을 것이다. 유다 왕권 또한 하스몬가에 대한 비판에 타격을 주기 위하여 강조되었을 것이다. 따라서 훌트가르트에 따르면, 개정 작업을 없었다. 작품의 대주제들은 편집시부터 이미 존재했으며, 한 공동체의 출현을 증언한다. 그러나 이러한 해석은 번역 행위, 또는 좀 더 정확하게 말해서 작품을 그리스어로 완성시키는 작업을 경시하고 있다. 이 완성 작업은 작품을 철학적으로 검토하는 과정에서 의심의 여지없이 첨가와 개정과 나아가 문구 삭제를 거쳤을 것이다. 몇몇 문구에 새겨진 보편성을 띤 음조는 이 문서를 한 공동체에 속한 것으로 보아야 하는지 아닌지에 대해 질문을 던지도록 초대한다. 그러나 쿰란 공동체에서 가까운 동굴에서 발견된 문서들 또한 그들 고유의 개념들을 온 이스라엘인과 온 인류에 일반화시키려는 경향을 보여준다. 끝으로 홀랜더와 드 손지는 현재의 형대대로의 열두 성조의 유훈을 기원후 2세기 후반기에 완성된 것으로 보는 가운데, 그리스도교에 의한 작업임을 인정한다.

3. 주제와 의도

3.1. 윤리

열두 성조의 유훈은 미래의 세대를 교도하기 위하여 윤리적인 색조를 띤 훈계들을 모아놓은 작품과 유사하다(벤야민의 유훈 10,4-5; 즈불룬의 유훈 10,2). 성조들의 생애 장면에 근거한 악행과 덕행에 관한 상세한 묘사는 일반적으로 하느님의 율법에 대한 참조와 그분 계명으로 마감된다(유다의 유훈 26,1; 즈불룬의 유훈 10,5; 단의 유훈 5,1; 6,10; 납탈리의 유훈 8,10; 가드의 유훈 3,1; 요셉의 유훈 19,6). 따라서 정의, 사랑, 진실 등이 설파된다. 요셉은 유훈들을 가로지르는 윤리 역할을 하는 인물, 전수해야 할 가치들을 구현하는 유훈의 윤리적 영웅으로 소개된다. 작품의 편찬 세계는 적어도 윤리적 계명의 차원에서만 하느님의 율법을 검토한다. 예를 들어 예배와 식품법과 할례와 같은 의무 사항들은 누락되어 있다. 이와는 달리 외국인들과의 혼인은 레위의 유훈에서는 거부되며(9,10), 예고된 레위 자손들의 죄로 간주된다(14,6).

3.2. 하느님과 벨리아르 사이의 투쟁

훈계들은 종종 세상에서의 선과 악 사이의 끊임없는 투쟁에 의거한다. 하느님과 그분의 천사들은 벨리아르와 저주의 영들과 대적한다. 하느님은 신실한 이를 보호하시나, 불경한 이는 종말에 절멸될 것이다. 이 작품에서 천사론과 마귀론이 잠시 개진되며, 이는 작품의 편찬 내내 세상을 파악하기 위한 일관성 있는 잣대였다는 인상을 준다. 이 투쟁에 속하는 개념들은 주로 교훈적인 목적에서 검토된다. 이 개념들은 아낌없는 충고들과 도덕적 경고들을 보강해주고 있기 때문이다.

3.3. 미래에 관한 기다림

미래를 예고하는 문구들은 흔히 훈계의 말씀에 이어 등장한다. 성조들은 미래의 죄들과 그 결과를 내다본다(레위의 유훈 10,2; 이사카르의 유훈 6,3; 납탈리의 유훈 4,1). 스텍(O.H. Steck)에 의해 논쟁의 대상이 된 죄-유배-귀환 문구들은 신명기의 역사 관점에 관한 하나의 종말론적 변체를 보여주는 것 같다. 이 문학적 예형은 최후의 개정 시대에 이르기까지 성조들의 이스라엘 역사를 기술하도록 이끌어준다. 이렇게 해서 종말론적 심판과 구원이 묘사된다. '구원자'로서의 이상적 인물의 출현과(유다의 유훈 24장; 레위의 유훈 18장; 즈불룬의 유훈 9,8) 부활에 관한 문구들은(유다의 유훈 25장; 즈불룬의 유훈 10,1-4) 이 문학유형의 부속물로 나타난다. 또 다른 예형, 곧 레위-유다 문구들이 검토될 수 있다. 두 성조에 대한 순종이 잘 정리되어 있기 때문이다(이사카르의 유훈 5,7-8ㄱ; 요셉의 유훈 19,6). 그들의 역할이 미래의 구원에서 하느님에 의해 보증된 상태로 특별한 자리를 차지하고 있을 만큼 강조되어 있다. 그러나 그들의 자손들은, 레위의 아들들을 위해서는 사제직의 면직을, 그리고 유다의 아들들을 위해서는 왕권의 실권을 낳는다(레위의 유훈 10; 14-15; 16; 유다의 유훈 21,6-22,3; 23; 단의 유훈 5,6-9). 이 문학 예형들과 부속물들 사이의 선택 동기를 정립하는 일은 쉽지 않다. 어떤 일관성 있는 체계도 해당 문구들의 상세한 분석 앞에 버티지 못하기 때문이다.

4. 참고 문헌

4.1. 주석서

J. Becker, AGJU 8, 1970. R.H. Charles, *The Testaments of the Twelve Patriarchs*, London, 1908. H.W. Hollander/M. de Jonge, *The Testaments of the Twelve Patriarchs. A Commentary*, Leiden, 1985. A. Hultgård, *L'eschatologie des Testaments des Douze Patriarches, I. Interprétation des textes*, Uppsala, 1977; *II. Composition de l'ouvrage, textes et traductions*, Uppsala, 1982. M. de Jonge, *The Testaments of the Twelve Patriarchs. A Study of their Text, Composition and Origin*, Assen, 1953. M. Philonenko, «Testaments des douze patriarches», in A. Dupont-Sommer/M. Philonenko (éd.), *La Bible. Ecrits intertestamentaires* (La Pléiade), Paris, 1987, p. LXXV-LXXXI et 811-944.

4.2. 연구 현황

A.-M. Denis, *Introduction à la littérature religieuse judéo-hellénistique*, I, Turnhout, 2000, p. 227-289. H.D. Slingerland, *The Testaments of the Twelve Patriarchs: A Critical History of Research*, Missoula, 1977.

4.3. 주요 저서 및 논문

K. Baltzer, *Das Bundesformular* (WMANT 4), Neukirchen, 1964, p. 142-170. R.M. Boixareu i Vilaplana, *El Gènere Literari dels Testaments dels Patriarques*, Barcelone, 1999. E. Cortès, *Los Discursos de Adiós de Gn a Jn 13-17. Pistas para la historia de un género literario en la antigua literatura judía*, Barcelone, 1976. H. Drawnel, *An Aramaic Wisdom Text from Qumran. A New Interpretation of the Levi Documenti* (Supplements to JSJ 86), Leiden, 2004. J.E. Grabe, *Spicilegium S.S. Ptrum et ut haereticorum*, I, Oxoniae, 1698. J.C. Greenfield/M.E. Stone et E. Eshel, *The Aramaic Levi Document* (SVTP 19), Leiden, 2004. H.C. Kee, «The Ethical Dimensions of the Testaments of the XII as a Clue to Provenance», *NTS* 23(1977-1978), p. 259-270. A.B. Kolenkow, «The Genre Testament and Forecasts of the Future in the Hellenistic Jewish Milieu», *JSJ* 6(1975), p. 57-71. T. Korteweg, «The Meaning of Naphtali's visions», in M. de Jonge (éd.), *Studies on the Testaments of the Twelve Patriarchs* (SVTP 3), Leiden, 1975, p. 261-290. H.W. Hollander, *Joseph as an Ethical Model in the Testaments of the Twelve Patriarchs*, Leiden, 1981. E. von Nordheim, *Die Lehre der Alten, I, Das Testament als Literaturgattung im Judentum der Hellenistisch-Römischen Zeit* (Arbeiten zur Literatur und Geschichte des hellenistischen Judentums 13), Leiden, 1980, p. 115-118. M. Philonenko,

Les interpolations chrétiennes des Testaments des Douze Patriarches et les manuscrits de Qumrân, Paris, 1960. F. Schnapp, *Die Testamente der Zwölf Patriarchen untersucht*, Halle, 1884; in E. Kautzsch (éd.), *Die Apokryphen unde Pseudepigraphen des Alten Testaments*, II, Tübingen, 1990, p. 458–506. O.H. Steck, WMANT 23, 1967, p. 149–153.

부록

성경 연대표 1)

1. 선사 시대

초기 구석기.	(기원전) 400000	(티베리아스 호수 근처) 우베이디야에서 근동에서 가장 오래된 인간의 자취 발굴. 아슐기 문화.
중기 구석기.	90000	무스테리안기 문화 (카프제, 케바라).
후기 구석기.	40000	오리냑기 문화에 이어 나투피안기 문화.
신석기. 선 도자기기 A. 선 도자기기 B. 도자기기.	8500	주거지 조성 시작. 농업과 목축업. 예리코 건설. 예리코, 문하타, 텔레일랏, 엘 가술.
금석기 시대.	4300	야금술 시작(금석).
메소포타미아: 수메르에 이어 아카드 왕국.	3500	설형문자 출현.

1) 원서가 TOB(Cerf, 2004년)의 연대표를 따르고 있기에, 이 연대표를 번역하여 우리말 주석 성경(2010년)에 실은 한국천주교중앙협의회의 인허를 받아 그대로 옮겨놓는다.

2. 제국 탄생

	(기원전) 3300	가나안: 초기 청동기 시대. 도시 출현.[2]
이집트: 고 왕국 시작, 수도 멤피스 건설.	3100	상형문자.
대 피라미드.	2600	
메소포타미아: 아카드의 사르곤 제국.	2334–2154	
	2300	초기 청동기와 중기 청동기 사이.
이집트: 중 왕국.	2100	'저주 문서.'[3]
메소포타미아: 우르 제3왕조. 아모리인들의 침입과 정착.	2000	중기 청동기 II(2000–1550년).
1900년부터 바빌론 제1왕조, 함무라비 치세(1792–1750년).		'함무라비 법전'[4], '아트라 하시스 신화'[5], '길가메시 서사시.'[6] 아브라함 씨족이 가나안 땅에 도착.
이집트: 중 왕국과 신 왕국의 중간 시대, 힉소스 시대(1730–1550년).		성조 시대.

2) 성벽으로 둘러싼 집단 거주지를 통상 '도시'라고 일컫는다.

3) 이 시대의 저주 문서들이 발굴되었는데, '저주'는 특히 이집트에서 다양하게 이용되었다. 그 가운데에서도 중왕국 시대에는 나라의 원수들에 대한 마술적 저주가 성행하였다.

4) 세계에서 가장 오래된 성문 법전으로, 그때까지의 법을 모두 282조로 집대성한 것이다.

5) 인간의 죄와 그에 따른 전염병과 홍수의 벌을 노래하는 서사시이다.

6) 신화적 영웅 길가메시의 모험을 노래하는 서사시이다.

3. 이집트 - 가나안

이집트	연 대	가나안
신 왕국(1550-1070년).	(기원전) 1550	후기 청동기 I(1550-1400년).
투트모세 3세의 수차에 걸친 가나안 원정, 므기또 전투(1480년경).		'타아낙 서판.'[7]
	1400	후기 청동기 II(1400-1200년).
아멘호테프(일명 아크나톤) 치세(1350-1334년).		'엘 아마르나 서한.'[8] 가나안에 이집트의 봉건 도시국가 건설. 예루살렘의 우두머리 압디 히바 언급.
히타이트 신 왕국(1450-1090년). **우가리트**(=라스 사므라): 알파벳 문자(14세기).[9] **이집트**(제19왕조): 세티 1세(1317-1304년).		'바알 신화.'
람세스 2세(1304-1238년), 히타이트인들과 카데스에서 전쟁, 이어서 동맹.	1300	이집트군 가나안 주둔: '벳 스안 석비.'[10]

7) 타아낙은 이즈르엘 평야 남쪽 끝자락에 위치한 고을로, 이곳의 폐허에서 상형문자로 된 서판들이 발견되었다.

8) 이집트의 수도였던 이곳에서는 이집트 조정과 아시아의 여러 동맹국 및 속국 사이에 오간 외교 문서들이 많이 발굴되었다.

9) 이집트 문명과 메소포타미아 문명이 만나는, 팔레스티나 북부의 이 시리아 지방에서 세계 최초로 알파벳이 발명된다.

10) 벳 스안은 이즈르엘 평야 동쪽 끝자락, 요르단 계곡에 위치한 고을로, 이집트의 세티 1세와 람세스 2세에 관한 비석, 람세스 2세의 상 등이 발굴되었다.

이집트	연 대	가나안
	(기원전) 1250	
메르네프타(1238–1209년), '재위 5년의 석비'에서 리비아인들과 '이스라엘'이라 하는 종족에 대한 승리 기념.		이집트의 모세. 가나안, 특히 산악 지대에 다양한 종족들 정착.

4. 정치적 조직을 추구하는 지파들

이집트 · 메소포타미아	연 대	팔레스티나
이집트(제20왕조): 람세스 3세(1194–1163년), 필리스티아인들을 포함한 '해양 민족들' 패퇴.	(기원전) 1200	철기 시대 I(1200–1000년). 패전한 필리스티아인들이 가나안 연안 남부에 정착.
		'판관들'의 시대(1200–1030년경).
메소포타미아: 1100년경 티글랏 필에세르 1세(1115–1077년) 치하에서 아시리아 제국 패권 장악, 이어서 아람인들의 압력으로 쇠퇴.	1100	
여러 아람 왕국 탄생(다마스쿠스, 초바, 하맛).		
이집트(제21왕조): 수도 타니스. 왕권 쇠약.	1050	1050년경 필리스티아인들이 아펙에서 이스라엘과 싸워 승리.
이집트: 파라오 시아문(1000–984년). **다마스쿠스**: 임금 르존.	1000	벤야민 지파의 사울, 유다 지파의 다윗(1010–970년경: 2사무 2–1열왕 2), 다윗의 아들 솔로몬(970년경–933년: 1열왕 2–11)과 함께 왕정제도 탄생.

5. 이스라엘과 유다 왕국(933-722년)

이집트 · 메소포타미아	연 대	이스라엘*[11]	유다
	(기원전)	철기 시대 II(1000-600년경)	
이집트(제22왕조, 950-730년): 시삭 1세(950-929년), 팔레스티나 원정(므기또 석비).		예로보암1세(933-911년), 북 왕국 창건.	르하브암(933-916년), 시삭에게 조공.
			아비얌(915-913년).
		나답(911-910년). *	아사(912-871년), 바아사를 치려고 벤하닷과 동맹.
다마스쿠스: 벤 하닷 1세.	900	바아사(910-887년). 엘라(887-886년). *	
		지므리(7일천하). *	
		오므리(886-875년), 수도 사마리아 건설.	
아시리아: 아슈르나시르팔 2세(883-859년). 살만에세르 3세(858-824년); 아시리아 제국의 팽창 정책 재개에 맞서 반 아시리아 동맹 결성(카르카르 전투, 853년)		아합(875-853년), 페니키아 여인 이제벨과 혼인, 아람과 전쟁, 반 아시리아 동맹 가입(카르카르 전투, 853년)	여호사팟(870-846년), 아합과 동맹.

이집트 · 메소포타미아	연 대	이스라엘*	유다
다마스쿠스: 벤 하닷 2세.	(기원전)	예언자 **엘리 야**.	
모압: 메사 임금 (840년경 세워진 석비에서 이스라엘과 싸워 이긴 승리 기념). **다마스쿠스**: 하자엘이 벤 하닷 2세를 암살하고 등극하나 841년 살만에세르 3세에게 패함.	850	아하즈야(853-852년). 요람(852-841년), 모압 임금 메사와 싸우기 위하여 출정. 예언자 **엘리사**. *	여호람(848-841년), 아합의 딸 아탈야와 혼인.
			아하즈야(841년).
		예후(841-814년), 하자엘에게 요르단 동쪽 땅을 빼앗기고 살만에세르 3세에게 조공(841년).	아탈야(841-835년), 다윗 왕조를 위기에 빠트림.
다마스쿠스: 벤 하닷 3세.		여호아하즈 (820-803년), 벤 하닷 3세와 갈등 관계.	요아스(835-796년), 사제들의 계략으로 등극하나 신하들의 모반으로 살해됨.

이집트 · 메소포타미아	연 대	이스라엘*	유다
아시리아: 아닷 니라리 3세(810-783년), 803년 다마스쿠스 세력 약화시킴. **[그리스에 도시국가들 출현]**	(기원전) 800	여호아스(803-787년), 803년에 아닷 니라리 3세에게 조공을 바치지만, 벤 하닷 3세와 아마츠야와 싸워 승리.	아마츠야(811-782년), 신하들의 모반으로 살해됨.
		예로보암2세(787-747년), 이스라엘 국력 회복.	아자르야(=우찌야, 780-740년).
아시리아: 783-745년 사이 서쪽 지방에 대한 영향력 약화.			
	750	예언자 **아모스**와 **호세아**.	750년 요탐 집정.
		즈카르야(747년). *	
다마스쿠스: 르친. **아시리아**: 티글랏 필에세르 3세(747-727년), 정복한 국가들 병합, 주민 강제 이주(732년 다마스쿠스 등), 729년 풀이라는 이름으로 바빌론 왕권 인수.		살룸(747-746년). * 므나헴(746-737년), 737년에 티글랏 필에 세르 3세에게 조공. 프카흐야(736-735년). *	요탐(740-735년). 예언자 **이사야**와 **미카**.

이집트 · 메소포타미아	연 대	이스라엘*	유다
	(기원전)	페카(735-732년), 아하즈에게 맞서 르친과 동맹, 왕국의 일부가 티글랏 필에세르 3세에게 합병(734-733년). *	아하즈(735-716년?), 페카와 르친에게 맞서 티글랏 필에세르 3세에게 원병 요청, 티글랏 필에세르 3세에게 조공.
살만에세르 5세 (726-722년).		호세아(732-724년), 이집트와 동맹 시도, 사마리아가 포위됨.	728년경 히즈키야 집정.
사르곤 2세(722-705년).		722년 사마리아 함락, 주민 유배, 북 이스라엘 왕국의 종말.	

6. 예루살렘 함락까지의 유다 왕국

이집트 · 메소포타미아	연 대	유다
아시리아: 사르곤 711년 아스돗 점령. **바빌론**: 721-711년 므로닥 발아단의 지휘 아래 아시리아의 지배에서 벗어나려고 시도.	(기원전)	히즈키야 (716-687년: 2열왕 18-20), 아시리아로부터 독립 시도, 바빌론(므로닥 발아단이 보낸 사절)과 이집트와 접촉, 예루살렘 요새화('실로암 지하 수로의 비문'), 입법서.

이집트 · 메소포타미아	연 대	유다
이집트: 제25왕조(누비아 왕조), 샤바카(715?–696년). 티르하카(690년경 집정, 685–664년 재위).	(기원전)	
아시리아: 산헤립(704–681년), 701년 히즈키야를 포함한 서쪽의 반 아시리아 동맹 세력을 제압하러 원정.	700	701년 산헤립 원정, 예루살렘 포위, 히즈키야가 산헤립에게 조공. 예언자 **이사야** 활동(후기).
아시리아: 에사르 하똔(680–669년), 671년경 북부 이집트 점령.		므나쎄(687–642년), 아시리아에 항복. 예언자 **나훔**.
아시리아: 아슈르바니팔 (668–630/626년), 니네베에 도서관 건립, 650년경 이집트 제26왕조의 프삼메티쿠스에게 격퇴. **바빌론**: '신 바빌론' 왕국 (626–539년). 바빌론인들(나보폴라사르)과 메디아인들(키아카레스)이 니네베를 파괴하고(612년) 아시리아 제국을 멸망시킴(606년).	650	아몬(642–640년). 요시야(640–609년: 2열왕 22,1–23,30), 아시리아의 패권 거부, 신명기의 노선에 따라 종교 개혁, 예루살렘 성전의 중심 역할, 파라오 느코와의 전투에서 패전하고 전사. 예언자 **스바니야**. 여호아하즈(609년), 재위 삼 개월 만에 느코에게 폐위되고 그의 동생 여호야킴 즉위
바빌론: 네부카드네자르 (604–562년), 605년 카르크미스에서 이집트 파라오 느코(609–594년)의 군대를 쳐 이기고 옛 아시리아 제국 장악.	600	여호야킴(609–598년), 605년부터 바빌론에 종속, 602년경 반기. 예언자 **예레미야**와 **하바쿡**. 여호야킨(598–597년: 2열왕 24,8–17),

이집트 · 메소포타미아	연 대	유다
	(기원전)	네부카드네자르가 예루살렘 포위, 예루살렘 항복, 에제키엘을 포함한 주민 제1차 유배, 임금 유배. 요시야의 아들 치드키야(597-587년). 593년경 예언자 **에제키엘** 활동 전개. 589년 치드키야가 바빌론에 반기.
588-587년: 네부카드네자르가 티로 포위, 13년 동안 지속. **[563년: 석가 출생]** **[551년경: 공자 출생]**		588년: 예루살렘 포위 시작, 예레미야 체포. 587년 7-8월: 예루살렘 함락, 치드키야 체포, 성전 파괴(2열왕 25,8-21), 주민 제2차 유배, 9/10월에 총독 그달야 피살 582-581년: 제3차 유배. 561년: 바빌론의 에윌 므로닥이 여호야킨 임금을 사면.

7. 페르시아 시대(538-333년)

페르시아	연 대	유다
페르시아의 키루스 임금(551-529년), 539년 바빌론 점령.	(기원전) 550	538년: 바빌론의 유다인들이 세스바차르의 인도 아래 예루살렘으로 귀환하도록 허락하는 키루스의 칙령 반포.
캄비세스(530-522년).		제단 복구.

페르시아	연 대	유다
다리우스(522-486년), 마라톤 전투(490년)에서 그리스 군에 패배. **[510년: 로마 공화 제도 채택]**	(기원전)	520-515년: 예루살렘 성전 재건, 총독 즈루빠벨과 대사제 예수아 활약, 예언자 **하깨이**와 **즈카르야**.
	500	
크세르크세스 1세(496-464년), 살라미스 해전(486년)에서 그리스 군에 패배. **[469년: 소크라테스 출생]** 아르타크세르크세스 1세 (464-424년).		
	450	
		445-432년: 느헤미야의 예루살렘 체류.
[429년: 플라톤 출생] 크세르크세스 2세(423년).		
다리우스 2세(423-404년).		
아르타크세르크세스 2세 므네몬 (404-359년).		440-400년: 나일 강 상류 이집트에 정착한 유다인들과 서신 교환('엘레판틴 파피루스').
[384년: 아리스토텔레스 출생] **[372년: 맹자 출생]**	400	
아르타크세르크세스 3세 오코스 (359-338년). 아르세스(338-336년). 다리우스 3세 코도만누스(336-331년). 알렉산드로스 대제, 소아시아, 시리아, 이집트, 페르시아, 인도 정벌.	350	398(458?)년: 에즈라가 예루살렘에서 입법 활동, 토라 형성.

8. 헬레니즘 시대(333-63년)

<table>
<tr><td colspan="2"></td><td>(기원전)</td><td>332년: 알렉산드로스 군대가 팔레스티나 정복.</td></tr>
<tr><td colspan="2">323년: 알렉산드로스가 바빌론에서 병사하자 휘하 장수들이 제국을 분할 통치, 이후 이집트는 프톨레마이오스 왕조가, 시리아와 바빌론은 셀레우코스 왕조가 다스림.</td><td></td><td></td></tr>
<tr><th>이집트</th><th>시리아</th><th>연 대</th><th>유다</th></tr>
<tr><td>프톨레마이오스 1세 소테르(323-282년).</td><td>셀레우코스 1세 니카토르 (311-281년).</td><td></td><td>320-200년: 프톨레마이오스 왕조가 팔레스티나 통치.</td></tr>
<tr><td>프톨레마이오스 2세 필라델포스 (282-246년).</td><td>안티오코스 1세 소테르 (281-261년).</td><td>300</td><td></td></tr>
<tr><td></td><td>안티오코스 2세 테오스 (261-246년).</td><td>250</td><td>알렉산드리아에서 토라가 그리스 말로 번역 (‘오경’).</td></tr>
<tr><td>프톨레마이오스 3세 에우에르게테스 (246-222년).</td><td>셀레우코스 2세 칼리니코스 (246-225년).
셀레우코스 3세 케라우노스 (225-223년)</td><td></td><td></td></tr>
<tr><td>프톨레마이오스 4세 필로파토르 (222-205년).</td><td>안티오코스 3세 대제 (223-187년).</td><td></td><td></td></tr>
<tr><td colspan="2">[218-210년: 제2차 포에니 전쟁에서 로마인들이 한니발을 제압하고 에스파냐와 지중해 섬들 차지]</td><td></td><td></td></tr>
</table>

이집트	시리아	연 대	유다
프톨레마이오스 5세 에피파네스 (204-180년).	200년: 안티오코스 3세가 파네이온에서 프톨레마이오스 5세의 장군 스코파스를 패퇴시킴.	(기원전) 200	200-142년: 셀레우코스 왕조가 팔레스티나 통치.
프톨레마이오스 6세 필로메토르 (180-145년).	셀레우코스 4세 필로파토르 (187-175년).		유다인들과 셀레우코스 왕조의 통치자들 사이에 갈등 시작. 예루살렘 수석 사제들 사이의 알력.
	안티오코스 4세 에피파네스 (175-164년), 이집트 원정.		167년: 안티오코스 4세가 유다교의 경신례를 금하는 법령을 공포하고, 예루살렘 성전을 올림피아의 제우스 신에게 헌정, 사제 마타티아스(그 집안 이름이 하스몬)의 주도로 유다인들이 항전 전개.
			166년: 마카베오라 불리는 마타티아스의 아들 유다가 항전 계승 (166-160년).
	안티오코스 5세 에우파토르 (164-162년).		164년: 성전을 되찾고 정화 (성전봉헌 축제 거행). '다니엘서'

이집트	시리아	연 대	유다
	데메트리오스 1세 소테르 (162-150년).	(기원전)	셀레우코스 왕조에 대한 항전 계속, 시리아 장수 니카노르 무찌름('니카노르의 날' 축제 거행).
			160년: 유다 마카베오 죽음.
[150-146년: 제3차 포에니 전쟁으로 카르타고가 로마인들에게 멸망하고, 그리스는 로마 제국의 속주로 전락]		150	
	알렉산드로스 발라스 (150-145년).		160-143년: 유다의 막내 형제 요나탄(152년에 대사제로 임명)이 항전 계승, 주변을 정복하여 유다인들의 영토확장.
프톨레마이오스 7세 피스콘 (145-116년)[11]	데메트리오스 2세 (145-138년).		143-134년: 요나탄의 둘째 형 시몬이 항전 계승(142년에 대사제 겸 총독으로 임명).
	안티오코스 6세 (145-142년). 트리폰(142-138년).		
	안티오코스 7세 시데테스 (138-129년).		142-63년: 유다 독립 쟁취(하스몬 왕조).
			시몬의 아들 요한 히르카노스(134-104년), 사마리아 성전 파괴.

11) 프톨레마이오스 7세의 통치 연대는 공동 통치 등으로 말미암아 자료마다 약간씩 차이가 나는데, 이 기간을 고려하면 기원전 170-116년으로 제시되기도 한다.

이집트	시리아	연 대	유다
	왕국이 쇠퇴하여 무정부 상태.	(기원전)	요한 히르카노스의 아들 아리스토불로스 1세(104–103년)가 왕이라는 칭호 사용.
			아리스토불로스 1세의 동생 알렉산드로스 얀내오스(103–76년).
		100	알렉산드로스의 아내 알렉산드라(76–67년)
			알렉산드라의 아들 히르카노스 2세와 아리스토불로스 2세가 왕직과 대사제직을 놓고 다툼.
	64년: 로마제국의 장수 폼페이우스가 안티오키아에서 시리아를 로마제국의 속주로 병합.		63년: 로마제국의 장수 폼페이우스가 예루살렘 점령.

9. 로마 시대(기원전 63년 이후)

(기원후)	
	66–74년: 제1차 유다 항쟁.
69–79년: 황제 베스파시아누스. 티투스에게 예루살렘 포위를 명함.	69년: 베스파시우스가 유다 지방 평정. 무력 독립 세력들이 예루살렘, 나아가 헤로디온, 마싸다, 마케루스 요새에서 항전 계속.
	70년 파스카 축제: 티투스가 네 개의 군단으로 예루살렘 포위.
	70년 8월 29일: 예루살렘 성신 안뜰이 점령되고 불에 탐.
70년 말: 유다 지방이 황제의 속주가 되고 카이사리아 지방은 로마의 식민지가 됨.	
	라삐 요한난 벤 사카이가 야브네(얌니아) 학원 설립
	100년경: 야브네에서 유다교 경전 확정
	132년: 바르 코흐바의 항전 제2차 유다 항쟁

성경 지도

지중해 동안
(J.-D. Macchi, *Les Samaritains: Histoire d'une légende*, Le Monde de la Bible 30, Labor et Fides, 1994, 178쪽)

고대근동 지방(앞의 책, 180-181쪽)

도상(圖像) 참고자료

Dieter Bauer, *Das Buch Daniel, Verlag Katholisches Bibelwerk*, Stuttgart, 1996: illustrations pp. 418, 699, 749.

Marie-Louise Fabre, *Suzanne ou les avatars d'un motif biblique*, L'Harmattan, Paris, 2000; ill. p. 735.

Irmtraud Fischer, *Rut*, Herder, Freiburg-Basel-Wien, 2001; ill. p. 615.

Othmar Keel, *Die Welt der altorientalischen Bildsymbolik und das Alte Testament*, Benziger Verlag-Neukirchener Verlag, 1972; ill. pp. 128, 169, 203, 212, 251, 266, 276, 291, 300, 340, 378, 390, 476, 511, 518, 529, 541, 566, 575, 583, 594.

Othmar Keel et Thomas Staubli édi., *Les animaux du 6ème jour. Les animaux dans la Bible et dans l'Orient ancien*, Editions universitaires de Friburg - Musée de zoologie de Lausanne, Fribourg, 2002; ill. pp. 490, 622.

Rolf Krauss, *Moïse le Pharaon*, Ed. du Rocher, Paris, 2000; ill. p. 261.

Pierre Lecoq, *Les inscriptions de la Perse achéménide*, Gallimard, Paris, 1997; ill. p. 534.

Jean-Daniel Macchi, *Les Samaritains: Histoire d'une légende*, Labor et Fides, Genève, 1994; cartes pp. 884-885.

Joachim Marzahn, *La Porte d'Ishtar de Babylone, La Voie Professionnelle. La Fête du Nouvel An à Babylone*, Staatliche Museen zu Berlin, Musée du Proche-Orient, Berlin, 1993; ill. p. 433.

Pierre Prigent, *L'image dans le judaïsme*, Labor et Fides, Genève, 1991; ill. p. 657.

James Bernnett Pritchard, *Ancient Near East*, vol. 2, Prinston University Press, Prinston, 1976; ill. p. 467.

Helen Schüngel-Straumann, *Tobit*, Herder, Freiburg-Basel-Wien, 2000; ill. p. 758.

Antoine Vanel, *Iconographie du dieu de l'orage dans le Proche-Orient ancien*, Gabalda, Paris, 1965; ill. p. 484.

용어 해설

여기서 독자는 개념 파악에서 문제를 일으킬 수 있는 주요 용어들에 관한 간략한 정의를 접할 것이다. 그러나 이 용어 해설은 본서 이해에 도움을 주고자 할 뿐, 사전이나 전문서적을 참고하는 작업을 대신하지는 않는다. 한편 용어 앞에 놓인 (→)표기는 이 용어 역시 해설의 대상이 되고 있음을 가리킨다.

게마라(Gemara): 기원후 5세기에 기초된 문서로서 →미스나에 의해 초래된 주해들을 제시한다. 미스나와 게마라가 통합되어 →탈무드를 형성한다.

계약: 흔히 '계약'으로 번역하는 히브리어 *b^erît*은 조약, 특히 종속 조약을 일컫는다. 신명기와 신명기 이념으로부터 영감을 받은 책들은 이 용어를 통하여 →야훼께서 →이스라엘과 맺으신 관계를 표현한다. 사제계 전승에서 이 개념은 신명기에서처럼 더는 이스라엘을 향한 율법 계시와 연계되지 않고, 이스라엘의 조상들(창세 17), 나아가 인류 전체와(창세 9) 체결된 계약을 가리키는 데 사용된다.

고대 라틴말 성경(Vetus Latina): 훗날 대중 라틴말 성경(Vulgata)이 된 예로니모의 번역 이전 성경 본문 첫 라틴어 번역본들을 지칭하는 이름이다.

골라(Golah): 히브리어 어근 *glh*(발견하다, 유배되다)에서 유래한 표현으로서 (597-587년에) 바빌론으로 유배된 유다인들, 나아가 본토 이외의 지역에 살던 모든 유다 공동체를 가리킨다.

구전 토라: 라삐들은 모세가 시나이산에서 성문 토라와 함께 구전 토라를 전수받았다고 주장한다. 이 구전 토라는 실은 라삐들의 오경 해석을 규합해 놓은 것이며, 이 해석은 곧 이어 →미스나에 수록되었다.

대문자 수사본: 라틴어 *uncia*(엄지손가락)에서 파생한 용어로서 (엄지손가락 크기의) 대문자로 기록된 수사본을 말한다. 이 수사본에 대한 관심은 서기관이 빠르게 필사하도록 허락하면서도 그것이 장식용이었다는 데서 비롯된다.

대사제: 사제단의 수장이며(레위 21,10–15) 제사의 탁월한 중개자로서(레위 16) 페르시아 시대부터 이 직무는 세습제가 되며, 왕정제도에 속한 전통적인 여러 특권을 누린다.

대중 라틴말 성경(Vulgata): 고대 라틴말 성경을 보시오.

덧붙여 이어 쓰기(Fortschreibung): 독어권 주석계의 표현으로서 성경 본문의 몇몇 부분에 개입하기는 하나 본문 전체를 개정하려는 의도를 보인 적은 없던 시기관들이 성경 본문을 보완하고 현실화해 나간 편집 절차를 일컫는다.

디아스포라(Diaspora): 우리 시대에 이르기까지 이 표현은 유배시대 이후 본토 이외의 지역에 정착한 유다 공동체를 가리킨다.

마소라(Massora) 학자들: 자의적으로는 '지키는 사람들'을 뜻하는 표현으로서 히브리어 성경 본문을 확정한 학자들에게 붙여진 이름이다(이 책의 구약성경 본문사 참조).

만남의 거처/천막: 특히 사제계 문학에서 사용되는 이 두 표현은 →이스라엘의 →시나이 체류에 관한 전승에서 운반 가능한 성소로 제시되며, 이 성소에서 야훼는 모세와 예언자들의 문의를 받으신다.

메시아: 자의적으로 '기름부음받은이'(*mašiaḥ*)를 뜻하는 용어로서, 무엇보다 먼저 임금이 직무에 들어가거나 임명되는 순간 도유 의식 앞에서는 임금의 칭호이다(1사무 10,1 참조). 이 칭호는 군주를 합법화하며, 여기에는 야훼의 대리자로서의 외국인 군주까지 포함된다(이사 45,1 참조). 유다에서 왕정제도가 사라진 다음 페르시아 시대에 와서 메시아는 이제 종말론적 세계가 그 도래를 기다리는 구원자로서의 이상적 임금을 지칭하기에 이른다. '메시아'를 그리스어로 번역한 표현이 '그리스도'이다.

묵시: 종말과 역사의 주기화에 관한 신비를 계시하는 문학유형으로서 신에 의해 발원되고 과거의 위대한 인물의 중개로 전수된다. 이 계시는 환시, 천상 여행, 또는 해설자 천사의 메시지로 통교된다. 이 문학유형은 한편 다가올 사건에 대한 웅장하면서도 비유적 표현이 풍부한 문체와 잦은 익명성으로 특징되며, 넓은 의미에서 이 용어는 이 문학유형의 탄생 세계에도 적용된다.

문학비평(Literakritik): 문학비평은 한 본문 본래의 핵심을 재구성하기 위하여 이 본문 안에서의 긴장 관계, 문체 변경, 유형 또는 주제의 단절, 또는 본문에 수록된 개별 문헌들을 기초로 연구하는 주석 방법론이다. 편집비판(Redaktionskritik)은 한편 본문에 '최후' 형태를 제공해준 연속적인 편집사에 관심을 쏟는다.

미드라시(Midrash): 이전 본문에 대한 주해 또는 고쳐 쓰기를 말한다. 어원은 '(함축된 뜻을) 찾다'를 뜻하는 어근 *drš*로 거슬러 올라가는 것 같다. 미드라시 기법은 특히 라삐 시대에 발전된 형태를 갖추나, 그 기원은 이미 히브리어 성경 자체에서 발견된다. 예를 들어, 다윗을 저자로 하는 몇몇 시편에 주어진 표제들은 사무엘기 상하권의 기사에 관한 미드라시적 유형의 작업을 반영한다.

미스나(Mishna): 히브리어 *šnh*(되풀이하다)에서 파생하여 후에 '연구하다'라는 의미를 지니게 된 용어이다. 모든 면에서 →구전 토라의 법제화를 나타낸다(→게마라도 참조).

바리사이파: '분리된 자, 따로 있는 자'를 의미하는 히브리어에서 유래한 이름으로서 하스몬 시대의 사조 속에서 탄생한 종교 분파이다. 바리사이들은 율법에 대한 엄격한 준수를 요구하고, 이 율법 해석 전승을 발전시켜 나가며, 이 전승은 훗날 라삐 전승의 기원이 된다.

바알(Baal): 자의적으로 '주인', '남편', '소유자'를 의미하나, 흔히 천둥과 다산의 신들에게 적용되며, 때로는 예를 들어 →우가리트에서처럼 신의 고유한 이름에 상당하는 호칭으로 사용된다.

바티카누스(Vaticanus): 창세기와 시편의 몇몇 부분을 제외한 구약성경 전체를 담고 있는 4세기의 성경 코덱스를 말한다.

변증법적 신학: 제2차 세계대전 이후 발전을 보인 신학 사조, 특히 바르트(K. Barth)의 영향 아래 1980년대까지 프로테스탄 신학을 특징지었던 사조를 말한다. 변증법적 신학은 특히 일체의 종교적 범주화를 거부하는 '절대 타자'로서의 하느님 개념을 강조한다. 여기서 '참' 그리스도교는 하나의 종교가 아니라는 관념이 비롯된다. 구약성경 주석 면에서 변증법적 신학은 고대 이스라엘의 신앙이 이웃 민족의 이른바 '자연 종교'와 아무런 관련이 없다는 이념을 추론해낸다. 이러한 이론은 그러나 역사적 차원에서도, 고고학적 차원에서도 입증될 수 없다.

부족동맹(Amphictyonie): 이 용어는 그리스 세계에서 성소를 중심으로 한 여러 부족의 동맹을 가리킨다. 노트(M. Noth)는 왕정제도 이전의 이스라엘 지파들 역시 부족동맹으로 조직되어 있었다고 주장하나, 오늘날 대부분의 학자는 더 이상 이 이론을 받아들이지 않는다.

사두가이파: 사제 세계에서 보여들고 대사제 차독의 전설적인 모습을 앞세우는 종교 분파이다. →사마리아인들처럼, 그러나 →바리사이들과는 달리, 사두가이들은 권위 있는 성경으로 오경만을 인정한다.

사마리아인들: 본디 옛 북 왕국(→이스라엘)의 주민들을 일컫는 용어이다. 페르시아 시대부터 사마리아인들은 영감 받아 기록된 책으로 오경을 인정했으며(구약성경 본문사에서 '사마리아 오경' 문제 참조), 오경을 예루살렘 성전이 아니라 그들의 그리짐산 성소를 합법화하는 요소로 해석했다. 제2 예루살렘 성전 시대 내내 유다인들과 사마리아인들 사이에 적지 않은 갈등이 전개되었으며, 결국 하스몬 시대에 두 공동체가 궁극적으로 결별하는 단계에 이르게 된다.

삶의 자리(Sitz im Leben): 양식비평을 보시오.

세키나(Shekinah): 성경시대 이후의 유다 문학 표현으로서 세상의 하느님 현존을 가리킨다.

소문자 수사본: →대문자 수사본과 달리 소문자로 기초된 수사본을 말한다.

수혼제(嫂婚制): 형제가 자손 없이 죽었을 경우 다른 형제가 그 아내를 맞아들여 형제의 혈통을 유지하도록 한 제도를 말한다(신명 25,5-10 참조).

시나이: 성경 기사에 따르면, 이 산은 모세가 율법 계시를 받은 곳이다. 또 다른 전승, 특히 신명기는 이 산을 호렙이라는 이름으로 부른다.

시나이티쿠스(Sinaiticus): 히브리어 성경의 주요 부분과 제2경전을 담고 있는 기원후 4세기의 성경 코덱스를 말한다.

신의론(神義論): 자의적으로 '하느님의 정의'를 의미하는 표현에서 유래한다. 신의론은 인간에게 이해 불가한 채 하느님 또는 신들에 의한 것으로 여겨지는 (자연적인 재앙, 군사적 패배 등과 같은) 사건들을 이해하고, 나아가 입증하고자 한다.

신정(神政): 자의적으로 '하느님의 다스림'을 의미하며, 오로지 하느님에 의해 통치되는 유토피아적인 세상, 또는 이와는 달리 지상의 하느님 대리자로서 정치적이며 종교적인 권한 전체를 소유한 사제들이 이끄는 국가를 일컫는다.

아키카르: 고대 근동지방에 대중적이던 현인으로서 우리는 특히 기원전 500년에 기초된 →엘레판틴 유다 공동체의 문서에서 아키카르 이야기판을 만난다. 전설에 따르면, 아키카르는 아시리아 임금의 대신이었으며, 지혜를 교육시킨 양자로부터 배신을 당하나 끝내 자신의 명예와 사회적 지위를 되찾은 인물이다. 욥기에서처럼 아키카르의 이야기는 서술체 틀 속에서 지혜문학적 가르침을 제시한다. 아키카르는 또한 토빗기에도 인용된다(토빗 1,21-22; 14,10).

알렉산드리누스(Alexandrinus): 구약성경 거의 전체를 담고 있는 기원후 5세기의 성경 코덱스를 말한다.

야훼의 날: 몇몇 예언서에 자주 등장하는 표현으로서 처음에는 이

스라엘 또는 민족들에 대한 하느님의 심판이 이루어지는 시점을 가리켰다. 이후 이 표현은 →종말론적인 성격을 갖추게 되었다.

양식비평(Formgeschichte): 자의적으로는 '양식사'로서 본문의 유형 또는 유형들에 관한 연구 방법론이다. 이 방법론은 본문의 양식이나 유형 확인 작업이 본문의 '삶의 자리'(*Sitz im Leben*), 곧 최초의 소통 상황을 파악하도록 해준다는 점을 전제한다. 이와 같은 방법론적 전제는 오늘날 적지 않은 이론의 대상이 되고 있으나, 성경 본문의 문학 양식 또는 유형을 살피는 일은 여전히 필수적인 분야로 머문다.

에세네(Essene)파: 하나의 종교적 분파로 조직된 유다 공동체 구성원들을 말하며, 이들은 성읍이나 고을의 특정 구역, 또는 광야에 마련된 주거지(→쿰란)에 살았다. 에세네파는 정결 규정에 대한 엄격한 준수를 전제로 하는 영성과, 선명한 이원론적 신학으로 특징된다.

엘(El): 시리아-팔레스티나의 다신들 가운데 주요 신의 이름이나, 히브리어 성경의 몇몇 본문은 신을 지칭하는 통칭명사로 사용한다.

엘레판틴(Elephantine): 아스완을 마주한 나일강의 섬으로서 기원전 7세기 말경부터 유다(와 아마도 이스라엘) 식민지 사람들이 정착해 살았다. 페르시아 시대에 엘레판틴 식민지는 유다 →디아스포라의 주요 공동체들 가운데 하나였다. 이 공동체에서 유래한 여러 문서, 그 가운데 많은 →오스트라콘이 발견되었으며, 이 자료들은 이집트의 유다교 디아스포라의 다양한 측면을 보여주는 좋은 예이다.

엘로힘(Elohim): 자의적으로 '신' 또는 '신들'을 의미하나, 이 통칭명사는 히브리어 성경에서 종종 이스라엘의 하느님을 일컫는 데 사용된다.

열두 소예언서(Dodekapropheton): 고대 전승에 따라 하나의 두루마리를 형성하는 것으로 여겨져 온 '열두 소예언서' 전체를 지칭하는 그리스어 표현이다.

오스트라콘(ostracon, 복수 ostraca): 서판의 역할을 했던 도기 조각을 말한다.

우가리트(Ugarit): 키프로스 섬 맞은편 시리아 연안에 위치한 도시 국가로서 기원전 이천 년대 후반기에 조성되었다. 우가리트(=라스 사므라) 발굴 결과 다수의 문헌이 빛을 보게 되었으며, 이 문헌들은 시리아-팔레스티나 문명과, 특히 처음에는 구약성경의 하느님과 동일한 모습을 지녔던 천둥의 신 바알 숭배에 관한 정보들의 주요 원전 가운데 하나를 이루는 신화적 기사들과 고문서들이다.

우의(寓意): 기사체로 서술된 은유를 말하며, 등장하는 여러 상징이 각각 특정의 개념이나 관념을 나타낸다. 판관 9장이나 에제 16장과 23장을 예로 들 수 있다. 유다교와 그리스도교 전승은 또한 성경의 우의적 독법을 발전시켜, 일반적으로 본문을 자의적 의미를 뛰어넘는 형상적 또는 상징적 관점에서 해석하고자 했다.

유다: 남 왕국을 가리키며 경제적이며 행정적인 수도는 예루살렘이었다.

유일신론(Monothéisme): 온 누리를 다스리는 유일한 하느님만이 존재한다는 교의 또는 신조를 말한다. 유일신론 개념은 하나의 사회 집단 또는 하나의 민족 집단에 의한 유일한 신 숭배, 다른 신들의 존재를 배제하지는 않는 숭배를 의미하는 →유일신숭배와 구별되어야 한다. 신명기는 본디 유일신숭배 관념으로 출발해서 야훼에 대한 배타적 경배를 권하기에 이른 것 같다.

유일신숭배(Monolâtrie): 유일신론을 보시오.

이스라엘: 왕정시대의 북 왕국을 가리키며 수도는 사마리아였다. 기원전 722년 사마리아가 멸망하고 북 왕국이 사라진 이래 이 용어는 점차 →야훼의 백성 전체를 지칭하게 되었다.

이합체 시(Acrostiche): 각 소절의 첫 글자가 히브리어 알파벳을 순서대로 따르는 일명 '알파벳 시'를 말한다.

종말론: 자의적으로 '종말에 관한 연사'를 말하며, 현 시점의 종말

에 관한 사변 또는 희망을 의미한다. 종말론적 연사는 종종 구원 시기의 도래에 관한 기대를 내포한다.

칠십인역성경: 히브리어 성경의 그리스어 역본을 말한다(이 책의 구약성경 본문사 참조).

카스룻(Kašrut): 오경의 몇몇 법규를 기초로 작성된 유다인들을 위한 식품 규정을 말한다.

쿰란(Qumran): 기원전 2세기부터 기원후 1세기까지 예루살렘 성전과 단절 관계에 있던 공동체를 덮고 있던, 사해 가까이에 위치한 지역이다. 이 지역은 우리가 소유하고 있는 히브리어 성경 본문들 가운데 가장 오래된 판을 보여주는 수많은 사본과 함께 공동체의 독자적인 신앙을 드러내주는 기타 문서들을 담고 있던 동굴 발견으로 유명해졌다.

탈무드(Talmud): 어근 *lmd*(가르치다)에서 파생된 용어로서 →미스나와 →게마라를 포함한 모음집을 말한다. 우리는 탈무드를 예루살렘 탈무드와 바빌론 탈무드로 구분하나, 바빌론 탈무드가 더 중요하게 취급된다.,

편집비평(Redaktionskritik): 문학비평을 보시오.

포를라게(Vorlage): 주석에서 어떤 편집자 또는 번역자에게 바탕 역할을 했던 문서를 가리키는 독어 표현이다. 예를 들어 →칠십인역성경의 예레미야서 포를라게는 마소라본과는 다른 히브리어 본문을 가리키며, 그리스어 역자들은 이 히브리어 본문을 대본으로 번역 작업에 착수했다.

플라비우스 요세푸스(Flavius Josephus): 기원후 37년에 예루살렘에서 출생한 유다인으로서 98년경 로마에서 사망했다. (75년경) 작품으로 직접 기록한 유다 항쟁에서(유다 전쟁사) 처음에는 유다 편에 섰다가 이후 로마 편으로 기운 역사가이다. 그는 또한 세상 창조시부터 66년까지의 유다 백성의 역사를 기술한 (95년경의) 유다 고대사(*Antiquitates Judaicae*)와 아피온에 대한 반론(*Contra Apionem*)과 자서전(*Vita*)의 저자이기도 하다. 그의 작품들은 한편 히브리어 경전사와 함께 구약성경 본문사에 관한 다양한 자료들을 담고 있다.

하누카(Hanukkah): 유다 마카베오 시대의 예루살렘 성전 정화를 기념하기 위하여 펼쳐진 축제를 말한다(1마카 4,36-39 참조).

할라카(Halakha): 이 용어는 본디 히브리어 성경의 법규에 대한 해석을 가리켰으나, 라삐 전승 속에서는 →탈무드의 법규 해석까지 포함하게 되었다.

헥사플라(Hexapla): (230-240년경) 오리게네스가 당시 유다교와 그리스도교 세계에 알려져 있던 히브리어 성경의 다양한 그리스어 역본들을 비교해 볼 수 있도록 정립한 일종의 공관 서적이다.

호렙(Horeb): 시나이(Sinai)를 보시오.

Dtr: 신명기계 저자를 가리키는 약자이다(이 책의 신명기계 역사 입문을 보시오).

Mise en Abyme: 특히 문학 분석에 사용되는 표현으로서 작품 전체의 거울과 같은 기능을 하는 요소, 나아가 예기 또는 결론의 형태로 그 골자를 제공하는 요소를 하나의 작품 속에 통합해 놓는 방법을 가리킨다.

P: 사제계에서 유래한 본문들, 나아가 넓은 의미에서 이 본문의 저자들을 가리키는 약자이다.

Terminus a quo: 본문 작성에서 가능한 가장 오래된 시점을 가리키는 표현이다.

Terminus ad quem: 한 본문이 작성되기 이전의 가장 뒤늦은 시점을 가리키는 표현이다.

TM: →마소라 본문을 가리키는 약자이다.

YHWH: 이스라엘 하느님의 고유한 이름을 구성하는 네 자음을 옮겨 쓴 것이다. 본디 이 이름은 (현대 주석의 바로잡음에 따르면, '야훼'가 아니라) '야호'(Yaho)로 발음되었던 것 같다. 아무튼 기원전 3세기부터 유다인들은 이 이름을 발음하지 않고 하 셈(*ha-šēm*, 이름) 또는 아도나이(*adonai*, 주님)라는 표현으로 대체했으며, 이러한 관습은 YHWH를 퀴리오스(*kyrios*, 주님)로 바꾸어 번역한 →칠십인역성경에서 이미 확인된다. 대부분의 성경 번역은 이와 같은 바꿔 쓰기를 수용하고 있다.

약어표

AASF	Annales Academiae Scientiarum Fennicae
AAWG.PH	Abhandlungen der Akademie der Wissenschaften in Göttingen. Philologisch-historische Klasse
ACFEB	Association catholique française pour la lecture de la Bible
ADPV	Abhandlungen des Deutschen Palästina-Vereins
AGJU	Arbeiten zur Geschichte des antiken Judentums und des Urchristentums
AnBib	Analecta biblica
AncB	Anchor Bible
AOAT	Alter Orient und Altes Testament
ATD	Das Alte Testament Deutsch
AThANT	Abhandlungen zur Theologie des Alten und Neuen Testaments
ATSAT	Arbeiten zu Text und Sprache im Alten Testament
BBB	Bonner biblische Beiträge
BEAT	Beiträge zur Erforschung des Alten Testaments und des antiken Judentums
BET	Beiträge zur biblischen Exegese und Theologie
BEThL	Bibliotheca Ephemeridum theologicarum Lovaniensium
Bib.	Biblica
BibInt	Biblical Interpretation
BiKi	Bibel und Kirche

BiLiSe	Bible and Literature Series
BIS	Biblical Interpretation Series
BiSe	Biblical Seminar
BJSt	Brown Judaic Studies
BK.AT	Biblischer Kommentar. Altes Testament
BN	Biblische Notizen
BN.B	Biblische Notizen. Beiheft
BSt	Biblische Studien
BThSt	Biblisch-theologische Studien
BWANT	Beiträge zur Wissenschaft vom Alten und Neuen Testament
BWAT	Beiträge zur Wissenschaft vom Alten Testament
BZAR	Beihefte der Zeitschrift für altorientalische und biblische Rechtsgeschichte
BZAW	Beihefte zur Zeitschrift für die alttestamentliche Wissenschaft
CAT	Commentaire de l'Ancien Testament
CBET	Contributions to Biblical Exegesis and Theology
CBFV	Cahiers bibliques de Foi et Vie
CB.OT	Coniectanea Biblica. Old Testament Series
CBQ	Catholic Biblical Quarterly
CBQ.MS	Catholic Biblical Quarterly - Monograph Series
CBR	Currents in Biblical Research
CEv	Cahiers Evangile
CNEB	Cambridge Bible Commentary on the New English Bible
COT	Commentaar op het Oude Testament
CR:BS	Currents in Research in Biblical Studies

CRI	Compendia rerum iudicarum ad Novum Testamentum
DBS	Dictionnaire de la Bible. Supplément
DBAT	Dielheimer Blätter zum Alten Testament
DJD	Discoveries in the Judaean Desert
EB	Die Heilige Schrift in deutscher Übersetzung. «Echter Bibel»
EdF	Erträge der Forschung
EHS	Europäische Hochschulschriften
EHS.T	Europäische Hochschulschriften. Reihe XXIII, Theologie
EncJud	Encyclopedia Judaica
EstB	Estudios Biblicos
EtB	Etudes bibliques
EtB.NS	Etudes bibliques. Nouvelle série
EThL	Ephemerides Theologicae Lovanienses
FAT	Forschungen zum Alten Testament
FOTL	The Forms of the Old Testament Literature
FRLANT	Forschungen zur Religion und Literatur des Alten und Neuen Testaments
FTS	Frankfurter theologische Studien
FV	Foi et Vie
fzb	Forschungen zur Bibel
HAT	Handbuch zum Alten Testament
HBIS	History of Biblical Interpretation Series
HBS	Herders biblische Studien
HCOT	Historical commentary on the Old Testament
HK	Handkommentar zum Alten Testament
HSM	Havard Semitic Monographs

HThK.AT	Herders theologischer Kommentar zum Alten Testament
HUCA	Hebrew Union College Annual
GAT	Grundrisse zum Alten Testament
ICC	International Critical Commentary
IOSCS	International Organization for Septuagint and Cognate Studies
Interp.	Interpretation
IP	Instrumenta patristica
ITC	International Theological Commentary
JBL	Journal of Biblical Literature
JJGL(F)	Jahrbuch für jüdische Geschichte und Literatur
JJS	Journal of Jewish Studies
JPSTC	Jewich Publication Society. The JPS Torah Commentary
JQR	Jewish Quarterly Review
JRAS	Journal of the Royal Asiatic Society of Great Britain and Irland
JSHRZ	Jüdische Schriften aus hellenistisch-römischer Zeit
JSJ	Journal for the Study of Judaism in the Persian, Hellenistic and Roman Period
JSOT	Journal for the Study of the Old Testament
JSOT.S	Journal for the Study of the Old Testament Supplement Series
JSP	Journal for the Study Pseudepigrapha
JSP.S	Journal for the Study Pseudepigrapha. Supplement Series
KAT	Kommentar zum Alten Testament
KHC	Kurzer Hand-Kommentar zum Alten Testament
LAPO	Littératures anciennes du Proche-Orient

LBS	Library of Biblical Studies
LeDiv	Lectio Divina
LiBi	Lire la Bible
NC(C)	Nouvelle Clio. L'histoire et ses problèmes
NCBC	The New Century Bible Commentary
NEB.AT	Neue Echter Bibel. Kommentar zum Alten Testament
NIBC	New International Biblical Commentary
NICOT	The New International Commentary on the Old Testament
NRTh	Nouvelle revue théologique
NSK.AT	Neuer Stuttgarter Kommentar. Altes Testament
OBO	Orbis Biblicus et Orientalis
OLA	Orientalia Lovaniensia analecta
OLP	Oriental Library Publications
OrSuec	Orientalia Suecana
OTE	Old Testament Essays
OTGu	Old Testament Guides
OTL	Old Testament Library
OTS	Oudtestamentische Studiën
OTSt	Old Testament Studies
PBSB.AT	Petite bibliothèque des sciences bibliques. Ancien Testament et son milieu
PEQ	Palestine Exploration Quarterly
PG	Patrologie grecque
PL	Patrologie Latine
PredOT	De prediking van het Oude Testament
PTA	Papyrologische Texte und Abhandlungen
RB	Revue biblique

RBen	Revue bénédictine de critique, d'histoire et de littérature religieuse
RHPhR	Revue d'histoire et de philosophie religieuses
RSTh	Regensburger Studien zur Theologie
RThPh	Revue de théologie et de philosophie
RTL	Revue théologique de Louvain
SBFA	Studii Biblici Franciscani analecta
SBi	Sources bibliques
SB(J)	Sainte Bible traduite en français sous la direction de l'Ecole biblique de Jérusalem
SBL	Society of Biblical Literature
SBL.DS	Society of Biblical Literature. Dissertation Series
SBL.EJL	Society of Biblical Literature. Early Judaism and its Literature
SBL.MS	Society of Biblical Literature. Monograph Series
SBL.SCS	Society of Biblical Literature. Septuagint and Cognate Studies
SBL.SS	Society of Biblical Literature. Symposium Series
SB(PC)	Sainte Bible. Publiée sous la direction général de Louis Pirot et continuée par Albert Clamer
SBS	Stuttgarter Bibelstudien
SC	Sources chrétiennes
SEÅ	Svensk exegetisk årsbok
SémBib	Sémiotique et Bible
SESJ	Suomen Eksegeettisen Seuran julkaisuja = Schriften der Finnischen Exegetischen Gesellschaft
SHCANE	Studies in the History and Culture of the Ancient Near East

SHR	Studies in the History of Religions
SJLA	Studies in Judaism in Late Antiquity
SJOT	Scandinavian Journal of the Old Testament
SSN	Studia semitica Neerlandica
StBi	Studi biblici
SubBi	Subsidia biblica
TB	Theologische Bücherei
TBC	Torch Bible Commentaries
TECC	Textos y estudios «Cardina Cisneros»
ThLZ	Theologische Literaturzeitung
ThR	Theologische Rundschau
ThZ	Theologische Zeitschrift
TICP	Travaux de l'Institut catholique de Paris
TOTC	Tyndale Old Testament Commentaries
Trans	Transeuphratène
TRE	Theologische Realenzyklopådie
TUVMG	Texte und Untersuchungen zur vormasoretischen Grammatik des Hebräischen
UBL	Ugaritisch–biblische Literatur
UTB	Uni–Taschenbücher
UUÅ	Uppsala Unsiversitets årsskrift
VT	Vetus Testamentum
VT.S	Vetus Testamentum – Supplements
WBC	Word Biblical Commentary
WdF	Wege der Forschung
WEC	The Wycliffe Exegetical Commentary
WMANT	Wissenschaftliche Monographien zum Alten und Neuen

	Testament
WO	Welt des Orients
ZAW	Zeitschrift für die alttestamentliche Wissenschaft
ZBK.AT	Zürcher Bibelkommentare. Altes Testament
ZDMG	Zeitschrift der Deutschen Morgenländischen Gesellschaft

공동 집필진

Philippe ABADIE, Professeur d'Ancien Testament, Université catholique de Lyon.

Olivier ARTUS, Professeur d'Ancien Testament, Institut catholique de Paris.

Alain BUEHLMANN, Enseignant d'hébreu biblique, Université de Lausanne.

Simon BUTTICAZ, Docteur en Nouveau Testament, Université de Lausanne.

Philippe GUILLAUME, Docteur en Ancien Testament, Université de Berne.

David HAMIDOVIĆ, Maître de conférences à l'Université catholique de L'Ouest(Angers)

Innocent HIMBAZA, Chargé de cours, Université de Fribourg.

Ernst Axel KNAUF, Professeur d'Ancien Testament, Université de Berne.

Michael LANGLOIS, Maître de conférences, Université de Strasbourg.

Corinne LANOIR, Assistante à la Haute Ecole Pédagogique, Lausanne.

Thierry LEGRAND, Maître de conférences, Université de Strasbourg.

Jean-Daniel MACCHI, Professeur d'Ancien Testament, Université de Genève.

Christophe NIHAN, Professeur de Bible hébraïque, Université de Lausanne.

Dany NOCQUET, Professeur d'Ancien Testament, Institut protestant de théologie de Montpellier.

Albert DE PURY, Professeur émérite d'Ancien Testament, Université de Genève.

Thomas RÖMER, Professeur de Bible hébraïque, Université de Lausanne et Collège de France.

Martin ROSE, Professeur d'Ancien Testament, Université de Neuchâtel.

Adrian SCHENKER, Professeur émérite d'Ancien Testament, Université de Fribourg.

Konrad SCHMID, Professeur d'Ancien Testament, Université de Zurich.

Arnaud SÉRANDOUR, Ingénieur d'études, CNRS et maître de conférences à l'Ecole Pratique des Hautes Etudes, Paris.

Christoph UEHLINGER, Professeur d'histoire des religions, Université de Zurich

Jacques VERMEYLEN, Professeur émérite d'Ancien Testament, Université catholique de Lille.

역자 후기

4년 전쯤인가? 수원교구 안산대리구장으로 일하면서 드 보(R. de VAUX) 신부의 역작 *Les Institutions de l'Ancien Testament*(구약성경의 제도들, 수원가톨릭대학교 출판부, 2016) 1권을 틈틈이 번역하고 있었을 때, 모 출판사 출판위원 신부가 본서 번역을 제안한 적이 있었다. 사정상 고사할 수 밖에 없었으나, 위의 책 2권까지 번역을 끝내고 문의해보니, 아직 역자를 찾지 못한 상태라 하여 욕심을 내보기로 했다. 번역 작업에 들어서면서 분량상의 규모와 내용상의 밀도로 다소 무리한 욕심이었다는 생각이 들기도 했으나, 마치고나니 보람이 앞선다.

이 책은 까젤(H. CAZELLES) 신부를 중심으로 열한 명의 프랑스 가톨릭 성서학자들이 1973년에 펴낸 *Introduction critique à l'Ancien Testament*(구약성경의 비판적 입문, Desclée et Cie, Paris)[1] 다음으로, 교파를 초월한 스물두 명의 불어권 성서학자들이 2004년도의 초판에 이어 2009년도에 증보판을 낸 권위 있는 구약성경 입문서, 나아가 현대 구약성서 학계의 주석 동향을 망라하고 있는 입문서 이상의 작품이다.

이 책의 특징은 무엇보다도 먼저 가톨릭교회의 구약 경전 46권은 물론 동방교회의 경전들 가운데 가장 중요한 작품들까지 다루고 있다는 점이다. 오랜 기간 구약성경 입문을 강의하면서 참고서적을 소개할 때마다 늘 아쉬움이 앞섰으나, 이 책 출간으로 이를 해소할 수 있게 되어 기쁘다. 국내의 개신교 출판사에 의해 대다수 독어권 입문서들이 번역 출간되었으나, 개신교 경전에 포함되어 있지 않은 일곱 권과 다니엘서

1) 이 책의 일부가 서인석 신부에 의해 모세의 율법(성바오로출판사, 1980)과, 성서의 역사적 배경(동 출판사, 1981)으로 번역, 출간되었다.

와 에스테르기의 일부에 관한 입문서를 대할 길이 거의 막혀 있었기 때문이다.[2)]

이 책은 또한, 지금까지의 대다수 구약성경 입문서가 가톨릭과 유다교/개신교가 경전으로 받아들인 46권 또는 39권을 대상으로 한 나머지, 경전 목록에 수록되지 못한 채 외경(外經) 또는 위경(僞經)으로 배제된 책들, 현대의 성서학자들이 성경의 형성 과정을 보다 정확하게 이해하기 위해 관심을 쏟기 시작한 – 공적인 결정을 통해 구약성경 경전을 확정해 본 적이 없는 – 동방교회 여러 교파의 성경책들 가운데 일부를 선별하여 소개하고 있다. 이러한 차원에서 본서는 구약성경 입문서 가운데 유일한 작품이라 평가할 수 있을 것이다. 트리덴트 공의회에 이어[3)] 제2차 바티칸 공의회는 교의헌장 하느님의 말씀에서 "성전(聖傳)과 성경(聖經)은 서로 긴밀히 연결되고 또 상통한다. 이 둘은 동일한 신적 원천에서 솟아나와 어떤 방식으로든 하나를 이루며 같은 목적을 지향하고 있기 때문이다. ... 이런 이유로 성전과 성경을 똑같이 경건한 애정과 존경으로써 받아들이고 공경해야 한다."고 재천명하는 가운데, 사도들에게서 이어오는 성전은 성령의 도우심으로 교회 안에서 발전을 거듭하며, 거룩한 교부들은 이 성전이 살아 있음을 증언한다고 가르친다.[4)] 사도들이 저자로 되어 있는 작품은 물론(유다 서간 참조) 교부들의 작품 속에 우리가 외경으로 제쳐놓은 동방교회의 경전들이 자주 인용되고 있다는 점에서, 성전의 바탕에 이 책들이 자리하고 있음은 부인할 수 없으며, 따라서 이 책들에 대한 우리의 관심은 자연스러우면서도 당연한 일로 사료된다.

---

2) 쳉어(E. ZENGER) 신부의 *Einleitung in das Alte Testament*(이종한 옮김, 구약성경 개론, 분도출판사, 2015)가 앞서 번역, 출간되었음은 다행스러운 일이다.

3) 하인리히 덴칭어, 신경, 신앙과 도덕에 관한 규정·선언 편람, 이성효 외 공동 번역, 한국천주교중앙협의회, 2017, 425–426쪽.

4) 앞의 책, 1066–1067쪽.

이 책은 전반적으로 유다-그리스도교 문화의 기초가 된 본문들에 관한 역사적이며 학구적인 입문서를 목적으로 집필되었으며, 방법론적인 면에서 성경 각 권을 내적인 일관성만이 아니라, 특히 각 권의 구성사와 함께 각 권이 기초된 역사적 문맥에 따라 이해될 수 있도록 최선을 다하고 있다. 구약성경은 이스라엘 백성의 역사를 끊임없이 참조하며, 근동지방에서 기원전 1000년 동안 펼쳐진 역사적 문맥 속에 성경 본문들을 자리하게 하지 않고서는 제대로 이해할 수 없기 때문이다. 또한 이 책은 성경 각 권을 소개할 때 일정한 일관성을 유지하고자 동일한 질문, 곧 무엇?(내용, 설계와 구조), 누구?(저자와 편집자), 언제?(작품이 탄생한 역사적 상황), 무엇의 도움으로?(자료, 곧 편집시 사용되었던 원전, 문헌, 전승 등), 누구 또는 무엇에 직면하여?(논쟁 마당, 비평의 대상), 어떻게?(작품 이해, 주제, 의도)라는 질문에 답하는 형식을 취한다. 성경 각 권에 관한 이러한 질문은 일반적으로 네 부분으로 나뉘어 답을 찾아나간다. 첫째 부분 설계와 내용은 각 권의 공시적(共時的) 접근을 제안한다. 작품과의 첫 번째 접촉을 가리키며, 독자는 여기서 그 내용과 구조와 설계로 들어간다. 둘째 부분 출처와 형성은 작품의 서로 다른 형성 과정, 저술 배경과 수신인, 역사적 상황 등 통시적(通時的) 부분에 해당한다. 작품의 대주제와 핵심적인 의도는 셋째 부분 주제와 의도에서 다루어지며, 이때 공시적이며 통시적인 연구 결과가 제시된다. 마지막 부분에서는 작품을 계속해서 연구하고자 하는 사람들을 위한 주요 참고문헌이 열거된다.

번역 과정에서 우여곡절도 있었다. 그러기에 특별히 감사의 말씀을 올려할 분들이 있다. 수원교구 대리구제도의 갑작스러운 개편으로 안산 대리구장직을 내려놓고 본당 주임으로 자리를 옮겨야할 위기(?)에, 교구장 주교님께서 별도의 장소에서 번역에 매진할 수 있도록 1년간 시간을 허락해주셨다. 뿐만 아니라 사제로서의 마지막 시간들, 본당 사목은 물론 면학의 맥도 놓치지 않도록 최적의 사목 현장으로 파견해 주셨으며, 지금 바로 그 현장 입북동 본당에서 역자 후기를 작성하고 있다. 교구장

이용훈(마티아) 주교님께 진심으로 감사드린다. 허락 받은 시간 속에서 작년 말 제1권 번역을 거의 마쳐갈 즈음, 본디 이 책 번역 출판을 기획했던 출판사가 사정으로 출판을 취소하기로 했다는 황당한 통보 앞에서, 돌파구 마련을 위해 오랫동안 몸담았고 지금도 출강하고 있는 수원가톨릭대학교를 찾아갔다. 며칠 후 동대학교 도서 · 출판위원회 회의 결과는 본인의 초조감을 훌훌 털어버리기에 충분한 기쁜 소식이었다. 제1권에 이어 이번 제2권 출판을 물론, 같은 처지에 놓여 있던 '신약성경 입문서'[5]까지 거두기로 했으니 너무나 고마운 일이다. 그러니 수원가톨릭대학교 총장 곽진상(제르마노) 신부님께 감사의 마음을 전하지 않을 수 없다. 끝으로 새로 부임한 주임신부라는 사람이 번역 일에만 몰두하고 있음에도 불구하고, 인내와 성원으로 함께 해준 입북동 본당 교우들, 특히 상임위원들에게 감사드린다. 성심을 다하는 사목으로 감사의 마음을 표현해 나가야겠다.

끝으로, 부족함 가운데서도 번역을 마치고 펴내는 이 입문서가 구약성경을 공부하고자 하는 모든 이에세 수준 높은 성경독서의 길로 이끄는 책자, 곧 하느님 말씀의 넓이와 깊이로 흠뻑 빠져들게 하는 책자로 자리하게 되기를 바란다.

2019년 성모승천대축일에
수원교구 입북동본당에서
옮긴이

---

5) D. MARGUERAT et al., *Introduction au Nouveau Testament*, Labor et Fides, 2008.